# EL HOGAR Y EL AJUAR DE LA FAMILIA EN LAS CRISIS MATRIMONIALES

Bases conceptuales y criterios judiciales

Este volumen corresponde al Proyecto 83/84 de la División Interdisciplinar para la Familia (DIF), ideado y coordinado por el equipo formado por:

José Luis Lacruz Berdejo
Francisco Sancho Rebullida
Javier Escrivá-Ivars
Jenaro de No y Lengaran
Jorge Batalla Casanovas

Bajo la dirección de
Pedro-Juan Viladrich



Ediciones Universidad de Navarra, S. A. (EUNSA).
Plaza de los Sauces, 1 y 2. Barañain-Pamplona (España).

ISBN 84-313-0946-6.
Depósito legal NA 693 - 1986.

Imprime: Gráficas Navasal. Canteras, 11. Ansoain-Pamplona.

Printed in Spain — Impreso en España.

DIVISION INTERDISCIPLINAR PARA LA FAMILIA

# EL HOGAR Y EL AJUAR DE LA FAMILIA EN LAS CRISIS MATRIMONIALES

## Bases conceptuales y criterios judiciales

Edición coordinada por
PEDRO-JUAN VILADRICH

EDICIONES UNIVERSIDAD DE NAVARRA, S. A.
PAMPLONA 1986

COLABORAN EN ESTA OBRA

(por orden sistemático de publicación)

JOSE LUIS LACRUZ BERDEJO
Catedrático de Derecho Civil. Madrid.

JUAN ANTONIO ORTEGA Y DIAZ-AMBRONA
Letrado del Consejo de Estado. Madrid.

GABRIEL GARCIA CANTERO
Catedrático de Derecho Civil. Universidad de Zaragoza.

EDUARDO SERRANO ALONSO
Magistrado. Catedrático de Derecho Civil. Universidad de Oviedo.

JUAN LUIS GIMENO GOMEZ-LAFUENTE
Notario y Registrador de la propiedad. Pamplona.

XAVIER O'CALLAGHAN
Magistrado. Catedrático de Derecho Civil. Madrid.

JAIME SANTOS BRIZ
Magistrado del Tribunal Supremo. Madrid.

FRANCISCO J. FERNANDEZ URZAINQUI
Magistrado. Audiencia Territorial de Bilbao.

FRANCISCO SANCHO REBULLIDA
Catedrático de Derecho Civil. Universidad de Navarra.

ENRIQUE RUBIO TORRANO
Prof. Titular de Derecho Civil. Universidad de Navarra.

JOSE ANTONIO CORRIENTE CORDOBA
Prof. Agregado de Derecho Internacional Público y Privado. Universidad de Navarra.

LUIS ARECHEDERRA ARANZADI
Catedrático de Derecho Civil. Universidad del País Vasco.

# INDICE GENERAL

PAGINA

PRESENTACIÓN ... ... ... ... ... ... ... ... ... ... ... ... ... ... ... ... ... 21

## INTRODUCCION AL ESTUDIO DEL HOGAR Y AJUAR FAMILIARES. A MODO DE PROLOGO

José Luis Lacruz Berdejo

1. LA NUEVA DISCIPLINA DEL HOGAR FAMILIAR ... ... ... ... ... ... 25
2. EL HOGAR FAMILIAR COMO OBJETO DEL DERECHO ... ... ... ... 26
3. LOS ACTOS DE DISPOSICIÓN SOBRE EL HOGAR FAMILIAR ... ... ... 28
4. LA ASIGNACIÓN DEL HOGAR Y DEL AJUAR DE LA FAMILIA EN LAS CRISIS MATRIMONIALES ... ... ... ... ... ... ... ... ... ... ... ... ... 29
5. PECULIARIDADES DE LA VIVIENDA Y DEL AJUAR DE LA FAMILIA EN LOS DERECHOS FORALES Y EN LAS UNIONES NO MATRIMONIALES ... 30
6 MÉTODO DEL PRESENTE VOLUMEN ... ... ... ... ... ... ... ... ... ... ... 32

## I

## VIVIENDA FAMILIAR Y DERECHO CONSTITUCIONAL

### CONSTITUCION Y VIVIENDA FAMILIAR

Juan Antonio Ortega y Díaz-Ambrona

1. INTRODUCCIÓN: LA PERSPECTIVA CONSTITUCIONAL ... ... ... ... ... 35
2. LA FAMILIA DESDE LA PERSPECTIVA CONSTITUCIONAL ... ... ... ... 39
2.1. *El material normativo directo* ... ... ... ... ... ... ... ... ... ... ... 39
2.2. *El concepto constitucional de familia* ... ... ... ... ... ... ... ... 39
3. LA VIVIENDA DESDE LA PERSPECTIVA CONSTITUCIONAL ... ... ... ... 45

PAGINA

3.1. *El material normativo directo* ... ... ... ... ... ... ... ... ... ... 45
3.2. *La concepción constitucional de la vivienda* ... ... ... ... ... ... 45

4 La vivienda familiar desde la perspectiva constitucional ... 48
4.1. *El concepto constitucional de vivienda familiar* ... ... ... ... ... 49
4.2. *La protección de la vivienda familiar* ... ... ... ... ... ... ... ... 52
4.2.1. *El derecho a la vivienda familiar* ... ... ... ... ... ... ... ... 53
4.2.2. *La protección del derecho a la vivienda familiar* ... ... ... ... 55

# II

# HOGAR FAMILIAR Y DERECHO DE FAMILIA, SUCESORIO Y REGISTRAL

## CONFIGURACION DEL CONCEPTO DE VIVIENDA FAMILIAR EN EL DERECHO ESPAÑOL

Gabriel García Cantero

1. Generalidades sobre el derecho a la vivienda como fundamental de la persona humana ... ... ... ... ... ... ... ... ... ... 61

2. Protección constitucional de la vivienda familiar ... ... ... 62

3. La necesidad de proteger la vivienda familiar mediante instrumentos jurídicos surge de la indefensión en que pueden encontrarse algunos de sus miembros en las crisis conyugales. 64

4. Las recomendaciones del Consejo de Europa ... ... ... ... ... 66

5. La protección de la vivienda y mobiliario familiares en el Código civil español ... ... ... ... ... ... ... ... ... ... ... ... ... 68
5.1. *«Sedes materiae»* ... ... ... ... ... ... ... ... ... ... ... ... ... ... ... 68
5.2. *Ensayo de definición de la vivienda y del mobiliario familiares* ... 70
5.3. *Requisitos objetivos* ... ... ... ... ... ... ... ... ... ... ... ... ... ... 72
5.4. *Requisitos subjetivos* ... ... ... ... ... ... ... ... ... ... ... ... ... 75
5.5. *Naturaleza jurídica del acto de constitución o establecimiento de la vivienda y mobiliario familiar* ... ... ... ... ... ... ... ... ... 78
5.6. *Autonomía de la voluntad* ... ... ... ... ... ... ... ... ... ... ... ... 80

PAGINA

5.7. *Los títulos de atribución patrimonial y su incidencia en la calificación de la vivienda y ajuar familiares* ... ... ... ... ... ... 81

## LA VIVIENDA FAMILIAR EN LA LIQUIDACION DEL REGIMEN ECONOMICO DEL MATRIMONIO Y EN EL DERECHO SUCESORIO

Eduardo Serrano Alonso

1. Introducción ... ... ... ... ... ... ... ... ... ... ... ... ... ... ... ... 85

2. Titularidad patrimonial de la vivienda familiar ... ... ... ... 91

3. Las situaciones matrimoniales de crisis en relación con la titularidad y disfrute de la vivienda familiar ... ... ... ... ... 98

4. Liquidación del régimen económico y destino de la vivienda familiar ... ... ... ... ... ... ... ... ... ... ... ... ... ... ... ... ... ... 108

4.1. *La vivienda familiar en la liquidación de la sociedad de gananciales* ... ... ... ... ... ... ... ... ... ... ... ... ... ... ... ... ... 109

4.2. *La vivienda familiar en la liquidación del régimen de participación* ... ... ... ... ... ... ... ... ... ... ... ... ... ... ... ... ... 114

4.3. *La vivienda familiar en la liquidación del régimen de separación de bienes* ... ... ... ... ... ... ... ... ... ... ... ... ... ... ... 118

5. La vivienda familiar en el derecho de sucesiones ... ... ... 119

## LA RELEVANCIA REGISTRAL DE LA VIVIENDA FAMILIAR Y DE LOS DERECHOS SOBRE LA MISMA

Juan L. Gimeno Gómez-Lafuente

1. Introducción ... ... ... ... ... ... ... ... ... ... ... ... ... ... ... ... 125

2. Cuestiones registrales comunes a la vivienda familiar en situación de normalidad del matrimonio y en las fases de crisis. 127

2.1. *La calificación registral del carácter de vivienda familiar* ... ... 127

2.1.1. *En los documentos notariales* ... ... ... ... ... ... ... ... ... ... 127

2.1.1.1. *Ambito objetivo de la vivienda familiar* ... ... ... ... ... 128

2.1.1.2. *Alcance de la autonomía de la voluntad en esta materia* ... 131

2.1.1.3. *Manifestación del carácter de vivienda familiar* ... ... ... 132

2.1.1.4. *Justificación del carácter de vivienda familiar* ... ... ... 134

2.1.2. *En los documentos judiciales* ... ... ... ... ... ... ... ... ... ... 135

2.1.3. *En los documentos administrativos* ... ... ... ... ... ... ... 135

PAGINA

3. LA VIVIENDA FAMILIAR DURANTE LA NORMALIDAD DEL MATRIMONIO EN EL REGISTRO ... ... ... ... ... ... ... ... ... ... ... ... ... ... ... ... 136
3.1. *La constancia registral del carácter familiar del derecho a la vivienda* ... ... ... ... ... ... ... ... ... ... ... ... ... ... ... ... ... 136
3.1.1. *En general* ... ... ... ... ... ... ... ... ... ... ... ... ... ... 136
3.1.2. *Supuestos concretos* ... ... ... ... ... ... ... ... ... ... ... ... 137
3.1.2.1. *Compras al contado* ... ... ... ... ... ... ... ... ... ... ... 139
3.1.2.2. *Compra a plazos* ... ... ... ... ... ... ... ... ... ... ... 140
3.1.2.2.1. *Antes del matrimonio* ... ... ... ... ... ... ... ... ... 140
3.1.2.2.2. *Después del matrimonio* ... ... ... ... ... ... ... ... 143
3.1.3. *Posible utilización del derecho de habitación como garantía del uso de la vivienda familiar* ... ... ... ... ... ... ... ... 144

4. LA VIVIENDA FAMILIAR EN LAS FASES DE CRISIS ... ... ... ... ... ... 144
4.1. *Origen y naturaleza jurídica del derecho de ocupación de la vivienda familiar* ... ... ... ... ... ... ... ... ... ... ... ... ... ... ... 145
4.2. *Constancia registral del derecho de ocupación en las medidas previas y provisionales* ... ... ... ... ... ... ... ... ... ... ... ... ... 147
4.3. *Constancia registral del derecho de ocupación en las medidas definitivas* ... ... ... ... ... ... ... ... ... ... ... ... ... ... ... ... ... 149
4.4. *Actos dispositivos sobre el derecho que sustenta la ocupación* ... 151

5. EL CONSENTIMIENTO DEL OTRO CÓNYUGE Y LA AUTORIZACIÓN JUDICIAL SUPLETORIA ... ... ... ... ... ... ... ... ... ... ... ... ... ... ... 157
5.1. *El asentimiento* ... ... ... ... ... ... ... ... ... ... ... ... ... ... 157
5.1.1. *Su carácter específico* ... ... ... ... ... ... ... ... ... ... ... 157
5.1.2. *Posibilidad de un asentimiento general* ... ... ... ... ... ... 158
5.2. *La autorización judicial supletoria* ... ... ... ... ... ... ... ... ... 159

6. LA EJECUCIÓN FORZOSA SOBRE LA VIVIENDA FAMILIAR ... ... ... ... 160
6.1. *En la fase de normalidad del matrimonio* ... ... ... ... ... ... ... 160
6.2. *En las fases de crisis* ... ... ... ... ... ... ... ... ... ... ... ... ... 160
6.3. *Embargos* ... ... ... ... ... ... ... ... ... ... ... ... ... ... ... ... 162

7. LA ANULACIÓN DE LOS ACTOS UNILATERALES RELATIVOS A LA VIVIENDA FAMILIAR ... ... ... ... ... ... ... ... ... ... ... ... ... ... ... ... 163
7.1. *Efectos entre las partes* ... ... ... ... ... ... ... ... ... ... ... ... 163
7.2. *Efectos frente a terceros* ... ... ... ... ... ... ... ... ... ... ... ... 164

8. CANCELACIÓN DEL CARÁCTER REGISTRAL DE LA VIVIENDA EN EL REGISTRO ... ... ... ... ... ... ... ... ... ... ... ... ... ... ... ... ... ... 165

PAGINA

8.1. *Durante la normalidad del matrimonio* ... ... ... ... ... ... ... ... 165
8.1.1. *Fijación del domicilio conyugal por decisión judicial* ... ... 165
8.1.2. *Notas marginales de determinación de cuota indivisa que haya de tener carácter ganancial en el supuesto del art. 1357, 2 C.c.* ... ... ... ... ... ... ... ... ... ... ... ... ... ... ... ... 166
8.2. *En las fases de crisis matrimoniales* ... ... ... ... ... ... ... ... 167

9. Los muebles del ajuar en el registro de hipoteca mobiliaria y prenda sin desplazamiento ... ... ... ... ... ... ... ... ... ... 168

10. Predetracción sucesoria de la vivienda familiar ... ... ... ... 168

11. Conclusiones ... ... ... ... ... ... ... ... ... ... ... ... ... ... ... ... ... 168

# III

# CRITERIOS Y PRAXIS JUDICIALES SOBRE EL HOGAR FAMILIAR

## LA VIVIENDA FAMILIAR DURANTE EL TRATAMIENTO DE LAS CRISIS MATRIMONIALES

Xavier O'Callaghan

1. Cuestiones previas ... ... ... ... ... ... ... ... ... ... ... ... ... ... ... 175
1.1. *Normalidad del matrimonio. Crisis matrimoniales* ... ... ... ... 175
1.2. *Nulidad, divorcio, separación* ... ... ... ... ... ... ... ... ... ... ... 176
1.3. *Problema de la vivienda familiar en las crisis matrimoniales* ... 178
1.4. *¿Desaparece el concepto de vivienda familiar?* ... ... ... ... ... 179
1.5. *Separación de titularidad y derecho de ocupación* ... ... ... ... 180
1.6. *Titularidad: supuestos* ... ... ... ... ... ... ... ... ... ... ... ... ... 181
1.7. *Derecho de ocupación* ... ... ... ... ... ... ... ... ... ... ... ... ... 182
1.7.1. *Planteamiento* ... ... ... ... ... ... ... ... ... ... ... ... ... ... ... 182
1.7.2. *Naturaleza jurídica* ... ... ... ... ... ... ... ... ... ... ... ... ... 183
1.7.3. *Constitución* ... ... ... ... ... ... ... ... ... ... ... ... ... ... ... ... 190
1.7.4. *Titular del derecho de ocupación* ... ... ... ... ... ... ... ... ... 191
1.7.5. *Disponibilidad de la vivienda* ... ... ... ... ... ... ... ... ... ... 192
1.7.6. *Intransmisibilidad del derecho de ocupación* ... ... ... ... ... 192
1.7.7. *Extinción del derecho de ocupación* ... ... ... ... ... ... ... ... 193

PAGINA

2. Las medidas previas a los procesos de crisis matrimoniales, en su incidencia con la vivienda familiar ... ... ... ... ... ... ... 194
2.1. *Alejamiento de un cónyuge de la vivienda familiar* ... ... ... ... 194
2.2. *Medidas judiciales previas* ... ... ... ... ... ... ... ... ... ... ... 195

3. Las medidas provisionales, admitida la demanda, en relación con la vivienda familiar ... ... ... ... ... ... ... ... ... ... ... 198
3.1. *Planteamiento* ... ... ... ... ... ... ... ... ... ... ... ... ... ... ... 198
3.2. *Acuerdo de ambos cónyuges* ... ... ... ... ... ... ... ... ... ... ... 199
3.3. *Resolución judicial sobre la vivienda familiar* ... ... ... ... ... 200
3.4. *Provisionalidad* ... ... ... ... ... ... ... ... ... ... ... ... ... ... ... 201

4. La vivienda familiar en la ejecución de sentencia de nulidad, divorcio y separación: las llamadas medidas definitivas ... ... 203
4.1. *Proemio* ... ... ... ... ... ... ... ... ... ... ... ... ... ... ... ... ... 203
4.2. *Atribución del uso de la vivienda familiar por acuerdo o convenio regulador* ... ... ... ... ... ... ... ... ... ... ... ... ... ... ... ... 206
4.3. *No convenio ni acuerdo: resolución judicial sobre la vivienda familiar* ... ... ... ... ... ... ... ... ... ... ... ... ... ... ... ... ... ... 207
4.4. *A modo de apéndice: la vivienda familiar en la separación de hecho* ... ... ... ... ... ... ... ... ... ... ... ... ... ... ... ... ... ... 209

## CRITERIOS JUDICIALES EN LA ADJUDICACION DEL USO DE LA VIVIENDA Y AJUAR FAMILIARES. SU APLICACION EN LOS DISTINTOS SUPUESTOS PROCESALES

Jaime Santos Briz

1. Criterios judiciales en la adjudicación del uso de la vivienda y ajuar familiares ... ... ... ... ... ... ... ... ... ... ... ... ... ... 211
1.1. *Concepto de vivienda* ... ... ... ... ... ... ... ... ... ... ... ... ... 211
1.2. *Concepto de familia y su significación en nuestros días* ... ... ... 212
1.2.1. *Concepción sociológica de la familia* ... ... ... ... ... ... ... 213
1.2.2. *Democratización e igualdad en las relaciones familiares* ... ... 214
1.2.3. *El principio de igualdad de los esposos y su alcance* ... ... 214
1.2.4. *La idea de objetividad en la regulación de las crisis matrimoniales* ... ... ... ... ... ... ... ... ... ... ... ... ... ... ... ... 216
1.2.5. *Protección integral de los hijos. La protección del niño en el ámbito internacional* ... ... ... ... ... ... ... ... ... ... ... ... ... 217
1.3. *Principios de derecho positivo y natural: el orden público en este ámbito* ... ... ... ... ... ... ... ... ... ... ... ... ... ... ... ... 218

PAGINA

1.4. *Subsidiariedad de las resoluciones judiciales. Discrecionalidad judicial y sus límites* ... ... ... ... ... ... ... ... ... ... ... ... ... 219
1.5. *El interés de los hijos como el más digno de protección. Hijos mayores de edad aún necesitados de asistencia familiar* ... ... ... 221
1.6. *La unidad de la familia y su ámbito* ... ... ... ... ... ... ... ... 222
1.7. *El interés de la familia: su calificación desde los puntos de vista sustantivo y procesal* ... ... ... ... ... ... ... ... ... ... ... ... ... 223
1.7.1. *Distintos supuestos de interés familiar* ... ... ... ... ... ... 225
1.7.2. *El interés familiar más necesitado de protección. La jurisprudencia de intereses y la jurisprudencia de valoración a este respecto* ... ... ... ... ... ... ... ... ... ... ... ... ... ... ... 227
1.8. *Tónica general de la práctica judicial acerca de la atribución del uso de la vivienda y ajuar familiares* ... ... ... ... ... ... ... ... 228
1.8.1. *El bien de los hijos y criterios de su apreciación* ... ... ... 229
1.8.2. *Derecho de guarda de los hijos como determinante de la atribución del uso de la vivienda* ... ... ... ... ... ... ... ... ... 231
1.8.3. *La atribución del uso de la vivienda en la práctica judicial* ... 234
1.8.4. *Titularidad sobre la vivienda y su atribución. Habiendo hijos. Habiendo otros parientes o allegados. No habiendo hijos* ... 235
1.8.5. *Otros criterios de esta práctica judicial* ... ... ... ... ... ... 237
1.8.6. *Situación arrendaticia de la vivienda familiar. Aspectos sustantivos* ... ... ... ... ... ... ... ... ... ... ... ... ... ... ... ... ... 240
1.9. *Otros factores influyentes sobre el criterio judicial. Factores de orden moral. Factores de orden económico. Factores de orden social* ... ... ... ... ... ... ... ... ... ... ... ... ... ... ... ... ... 242
1.10. *Carácter provisional de las resoluciones judiciales en esta materia* ... ... ... ... ... ... ... ... ... ... ... ... ... ... ... ... ... 244

2. APLICACIÓN DE LOS CRITERIOS JUDICIALES EN LA ADJUDICACIÓN DEL USO DE LA VIVIENDA Y AJUAR FAMILIARES EN LOS DISTINTOS SUPUESTOS PROCESALES ... ... ... ... ... ... ... ... ... ... ... ... ... ... ... 245
2.1. *Provisionalidad de las medidas judiciales a acordar* ... ... ... ... 245
2.2. *Supletoriedad de la intervención judicial* ... ... ... ... ... ... ... 246
2.3. *Medidas provisionales del art. 103 del Código civil* ... ... ... ... 247
2.4. *Trámites procesales en cada caso. Medidas provisionales del art. 104 y sus características procesales* ... ... ... ... ... ... ... ... 248
2.5. *El interés de los hijos como limitativo del arbitrio judicial. Supuesto de ausencia de hijos. Supuesto de derecho privativo de uno de los cónyuges o de los dos sobre la vivienda* ... ... ... ... ... 250

BIBLIOGRAFÍA ... ... ... ... ... ... ... ... ... ... ... ... ... ... ... ... ... ... 255

PAGINA

VARIACIONES POSTERIORES DE MEDIDAS ADOPTADAS EN RELACION A LA VIVIENDA Y AL AJUAR FAMILIARES POR ALTERACION SUSTANCIAL DE LAS CIRCUNSTANCIAS

Francisco Javier Fernández Urzainqui

1. La modificabilidad de las medidas provisionales y definitivas en la reciente reforma del derecho de familia ... ... 257
1.1. *Presupuestos y alcance de la modificación* ... ... ... ... ... ... 261
1.1.1. *La modificación por alteración sustancial de las circunstancias.* 261
1.1.2. *La modificación por acuerdo de los cónyuges abstracción hecha de sus circunstancias* ... ... ... ... ... ... ... ... ... ... 264
1.1.2.1. *El acuerdo de los interesados* ... ... ... ... ... ... ... ... 265
1.1.2.2. *La aprobación judicial* ... ... ... ... ... ... ... ... ... ... ... 266
1.1.2.3. *Valor y eficacia del acuerdo modificativo extrajudicial* ... 267
1.2. *Modificación, sucesión, revocación y actualización de medidas* ... 268
1.2.1. *La sustitución de las medidas provisionales previas por coetáneas y de las coetáneas por definitivas* ... ... ... ... ... ... 268
1.2.2. *La adopción de medidas en procedimientos matrimoniales sucesivos* ... ... ... ... ... ... ... ... ... ... ... ... ... ... ... ... 270
1.2.3. *La revocación de medidas por hechos no contemplados en primera instancia* ... ... ... ... ... ... ... ... ... ... ... ... ... ... 271
1.2.4. *La actualización de medidas con arreglo a sus originarias previsiones* ... ... ... ... ... ... ... ... ... ... ... ... ... ... ... ... 272
1.3. *Rogación y oficialidad en la modificación de medidas* ... ... ... ... 273
1.4. *Trámites procesales de la modificación de medidas* ... ... ... ... 276

2. Variaciones en las circunstancias que determinan la extinción de las medidas relativas al uso de la vivienda y ajuar familiar, alteran los términos de su constitución o justifican su revisión ... ... ... ... ... ... ... ... ... ... ... ... ... ... ... ... 278
2.1. *Variaciones en relación con la titularidad y disponibilidad de la vivienda y del ajuar familiares* ... ... ... ... ... ... ... ... ... ... 279
2.1.1. *La destrucción material del objeto* ... ... ... ... ... ... ... ... 279
2.1.2. *La transmisión a un tercero y la expropiación de la titularidad* ... ... ... ... ... ... ... ... ... ... ... ... ... ... ... ... ... 281
2.1.3. *Resolución del arrendamiento concertado sobre la vivienda* ... 282
2.1.4. *La extinción del usufructo o la habitación que correspondían al titular* ... ... ... ... ... ... ... ... ... ... ... ... ... ... ... ... 284
2.1.5. *El cese en el cargo incentivado o gratificado con la asignación de la vivienda* ... ... ... ... ... ... ... ... ... ... ... ... ... ... ... 284
2.1.6. *La adquisición de la titularidad por el ocupante o la constitución de otro derecho real o personal de goce sobre la vivienda en su favor* ... ... ... ... ... ... ... ... ... ... ... ... ... 285

PAGINA

2.2. *Variaciones relativas a la situación y circunstancias personales de los cónyuges e hijos y al uso de la vivienda familiar* ... ... ... ... 286
2.2.1. *Muerte del cónyuge o de los hijos a quienes se asignó el uso de la vivienda* ... ... ... ... ... ... ... ... ... ... ... ... ... ... 286
2.2.2. *Privación de la guarda sobre los hijos: su atribución al otro cónyuge o a un tercero* ... ... ... ... ... ... ... ... ... ... ... ... 287
2.2.3. *Extinción de la patria potestad; particular referencia a la mayoría de edad de los hijos del matrimonio* ... ... ... ... ... 289
2.2.4. *El nuevo matrimonio del ex cónyuge no titular* ... ... ... ... 290
2.2.5. *La convivencia marital del cónyuge no titular con un tercero.* 292
2.2.6. *La reunión de los esposos en el mismo hogar sin reanudación de la convivencia* ... ... ... ... ... ... ... ... ... ... ... ... ... 292
2.2.7. *El no uso o mal uso de la vivienda familiar por los beneficiarios de su atribución* ... ... ... ... ... ... ... ... ... ... ... 293
2.2.8. *Otras: el desplazamiento subjetivo del interés familiar más necesitado de protección* ... ... ... ... ... ... ... ... ... ... ... 294
2.3. *El acaecimiento de hechos extintivos o modificativos previstos con la adopción de la medida* ... ... ... ... ... ... ... ... ... ... ... ... 295

BIBLIOGRAFÍA ... ... ... ... ... ... ... ... ... ... ... ... ... ... ... ... ... ... 297

# IV

# EL HOGAR FAMILIAR ANTE LOS DERECHOS FORALES Y EL DERECHO AGRARIO

## EL CONCEPTO Y EL REGIMEN DE LA «VIVIENDA FAMILIAR» DEL CODIGO CIVIL EN LOS DERECHOS FORALES Y EN EL DERECHO AGRARIO

Francisco Sancho Rebullida
Enrique Rubio Torrano

1. CONCEPTO Y RÉGIMEN DE «VIVIENDA FAMILIAR» EN EL CÓDIGO CIVIL: UNIDAD O DIVERSIDAD ... ... ... ... ... ... ... ... ... ... ... ... 301

2. LA TENSIÓN «VIVIENDA FAMILIAR» — «CASA FORAL» ... ... ... ... ... 304

PAGINA

3. Casa foral y empresa agraria ... 305

4. Casa foral y comunidad familiar ... 305
4.1. *Navarra* ... 306
4.2. *Aragón* ... 309
4.3. *Cataluña* ... 310
4.4. *Galicia* ... 311

5. Cuestiones y conclusiones ... 313

6. Aplicabilidad del Código civil en los regímenes forales ... 314

7. La vivienda familiar en el Derecho agrario ... 315

# V

# HOGAR FAMILIAR Y DERECHO EUROPEO

## LA CONFIGURACION DE LA VIVIENDA FAMILIAR Y DE SU AJUAR EN EL DERECHO EUROPEO. LINEAS DE CONSTRUCCION Y DIRECTRICES DE POLITICA LEGISLATIVA FORMULADAS POR EL CONSEJO DE EUROPA

José A. Corriente Córdoba

1. Panorama de las legislaciones europeas occidentales ... 321
1.1. *Bélgica* ... 322
1.2. *Francia* ... 323
1.3. *Italia* ... 324
1.4. *Luxemburgo* ... 325
1.5. *Países Bajos* ... 325
1.6. *República Federal Alemana* ... 326
1.7. *Reino Unido* ... 326
1.8. *Irlanda* ... 328

2. Los trabajos sobre vivienda familiar y su ajuar en el seno del Consejo de Europa ... 329
2.1. *Trabajos desarrollados* ... 329

PAGINA

2.2. *La Conferencia Europea sobre Derecho de Familia, Viena 1977* ... 330
2.3. *La resolución (78) 37, del Comité de Ministros sobre igualdad de los esposos en Derecho Civil* ... ... ... ... ... ... ... ... ... ... 333
2.4. *La Recomendación n.º R(81) 15, del Comité de Ministros sobre los derechos de los cónyuges relativos a la ocupación de la vivienda familiar y a la utilización del ajuar* ... ... ... ... ... 335
2.4.1. *Objetivos. Valor jurídico. Declaraciones y reservas* ... ... ... 335
2.4.2. *Contenido de la recomendación* ... ... ... ... ... ... ... ... 337
2.4.2.1. *Vivienda familiar* ... ... ... ... ... ... ... ... ... ... ... 337
2.4.2.2. *El ajuar familiar* ... ... ... ... ... ... ... ... ... ... ... 339

3. Un perfil del régimen jurídico europeo de la vivienda familiar y de su ajuar ... ... ... ... ... ... ... ... ... ... ... ... ... 340
3.1. *El modelo general: vivienda familiar matrimonial* ... ... ... ... 340
3.2. *El problema de las parejas no casadas* ... ... ... ... ... ... ... 341

# VI

# UNIONES NO MATRIMONIALES Y VIVIENDA FAMILIAR

## LAS PAREJAS NO CASADAS Y LA CONSTRUCCION DE LA NOCION DE VIVIENDA FAMILIAR EN ESTOS SUPUESTOS

Luis Arechederra Aranzadi

1. Introducción ... ... ... ... ... ... ... ... ... ... ... ... ... ... ... ... 347

2. La sentencia del Tribunal Supremo de 3 de julio de 1984 ... 348
2.1. *El supuesto de hecho* ... ... ... ... ... ... ... ... ... ... ... ... 348
2.2. *La sentencia del Juzgado de Primera Instancia de Bilbao (n.º 1) de 15 de octubre de 1979* ... ... ... ... ... ... ... ... ... ... ... 349
2.3. *La sentencia de la Sala de lo Civil de la Audiencia Territorial de Burgos de 18 de mayo de 1982* ... ... ... ... ... ... ... ... 351
2.4. *La sentencia del Tribunal Supremo de 3 de julio de 1984* ... ... 352

3. El proyecto de matrimonio ... ... ... ... ... ... ... ... ... ... ... 353
3.1. *La boda prevista como hecho previsto* ... ... ... ... ... ... ... 353
3.2. *El proyecto de matrimonio como motivo de la adquisición* ... 355

PAGINA

4. LAS PAREJAS NO CASADAS COMO FENÓMENO FAMILIAR ... ... ... ... ... 356

5. EL TRATAMIENTO DE LOS CONFLICTOS DE INTERESES ... ... ... ... ... 357

6. LA DIMENSIÓN FAMILIAR DEL FENÓMENO DE LAS PAREJAS NO CASADAS ... ... ... ... ... ... ... ... ... ... ... ... ... ... ... ... ... ... ... ... 357
6.1. *El parámetro constitucional* ... ... ... ... ... ... ... ... ... ... ... 357
6.2. *Relevancia jurídica de la pareja no casada en el ordenamiento* ... 359
6.3. *La actual redacción del artículo 945 C.c.* ... ... ... ... ... ... ... 360
6.4. *Cierta jurisprudencia laboral* ... ... ... ... ... ... ... ... ... ... 360
6.5. *La pareja no casada al margen del parámetro constitucional* ... ... 361

7. LA PAREJA NO CASADA CON HIJOS Y LA NOCIÓN DE VIVIENDA FAMILIAR ... ... ... ... ... ... ... ... ... ... ... ... ... ... ... ... ... 361

8. LAS CRISIS DE LAS PAREJAS NO CASADAS Y LA VIVIENDA FAMILIAR ... 363

9. LOS TERCEROS Y LAS PAREJAS NO CASADAS ... ... ... ... ... ... ... 363

10. POSIBLE INCIDENCIA EN EL TEMA DE LA SENTENCIA DEL TRIBUNAL SUPREMO DE 19 DE OCTUBRE DE 1983 ... ... ... ... ... ... ... ... 364

BIBLIOGRAFÍA ... ... ... ... ... ... ... ... ... ... ... ... ... ... ... ... ... 367

# PRESENTACION

Con la publicación del presente volumen dedicado al «hogar y ajuar de la familia», la División Interdisciplinar para la Familia ultima una trilogía de obras —las dos primeras relativas al «derecho de visita de los menores» y a los «convenios reguladores de las relaciones conyugales, paterno-filiales y patrimoniales» * —que ofrecen al estudioso del Derecho de familia un conocimiento doctrinal y jurisprudencial, teórico y práctico, de los puntos más candentes de nuestro sistema jurídico en los supuestos de crisis del matrimonio o de la familia. Nos ha parecido que un buen método —quizás no el único— para en un futuro próximo afrontar estudios de política legislativa sobre la familia pasaba por una previa atención a los más significativos y concretos problemas del funcionamiento real ordinario, cotidiano, de las normas que disciplinan la vida del matrimonio y de la familia. Un propósito de mejora progresiva del sistema, en su conjunto, queda sin duda más avalado desde los resultados y las conclusiones que se inducen después de un estudio de sus elementos más concretos y frecuentes.

En esta misma dirección, como ya ocurrió en la elaboración de los dos volúmenes antecedentes, ha vuelto a demostrarse altamente satisfactoria la experiencia de combinar el trabajo de profesores y magistrados, algunos con ambas cualificaciones, y todo ello mediante periódicas reuniones de trabajo acompasadas al ritmo de maduración de las sucesivas capas redaccionales de la obra. Se ha obtenido así un nivel razonablemente seguro de exhaustividad, de armonía entre el enfoque dogmático-doctrinal y el práctico-casuístico, que brinda a cualquier lector los criterios y soluciones tanto para la elaboración conceptual cuanto, sobre todo, para seleccionar una concreta respuesta adecuada a un caso singular.

* DIVISIÓN INTERDISCIPLINAR PARA LA FAMILIA, *El derecho de visita de los menores en las crisis matriconiales. Teoría y praxis,* Pamplona 1982 (2ª ed.); *Convenios reguladores de las relaciones conyugales paterno-filiales y patrimoniales en las crisis del matrimonio. Bases conceptuales y cristerios judiciales.* Pamplona 1984.

La feliz síntesis que, a modo de prólogo, José Luis Lacruz Berdejo, maestro de civilistas, ha escrito para este volumen bajo el título *Introducción al estudio del hogar y ajuar familiares,* me excusa, obviamente, de intentar una presentación del contenido y significación del tema del hogar y ajuar familiares en nuestro actual Derecho matrimonial y de familia. A sus magníficas páginas remito al lector. Sin embargo, este es el momento de manifestar el agradecimiento de la DIF hacia su labor, verdaderamente de inestimable imaginación y empuje, tanto como miembro del equipo que ha ideado y llevado a cabo la organización interna del proyecto, cuanto como autor y ponente de la obra. También en este doble papel, justo es, a su vez, resaltar la eficaz y siempre valiosa contribución de Francisco Sancho Rebullida, cuya conocida maestría, puesta generosamente al servicio de estos proyectos de la DIF, ha permitido el feliz resultado obtenido en el presente y anteriores volúmenes. Los demás componentes del equipo responsable de la organización y realización ejecutiva del proyecto han sido de nuevo los matrimonialistas Javier Escrivá-Ivars, Jenaro de No y Lengaran, y Jorge Batalla Casanovas, cuya competencia y experiencia profesionales y cuya disponibilidad quiero expresamente agradecer y subrayar como imprescindibles.

Capítulo aparte merece la labor desarrollada por los autores que firman el contenido de la obra. Mejor que nadie son conocedores del esfuerzo, a lo largo de dos años, en sucesivas e intensas reuniones de trabajo, por transformar, mediante diferentes elaboraciones redaccionales, singulares ponencias en una unidad monográfica que, en la medida de lo posible y siempre respetando la libertad de matices y posturas individuales, integrase las aportaciones de los otros en la construcción propia. La generosidad intelectual y la disposición personal, que ello implica, quiero ahora agradecer en lo que tiene de inestimable y, quizás, de insólita. En esta tan loable actitud y capacidad no han regateado nunca esfuerzos: Prof. Dr. D. Luis Arechederra Aranzadi, Catedrático de Derecho civil, Universidad del País Vasco; Prof. Dr. D. José A. Corriente Córdoba, Profesor Agregado de Derecho Internacional Público y Privado, Universidad de Navarra; Prof. Dr. D. Gabriel García Cantero, Catedrático de Derecho Civil, Universidad de Zaragoza; Ilmo. Sr. D. Francisco J. Fernández Urzainqui, Magistrado, Excma. Audiencia Territorial de Bilbao; Sr. D. Juan L. Gimeno Lafuente, Notario y Registrador de la Propiedad; Prof. Dr. D. Xavier O'Callaghan, Magistrado, Catedrático de Derecho Civil; Sr. D. Juan A. Ortega y Díaz Ambrona, Letrado del Consejo de Estado; Prof. Dr. D. Enrique Rubio Torrano, Profesor Titular de Derecho Civil, Universidad de Navarra; Excmo. Sr. D. Jaime Santos Briz, Magistrado de la Sala I del Tribunal Supremo; Prof. Dr. D. Eduardo Serrano Alonso, Magistrado, Catedrático de Derecho Civil, Universidad de Oviedo.

Como ha sido habitual en anteriores proyectos, cuando los autores y el equipo ejecutivo han considerado llegado el momento de contrastar el nivel de elaboración de los trabajos con un numeroso y selecto grupo de especialistas, la DIF ha organizado a tal fin el III Symposium de Derecho matrimonial dedicado al tema «La vivienda familiar» durante los días 13 al 15 de diciembre de 1984. Queremos agradecer la presencia y, en especial, las intervenciones, que permitieron un mayor avance de los trabajos, de: Prof. Dr. José Alvarez Caperochipi, Profesor Titular de Derecho Civil, Universidad de Santiago de Compostela; Ilmo. Sr. D. Antonio Anaya Gómez, Magistrado-Juez del Juzgado de Primera Instancia Núm. 1 de Valladolid; Ilmo. Sr. D. José Arregui Gil, Presidente de la Sala de lo Civil de la Excma. Audiencia Territorial de Pamplona; Ilmo. Sr. D. Eduardo Baena Ruiz, Magistrado-Juez del Juzgado de Primera Instancia Núm. 3 (De Familia) de Córdoba; Sr. D. José Ballano Gonzalo, Secretario del Juzgado Núm. 3 (De Familia) de Pamplona; Sr. D. Jorge Batalla, Profesor de Derecho Constitucional, Universidad de Navarra; Sr. D. Juan Bolas Alfonso, Notario, Madrid; Ilmo. Sr. D. José Caliz Cobaleda, Juez del Juzgado de Primera Instancia e Instrucción de Puertollano (Ciudad Real); Sr. D. José A. Calvo González de Lara, Registrador de la Propiedad, Pamplona; Prof. D.ª Herminia Campuzano, Profesor de Derecho Civil, Universidad de Oviedo; Excmo. Sr. D. Adolfo Carretero, Vicepresidente del Consejo General del Poder Judicial; Prof. D. Julio Carvajo González, Profesor de Derecho Civil, Universidad de Oviedo; Prof. Dr. D. Faustino Cordón, Profesor Titular de Derecho Procesal, Universidad de Navarra; Ilmo. Sr. D. Victoriano Cubero Romeo, Magistrado de Trabajo, Pamplona; Excmo. Sr. D. Mario Deán Guelbenzu, Presidente de la Excma. Audiencia; Ilmo. Sr. D. José M.ª Irigaray Undiano, Magistrado de la Sala de lo Civil de la Excma. Audiencia Territorial de Pamplona; Ilmo. Sr. D. José M.ª Lombardo Vázquez, Fiscal del Juzgado de Instrucción Núm. 19 de Madrid; Ilmo. Sr. D. Luis M. López Mora, Juez Decano del Tribunal Tutelar de Menores de Madrid; Prof. Dr. D. Agustín Luna Serrano, Catedrático de Derecho Civil, Universidad de Barcelona; Ilmo. Sr. D. Jesús Marina Martínez Pardo, Vocal del Consejo General del Poder Judicial; Prof. Dr. D. Carlos Martínez de Aguirre, Profesor de Derecho Civil. Universidad de Zaragoza; Ilmo. Sr. D. Daniel

Mata Vidal, Presidente de la Ilma. Audiencia Provincial de Pamplona; Ilmo. Sr. D. Segundo Menéndez Pérez, Magistrado-Juez de la Sala de lo Civil de la Excma. Audiencia Territorial de Bilbao; Prof. Dr. D. Arturo Merino Gutiérrez, Profesor Titular de Derecho Civil, Universidad de Oviedo; Ilmo. Sr. D. Ignacio Merino Zalba, Magistrado-Juez del Juzgado de Primera Instancia Núm. 3 (De Familia) de Pamplona; Ilmo. Sr. D. Joaquín Miqueleiz Bronte, Magistrado-Juez del Juzgado de Primera Instancia Núm. 1 (Decano) de Pamplona; Prof. D.ª Carmen Moreno Luque, Profesor de Derecho Civil, Universidad de Oviedo; Sr. D. Francisco Javier Muñoz Cuesta, Abogado-Fiscal de la Excma. Audiencia Territorial de Pamplona; D. Félix Olalla Mariscal, Secretario del Juzgado de Primera Instancia Núm. 3 de Valladolid; Ilmo. Sr. D. Alfonso Otero Pedrouzo, Magistrado-Juez del Juzgado de Instrucción Núm. 2 de Pamplona; Ilmo. Sr. D. Javier Pereda Gámez, Magistrado-Juez del Juzgado de Primera Instancia Núm. 16 (De Familia) de Barcelona; Prof. Dr. D. Juan Pérez Alhama, Profesor Titular de Derecho Canónico, Universidad Complutense de Madrid; Ilmo. Sr. D. José Posse Carballido, Magistrado-Juez del Juzgado de Primera Instancia Núm. 1 de Palma de Mallorca; Ilmo. Sr. D. Manuel Rico Lara, Magistrado-Juez del Juzgado de Primera Instancia Núm. 7 (De Familia) de Sevilla; Ilmo. Sr. D. Manuel Rodríguez De Vicente Tutor, Magistrado-Juez del Juzgado de Primera Instancia Núm. 6 (De Familia) de Zaragoza; Excmo. Sr. D. Martín Rodríguez Estevan, Fiscal-Jefe de la Excma. Audiencia Territorial de Pamplona; Ilmo. Sr. D. Carlos Rodríguez Valverde, Magistrado-Juez del Juzgado de Primera Instancia Núm. 3 (De Familia) de Granada; Ilmo. Sr. D. Rafael Ruiz De La Cuesta, Magistrado-Juez del Juzgado de Primera Instancia Núm. 2 de Pamplona; Ilmo. Sr. D. Julio Sáez Vélez, Magistrado-Juez del Juzgado de Primera Instancia Núm. 1 (Decano) de Santander; Ilmo. Sr. D. José R. San Román, Magistrado-Juez del Juzgado de Primera Instancia Núm. 1 (Decano) de Bilbao; Ilmo. Sr. D. Francisco Soto Nieto, Presidente de la Excma. Audiencia Provincial de Gerona; Ilmo. Sr. D. Manuel Taboar Ventanach, Juez del Juzgado de Primera Instancia Núm. 1 de Manresa; Ilmo. Sr. D. Humberto Vaillo Rodrigo, Magistrado de la Audiencia Provincial de Cuenca; Ilmo. Sr. D. Fermín Zubiri Oteiza, Juez del Juzgado de Instrucción Núm. 2 de Pamplona.

PEDRO-JUAN VILADRICH

Catedrático de Universidad.
Director de la División Interdisciplinar
para la Familia.

# *INTRODUCCION AL ESTUDIO DEL HOGAR Y AJUAR FAMILIARES. A MODO DE PROLOGO*

*José Luis Lacruz Berdejo*

## 1. La nueva disciplina del hogar familiar

Versa esta colección de trabajos sobre un tema tan antiguo como la humanidad, arraigado en las *mores* desde siempre, pero carente por lo común de valoración jurídica hasta nuestros días: ajeno a los tratados de pandectas o a las exégesis al uso hace cincuenta o cien años.

En efecto, si prescindimos de consideraciones sociológicas y nos atenemos al Derecho positivo, apenas encontraremos, antes de los últimos decenios, una «vivienda familiar» como objeto de protección o contemplación por el ordenamiento. El cobijo de una familia o los muebles que lo guarnecen no ofrecen, hasta época reciente, connotaciones específicas de su titularidad en razón de su destino familiar, y el ordenamiento no conoce sino su pertenencia individual, sea en propiedad o en posesión, por título real o personal, en posesión exclusiva o compartida; sin que la adscripción del local al uso de un grupo familiar modifique o adicione la disciplina legal de su tenencia.

Hasta la relación de bienes insusceptibles de embargo según la Ley de Enjuiciamiento Civil se limita a los objetos muebles más elementales, relacionados con el individuo, omitiendo cualquier referencia a las necesidades del grupo familiar o al asentamiento de éste. Es más: en la legislación procesal vigente se observa, sin duda en acatamiento al liberalismo del siglo XIX, una regresión de la tutela que prestaban a la familia, ante el embargo de bienes por deudas y en procedimiento ejecutivo, diversas leyes recopiladas y también —siglo XIII— las de Partida. Exceptúan éstas del embargo masas importantes de bienes que constituyen el núcleo de la empresa de la que presumiblemente se alimenta la familia —hasta cien cabezas de ganado, en algunos casos—, o bien salvan, con fórmula mucho más general que la del art. 1.449 de la Lec., los «libros, ropas, e las otras cosas todas de su cozina que ha menester para el servicio de su comer»; «e las otras cosas de su casa que ha menester cada día» (Part., 5, 13, 5). Cosas que quedan exceptuadas del embargo incluso cuando se utilicen por «barragana que tenga manifiestamente en su casa, e los hijos», mostrando aquí el texto alfonsino una visión asombrosamente liberal de la familia, de la que se perderá noticia cuando el concubinato parafamiliar deje de ser una prueba de la paternidad.

Mas tampoco en la edad media o la moderna el lugar mismo donde se asienta la vida familiar goza del propio beneficio de inembargabilidad, acaso porque no pareció prudente vincular a la familia, en perjuicio de los acreedores, la libre disponibilidad de un valor tan elevado. Sólo el Código penal llegaría a tutelar en cierto aspecto el «derecho al hogar» de la mujer legítima cuando consideraba reo del delito de adulterio al marido que tenía «manceba en la propia morada»; pero tutela, entonces, no del derecho al local o los muebles, de los que podía disponer libremente —desplazar, por tanto, a su voluntad— el marido gestor de los gananciales y árbitro de la fijación del domicilio: se tutelaba la dignidad de la esposa; su derecho al honor.

La nueva disciplina del hogar familiar, que llega a España con la última reforma —precedida de abundantes precedentes extranjeros— y corresponde a un sistema de disciplina familiar basado en otros principios —plena igualdad de marido y mujer en obligaciones, facultades y derechos; minusvaloración del matrimonio; equiparación de los hijos nacidos de éste y los no matrimoniales—, nos ha traído, al fin, la sustantivación del concepto de vivienda familiar, y ello en dos frentes, a saber, uno, el de la protección del hogar común frente a la decisión del dueño del local o de los objetos domésticos de enajenar aquél o éstos (nuevo art. 1.320); otro, el de la conservación del hogar para la parte con interés familiar prevalente en las situaciones de crisis del matrimonio (arts. 90, 96, 103) y cuando éste se disuelve por muerte de un cónyuge (art. 1.406).

## 2. El hogar familiar como objeto del derecho

Aparece, así, el «hogar familiar», en diversos aspectos, como objeto del derecho. No, formando una sola cosa, o una cosa compuesta, evidentemente; pero sí, en ciertos aspectos, una unidad teleológica en la que se integran la vivienda «habitual» y los objetos necesarios para la vida en común incluidos en ella. Alhajado con tales implementos, aparece el local como componente de un concepto, como *fundus instructus,* sin que la posible diferencia de título jurídico de tenencia o de sujeto propietario reste unidad, organicidad, a lo que no constituye una entidad física uniforme, pero sí un denominador común de fuerte contenido personal.

Esto último, debe subrayarse también en el tratamiento jurídico. Los muebles y el local no constituyen un mero agregado de cosas, sino que en ellos van implicados intereses extrapatrimoniales, ante todo una carga de intimidad y de recuerdos. El hogar, a través de los objetos materiales, tiene también una consistencia inmaterial que merece protección, y a la que habrá de atender el juzgador. Por ejemplo: no se trata de un montón de muebles, sino de unos muebles colocados en unas habitaciones, desempeñando una función, de modo que uno de los cónyuges no podría, por sí solo, desafectar el mueble del papel que desempeña hasta ahora en el hogar para asignarle otro nuevo. Los muebles, los objetos usados en la familia, habiendo desempeñado su función en el hogar, han adquirido, a través de su afección, una dimensión de intimidad que posiblemente entra en la esfera de protección del ordenamiento y aún la inspira. ¿Podría el marido, alegando que es bien propio suyo, extraer el piano de cola, con el que la mujer dio los conciertos, de la sala donde se conserva con veneración, para pasarlo a la bodega o al jardín? ¿Podría vaciarlo de sus cuerdas para convertirlo en un bar?

Estos ejemplos infrecuentes apuntan a un concepto complejo del «derecho al hogar», en el que no se trata tanto de examinar los títulos jurídicos por los que se atribuyen las cosas, y particularmente su naturaleza real, obligacional o mixta, como de señalar su aproximación a los derechos de la personalidad; su fuerte contenido afectivo, que llega a cubrir y enmascarar la prosa económica del *ius in re* y el derecho de crédito.

El hogar es, asimismo, un concepto dinámico, que se va formando y transformando con la convivencia. Se compone, en cada momento, del conjunto del cobijo y los objetos de amueblamiento que le sirven: también los que no se tienen en propiedad, como el televisor arrendado, y asimismo los consumibles, como las viandas que van a servir para la comida de hoy. Todos los objetos en él presentes tendrán un dueño, una relación de pertenencia o posesión, acaso dependiendo de un crédito; pero el conjunto, en cuanto tal, sin perderse la consideración patrimonial de las titularidades individuales, constituye una unidad superior que se caracteriza por algo a la vez tan evidente y de difícil aprehensión como la adscripción a la familia: algo que no es un derecho de crédito o un derecho real, pero cuenta. Acaso es desde este último punto de observación desde donde debemos contemplar el ingreso de los bienes en su adscripción a la unidad familiar (al servicio del hogar), lo que no parece provenir de un negocio jurídico, y menos de un negocio patrimonial, sino del acto reflejo de su «familiarización». En cuanto al propio local, el hecho de ponerse a vivir en él unos cónyuges con una voluntad de estabilidad, que lo convierte en vivienda familiar, apenas podría considerarse, en la terminología al uso de civilistas italianos y alemanes, como «negocio», al faltar una voluntad dirigida al efecto jurídico, e incluso cualquier intención de atribuir los bienes a un titular distinto o cambiar los derechos de cada uno sobre ellos.

### 3. Los actos de disposición sobre el hogar familiar

Según he dicho, un primer aspecto de la disciplina del «derecho al hogar» viene representado por el art. 1.320. El precepto se refiere a un aspecto concreto del régimen de la vivienda habitual y los muebles de uso ordinario: su «disposición», en el sentido de *enajenación*. Está redactado pensando en el marido que vende el piso que aportó al matrimonio, o la mujer que regala la nevera eléctrica de su exclusiva pertenencia instalada en el hogar. Pero «disposición» la hay también, en sentido jurídico, mediante actos materiales, que habrá que entender comprendidos, sea en el tenor del art. 1.320, sea, al menos, en su *ratio*. Ningún cónyuge puede destruir bienes de los que amueblan la casa, por muy suyos que sean, e incluso sería discutible hasta qué punto puede desplazarlos del lugar donde desempeñan su función, sin acuerdo del consorte.

El derecho al hogar limita la utilización libre y sin trabas de los objetos domésticos y el local, exclusivamente en tanto en cuanto se encuentran destinados a su fin familiar y con la misma duración. Lo que quiere decir que la enajenación es siempre posible en tanto en cuanto no traspase los límites de esa utilización familiar, e inviable en otro caso.

Particulares dificultades ofrece la tenencia del local o el piso arrendados cuando el contrato de arriendo originariamente se concluyó con uno de los cónyuges. Con todo, celebrado tal contrato constante matrimonio, creo que habrá de ser considerado conyugal aunque lo suscriba sólo uno de los esposos: no como un contrato en el que ambos intervengan como parte, pues el no contratante puede no haber otorgado su representación ni querer vincularse, pero sí en la medida en que la cancelación del contrato necesita el consentimiento de marido y mujer. Los hijos, en cambio, quedan fuera del arriendo y de la posibilidad de aprobar o desaprobar los actos de sus padres en relación con él, aunque tantos actos paternos les causen perjuicio. Hoy por hoy la «familiaridad» se aproxima, sobre todo, a la «conyugalidad». Pero en cuanto a los cónyuges, la necesaria intervención de ambos en la suerte del alquiler de la vivienda, que no podría ser denunciado por uno solo de ellos, obliga a reconocer en cada uno una cierta participación en la situación contractual, aunque no esté vinculado por las obligaciones convenidas. Por lo demás, el nuevo régimen de los arrendamientos urbanos nacido de la legislación sobre medidas de reactivación económica de 1985, introduce una importante variable en los presupuestos que tuvo presentes el legislador al prevenir la asignación del derecho a la vivienda familiar arrendada, derecho que ahora, para los alquileres posteriores a la ley de 30 de abril de 1985, tiene un contenido distinto: la posibilidad de continuar en el piso depende ahora de que el arrendador quiera la tácita reconducción o se preste a un nuevo contrato, pero la continuación ya no significará el disfrute de una vivienda de renta barata, ventaja que, por lo demás, cesó casi del todo (para los subsiguientes arriendos) desde que se han generalizado las cláusulas de revalorización de la renta, cuya práctica en no pocos casos obliga, con el paso del tiempo, a salir del local al arrendatario antiguo, por no alcanzar ya sus recursos al pago de la renta revalorizada.

## 4. La asignación del hogar y del ajuar de la familia en las crisis matrimoniales

El segundo aspecto importante del régimen de la vivienda familiar es el establecimiento de normas singulares sobre su asignación cuando se separan o divorcian los cónyuges, normas fundadas en criterios puramente familiares y extrapatrimoniales, con preterición de la titularidad real u obligacional sobre el inmueble: a la condición de dueño, de un esposo, se puede anteponer la situación de necesidad del otro, y a este segundo aspecto pertenece también la norma que en caso de fallecimiento de uno de los cónyuges permite ejercitar al otro el derecho de adquisición preferente de la vivienda ganancial (art. 1.406).

En este punto veo el riesgo de que se minusvalore en exceso el derecho de propiedad, y, en cualquier caso, pienso que sería importante en los jueces un criterio liberal en cuanto a la revisión de la asignación del piso y de los muebles, cuando las cambiadas circunstancias familiares aconsejen variarla. Incluso la concesión de la vivienda familiar, automáticamente, al cónyuge que se queda con los hijos, puede en algún caso chocar con nuestras concepciones morales —las de la civilización occidental—, como si la mujer vive con su concubino en el piso del marido o ex-marido a quien se le privó de él por «conveniencias familiares». El vivir maritalmente con otra persona extingue, según el art. 101, el derecho a la pensión, pero nada dice tal precepto de un derecho a la vivienda que, con todo, según el art. 91, podrá ser modificado en su atribución «cuando se alteren sustancialmente las circunstancias».

La difícil inserción, entre los derechos reales o de crédito, del que ostenta el cónyuge separado o divorciado a la vivienda familiar por atribución del juez o del convenio, se presta también a reflexiones: acaso este derecho se resiste a una conceptualización clara, a una inclusión en las categorías habituales de derechos sobre las cosas o a las cosas, y habría que acudir al recurso del *sui generis,* precisamente por su naturaleza *familiar* que hace más nebulosa cualquier ulterior posición.

## 5. Peculiaridades de la vivienda y del ajuar de la familia en los derechos forales y en las uniones no matrimoniales

En esta obra se dedica un capítulo a la vivienda de la familia extensa foral. El tema del grupo familiar extravagante a los presupuestos y límites del art. 1.320 o de los 90 y siguientes se podría generalizar a todos aquellos cónyuges que, fuera de la normativa consuetudinaria y al margen de la familia-tipo prepirenaica, viven con los padres de uno de ellos, o con los de los dos, sea en el piso o casa de dichos padres, sea en vivienda cuyos gastos se comparten y cuyo contrato se estableció a nombre de uno de los partícipes, o bien cuando vive con los cónyuges un solo progenitor, acaso contribuyendo a los gastos familiares, etc. En cuanto a la posibilidad de disponer de bienes afectos a la convivencia, nadie ni nada la impide a los padres de los cónyuges dueños de la vivienda o el mobiliario, al menos en relación con aquéllos (en relación con su propio matrimonio, se les aplica también el precepto); mientras los cónyuges, a su vez, tienen que consultar el uno con el otro, pero no con los convivientes, para disponer de sus propias pertenencias.

La asignación del piso al cónyuge separado o divorciado resultará inviable cuando la titularidad no corresponda a su pareja, y puede ofrecer dificultades adicionales incluso si la propiedad o el arrendamiento pertenecen a uno de los esposos. ¿*Quid* si este esposo tiene la titularidad arrendaticia de la vivienda porque se la han cedido sus padres, que conviven con él? ¿Cabría privar a tales padres de la vivienda (que tuvieron desde siempre, y que en años ya mayores cedieron al hijo o a la hija), por estimar que son más importantes, en la relación conyugal, los intereses y derechos de la otra parte?

La aplicabilidad de las normas sobre hogar familiar a las parejas no casadas parece excluida por el tenor literal de tales normas, y pensando que quien no se casa lo hace precisamente para mantenerse al margen de las leyes y en un régimen de mero arbitrio y libertad, de modo que cualquier vinculación iría contra la presumible voluntad de los convivientes. Sin embargo, si se tiene en cuenta que la concesión del hogar familiar, tal como la planea la ley, aunque recaiga en un progenitor, muchas veces se realiza en función de los hijos, tampoco cabe excluir absolutamente que a título de alimentos de éstos se pudiera también aplicar al conviviente abandonado el régimen de los arts. 90 y siguientes, en cuanto preceptos que detallan una particular forma de prestar alimentos, que puede ser extendida por analogía a otros supuestos de los en ella expresamente previstos. No habiendo hijos, habría de acudirse a la regla del art. 1.902, lo cual no deja de ser discutible en el caso de abandono de una convivencia a la que nada obliga, y que reproduce en forma irregular una relación legal. En la convivencia marital no hay divorcio, ni separación, ni convenios, ni homologación judicial de éstos. Y no será habitual apreciar el concurso de «culpa o negligencia» en quien interrumpe una relación no vinculante, cuya frecuencia como sustitutivo del matrimonio legal ha de ser considerada como un mal y que no podría fomentar el ordenamiento. Que una situación sea legal y jurídicamente lícita no implica necesariamente que deba estimularse su continuación y su frecuencia.

En cuanto a la protección del hogar familiar cuando se trata de una familia no conyugal: suegro, cónyuge (igualmente) viudo e hijos, o éstos y progenitor no casado, o abuela y nietos, hermanos que viven juntos, etc., no parece que la conveniencia de la prole pueda afectar, en buena política jurídica, a la libertad de disposición del propietario.

## 6. Método del presente volumen

La colección de estudios que sigue, según el método ya probado en dos anteriores ocasiones por la DIF, aborda el estudio del tema proyectando sobre él la luz de la reflexión jurídica desde ángulos distintos y variados, abordados monográficamente uno a uno, a fin de obtener una imagen más nítida y perfecta. Conserva, asimismo, la política de dividir el terreno en parcelas, para hacer posible la investigación en profundidad. El resultado está a la vista: «no es menester alaballo». Las colaboraciones, y sobre todo el conjunto de ellas, alcanzan una riqueza casuística nada común, y a ello contribuye la feliz idea de combinar el trabajo de profesores y magistrados (alguno de los autores, con ambas calidades). La colaboración y el ataque desde puntos diversos descubren la entera problemática del tema, permitiendo su reducción a conceptos desde un punto de vista mucho más total. También se brinda a los prácticos un conjunto de soluciones razonablemente seguras, y, todavía más, los criterios y elementos para que elaboren su respuesta propia en el caso singular.

Mas, sobre todo ello, ha de ser útil esta obra para la puesta a punto de ese nuevo concepto, ese nuevo valor jurídico que es la vivienda familiar, al servicio de una realidad ética y social cuya trascendencia, no por tópica, es menos cierta: la institución familiar, siempre en demanda de actualización y adaptación a los tiempos, mas depósito, sobre todo, y a causa de su máxima aproximación a lo más entrañable del hombre, de reglas y valores permanentes que el ordenamiento ha de expresar y proteger.

# I

# *VIVIENDA FAMILIAR Y DERECHO CONSTITUCIONAL*

# CONSTITUCION
# Y VIVIENDA FAMILIAR

*Juan Antonio Ortega y Díaz-Ambrona*

SUMARIO: 1. INTRODUCCIÓN: LA PERSPECTIVA CONSTITUCIONAL.—2. LA FAMILIA DESDE LA PERSPECTIVA CONSTITUCIONAL.—3. LA VIVIENDA DESDE LA PERSPECTIVA CONSTITUCIONAL.—4. LA VIVIENDA FAMILIAR DESDE LA PERSPECTIVA CONSTITUCIONAL.

## 1. INTRODUCCIÓN: LA PERSPECTIVA CONSTITUCIONAL

Un estudio sobre la vivienda familiar en la Constitución española vigente podría ser despachado, en muy pocas palabras, con la averiguación de que el texto constitucional no contiene mandato ni precepto alguno que se refiera en concreto a la vivienda familiar. Ciertamente que para este viaje no se requerirían alforjas, ni aún la condición de jurista para llegar a tan escueta y firme conclusión. Sin embargo el Derecho, para decirlo al modo quevedesco, no es arte mecánica sino liberal. La mera comprobación mecánica de que en la Constitución no hay referencia alguna a la vivienda familiar nunca podrá ser el fin de un estudio jurídico, sino acaso sólo su punto de partida.

La Constitución es la norma suprema del ordenamiento y éste, como estructura, forma una «unidad de sentido». De ahí que, aún a falta de regulación constitucional precisa para una materia determinada, el examen de la Constitución sea conveniente porque en ella figuran principios de orientación e incitaciones para la producción normativa así como límites específicos para la legislación, incluso referidos al ámbito del derecho privado.

Los preceptos constitucionales suelen ser más precisos, como es natural, en relación con las materias del derecho público. La articulación de los poderes públicos y de los entes y órganos constitucionales, las reglas básicas sobre su competencia y funcionamiento son objeto de regulación detallada en la parte orgánica de las Constituciones. Pero el contenido de los preceptos se hace, por necesidad, más genérico e impreciso cuando se refiere a materias regidas habitualmente por el derecho privado y más en particular, como aquí nos interesa, por el derecho civil. En este terreno son comparativamente escasas las normas constitucionales que contengan un mandato específico que sea dato fijo e inmodificable para el legislador civil ordinario. Sólo en contadas ocasiones, como ocurre con el art. 12 CE, al fijar la mayoría de edad a los dieciocho años, el texto constitucional establece una solución «única» constitucional o dicho en términos geométricos una línea única de constitucionalidad, más allá o más acá de la cual *todas* las fórmulas que pudiera aprobar un legislador ordinario resultarían inconstitucionales.

Pero éste no es, como ya he señalado, el caso más habitual en temas relativos al derecho civil. En muchos supuestos la Constitución se limita a sentar unos principios inspiradores («principios rectores» dice el Capítulo tercero del Título I, CE) que para expresarlo en términos de la filosofía clásica «son susceptibles de más o de menos», es decir, pueden ser desarrollados con mayor o menor intensidad por el legislador ordinario. En estos casos puede haber, por definición, una *pluralidad de fórmulas legales distintas, todas constitucionales* y, en vez de una sola línea demarcadora de la constitucioalidad, dos o más líneas más allá de las cuales comienza el campo de lo inconstitucional. La Constitución en estos supuestos dibuja lo que podría llamarse *«franja de la constitucionalidad»* dentro de la cual se encuentran idealmente todas las posibles fórmulas legislativas ordinarias que se pueden establecer dentro de la Constitución.

Esta idea de la «franja de la constitucionalidad», por lo demás tan elemental, no parece tener aún asiento en las creencias sociales más extendidas ni aún, a veces, en opiniones jurídicas más selectas. Por el contrario puede captarse con frecuencia el sentimiento mejor o peor expresado de que sólo una solución para cada problema habría de tener la condición de constitucional. Este sentimiento debe reputarse en muchos supuestos carente de fundamento, no sólo por ahistórico, sino por contrario al pluralismo político mismo que la Constitución proclama como uno de los «valores superiores de su ordenamiento jurídico» (art. 1,1 CE). En virtud de ese pluralismo, reconocido a estos efectos también por el Tribunal Constitucional, dentro de la «franja de constitucionalidad» queda abierta la *«libertad de configuración del legislador»* quien debe usar de ella, según los principios democráticos y de acuerdo con la opinión pública predominante en una situación histórica determinada [1].

Ocurre, además, con cierta frecuencia, que los principios rectores que la Constitución enumera, como inspiradores del ordenamiento, son *duales* y se limitan, en ocasiones, entre sí. Quiero decir que no son únicos, sino varios y a veces, en apariencia, contradictorios, de suerte que un principio enumerado en un precepto de la Constitución para una institución o materia puede encontrar en otro artículo (o en el mismo) un contraprincipio o contrapeso de sentido distinto. Parece lógico pensar que en esa tensión dialéctica de aparente contradicción haya de otorgarse primacía a un determinado principio o declaración, considerando el otro (o los demás) como complementario o subordinado. Así, por ejemplo, cuando la Constitución declara el «derecho a la propiedad privada y a la herencia» (art. 33,1 CE) establece un contrapunto o límite, inmediatamente, en su «función social» (art. 33,2 CE). Es aquí justamente donde incide el principio antes señalado del pluralismo político y de la libertad de configuración por el legislador: una legislación ordinaria conservadora podría reducir drásticamente la «función social» de la propiedad o, acaso, por ejemplo, suprimir el impuesto de sucesiones mientras que una legislación socializadora podría dar tal preeminencia a la función social de la propiedad que redujese a

1. Esta doctrina puede extraerse del primer recurso de inconstitucionalidad planteado (*Sentencia de 2 de febrero de 1981,* sobre la Ley de Régimen Local) «En un sistema de pluralismo político —dice la Sentencia— la función del Tribunal Constitucional es *fijar los límites* dentro de los cuales pueden plantearse legítimamente las distintas opciones políticas, pues, en términos generales resulta claro que la *existencia de una sola opción es la negación del pluralismo*». Esta misma doctrina es ratificada en *Sentencia de 24 de enero de 1984* sobre el art. 56,4 del Estatuto de los Trabajadores. De nuevo el Tribunal señala que «el pluralismo político, que es uno de los valores superiores del Ordenamiento, *permite contemplar en el marco de la Constitución diversas soluciones legales*». Posteriormente en la Sentencia de 27 de junio de 1985 (sobre la Ley Orgánica Reguladora del Derecho a la Educación L.O.D.E.) el Tribunal ha utilizado la expresión *«libertad de configuración del legislador»* (Fundamento de Derecho n.º 24) y ha reiterado que «El pluralismo político que la Constitución consagra permite ... *distintas soluciones legislativas* que sólo tienen el límite de los derechos constitucionalmente consagrados».

mínimos el carácter privado de la propiedad o por seguir con el ejemplo que elevase sustancialmente la tributación de las herencias. No hay duda que la aplicación del principio básico (reconocimiento de la propiedad privada) y su contrapeso (función social) permite muchas fórmulas, entre el más y el menos, dentro de la franja de la constitucionalidad. No es menos seguro que la compresión más allá de un cierto límite del carácter privado de la propiedad por su función social llegaría, tras pasar esa franja, a entrar en el terreno de lo inconstitucional.

Este planteamiento dialéctico entre un principio básico y su límite contradictorio [2] da pie para mantener esa tesis de la «franja» como ámbito de cierta indeterminación o indiferencia para el desarrollo constitucional ordinario. Este ámbito, sin embargo, no es siempre enteramente neutro y puede contener ciertas indicaciones o «vectores» de desarrollo que son incitaciones o invitaciones a una legislación ordinaria de sentido determinado. Descubrir este sentido y fijar los límites de la franja de la constitucionalidad es una tarea dogmática de construcción jurídica pero también y sobre todo de aplicación casuística; porque la consideración abstracta de los problemas sólo puede alcanzar una delimitación también abstracta; mientras que el perfil definitivo de los límites sólo podrá surgir como sedimento comúnmente admitido en una jurisprudencia reiterada sobre casos concretos.

Retomando el tema que nos ha de ocupar puede entenderse ya mejor por qué la comprobación de que no hay regulación alguna sobre la vivienda familiar en la Constitución, lejos de ser el punto de llegada, ha de considerarse como lugar de partida para una tarea interpretativa y constructiva, de formulación de principios constitucionales inspiradores, examen de su posible interacción y fijación de límites posibles de la franja de constitucionalidad.

2. Muchos son los casos de este planteamiento dialéctico en la Constitución. Así el art. 38 CE reconoce la «libertad de empresa en el marco de la economía de mercado» y la «defensa de la productividad» principios ambos que se atemperan o contrapesan al introducir «las exigencias de la economía general y en su caso de la planificación». Así también los arts. 28,2 CE y 37,2 CE reconocen el derecho a la huelga y a adoptar medidas de conflicto colectivo, respectivamente. Ambos reconocimientos tienen como limitación el mantenimiento de los «servicios esenciales de la comunidad».

## 2. La familia desde la perspectiva constitucional

### 2.1. *El material normativo directo*

Para llevar a efecto la labor de construcción antes mencionada es preciso partir del material normativo directo que sobre la familia aparece en la Constitución.

El precepto básico es sin duda el del art. 39 que en su apartado 1 establece que los poderes públicos aseguran la protección social, económica y jurídica de la familia. No define este artículo qué se entiende por familia pero habla a continuación de la protección a los hijos, iguales «con independencia de su filiación» y a las madres «cualquiera que sea su estado civil» (art. 39,2) así como de la asistencia de los padres a los hijos «habidos dentro o fuera del matrimonio» (art. 39,3). En el art. 32 se establece la regulación constitucional del matrimonio, mientras que en el art. 35, al referirse al trabajo, señala que debe tener remuneración suficiente para satisfacer las necesidades del trabajador «y las de su familia», el art. 18 considera la intimidad «familiar» como derecho garantizado y el art. 50 menciona las «obligaciones familiares» como subsistentes en quienes se encuentran en la «tercera edad».

### 2.2. *El concepto constitucional de familia*

El material normativo que acabo de reproducir da una pista para hallar el concepto constitucional de familia.

Se trata, en realidad, de un material normativo *fragmentario* que tiene que ser interpretado dentro de un contexto más amplio, cultural e histórico para que pueda ser correctamente captado el sentido de los preceptos de la Constitución, tanto en lo que dicen como en lo que no dicen.

El proceso de elaboración de la Constitución muestra en éste, como en otros puntos, las diferentes concepciones básicas según la situación de las fuerzas políticas [3].

3. El Anteproyecto de Constitución en los preceptos que aquí interesan decía así:

Una primera concepción de *corte tradicional* estuvo representada por Alianza Popular; enfoque tradicional en sentido formal, pues se pretendía en primer lugar excluir toda regulación sobre la familia en la Constitución, como fue normal en el constitucionalismo clásico, alegando que se trataba materia propia del derecho civil [4]. Pero también tradicional en el sentido material pues quería evitar que la Constitución amparase «por igual al matrimonio y a las puras relaciones permanentes entre hombre y mujer» [5]. Preocupaba en este sector que se abriese una puerta al divorcio en la Constitución. A este orden de preocupaciones respondían ciertas enmiendas como la dirigida a dejar a salvo «lo establecido en las distintas religiones, para los que contraigan matrimonio religioso» (Licinio de la Fuente), a suprimir el párrafo referente a la disolución del matrimonio (López Rodó y López Bravo) o a deferir el divorcio a un «referendum público de la Nación» (Licinio de la Fuente) [6]. También se cuestionó la corrección de la expresión «igualdad de derechos» entre el hombre y la mujer y se propugnó hablar del «principio de equiparación» (López Rodó).

*Artículo 27*

1. A partir de la edad nubil, el hombre y la mujer tienen el derecho a contraer matrimonio y a crear y mantener, en igualdad de derechos, relaciones *estables* de familia.
2. El derecho civil regulará las formas del matrimonio, los derechos y deberes de los cónyuges, las causas de separación y disolución, y sus efectos.

*Artículo 34*

1. Los poderes públicos aseguran la protección económica, jurídica y social de la familia, en particular, por medio de prestaciones sociales, de disposiciones fiscales y de cualquier otra medida adecuada.
2. La madre y los hijos, iguales éstos ante la ley con independencia de su filiación, disfrutarán de la protección oficial del Estado y de todos los poderes públicos.
3. Los padres tienen para con los hijos habidos fuera del matrimonio los mismos deberes que respecto de los nacidos en él, *sin perjuicio del respeto a la institución familiar.*

(*Vid.* «Constitución Española: Trabajos Parlamentarios Cortes Generales». Madrid 1980, tomo I, pp. 11 y 13).

4. *Ibid.* Trabajos Parlamentarios I, p. 124, enmienda al art. 27 del Sr. Carro. Sobre la doctrina tradicional de las relaciones entre Constitución y Derecho Civil; *vid.* Enrique FOSAR BENLLOCH, *Estudios sobre Derecho de Familia.* En *Constitución de 1978 y el Derecho de Familia.* Bosch, Barcelona 1981, p. 51.

5. *Ibid.* Trabajos Parlamentarios I, enmienda al art. 27 de D. Licinio de la Fuente.

6. *Ibid.* Trabajos Parlamentarios I, enmiendas núms. 35, 72 y 69,1.

Una concepción *más evolucionada* fue la representada por Unión de Centro Democrático. Aceptaba introducir en la Constitución una mención a la «disolución» del matrimonio (sobreentendiéndose que no se refería simplemente a la muerte de un cónyuge) pero preocupándose por plasmar en la Constitución la idea de la «estabilidad de la familia» [7]. Se quería evitar así que pudieran admitirse «dos formas alternativas de familia estable, una matrimonial y otra extramatrimonial» [8]. Ninguna dificultad había en cambio para hablar expresamente de «igualdad de derechos» entre el marido y la mujer y entre los hijos «con independencia de su filiación» si bien al referirse a los deberes de los padres para con los hijos extramatrimoniales añadía «sin perjuicio del respeto a la institución familiar» [9].

La concepción que la *izquierda* presentó en el debate constitucional era bien diferente en cuanto a su fundamento. En el voto particular de los Socialistas del Congreso el centro de gravedad se establecía en el derecho de toda persona «al desarrollo de su afectividad y su sexualidad». Como desarrollo de lo anterior se reconocía a cada persona el «derecho a contraer matrimonio», «a crear en libertad relaciones estables de familia» y «a decidir, libremente, los hijos que desea tener, a cuyo fin tiene derecho a acceder a la información necesaria y a los medios que permitan su ejercicio». El tema del aborto quedaba así veladamente apuntado y de forma expresa e inequívoca el divorcio por mutuo disenso. De otro lado, el Grupo Socialista pedía la supresión del artículo correspondiente a la protección de la familia (art. 34 del Anteproyecto y 39 de la Constitución) y otorgaba un protagonismo sustancial al Estado en materias familiares (alimentos, educación, instrucción, asistencia, adopción) [10].

7. *Ibid.* Trabajos Parlamentarios I, enmiendas 779 al art. 27,1: «...el hombre y la mujer... podrán contraer matrimonio para crear *una relación estable de familia*».
8. *Ibid.* Justificación de la enmienda de U.C.D.
9. Art. 34,3 infine del Anteproyecto de Constitución.
10. El voto particular del Grupo Parlamentario Socialista del Congreso decía así:

*Artículo 27*

«1. Toda persona tiene derecho al desarrollo de su afectividad y su sexualidad: a contraer matrimonio, a crear en libertad relaciones estables de familia y a decidir, libremente, los hijos que desea tener, a cuyo fin tiene derecho a acceder a la información necesaria y a los medios que permitan su ejercicio.

2. Los padres deben prestar a sus hijos alimentos, educación, instrucción y toda asistencia durante la minoría. El Estado vela por el cumpli-

Dentro de unos planteamientos parecidos el Partido Comunista [11] añadía la «realización de programas de planificación familiar» a cargo de la Seguridad Social, en la que podría incluirse «la interrupción del embarazo, en las condiciones fijadas por la ley».

Estas fueron las concepciones básicas de partida que concurrieron a la formación del texto constitucional. Es de interés tenerlas presentes para valorar mejor el texto final, como antes apunté, tanto en lo que dice como en lo que omite.

Atendiendo a lo primero puede decirse que la Constitución contempla la familia nuclear en torno a dos órdenes de relaciones; las conyugales y las de filiación [12]. Las primeras derivan del matrimonio entre hombre y mujer (art. 32 CE) a través de las diversas formas que debe regular la ley. Las segundas, en cambio, llegan a superar, en el planteamiento constitucional, el ámbito matrimonial desde el momento en que se habla de «madres, cualquiera que sea su estado civil» (art. 39,2 CE) o de «hijos habidos dentro o fuera del matrimonio» (art. 39,3 CE). Estas relaciones familiares de filiación «extramatrimoniales» se sitúan inmediatamente después de la declaración de protección *jurídica* a la familia (art. 39,1 CE) y pueden entenderse como contrapunto o contrapeso del principio que

miento de estos deberes y, en su caso, los satisface subsidiariamente. Se autoriza la investigación de la paternidad.

3. La adopción, se producirá bajo la intervención y vigilancia del Estado.
4. El matrimonio puede disolverse por mutuo disenso y a petición de cualquiera de los cónyuges, si concurre justa causa en la forma que se establezca por ley de divorcio».

*Artículo 34*
Voto particular de supresión.
(*Vid.* Trab. Parl. I, pp. 52 y 53).

11. El Grupo Parlamentario Comunista (Trab. Parl. I, p. 43) proponía una enmienda de adición al art. 34,4 del Anteproyecto que decía así:

«Con el fin de conseguir una maternidad y una paternidad responsables, los poderes públicos tomarán a su cargo, a través de la Seguridad Social, la realización de programas de planificación familiar.
Entre los métodos de dicha planificación podrá incluirse la interrupción del embarazo, en las condiciones fijadas por la Ley».

12. La familia en el sentido constitucional (arts. 32 y 39 CE) «no es sólo la hasta ahora llamada familia legítima fundada en el matrimonio pues el propio art. 39 hace independiente la protección integral de los hijos del origen familiar que tengan» dice L. Díez Picazo en su estudio *Familia y Derecho.* Civitas, Madrid 1984, p. 38. Igualmente sobre la evolución hacia la familia nuclear *ibid.* pp. 46 y ss.

pudiera deducir todas las relaciones familiares de las diversas formas jurídicas del matrimonio.

Por lo que se refiere a las relaciones conyugales el texto constitucional aporta varios principios inspiradores: 1.º) La «plena igualdad jurídica» (art. 32,1 CE) entre el hombre y la mujer en el seno del matrimonio. Este principio constitucional se aparta de la concepción más tradicional del matrimonio basada en la superioridad —más o menos matizada o disimulada— del varón sobre la mujer. 2.º) La pluralidad de «formas del matrimonio» (art. 32,2 CE) referida a la posibilidad de contraer matrimonio religioso o civil. 3.º) La concepción del matrimonio como interrelación de «derechos y deberes de los cónyuges» (art. 32,2 CE) y 4.º) La posibilidad de «separación y disolución» conforme a «causas» determinadas en la ley (art. 32,2 CE).

Las relaciones de filiación en el texto constitucional (art. 39,2 y 3) permiten inducir también algunos principios: 1.º) El hecho más definitorio para esta relación es de carácter biológico: la procreación. De ahí que se hable de «la investigación de la paternidad» y de las «madres cualquiera que sea su estado civil», etc. 2.º) La igualdad de los hijos ante la ley «con independencia de su filiación» expresión poco afortunada que rompe, en todo caso, con la diferenciación tradicional de tratamiento jurídico entre hijos legítimos e ilegítimos y 3.º) El principio de protección que confiere relevancia al «interés del hijo» en el seno de la familia.

También es interesante destacar lo que la Constitución omite en relación con el material normativo previo (Anteproyecto y enmiendas). No se recoge, en efecto, la exclusión del divorcio como posibilidad constitucional, la referencia a la familia como «institución» o a la «estabilidad de la familia». De otra parte se deja de lado como fundamentación de la familia el derecho personal al desarrollo de la afectividad y la sexualidad, se omite toda referencia a «relaciones estables de familia» diferenciadas del matrimonio y se excluye el reconocimiento del aborto como un elemento de la planificación familiar. Finalmente cabe subrayar que desaparece toda idea de protección a las familias numerosas, cambio que expresa una diferente mentalidad en relación con tiempos no muy lejanos [13].

13. Compárese, en general, la diferencia con el art. 22 del Fuero de los Españoles:

«El Estado reconoce y ampara a la familia como institución natural y

Visto el anverso y reverso del texto constitucional en esta materia se comprueba que el carácter fragmentario de la regulación deja una zona considerable —como franja de constitucionalidad— abierta a desarrollos legislativos varios en función del pluralismo de opciones políticas. Así un desarrollo legislativo más tradicional podría poner el acento, sin salirse de la Constitución, en una regulación familiar basada en el matrimonio (respetando, en todo caso, la igualdad de los hijos, con independencia de su filiación y protegiendo a las madres solteras) que excluyese como extra-familiar cualquier unión de hecho entre hombre y mujer, aunque fuera estable, y aún negase el carácter de relación familiar en sentido *estricto* a la del padre respecto de un hijo extramatrimonial. Tal regulación habría de tener, en todo caso, como límite el ya citado de las madres solteras, cuyo desconocimiento produciría sin duda inconstitucionalidad.

Paralelamente, en el otro lado del espectro, podría pensarse en un desarrollo constitucional que estableciese el centro de gravedad de la familia no en el matrimonio sino en la *convivencia* estable entre hombre y mujer y en el hecho biológico de la filiación [14]. Pero en este caso también se vislumbran límites más allá de los cuales surgiría la insconstitucionalidad: una total equiparación de las uniones de hecho —más o menos estables— con la relación matrimonial entraría en contradicción con el principio de «protección jurídica» (art. 39,1 CE) de la familia y en cualquier caso ningún tipo de pareja distinta a la contemplada en el art. 32 («El hombre y la mujer tienen derecho...») podría dar base a una relación familiar en el sentido constitucional. Asimismo ninguna relación poligámica entraría en el concepto constitucional de familia, por contraria

fundamento de la sociedad, con derechos y deberes anteriores y superiores a toda Ley humana positiva.

El matrimonio será uno e indisoluble.

El Estado protegerá especialmente a las familias numerosas».

14. *Vid.* Francesco PROSPERI, *La famiglia non fondata sul matrimonio*. Pubblicazioni della Scuola di perfezionamento in diritto civile dell'Università di Camerino, Napoli 1980. *Vid.* pp. 98 y ss.: La Constitución Italiana —dice Prosperi— «privilegia la familia legítima en cuanto la considera como el *locus* ideal para la realización y el desarrollo de los valores de la persona». Esta familia —añade— goza en la Constitución italiana de un indudable «favor». Pero de la Constitución se deduce también la posibilidad de protección a la familia de hecho y específicamente a la familia «no fundada sobre el matrimonio» expresión que da el título a la obra.

a la igualdad de derechos (art. 32,1 CE; plena igualdad jurídica) lo que podría dar pie, por ejemplo, a aplicar la cláusula de orden público para evitar la ejecución interna de sentencias de ordenamientos que admiten este tipo de matrimonio [15].

## 3. La vivienda desde la perspectiva constitucional

### 3.1. *El material normativo directo*

Paralelamente a lo realizado anteriormente sobre la familia se ha de señalar que las normas constitucionales básicas sobre la vivienda aparecen en el art. 47 como derecho de todos los españoles «a disfrutar de una vivienda digna y adecuada». El propio artículo hace una indicación a los poderes públicos diseñando lo que antes he denominado vector de desarrollo constitucional, para a) promover las condiciones necesarias y establecer las normas pertinentes para hacer efectivo este derecho y b) regular la utilización del suelo de acuerdo con el interés general para impedir la especulación. En esta misma línea el párrafo 2.º indica que «la Comunidad participará en las plusvalías que genere la acción urbanística de los entes públicos».

Otros preceptos constitucionales tangentes con el tema de la vivienda pueden encontrarse en el art. 18,2 CE, en relación con el domicilio y su inviolabilidad, en el art. 19 CE en conexión con la residencia y su libre elección y en el 18, 1 CE sobre la protección de la intimidad personal y familiar y el derecho a la propia imagen.

### 3.2. *La concepción constitucional de la vivienda*

De los preceptos constitucionales reseñados y otros más o menos próximos se puede afirmar que la «vivienda» en la Constitución está con-

15. Sobre este punto *vid.* Diego Espín Cánovas, Comentarios a la Constitución dirigidos por Oscar Alzaga. Comentario al art. 32, p. 357.

templada, al menos, desde dos puntos de vista diferentes: como bien físico o material y como objeto inmaterial o ideológico.

La concepción de la vivienda como bien físico se deduce de los preceptos constitucionales tendentes a regular el marco de las condiciones materiales de su producción. Aunque el «derecho a la vivienda» no es un derecho subjetivo en sentido estricto, sino un «principio rector de la política social y económica» la Constitución Española de 1978 tiene la particularidad de mencionar —en línea con el art. 9,2 CE— algunos pormenores tendentes a asegurar la efectividad de este derecho: son los relativos a la utilización del suelo, a la lucha contra la especulación y a la recuperación de las plusvalías generadas por la acción urbanística de los entes públicos.

La consideración de la vivienda como bien material daría pie al examen, en sus fundamentos o presupuestos constitucionales, de regulaciones jurídicas ordinarias muy variadas desde la urbanística, ya aludida, a los regímenes posibles de producción de la vivenda (iniciativa privada, protección oficial, promoción pública, etc.) pasando por los sistemas de adquisición (créditos a la vivienda) y uso (derechos del usuario, calidad de vida y medio ambiente). Todos estos aspectos, que merecían tratamiento más detallado en otro lugar, han de ser omitidos dada la perspectiva civilística en que se sitúa esta obra colectiva. Pero todos ellos tienen algún punto de apoyo directo en la propia Constitución [16].

De otro lado con independencia de la vivienda en su sentido material, la Constitución da pie, además, para considerarla como objeto ideológico o bien inmaterial inserto en otro mundo distinto de referencias. Es la vivienda como objeto de derecho o como ámbito del ejercicio de derechos.

La Constitución, desde este punto de vista, predica dos notas de la vivienda: su dignidad y su adecuación. El término *dignidad* tiene un especial significado en la Constitución. El art. 10,1 CE al referirse al «fundamento del orden político y de la paz social» empieza hablando justamente

16. Sobre el régimen de construcción de viviendas habría que tener en cuenta el principio de libertad de empresa (art. 38 CE), la posibilidad de construcción de viviendas por iniciativa pública (art. 128, 2 CE) y la incidencia de la planificación (art. 131 CE). Sobre la vivienda como objeto de adquisición habría que considerar los derechos de los usuarios de viviendas (art. 51 CE) y la relación entre vivienda y calidad de vida (art. 45,2 CE) y vivienda y medio ambiente (art. 45,1 CE).

de la dignidad referida por antonomasia a la persona. La *dignidad* puede considerarse como el enlace de sentido preciso entre persona y vivienda, para poder concebir a esta última como un «bien personal». A diferencia de tantos otros bienes, impersonales, producidos y consumidos en masa, la vivienda, como bien inmaterial y además personal, parece especialmente destinado a recibir la impronta propia de cada persona. La vivienda, así entendida, está conectada directa o indirectamente con el ejercicio de otros derechos. Aparece en primer lugar como ámbito natural de *intimidad,* concepto que introduce en nuestro constitucionalismo el art. 18,1 CE en el doble aspecto personal y familiar. La intimidad se concibe como un ámbito protegido frente a injerencias externas que la persona o la familia no están obligadas a soportar. La idea de intimidad guarda también una cierta conexión de sentido con la de *«inviolabilidad»* protegida en relación con el domicilio por un auténtico derecho público subjetivo (art. 18,2 CE). El Tribunal Constitucional interpretando precisamente este precepto (Sentencia 22/1984 de 17 de febrero) ha declarado que la inviolabilidad del domicilio como derecho de la persona se ha establecido «para garantizar el ámbito de privacidad de ésta dentro del espacio limitado que la propia persona elige y que tiene que caracterizarse precisamente por quedar exento o inmune a las invasiones o agresiones exteriores de otras personas o de la autoridad pública». La conexión entre el derecho a la intimidad y la inviolabilidad del domicilio queda subrayada en esta misma Sentencia al definir el «domicilio inviolable» (acercándose al concepto que sostenemos de vivienda personal o familiar) como «el espacio en el cual el individuo vive sin estar sujeto a los usos y convenciones sociales y ejerce su libertad más íntima».

Vivienda y domicilio no son, pues, dos conceptos jurídicamente idénticos pero sí concomitantes en la realidad, que superpone en la mayoría de los casos la vivienda personal con el domicilio. La protección del domicilio, en cuanto ámbito inviolable, se configura en torno a la idea de que sólo con el consentimiento del titular o por resolución judicial (salvo el caso del flagrante delito) puede ser traspasado ese recinto protegido («Ninguna entrada... podrá hacerse», dice el art. 18,2 CE). Finalmente el sentido constitucional de la vivienda viene, en cierto modo, conectado con otro de los derechos públicos subjetivos declarados en la Constitución: el de elegir libremente residencia (art. 19, párrafo 1 CE). Aunque tanto este derecho como el de inviolabilidad del domicilio protegen a la persona fundamentalmente (aunque no únicamente) frente a las injerencias del poder público ambos proyectan cierta luz sobre el modo de entender el concepto de vivienda. El derecho a elegir libremente residencia presupone, por otra parte, un régimen de producción y sobre todo de elección de vivienda que no sea de pura asignación compulsiva, bien directa o indirectamente, pues en tal caso caería por su base la idea de libertad que late en ambos conceptos: el de residencia y el de vivienda.

La segunda nota que predica el art. 47 CE de la vivienda es que sea *«adecuada»*. ¿Adecuada a qué? A las necesidades de la persona y por ende, en su caso, de su familia. El art. 10,2 CE señala que las normas relativas a los derechos fundamentales y a las libertades «se interpretarán de conformidad con la Declaración Universal de Derechos Humanos y los tratados y acuerdos internacionales sobre las mismas materias ratificados por España». Si se admite que el derecho a la vivienda —a pesar de no ser un derecho público subjetivo— es subsumible en el texto del art. 10,2 citado podemos buscar pautas interpretativas de la «adecuación» de la vivienda en el art. 16 de la Carta Social Europea [17]. Este art. 16 es lugar de encuentro claro entre los conceptos de familia y vivienda. Se refiere, en términos reproducidos en el art. 39,1 CE, a la protección social, económica y jurídica de la familia. Entre ellas incluye justamente «el apoyo a la construcción de viviendas *adaptadas a las necesidades de las familias*». Confluyen así dentro de la unidad de sentido que debe extraerse del texto constitucional los dos conceptos básicos analizados —vivienda y familia— objeto de este trabajo, a través de la idea común de protección.

## 4. La vivienda familiar desde la perspectiva constitucional

Recapitulando sobre las consideraciones esbozadas anteriormente podemos señalar que la perspectiva constitucional no nos conduce a un con-

17. Carta Social Europea de 18 de octubre de 1961 (Ratificación BOE 26 de junio y 11 de agosto de 1980). Art. 16: «Con miras a lograr las condiciones de vida indispensables para un pleno desarrollo de la familia, célula fundamental de la sociedad, las Partes Contratantes se comprometen a fomentar la *protección económica, jurídica y social de la familia* especialmente mediante prestaciones sociales y familiares, disposiciones fiscales, apoyo a la construcción de *viviendas adaptadas a las*

cepto ni a un régimen jurídico único y preciso de vivienda familiar pero permite pergeñar unas coordenadas dentro de las cuales caben conceptos y regímenes de protección, todos ellos constitucionales con unos límites que marcarían los confines de la franja de constitucionalidad en esta materia. La perspectiva constitucional se diferencia así, a estos efectos, de lo que puede extraerse de la legislación ordinaria vigente en un determinado momento, y, en consecuencia, de la que resulta del examen de la legislación civil existente. No es éste el lugar, por tanto, de examinar e interpretar las normas del Código Civil que aluden a la vivienda familiar, sino de esbozar el marco constitucional dentro del cual puede ser tratado este concepto por la legislación ordinaria y puede ser establecido un régimen jurídico diferenciado.

### 4.1. *El concepto constitucional de vivienda familiar*

Desde el punto de vista indicado puede entenderse por vivienda familiar aquella que constituye el ámbito habitual de desarrollo de las relaciones conyugales y de filiación.

Una vivienda en cuyo ámbito no se diesen ninguno de estos dos tipos de relaciones no entraría en las coordenadas conceptuales que se infieren de la Constitución para la vivienda familiar. Dentro de esta exclusión genérica se comprenderían, ante todo, los supuestos en los que no cabe hablar de vivienda en sentido estricto (locales de negocio, oficinas, despachos) en los que la convivencia no es «familiar» sino profesional, laboral, funcionarial, etc. Dicho en terminología orteguiana no serían tales recintos ámbito normal de relaciones «personales» sino de relaciones impersonales o sociales; se estaría fuera de la intimidad familiar en el sentido ya visto en la Constitución. Sin embargo, estos supuestos, más que inconstitucionales estarían fuera del marco lógico-objetivo del concepto de vivienda familiar.

Tampoco cabría hablar de vivienda «familiar», aunque hubiese vivienda en sentido estricto, si aún existiendo relaciones personalizadas de intimidad éstas fueran de tipo distinto a las familiares, en el sentido ya definido (por ej.: comunidad religiosa) o basadas en la amistad, en el com-

*necesidades de las familias,* ayudas a los recién casados o por medio de cualesquiera otras medidas adecuadas».

pañerismo o en la comunidad de ideales, o que se estableciesen en cualquier tipo de pareja distinta a la compuesta por hombre y mujer (art. 32,1 CE) o en grupos promiscuos (por ej.: comuna).

Hechas estas primeras exclusiones y atendiendo a los criterios interpretativos contenidos en el art. 3,1 del Código Civil, de general aplicación para todo el Ordenamiento, puede deducirse de los arts. 32,1 y 39,1 de la Constitución que el concepto de vivienda familiar por antonomasia es el que comprende las relaciones entre hombre y mujer derivadas de matrimonio, *conjuntamente* con las de filiación. Si se repara en la referencia a la «realidad social del tiempo» en que han de ser aplicadas las normas —art. 3,1 CC— el núcleo básico y originario de vivienda familiar vendría dado por la vivienda propia de la familia nuclear, es decir, la que comprende a *cónyuges e hijo(s)*. Del carácter básico de este concepto de vivienda familiar se deduce que una regulación legislativa ordinaria de tipo protector que excluyese la vivienda familiar así concebida resultaría contraria, por discriminatoria, al sentido constitucional. De su carácter originario se extrae que todas las situaciones implicadas o derivadas, real o idealmente, de este núcleo esencial quedarían asimismo incluidas en virtud de «eadem ratio» dentro de la vivienda familiar (matrimonio sin hijos, cónyuge supérstite con hijos, vivienda de hijos menores huérfanos, etcétera).

Junto con la vivienda de la familia nuclear matrimonial hay que incluir, sin duda alguna, dentro de la perspectiva constitucional, la vivienda que sea ámbito de relaciones de filiación entre madre soltera y sus hijos. La declaración explícita del art. 39,2 CE fundamenta esta afirmación. En efecto, no puede sostenerse, de acuerdo con los preceptos constitucionales, que el matrimonio sea la *única* base de la vivienda familiar [18], por las mismas razones dadas antes al analizar el concepto constitucional de familia. Una regulación legislativa ordinaria de la vivienda familiar que excluyese el supuesto básico de la familia nuclear o el explícitamente constitucional de las madres solteras (y con mayor o igual razón, separadas o divorciadas) parece que habría de reputarse contrario a la norma fundamental.

18. Diego Espín, *loc. cit.*, p. 22. «La deducción lógica de estos principios constitucionales (arts. 32 y 39 CE) es que la familia a la que se refieren no puede estar reducida a la originada por consecuencia de la procreación dentro del matrimonio, pues ello implicaría una discriminación para la procreación habida fuera del matrimonio, lo que pugnaría con el derecho fundamental de igualdad ante la Ley».

A partir de aquí se abre, en mi opinión, todo un abanico de soluciones posibles dentro de lo que he denominado franja de constitucionalidad. El principio de igualdad postula un tratamiento de equiparación con la mujer del padre —soltero, separado o divorciado— respecto de sus hijos. La generalización del tratamiento igual a hombres y mujeres permite sustentar, por otra parte, la afirmación de que la crisis matrimonial —con separación o divorcio— no quiebra la idea de «vivienda familiar» sino que más bien le otorga un nuevo sentido en relación con el interés de los hijos y la protección del menor.

El problema que se plantea a continuación es si dentro de ese margen de indiferencia constitucional pudiera incluirse también en el concepto de vivienda familiar la ocupada por un hombre y una mujer sin hijos, unidos de hecho de forma estable por relación afectiva íntima. La contestación negativa podría deducirse de los conceptos básicos de caracterización inducidos de la Constitución —matrimonio o filiación— y de la idea misma de protección *jurídica* de la familia (art. 39,1 CE) que no ampara las situaciones de hecho sino en virtud de intereses específicos (madres solteras, igualdad de los hijos) que no concurren en el caso planteado. No obstante la legislación ordinaria, promovida en los últimos años por el Gobierno socialista, ha venido introduciendo en casos concretos, no aplicables a la vivienda familiar, el concepto de «relación de afectividad» análoga al matrimonio [19]. Se trata de supuestos en los que la analogía, en virtud de la apreciación de una «identidad de razón» (art. 4,1 CC) entra en juego para aplicar a la pareja de hecho, unida por lazos afectivos «de forma permanente», ciertos preceptos referentes a los cónyuges. Esta tendencia legislativa no ha alcanzado la materia, que aquí nos interesa, de la vivienda familiar y parece que ha de tener como límite el antes señalado de protección del perfil jurídico de la familia. En efecto, parece difícil sostener la total equiparación jurídica entre matrimonio y pareja de hecho en este campo de la vivienda, no sólo por razones constitucionales —con-

19. Ejemplos de esta tendencia podemos encontrar en la Ley Orgánica 8/1983 de 25 de junio sobre modificación del Código Penal que introduce en su art. 11 como atenuante o agravante de la responsabilidad «ser el agraviado cónyuge o *persona a quien se halla ligado de forma permanente por análoga relación de afectividad*». También la Ley Orgánica 6/1984 de 24 de mayo, legitima para instar el procedimiento de «Habeas Corpus» al cónyuge «o *persona unida por análoga relación de afectividad*».

firmadas por los antecedentes y trabajos preparatorios de la Constitución— sino incluso por razón de la propia voluntad de los «interesados» de mantener los lazos afectivos como relación de hecho al margen de la institucionalización jurídica y de sus regulaciones coercitivas.

### 4.2. *La protección de la vivienda familiar*

Supuesto el concepto de «vivienda familiar» anteriormente esbozado se puede decir que sobre él se proyecta reduplicativamente la idea constitucional de «protección». Protección de la familia y protección de la vivienda son vectores o indicadores constitucionales proyectados hacia la legislación ordinaria: La protección de la familia explícitamente recogida en el art. 39,1 CE y en el art. 16 de la Carta Social Europea y la protección de la vivienda implícitamente derivada del art. 47 CE incluso del art. 50 relativo a la tercera edad. Cabe hablar por ello de que de la Constitución se deduce un posible vector de desarrollo por ley ordinaria para la protección de la vivienda familiar.

¿Qué indicaciones o posibilidades se pueden inducir desde la Constitución para este desarrollo? Por de pronto hay que decir que la falta de desarrollo legislativo ordinario no es en sí misma inconstitucional. La decisión de desarrollar es del poder legislativo ordinario o de la potestad reglamentaria del Gobierno, según los casos, pero a falta de ella no cabe detectar un vicio *jurídico* de inconstitucionalidad (inconstitucionalidad por omisión). Cabría, por el contrario —supuesta la introducción de la legislación protectora— encontrar vicios de inconstitucionalidad, en la medida en que no respetasen los límites constitucionales, particularmente de igualdad entre hombre y mujer (art. 32,1 CE), la protección e igualdad de los hijos (art. 39,2 CE) o la protección del menor (art. 39,3 CE).

Con independencia de ello el principio constitucional de protección aplicado a ésta o a otras materias tiene un reverso en el que no siempre se repara. Supuesto un sector constitucionalmente protegido, su regulación por legislación ordinaria no puede ignorar esta protección situando otros sectores no protegidos en una posición de preferencia. Es ésta una perspectiva aún no suficientemente explorada pero que puede ser fértil en consecuencias jurídicas. Así, por ejemplo, si partimos de una directriz constitucional de protección a la familia, difícilmente puede considerarse conforme a la Constitución una regulación, pongo por caso tributaria, que sitúe a la pareja casada en posición fiscal más gravosa y desfavorable que a la pareja de hecho. Una interpretación más fiel a la Constitución unida a una depuración más sutil del concepto de inconstitucionalidad podría llevar a la impugnación con éxito de tal regulación por discriminatoria [20]. Este esquema de razonamiento podría aplicarse mutatis mutandis a una regulación de la vivienda familiar que no atendiera a las exigencias constitucionales de protección.

De otro lado, la protección constitucional a la vivienda familiar puede dar lugar a numerosas líneas de desarrollo legislativo ordinario: desde la facilitación crediticia para la construcción y adquisición de la vivienda familiar (especialmente en favor de los recién casados, vid. art. 16 Carta Social Europea) pasando por un régimen tributario especial de dichas viviendas [21] hasta una consideración autónoma del derecho a la vivienda familiar en el campo del derecho civil. Sólo este punto merece aquí consideración más detenida, dada la índole de este trabajo.

### 4.2.1. *El derecho a la vivienda familiar*

Una manifestación del principio constitucional de protección puede desarrollarse efectivamente en el campo del derecho civil. La esencia de ese desarrollo consistiría en una consideración autónoma de ese derecho, diferenciada del tratamiento común resultante del derecho de propiedad, de arrendamiento o cualquier otro de análoga naturaleza, sobre una vivienda no familiar. A lo largo de los estudios subsiguientes pueden comprobarse las líneas de desarrollo concreto de este planteamiento. El rasgo

20. Una manifestación de este problema puede verse en el concepto de «unidad familiar» que manejan nuestras leyes tributarias con acumulación de las rentas de los cónyuges a efectos del impuesto progresivo sobre la renta, de suerte que la pareja de hecho, no casada, puede quedar en situación más favorable que un matrimonio contraido legalmente. *Vid. Sistema Fiscal y Familia.* «Revista del Instituto de Estudios Económicos», 4, 1981. La solución de la ley de 8 de septiembre de 1978, art. 7,3, según la cual «cuando los sujetos pasivos compongan una unidad familiar se acumularán todos los rendimientos ... de todos los miembros de la unidad familiar» suscita dudas en cuanto a su constitucionalidad desde la perspectiva de la no discriminación de la familia y del trabajo de la mujer.

21. El Ordenamiento tributario vigente toma en consideración la «vivienda habitual» y no la «vivienda familiar» a efectos de inversiones y plusvalías, pero cabría imaginar un régimen protector específico para las viviendas familiares, de acuerdo con los principios de la Constitución.

más destacado radica, en lo que aquí interesa, en un tratamiento autónomo de la titularidad de la vivienda familiar, derivado de la ley ordinaria. El esquema común de los derechos dominicales, arrendaticios, sucesorios, etc., se ve así parcialmente alterado en la medida en que la propiedad, el arrendamiento o la sucesión recaiga sobre una vivienda familiar. El interés familiar puede introducir así significativas modulaciones que se apartan de las reglas comunes. La perspectiva constitucional no puede llegar a prefigurar las concreciones de un régimen de este tipo. Pero es útil para ayudar a comprender su fundamento. Esa razón de ser no es otra que la de conferir relevancia a los intereses transindividuales protegidos por la Constitución en relación con la familia y, por tanto, con la vivienda familiar.

Así el derecho del cónyuge propietario de la vivienda familiar puede ceder en algunas de sus manifestaciones y facultades supeditándose al interés protegido de la familia o de los hijos. Es éste el caso del art. 1.320 del Código Civil referido a la vivienda habitual de los cónyuges, o del art. 90,B del propio Código sobre la atribución de la vivienda familiar en casos de nulidad, separación o divorcio o del art. 1.406, 4.º CC en materia de sucesiones. En todos estos supuestos el derecho a la vivienda familiar se autonomiza relativamente en virtud de intereses familiares transindividuales, pasa a un plano preferente y llega a prevalecer sobre otros intereses, que no son objeto de protección especial. Las facultades dominicales ordinarias de disposición, intervivos o mortis causa, quedan así debilitadas, supeditadas o, al menos, moduladas al entrar en un conflicto con el interés familiar protegido. Y a la inversa facultades dominicales ordinarias debilitadas o anuladas en determinados supuestos por la existencia, por ejemplo, de una regulación de arrendamientos que consagra la prórroga automática, pueden quedar reforzadas si cuentan en su favor con el apoyo del interés protegido de proporcionar una vivienda familiar para los cónyuges o sus hijos [22]. El interés de la familia debilita o refuerza,

22. En la excepción a la prórroga forzosa de los arrendamientos urbanos (arts. 62,1 y 6, y ss. de la LAU) se equiparan viviendas y locales de negocios en relación con la necesidad de ascendientes o descendientes del arrendador, pero el régimen legal podría ser otro específicamente referido al establecimiento de una «vivienda familar». El art. 63,2,2.º introduce la idea de insuficiencia de la vivienda por «aumento de las necesidades familiares». También el art. 58 de la LAU al referirse a la subrogación de parientes, al fallecimiento del inquilino, toma en consideración razones familiares, esta vez en favor de la subsistencia del inquilinato.

según los casos, el ejercicio de las facultades dominicales ordinarias o de las arrendaticias.

Hasta dónde puede llegar este efecto de debilitamiento o reforzamiento de las facultades derivadas del régimen común, queda a la «libertad de configuración» del legislador ordinario, quien delimita un ámbito específico de protección.

### 4.2.2. *La protección del derecho a la vivienda familiar*

La consideración del derecho a la vivienda familiar desde una perspectiva relativamente autónoma de otros derechos ordinarios de carácter real u obligacional es abordada en otros lugares de este trabajo colectivo, tanto en el derecho civil español, común y foral como, incluso, en el derecho de las instituciones comunitarias europeas [23]. Resta aquí, sin embargo, examinar si desde el punto de vista constitucional cabría postular una protección tan intensa como la que derivara de la inembargabilidad de la vivienda familiar.

Por lo pronto parece claro que de la Constitución no se deduce la cualidad de inembargable para la vivienda familiar. No sería un precepto propio de la Constitución, sino de las leyes procesales. Es evidente, de otra parte, que una declaración de inembargabilidad de la vivienda familiar sería plenamente constitucioal. Es más, cabe rastrear algún fundamento constitucional para una regulación ordinaria que protegiese la vivienda familiar frente a los embargos o que mantuviese, siquiera temporalmente, un derecho autónomo *ex lege* a la ocupación de la vivienda familiar adjudicada a otro en ejecución procesal, o, finalmente, que la situase en el último puesto del orden de prelación de los embargos [24]. Para fundamentar estas medidas legislativas desde la perspectiva constitucional

23. *Vid.* la Recomendación n.º R (81) 15 del Comité de Ministros del Consejo de Europa de fecha 16 de octubre de 1981 sobre «Les droits des époux relatifs à l'occupation du logement de la famille et à l'utilisation des objets du ménage».

24. La vivienda familiar no figura mencionada en el art. 1.447 de la Ley de Enjuiciamiento Civil dentro del orden de embargos. Podría estarlo, de suerte que dentro de los inmuebles sólo fuese embargable en último lugar la vivienda familiar. Esta tampoco figura entre los bienes inembargables, pero también podría estarlo desde la perspectiva constitucional puesto que, sí son inembargables los «libros e instrumentos indispensables para el ejercicio de la profesión». La Ley de reforma de 6 de agosto de 1984 al modificar los arts. 1.447, 1.449 y 1.451 LEC no ha introducido el concepto de vivienda familiar.

se habría de tener presente el art. 35,1 CE que declara el derecho de los españoles «a una remuneración suficiente para satisfacer sus necesidades y *las de su familia*» dentro de las que está, como hemos visto, la vivienda y considerar, al mismo tiempo, la «ratio iuris» de los preceptos, algunos recientemente actualizados en la Ley de Enjuiciamiento Civil, que limitan la embargabilidad de los salarios. Este posible «vector» de desarrollo constitucional encontraría cierta apoyatura indirecta en la doctrina apuntada en alguna Sentencia del Tribunal Constitucional, antes citada. Me refiero a la de 17 de febrero de 1984 relativa a la inviolabilidad del domicilio. En esta Sentencia se definió el domicilio como «ámbito de privacidad» de la persona y se consideró el supuesto de una posible colisión entre el derecho fundamental de la inviolabilidad del domicilio (art. 18 CE) y los actos administrativos de ejecución llevados a cabo en un procedimiento administrativo por un Ayuntamiento en virtud de sus potestades de autotutela. El Tribunal, con un voto particular contrario, entendió que «en toda actividad de ejecución de sentencias o decisiones llevada a cabo por los órganos públicos en que se produce, bien que necesariamente, el ingreso de los órganos ejecutores en un domicilio privado, se realiza, en mayor o menor grado, una inquisición de éste». Y añade la Sentencia: «De la facultad que el titular del derecho sobre el domicilio tiene de impedir la entrada en él es consecuencia que la resolución judicial o la resolución administrativa que ordena una ejecución que sólo puede llevarse a cabo ingresando en un domicilio privado, por sí solas no conllevan el mandato y la autorización del ingreso, de suerte que cuando éste es negado por el titular debe obtenerse una nueva resolución judicial que autorice la entrada y las actividades que una vez dentro puedan ser realizadas».

Y añade más adelante la Sentencia: «Si los agentes judiciales encargados de llevar, por ejemplo, a cabo un desahucio o un embargo encuentran cerrada la puerta o el acceso de un domicilio, sólo en virtud de una específica resolución judicial pueden entrar».

Pues bien, aún cuando esta doctrina no deje de ser discutible (como pone de relieve el voto particular del Magistrado Rubio Llorente) y en realidad nada en ella impide el embargo de una vivienda familiar (con ejecución posterior y desalojo) no es menos cierto que parece apuntar hacia un vector de desarrollo constitucional de mayor protección frente a embargos y ejecuciones de la vivienda familiar.

De todo ello cabe concluir, pues, que la protección del derecho a la vivienda familiar puede ser establecida por la legislación ordinaria, incluso frente a los embargos, si bien esa mayor protección no se sigue ni directa ni necesariamente de la Constitución.

# II

# *HOGAR FAMILIAR Y DERECHO DE FAMILIA, SUCESORIO Y REGISTRAL*

# CONFIGURACION DEL CONCEPTO DE VIVIENDA FAMILIAR EN EL DERECHO ESPAÑOL

*Gabriel García Cantero*

SUMARIO: GENERALIDADES SOBRE EL DERECHO A LA VIVIENDA COMO FUNDAMENTAL DE LA PERSONA HUMANA.—2. PROTECCIÓN CONSTITUCIONAL DE LA VIVIENDA FAMILIAR.—3. LA NECESIDAD DE PROTEGER LA VIVIENDA FAMILIAR MEDIANTE INSTRUMENTOS JURÍDICOS SURGE DE LA INDEFENSIÓN EN QUE PUEDEN ENCONTRARSE ALGUNOS DE SUS MIEMBROS EN LAS CRISIS CONYUGALES.—4. LAS RECOMENDACIONES DEL CONSEJO DE EUROPA.—5. LA PROTECCIÓN DE LA VIVIENDA Y MOBILIARIO FAMILIARES EN EL CÓDIGO CIVIL ESPAÑOL.

## 1. GENERALIDADES SOBRE EL DERECHO A LA VIVIENDA COMO FUNDAMENTAL DE LA PERSONA HUMANA

He escrito anteriormente [1], que en el estadio actual de nuestra civilización, el derecho a la vivienda puede considerarse como uno de los derechos fundamentales del hombre y, por extensión, de la familia por él formada. De modo que para el cumplimiento de los fines individuales y familiares de la persona humana, ésta debe disponer, por algún título jurídico, del necesario espacio en la superficie terrestre, en las debidas condiciones de habitabilidad, al que denominamos vivienda o alojamiento.

1. GARCÍA CANTERO, *El estatuto jurídico del alojamiento familiar en el derecho español.* «ABC», 1978, pp. 709 y s.

La Constitución vigente no podía menos de formularlo, y así dispone el art. 47:

«Todos los españoles tienen derecho a disfrutar de una vivienda digna y adecuada».

La fórmula utilizada *todos* es indicativa de la voluntad del legislador constitucional de no excluir del goce de este derecho a ningún ciudadano español, cualesquiera sean sus circunstancias y condiciones personales, familiares, sociales, etc. Solteros, casados, separados, divorciados, viudos, bínubos, hijos matrimoniales y no matrimoniales, adoptivos en adopción simple o plena, sujetos a la patria potestad de sus padres o a la autoridad de un tutor...

Sólo que la citada declaración constitucional, todo lo que tiene de bella lo tiene de difícil realización práctica, y por ello representa más bien una expresión de buenas intenciones que un derecho actuable ante los Tribunales. La experiencia del mundo occidental demuestra que no se han encontrado cauces jurídicos adecuados para facilitar de modo *directo* el disfrute de este derecho a los ciudadanos, trasladándose la actuación estatal a los modos *indirectos,* tales como ayudas a la construcción de viviendas, promoción de cooperativas constructoras, ofrecimiento de solares para edificar a precios razonables, etc.

Esto explica lo que el propio art. 47 CE dispone a continuación:

«Los poderes públicos promoverán las condiciones necesarias y establecerán las normas pertinentes para hacer efectivo este derecho, regulando la utilización del suelo de acuerdo con el interés general para impedir la especulación».

«La comunidad participará en las plusvalías que genere la acción urbanística de los entes públicos».

Tanto ayudan, en efecto, a facilitar el derecho a la vivienda una inteligente Ley de Arrendamientos Urbanos, como una realista normativa sobre la Propiedad Horizontal, así como una eficaz Ley del Suelo. Es decir, que deben emplearse para lograr dicho objetivo tanto mecanismos de derecho privado como de derecho público.

## 2. Protección constitucional de la vivienda familiar

Obsérvese que el art. 47 CE no menciona la vivienda familiar, como si contemplara una sociedad de individuos aislados que se albergan en células unipersonales; lo que evidentemente no pudo estar en la mente del legislador constitucional por no ser conforme a la naturaleza de las cosas. La realidad muestra en efecto que normalmente las viviendas albergan familias, completas o incompletas, de modo que el primer sujeto del derecho formulado en el art. 47 no es tanto el individuo aislado como el núcleo familiar, de modo que habrá que interpretarlo en el sentido de proclamar el derecho de la persona a vivir en un hogar, a convivir con sus más próximos parientes y a realizar en su seno las actividades necesarias para el desarrollo de su personalidad[2].

No faltan antecedentes de la protección constitucional de la vivienda familiar. Así la Declaración XII,2 del Fuero del Trabajo de 1938 expresaba el compromiso estatal de «multiplicar y hacer asequibles a todos los españoles las formas de propiedad ligadas vitalmente a la persona humana», mencionando, en primer término, el hogar familiar. Declaración que repite en términos similares el art. 31 del Fuero de los Españoles de 1945: «El Estado facilitará a todos los españoles el acceso a las formas de propiedad más íntimamente ligadas a la persona humana», aludiéndose también, en primer lugar, al alojamiento familiar.

Pienso que en la Constitución vigente hay suficiente base normativa para formular con mayor precisión todavía el principio de la protección constitucional de la vivienda familiar. Si partimos del derecho a contraer matrimonio (art. 32.1) no resulta forzado deducir de él, como anexo inseparable, el derecho a la vivienda familiar pues no se puede pretender —«el casado casa quiere», dice el refranero— que los nuevos esposos vivan realquilados, o compartan el domicilio de sus padres, o, *in extremis*, que se cobijen en una tienda de campaña. La intimidad familiar y personal, formulada en el art. 18.1, precisa de un recinto en el que pueda ejercerse y ocultarse a los demás. De poco valdría proclamar la inviolabilidad del domicilio (art. 18.2) si los ciudadanos no pudieran establecerlo. Obsérvese que la mayoría de estos derechos están contenidos en la sec. 1.ª, y, por tanto, resultan protegidos por el recurso de amparo a tenor del art. 53.2.

2. Dice COMPORTI que si un techo es necesario para la vida de un individuo con mayor razón lo es para la vida de la familia que, como grupo social y comunidad natural de personas, no puede cumplir sus funciones afectivas y educativas normalmente sino cuando está reunida en un mismo lugar» (en el vol. colectivo *Le droit au logement*, París 1984, p. 340).

Si el art. 33.1 reconoce el derecho a la propiedad privada, sin más limitaciones que la función social como delimitación de su contenido, y si el art. 36.1 proclama «el derecho al trabajo, a la libre elección de profesión u oficio, a la promoción a través del trabajo y a una remuneración suficiente para satisfacer sus necesidades y las de su familia», no parece incongruente deducir que, de modo indirecto o derivado, la protección constitucional del derecho al trabajo, y a su remuneración, incluye el derecho a adquirir la vivienda en donde se satisfacen esas necesidades personales y familiares del trabajador.

Si los preceptos anteriores se relacionan con el art. 39.1 parece ser conclusión necesaria la de que la protección social, económica y jurídica de la familia envuelve y conlleva ineludiblemente la protección de la vivienda familiar; protección singularmente intensa en ciertos aspectos, tales como los ya citados de la intimidad familiar, la inviolabilidad del domicilio, y la libre elección de residencia y de circulación por el territorio nacional (tutelados por el recurso de amparo: art. 53.2); y menos intensa en otros (art. 39.1 y 47) si bien, al menos, deben éstos informar la legislación positiva, la práctica judicial y la actuación, en general, de los poderes públicos, pudiendo ser objeto de desarrollo por ley ordinaria, en cuyo caso cabe ya su invocación directa ante los Tribunales (art. 53.3). Esto último es lo que ha ocurrido cabalmente con el art. 1.320 C.c. en su redacción dada por la Ley de 13 de mayo de 1981.

Quede claro, por lo demás, que se aluden aquí a los aspectos constitucionales, no para reiterar lo que con mayor profundidad ha expuesto Orga y Díaz-Ambrona en páginas anteriores, sino para dotar de una mínima apoyatura constitucional a lo que a continuación se expone.

## 3. La necesidad de proteger la vivienda familiar mediante instrumentos jurídicos surge de la indefensión en que pueden encontrarse algunos de sus miembros en las crisis conyugales

El movimiento surgido recientemente en los países europeos para proteger jurídicamente la vivienda familiar no es fruto de elucubraciones científicas sobre el concepto actual de familia, sino de unas situaciones bien concretas. Ante el rápido crecimiento del índice de divorcialidad y de separación, la práctica ha enseñado que, con demasiada frecuencia, las previsiones legislativas y las determinaciones judiciales encaminadas a proteger a la parte más débil (los hijos y muchas veces la mujer) resultaban ineficaces ante la conducta del otro cónyuge (el más fuerte, económica o socialmente), quien, ejercitando los derechos que le atribuye la legislación común, podía dejar sin hogar, o sin el mobiliario más valioso, o sin ambas cosas a la vez, a los demás miembros de la familia. Este fue el punto de partida del tema debatido en el Congreso Internacional de Derecho Comparado celebrado en Budapest en 1978 sobre la protección jurídica del alojamiento familiar, y cuyo Ponente o Relator general fue el Prof. Alfred Rieg de la Universidad de Estrasburgo. Quienes han constituido legalmente una familia han creado con sus propios actos unas expectativas jurídicas para los demás miembros de disfrutar de un conjunto de bienes, de modo estable y, en principio, indefinido. Entre tales bienes figura en lugar preeminente la vivienda sobre cuyo destino deben poder influir, en igualdad de derechos, ambos cónyuges, sea cualquiera el régimen económico del matrimonio y el título de pertenencia del inmueble. Cuando la familia entra en crisis, el Derecho debe adoptar las pertinentes medidas para evitar que tales expectativas no se frustren; incluso en los casos de un funcionamiento normal de las relaciones conyugales, hay que dotar a la vivienda de un estatuto jurídico adecuado, aunque no sea previsible entonces que se realicen actos fraudulentos pues si la armonía reina entre marido y mujer cabe pensar que los actos de disposición sobre la vivienda y el mobiliario se realizarán de común acuerdo [3].

Estas preocupaciones compartidas por juristas de diversos países occidentales han cristalizado en diversas normativas, no siempre uniformes, que últimamente ha tratado de armonizar el Consejo de Europa en su Proyecto de Recomendación de 1981 relativo a la ocupación de la vivienda de la familia y de la utilización de los objetos del mobiliario.

3. No todas las Ponencias nacionales han sido publicadas. *Vid.* DELVA, *Le statut juridique du logement familial et droit belge*, en «Rapports belges», Bruselas 1978, pp. 93 y ss.; WESTERMANN, *Die Reschtslage der Familienwohnung*, en «Deutsche Landesberichte», II, Tubingen 1978, pp. 3 y ss.

## 4. Las recomendaciones del Consejo de Europa

El Proyecto de Recomendación de 1981, adoptado por el Comité Europeo de Cooperación Jurídica, se inscribe en el marco que acaba de describirse; es decir, por parte de varios países europeos se han promulgado normas de protección de la vivienda y mobiliario familiares para atender a las situaciones de abuso o fraude, si bien se constata que hay una apreciable disparidad entre las diversas regulaciones, de modo que la protección resulta ser insuficiente, o bien no existe ninguna.

El Proyecto parte de las parejas casadas, no mencionando la situación de las parejas no casadas aunque pudieran haber formado un hogar estable, y, mucho menos, la de los hijos nacidos de uniones ocasionales o esporádicas, ya estén reconocidos por uno sólo de los padres, ya se hayan encomendado a parientes o instituciones por tener sus progenitores formado otro hogar legalmente constituido. Tampoco se habla de extender por analogía las normas de protección a tales situaciones de hecho, aunque el tema puede plantearse en el futuro.

La exclusión en esta materia de las parejas no casadas parece, sin embargo, conforme con lo declarado por el Tribunal de Derechos Humanos de Estrasburgo en su S. de 13 de marzo de 1978, en el ya famoso *caso Marcks*. Si bajo otros aspectos tal sentencia puede considerarse revolucionaria, resulta nítida en cuanto a que no todos los efectos legales del matrimonio deben aplicarse igualmente a otras situaciones comparables a éste en muchos aspectos. En particular la madre recurrente acusaba a la legislación belga de no reconocer su derecho a no casarse, lo que se rechaza por el Tribunal de Estrasburgo[4].

Ha de advertirse, por otra parte, que no se trata de lograr una igual-

4. Interesa en nuestro caso el contenido del apartado o considerando núm. 67 de la s. cuyo texto literal es el siguiente: «En su Informe de 10 de diciembre de 1977, la Comisión expresa su opinión de que el art. 12, referido al derecho «a contraer matrimonio y a formar una familia» no es relevante en el caso aquí planteado. Las recurrentes, por su parte, mantienen la tesis de que el C.c. belga reconoce el derecho de Paula Marcks a no casarse, que debe asimismo considerarse inherente al propio art. 12. Consideran que para que se atribuya a Alejandra la consideración de «hija legítima» su madre tendría que legitimarla y, en consecuencia, casarse.—El Tribunal señala que no existe obstáculo legal para que la primera recurrente, en el ejercicio de su libertad para contraer matrimonio, permanezca soltera. El hecho de que jurídicamente los padres de un hijo ilegítimo no gocen de

dad absolutamente matemática entre las legislaciones internas de los países miembros del Consejo de Europa, y que nuestro país no figura entre quienes ninguna protección otorgan a la vivienda y mobiliario familiares. Se trata de ofrecer un modelo o *standard* que represente el mínimo de protección que se considera satisfactorio, para lo cual se deja en buena parte a los derechos internos elegir el mecanismo jurídico más apto para lograr los indicados fines. Sería inadecuado por tanto limitarse a una copia literal del Proyecto de recomendación.

Por las mismas razones, el Proyecto no ofrece concretas fórmulas jurídicas por regla general, sino que se limita a enunciar un *derecho a ocupar la vivienda y a usar el mobiliario,* sin que descienda a definirlo, misión que se encomienda a las legislaciones internas. Unicamente recomienda el *sistema de copropiedad* cuya adopción está en función, evidentemente, de las posibilidades reales que el régimen de copropiedad ofrezca dentro de cada país para dispensar una protección efectiva. Veremos más adelante como la imprescriptibilidad de la *actio communi dividundo* en el C.c. español no garantiza una efectiva protección.

iguales derechos que los de un hijo legítimo, constituye, a su vez, una vulneración del art. 12, en opinión de los recurrentes. No obstante, éstas interpretan el art. 12 en el sentido de que todos los efectos legales que el matrimonio lleva consigo deberán aplicarse igualmente a aquellas situaciones comparables al matrimonio en muchos aspectos. El Tribunal no puede aceptar este razonamiento; de acuerdo con la Comisión, considera que el caso que aquí se plantea excede del ámbito del art. 12. En consecuencia, considera que este precepto no ha sido violado».

Parece claro que el caso Marcks sienta jurisprudencia también en materia de concubinato. Cuando el art. 12 del Convenio Europeo de Derechos Humanos de 1950, suscrito por nuestro país, establece que «à partir de l'âge nubile, l'homme et la femme ont droit de se marier et de fonder une famille selon les droits nationales régissant l'exercice de ce droit» se está refiriendo exclusivamente a la familia basada en el matrimonio, de modo que no cabe sospechar que haya un «droit à ne pas se marier et à fonder une famille avec les mêmes benefices qui jouit la famille basée sur le mariage».

En el ámbito del Derecho comparado, el tema de la vivienda familiar ha sido también objeto de las Jornadas Mexicanas de la Asociación Henri Capitant, celebradas en 1982, cuyas Ponencias y trabajos han sido publicados bajo el título *Le droit au logement* (Paris 1984), en el vol. ya citado que constituye el tomo XXXIII de los Travaux de la Association Henry Capitant. Interesa a nuestro objeto todo el contenido del apartado dedicado a *Le logement et la famille,* en el que se contiene el *rapport* general de Comporti, y las ponencias belgas (Verwilghen), canadiense (Caparros), francesa (Grimaldi), italiana (Breccia), de Louisiana (Carbonneau), luxemburguesa (Biever), polaca (Ignatowicz) y portuguesa (Pereira Coelho).

Quizá las novedades más importantes de este Proyecto de Recomendación radiquen en el establecimiento de un sistema de inscripción de la vivienda en el Registro de la Propiedad, y en la concesión de un derecho de ocupación a cónyuges que carecen de título jurídico alguno sobre la vivienda (supuesto del precario o de la posesión meramente tolerada), si bien con el aditamento de que tal protección no pueda hacerse valer frente a terceros.

En todo caso, el Anteproyecto resulta ser un punto de referencia sumamente útil para construir y reglamentar la institución con criterios de eficacia y realismo.

## 5. La protección de la vivienda y mobiliario familiares en el Código civil español

### 5.1. *«Sedes materiae»*

Hasta la reforma del C.c. operada por la Ley de 13 de mayo de 1981 no existía en nuestro ordenamiento una base normativa de la que se derivase claramente y sin ambigüedades el principio de protección de la vivienda y mobiliario familiares, sino únicamente ciertos atisbos y preceptos aislados de los que pudiera inducirse, no sin esfuerzo, tal principio de alcance general. Pero la reforma de 1981, siguiendo la tónica del Derecho comparado, dedica al tema los arts. 1.320 y 1.321 que, con un evidente propósito generalizador, se incluyen dentro del llamado régimen matrimonial primario, aplicado a todos los casados sujetos al C.c. sea cual fuere su régimen matrimonial [5].

5. Sobre el significado del concepto «régimen matrimonial primario» y su recepción en España cfr. García Cantero, en Castán, *Derecho civil español, común y foral.* V-101, Madrid 1983, pp. 326 y ss. También Lacruz, en Lacruz y Sancho-Rebullida, *Elementos.* IV, Barcelona 1982, pp. 287 y ss.

Se alude en el texto a la técnica seguida en la reforma francesa (cfr. art. 215 C.c.). Según Grimaldi este último precepto pertenece al régimen matrimonial primario y se aplica a todos los cónyuges, cualquiera sea su régimen matrimonial (*Rapport français,* en el vol. cit. *Le droit au logement,* p. 432).

He aquí su texto:

Art. 1.320: «Para disponer de los derechos sobre la vivienda habitual y los muebles de uso ordinario de la familia, aunque tales derechos pertenezcan a uno solo de los cónyuges, se requerirá el consentimiento de ambos o, en su caso, autorización judicial.

La manifestación errónea o falsa del disponente sobre el carácter de la vivienda no perjudicará al adquirente de buena fe».

Art. 1.321: «Fallecido uno de los cónyuges, las ropas, el mobiliario y enseres que constituyan el ajuar de la vivienda habitual común de los esposos se entregarán al que sobreviva, sin computárselo en su haber.

No se entenderán comprendidos en el ajuar las alhajas, objetos artísticos, históricos y otros de extraordinario valor».

En el caso de la sociedad de gananciales hay que tener, también, en cuenta los nuevos arts. 1.346-7.°, 1.406, 1.407 y 1.408.

La reforma sustantiva ha obligado a poner de acuerdo con la misma los preceptos del R.H. lo que se ha realizado por el R.D. de 12 de noviembre de 1982, que ha dado nueva redacción al art. 91 [6].

Personalmente me parece indudable que los preceptos transcritos constituyen hoy por hoy la *sedes materiae* del tema que nos ocupa, de tal modo que tales normas representan la *ley de desarrollo* que el art. 53.3 CE exige para que los principios constitucionales contenidos en el cap. 3.°, Tít. I de nuestra norma fundamental puedan ser alegados ante la jurisdicción ordinaria. Y con anterioridad demostré que la protección de la

6. He aquí el texto completo del art. 91 R.H. después de su reforma:
«1. Cualquiera que sea el régimen económico del matrimonio para la inscripción del acto de disposición que recaiga sobre inmueble que constituya la vivienda habitual de la familia, deberá constar el consentimiento del otro cónyuge a no ser que se justificare que no tiene tal carácter o que el disponente lo manifestare así.
2. El posterior destino a vivienda familiar de la comprada a plazos por uno de los cónyuges antes de comenzar la sociedad, no alterará la inscripción a favor de éste, si bien, en las notas marginales en las que se hagan constar con posterioridad los pagos a cuenta del precio aplazado se especificará el carácter ganancial o privativo del dinero empleado.
3. La determinación de la cuota indivisa de la vivienda familiar habitual que haya de tener carácter ganancial, en aplicación del art. 1.357.2 del Código civil, requerirá el consentimiento de ambos cónyuges y se practicará mediante nota marginal».

vivienda y mobiliario familiares resulta ser, al menos, un principio implícito de nuestra Constitución.

Lo dicho no obsta para que en otros preceptos del C.c. se encuentre apoyo para reforzar la normativa, como ocurre con los arts. 66 y ss. Pero adviértase que, de no existir aquéllos, muy difícilmente podría hacerse valer dicho principio constitucional ante los Tribunales ordinarios, con base exclusivamente en la norma que proclama los derechos-deberes que surgen del matrimonio. No creo, por último, que con ello se rebaje la trascendencia del tema que nos ocupa, al contrario, tal *modus procedendi* se enmarca en la metodología sugerida por la Recomendación del Consejo de Europa[7].

### 5.2. *Ensayo de definición de la vivienda y del mobiliario familiares*

Se trata evidentemente de una cuestión previa cuya delimitación va a condicionar el ulterior desarrollo. La protección legal que se propugna va a

7. No parece que pueda acusarse de dispersión al reformador de 1981 por haber realizado alusiones al tema que nos ocupa en los capítulos IX y X del Tít. IV, Libro I, al regular los efectos comunes a la nulidad, separación y divorcio, así como las medidas provisionales por introducción de demandas con tal fin. Los arts. 90 letra B), 91, 96 y 103 regla 2.ª, no son otra cosa que especificaciones del régimen de la vivienda y mobiliarios familiares en los supuestos de crisis conyugal.

No obsta lo anteriormente escrito a que en la vivienda familiar deba verse algo más que un mero valor patrimonial o económico, como acertadamente puso de relieve en su intervención el Prof. Rubio Torrano. Un destacado sector doctrinal incluye el derecho a la vivienda en abstracto entre los de la personalidad (así Comporti, *loc. cit.,* p. 340), dice que condiciona el desarrollo del individuo, y Grimaldi, Ponencia francesa *cit.,* p. 421, afirma que representa un valor extrapatrimonial pues aparece jurídicamente como el espacio cerrado que garantiza la efectividad de los más importantes derechos de su personalidad, en primer lugar, la protección de su integridad física, y en el plano moral, el marco de su vida privilegiada, cotidiana e inmediata, recogiendo, fuera de las miras ajenas, sus intereses afectivos; es el centro de su esfera íntima, el santuario de su vida privada). Lo que ocurre es que, aparte bellas declaraciones, tal derecho en abstracto, es de muy difícil concreción, como antes expuse, y se protege mejor cuando se integra en otras relaciones de naturaleza principalmente patrimonial. Por lo demás, no creo que el tema de la ubicación sistemática esté definitivamente cerrado, y pienso por otra parte que hay en España un considerable progreso —respecto al sistema anterior a la reforma de 1981, vigente todavía en legislaciones como la italiana, portuguesa y alemana— al haberse incluido la *sedes materiae* dentro del régimen matrimonial primario.

ejercerse sobre determinados muebles e inmuebles que el art. 1.320 describe así: «Vivienda habitual y los bienes de uso ordinario de la familia»; expresiones que vienen a repetirse con parecidas formulaciones en otros lugares del C.c.: «la vivienda donde tuviese la residencia habitual» (art. 1.406-4.º); «las ropas, el mobiliario y enseres que constituyen el ajuar de la vivienda habitual común de los esposos» (art. 1.321). El texto legal no proporciona más precisiones, ni tampoco lo hace la Recomendación del Consejo de Europa que expresamente lo deja a la decisión judicial, la cual, obviamente, ha de ser preparada por la investigación doctrinal.

Pienso que se trata de la cualidad de un bien inmueble y de los muebles que pueden considerarse como accesorios o pertenencias suyas; en la atribución de tal cualidad interviene la voluntad expresa o tácita de los cónyuges, plasmada o concretada en un acto de afección o destinación económica de los mismos, como luego explicaré.

La ley no interviene para obligar imperativamente a que los cónyuges realicen tal acto de destinación de un inmueble a residencia familiar (donde se ve el juego de la autonomía de la voluntad), pero, una vez realizado tal acto de afección, actúa con marcada imperatividad para protegerlo frente a los actos dolosos o fraudulentos que cualquiera de los cónyuges pudiera hacer en perjuicio del otro. De aquí se deduce que la existencia de la vivienda familiar y de su ajuar no es algo estrictamente necesario en la vida del matrimonio. En teoría cabría imaginar algún supuesto en que falten (por ej. cuando han pactado domicilios separados e independientes para cada cónyuge sin fijar uno común); pero tales situaciones más bien parecen insólitas, o acaso rozan la ilegalidad (por ej. pacto de no convivencia). Lo normal, sin embargo, es que cada familia tenga una residencia suficientemente dotada de mobiliario a tenor de su *standard* de vida; cabe incluso que tenga más de una, lo cual plantea el tema de la necesaria unicidad, o de la posible pluralidad de viviendas familiares y sus correspondientes ajuares.

La vivienda y mobiliario familiares han de determinarse con criterios empíricos y realistas, allí donde, de hecho, residen los cónyuges y sus hijos con habitualidad. Normalmente aquélla coincidirá con el concepto jurídico de domicilio, y nada impide que así sea. No obstante pienso que conviene deslindar ambas figuras en atención a la diferente finalidad que cumplen. Por de pronto el domicilio tiene una función principalmente *ad extra* en las relaciones con los terceros, para realizar pagos y cobros, para recibir notificaciones, etc. por lo cual, en último término, podría sustituirse o reemplazarse por un buzón o un apartado de correos. En cambio, aunque no se excluyen esas funciones externas, lo fundamental en la vivienda y mobiliario familiares son las funciones *ad intra,* de convivencia entre sus miembros, de cobijo y alimentación, de asistencia y formación. El domicilio legal no puede faltar nunca, la vivienda familiar sí, y, aunque exista, ser diferente del domicilio.

La vivienda y mobiliario familiares no se fijan de una vez para siempre sino que pertenece a la autonomía de los cónyuges su modificación y cambio (lo que puede ocurrir una o varias veces durante la vida respecto de aquélla, y con más frecuencia respecto de éste). Ahora bien, la protección legal interviene en el cambio para impedir que se haga en perjuicio de alguno de los cónyuges.

El que se trate de una cuestión de hecho, no impide que haya constancia documental de tal acto de afección o destinación económica de determinados bienes; más aún, es aconsejable que así sea preconstituyendo la prueba del mismo en la eventualidad de un proceso en que se haga valer la protección legal. En esta dirección se sitúan las recomendaciones del Consejo de Europa que propugnan la organización de un sistema de publicidad registral para dotar de la mayor eficacia posible frente a terceros a tal acto de destinación. Probablemente la mayor o menor eficacia práctica de esta institución en nuestro derecho va a depender en buena medida de la adecuada constancia registral del carácter de vivienda familiar de un determinado piso o inmueble. Pero ello es una cuestión que no pertenece a esta Ponencia.

Para que la ley dispense su protección a la vivienda familiar y su mobiliario ha de tratarse de un conjunto patrimonial formado por una o varias fincas o inmuebles destinados a habitación y los muebles que están instalados en ellas con una finalidad de servicio o instrumental. Pero no es apto cualquier conjunto patrimonial sino aquél que reúna determinados requisitos objetivos y subjetivos que analizo a continuación.

### 5.3. *Requisitos objetivos*

En cuanto a la vivienda familiar parece que el art. 1.320 se está refiriendo a un bien inmueble por naturaleza o por incorporación, es decir a un edificio cuyo destino principal es el de servir de alojamiento a las personas. No considero incorrecto hablar de la habitabilidad a que se refiere el art. 1.º de L.A.U. Una choza, una cabaña, una casa en ruinas, un establo, un almacén, etc. aunque eventualmente pueden brindar cobijo a una familia no pueden en principio merecer la calificación de vivienda familiar. Si hipotéticamente se planteara la aplicación del art. 1.320 habría que resolver que el caso era competencia de la Asistencia social o de la Beneficencia Municipal. Se trata, por tanto, inicialmente de un inmueble urbano habitable, pero no todos entran en la calificación legal, pues habrá que excluir aquellos que merecen la calificación de locales de negocio, es decir, aquellos inmuebles urbanos en que se ejercita el comercio, la industria o una profesión.

Puede haber dudas con los inmuebles urbanos de doble destino: es decir, tanto la vivienda en cuyo interior se ejerce también una profesión liberal (de abogado, de médico, de notario, etc.), como el local de negocio en el que accesoriamente existe una vivienda. Pienso que hay que buscar fórmulas para impedir que la vivienda familiar quede desprotegida, correspondiendo en último término al Juez la función de delimitar o acotar el espacio destinado a vivienda familiar, lo que puede originar complejos problemas jurídicos (por ej. de división del contrato en cuya virtud se ocupa el inmueble) [8].

El inmueble urbano habitable ha de estar destinado habitualmente a vivienda. Por tanto, el solar, aunque esté ya iniciada la construcción, no merece tal calificación; tampoco el edificio terminado, pero no habitado, aunque convendría analizar las circunstancias para evitar posibles fraudes (con la promesa de habitar un piso nuevo, los cónyuges enajenan la vivienda que ocupaban y provisionalmente se instalan en casa de familiares, y, en último término se enajena el piso no ocupado). Hay unanimidad en la doctrina para excluir a la vivienda familiar secundaria, es decir, la

8. LACRUZ, *op. cit.*, p. 299 se plantea si el esposo propietario que ejerce en la vivienda profesión o comercio podría segregar la parte destinada a tales actividades extradomésticas. Pienso que la respuesta ha de ser afirmativa.

En el texto se defiende, en principio, el carácter de inmueble habitable que debe tener la vivienda familiar por ser *quod plerumque accidit,* pero no se excluye otro tipo de viviendas familares merecedoras de protección, como se defendió en el Coloquio (Marina, Corriente), incluso invocando otros modelos culturales (Rico Lara). La cuestión se traslada a la eficacia de la protección legal de esas viviendas atípicas o especiales, que puede ser problemática. No creo, en cambio, que el concepto penal de «morada» (sugerido por Lombardo) sirva al Juez de criterio de calificación último.

que no se emplea habitualmente para albergar a la familia, sino únicamente por temporadas.

El destino ha de ser familiar, es decir afectado a las necesidades de los miembros de la familia, lo que debe interpretarse en sentido amplio. Pienso que el piso utilizado *exclusivamente* por uno de los cónyuges, por ejemplo como domicilio separado para ejercer una profesión, v. gr. en lugar distinto de donde reside la familia, no podrá tener aquella calificación. Pero sí deberá tenerla cuando está indistintamente al servicio de cualquier miembro de la familia.

Aunque el art. 1.320 emplea el singular (*la* vivienda habitual) no creo que en la *mens legislatoris* se excluya la posibilidad de una pluralidad simultánea de viviendas familiares protegidas por la Ley. La casuística puede ser relativamente abundante: Dos pisos contiguos comunicados internamente para alojar a una familia numerosa, e, incluso, aunque no tengan tal comunicación interior; esposos que por razones profesionales viajan frecuentemente y distribuyen su tiempo residiendo periódicamente en dos o más ciudades; padre agricultor que simultanea tal actividad con otra profesión que ejerce en la ciudad, en donde, además, convive con sus hijos universitarios, etc.[9].

¿Qué pensar de las viviendas familiares habituales que se presentan motorizadas? En principio y salvo las exenciones demostradas hay que excluir de la protección legal a las viviendas que tengan la consideración jurídica de cosas muebles: tiendas de campaña, remolques, etc. Cabría plantear la hipótesis de aquellas familias cuya profesión exija incesantes desplazamientos y han acomodado su vivienda en caravanas motorizadas, autocaravanas, etc. Pienso que surgen varios obstáculos que dificultan la aplicación del art. 1.320: la difícil identificación de tales alojamientos (especialmente si son carromatos arrastrados por animales); su fácil vulnerabilidad y exposición a ser destruidas; la casi imposibilidad de inscribir en un registro el carácter de alojamiento familiar. Esto último podría paliarse tratándose de vehículos automóviles, con la reducida publicidad de su registro administrativo.

En cuanto al mobiliario protegido, se trata de un conjunto de bienes muebles que acaso pueda calificarse de *universitas facti* pues están vincu-

9. Ratifico la posición sostenida en CASTÁN, V-1[10], p. 335, que también comparte LACRUZ, *op. cit.*, p. 300.

lados por la finalidad de servicio o destino; son los «muebles de uso ordinario de la familia» —se sobrentiende, dentro de la vivienda familiar—; o «el ajuar de la vivienda habitual común» a que se refiere el art. 1.321, medido con un *standard* medio de vida, pues« no se entenderán comprendidos... las alhajas, objetos artísticos, históricos y otros de extraordinario valor». En principio hay que entender que el legislador utiliza en sentido restringido la palabra *muebles,* entendiendo por tales los que tienen por principal destino «amueblar o alhajar las habitaciones» (art. 346, pár. 2.º).

Puede surgir la duda de si se incluirán los vehículos automóviles al servicio de la familia, las bicicletas que usan los hijos pequeños en el jardín, o el carrito del minusválido. En todo caso, el mobiliario protegido se caracteriza por su destino, accesorio y vinculado a la vivienda familiar. Por tanto se excluye el mobiliario almacenado en una habitación libre, o depositado, por no tener cabida, en el almacén; y el constitutivo de colecciones —aunque no tengan un valor extraordinario— pues no está al servicio de la familia. Tampoco puede considerarse mobiliario familiar el instrumental de la clínica que regenta en la vivienda uno de los cónyuges, o el laboratorio en ella instalado, o la biblioteca profesional de un abogado.

Debe existir una adecuación razonable entre la vivienda y el mobiliario de la familia, todo ello en función de las necesidades de esta última. Así, la existencia de muchas habitaciones vacías puede inducir la existencia de una vivienda que no se precisa en toda su extensión para albergar a la familia; paralelamente, la acumulación de mobiliario puede ser indicio de una vivienda insuficiente. Pero no caben dar reglas generales sino que en su momento el Juez valorará todas las circunstancias de la familia concreta (por ej. si por haber salido del hogar para casarse algunos hijos resulta evidente que las necesidades de vivienda y mobiliario han disminuido ostensiblemente).

## 5.4. *Requisitos subjetivos*

No basta la existencia del conjunto patrimonial constituido por uno o varios inmuebles y muebles para la existencia del objeto protegido, sino que hace falta que el acto de afección o destino de los mismos haya sido realizado por personas unidas por un vínculo matrimonial válido en España, cualquiera sea la ulterior situación de dicho vínculo, ya que la *ocassio legis* radica precisamente en la necesidad de protección suscitada por una crisis conyugal.

Anteriormente he razonado el fundamento de la protección constitucional de la vivienda y ajuar familiares. Aquí únicamente pondré de manifiesto que tanto la legislación española, como la extranjera y la Recomendación del Consejo de Europa, presupone la existencia del vínculo conyugal. Sólo los cónyuges están legitimados para afectar determinados bienes —cualquiera sea el derecho que sobre ellos les pertenezca— al destino específico de constituir una *matrimonial house.* Lo que no obsta para que los beneficiarios indirectos de la institución puedan ser otros miembros de la familia, ni que ésta se entienda en sentido amplio. Cabe así que en el hogar familiar convivan ascendientes más o menos próximos o colaterales; que hayan sido recibidos hijos adoptados plenamente por ambos cónyuges, o los que uno de ellos haya tenido de anterior matrimonio, o los no matrimoniales de cualquiera de aquéllos, incluso los reconocidos o adoptados *de facto.* Todos ellos van a beneficiarse de la citada cualidad jurídica, pero ninguno de estos parientes, en ausencia de un vínculo matrimonial de la pareja podrán invocar —*de lege data*— la existencia de una vivienda y mobiliario familiares.

El caso, quizá más llamativo, sea el de la pareja no casada que ha reconocido a sus hijos, con los que conviven en una vivienda externamente normal, con apariencia incluso de matrimonio legal. A mi juicio, entre padres e hijos no matrimoniales se desarrollará con toda virtualidad la relación paterno-filial, idéntica a la que existe con los hijos matrimoniales. Podrán, por tanto, exigir los hijos o sus representantes legales, a cada uno de sus progenitores, el cumplimiento de los deberes que enumera el art. 154; entre ellos, el de tenerlos en su compañía. No podrán, en cambio, exigir a sus progenitores que convivan entre sí. Esta es la razón por la que la institución que nos ocupa resulta difícilmente aplicable a esta hipótesis. Por muy estable que resulte *de facto* la pareja no casada, no media entre ella la obligación de vida común, ni ninguno de los deberes recíprocos del art. 68. Y sobre bases tan frágiles —pues la convivencia puede cesar en cualquier momento— no parece posible construir una institución basada en la permanencia y estabilidad.

El caso de la adopción plena no ofrece dificultad, dada la circunstancia habitual de que las dos personas que la lleven a cabo están unidas en matrimonio. Fuera de esta hipótesis no cabe que haya pluralidad de adoptantes; si el padre adoptivo único trata de dejar en la calle a su hijo plenamente adoptado, se podrá pedir por el Ministerio Fiscal que quede extinguida la adopción por motivos graves que afectan al adoptado menor de edad o incapacitado (art. 177-3.º). La adopción simple, aunque en principio otorga los mismos derechos que la filiación por naturaleza (art. 176, pár. 1.º), supone, sin embargo, un vínculo de menor intensidad que la plena, y la subsistencia de vínculos con la familia de origen, en cuyo hogar podría encontrar acogida el hijo simplemente adoptado, de fracasar la adopción.

En el supuesto del menor de edad sujeto a tutela, cabe observar que del art. 269 no deriva una obligación para el tutor de tener al pupilo en su compañía, aunque tampoco se prohíbe y, de hecho, muchos de los deberes que allí se enumeran encuentran mayor facilidad de cumplimiento en la convivencia dentro del hogar del tutor. Si éste está casado, es evidente que el pupilo resultará indirectamente protegido en la forma antes descrita. De no estarlo, no cabrá invocar la protección del 1.320, aunque sí encuadrar una actuación del tutor que suponga la desaparición del hogar familiar, dentro del art. 249, a efectos de solicitar su remoción.

Por lo demás, baste decir que el matrimonio base ha de ser capaz de producir efectos en España según nuestra legislación, advirtiendo que ahora la inscripción en el Registro Civil no parece ser ya una *conditio iuris* de producción de efectos civiles, bastando su celebración, incluso en el extranjero según la *lex loci* [10].

Si según el art. 61 el matrimonio produce efectos civiles desde su celebración, parece lícito deducir que uno de tales efectos civiles es precisamente la protección de la vivienda y mobiliario familiar constituidos válidamente por cualquiera de los cónyuges; y ello aunque el matrimonio canónico o civil, no esté inscrito, o haya sido celebrado en el extranjero según la *lex loci;* tal protección se producirá igualmente aunque el matrimonio haya sido anulado, respecto del cónyuge de buena fe (art. 79).

La protección legal de la vivienda y mobiliario familiares es una consecuencia del matrimonio, y no del nacimiento de hijos, por lo que no podrá condicionarse a que haya descendencia, ni suprimirse en el caso de que los hijos se hayan independizado de sus padres y ya no residan en el hogar familiar.

10. En general me remito a mi comentario a los arts. 61 ss. en *Comentarios Albaladejo.* II², Madrid 1982, pp. 134 y ss.

### 5.5. *Naturaleza jurídica del acto de constitución o establecimiento de la vivienda y mobiliario familiar*

Ya se ha indicado que la ley no impone preceptivamente que celebrado un matrimonio se constituya inmediatamente el hogar dotado de su correspondiente ajuar. Ciertamente lo exige la naturaleza de las cosas y por vías indirectas, pero eficaces (deber de vida en común), viene a establecerlo el ordenamiento. Pero jurídicamente la institución nace en virtud de un acto de iniciativa de los cónyuges.

No resulta fácil, dado el silencio legal, calificar la naturaleza de tal determinación de la voluntad. Por mi parte creo que puede encuadrarse dentro de los actos de afección o destinación económica, categoría que fue iniciada en la doctrina alemana por Bekker y Manigk, seguida por Mirabelli, Cariota-Ferrara y Auricchio, en la doctrina italiana, y aceptada, al parecer, entre nosotros por Albadalejo y Pérez-Ordoyo [11].

Se trata de actos que producen la destinación de un bien a un determinado fin, digno de tutela según el ordenamiento, de donde deriva la sujeción o afección del bien a un vínculo, de carácter perpetuo o temporal que excluye la disponibilidad del bien para otro fin. Para Cariota-Ferrara es un negocio jurídico que pertenece a la subclase de los negocios de contenido patrimonial, distinta de los negocios de atribución patrimonial; y en razón a sus efectos deben ser considerados como actos de disposición, y no de mera administración. Se enumeran como probablemente incluibles en esta categoría: la creación de servidumbres por destino del padre de familia, el establecimiento de pertenencias, el acto de individualización de inmuebles, y también el caso que nos ocupa.

Legitimados para afectar un inmueble y su mobiliario a vivienda familiar lo están únicamente los cónyuges, no otros miembros de la familia aunque intervengan en la adquisición del bien, o lo donen. En el caso de que los padres o ascendientes de los futuros esposos hagan una donación del piso bajo la condición de que sirva de hogar al matrimonio, en último término será la libre decisión de los donatarios el establecerlo así o el cambiar el destino. Lo propio se diga del caso en que sean los hijos ya mayores los que quieran afectar un bien de su propiedad a hogar de la familia, pues la última palabra corresponderá a sus padres.

11. Me he ocupado del tema, en relación con la individualización de los bienes inmuebles, en CASTÁN, II[12], Madrid 1982, pp. 171 y ss. y allí bibliografía.

El negocio de destinación se celebrará normalmente durante el matrimonio, aunque cabe pensar que con anterioridad pueden los futuros cónyuges expresar su voluntad en tal sentido, en cuyo caso la validez del negocio se condiciona a la celebración de las futuras nupcias [12].

El negocio de destinación no está sujeto a forma, aunque podrá incorporarse a otros negocios solemnes: por ej. en el momento de adquirir el piso se hace constar ante Notario que el piso se destina a vivienda familiar, y se solicita que tal mención figure en la escritura pública y se inscriba en el Registro; o no solemnes: por ej. al concertar el arrendamiento de la vivienda —no importa que se haga a nombre de uno o de ambos cónyuges— se hace la misma declaración solicitándose del arrendador que firme el conocimiento de tal circunstancia.

El negocio puede perfeccionarse en virtud de declaración de voluntad expresa, pero no se excluye la eficacia de una voluntad tácita (después del matrimonio los cónyuges se instalan en determinado piso y allí establecen de hecho su hogar habitual: forma de constitución que puede ser la normalmente utilizada) [13].

Una singularidad de este negocio de destinación radica en que la regla

12. Si antes del matrimonio la pareja comienza la convivencia, no habrá todavía vivienda familiar protegida aunque anteriormente hayan expresado su voluntad de casarse. La celebración del matrimonio será *conditio iuris* de eficacia del negocio.

En el caso de una vivienda familiar doble habrá —como sugirió en el Coloquio el profesor Luna Serrano— un doble acto de afección o destinación, que podrá coincidir en el tiempo o producirse en distintos momentos, y ser, igualmente, expreso o básico.

13. ¿Hará falta que la declaración de voluntad expresa vaya unida a un requisito de orden fáctico, es decir a la utilización efectiva de la vivienda como residencia habitual de la familia y de su mobiliario? Las circunstancias de hecho pueden ser muy variadas; no resulta inimaginable que una pareja de recién casados vayan preparando poco a poco su piso, colocando en él sus muebles, pero sin habitarlo, conducta que no creo contraria al acto de establecimiento de su vivienda familiar; pero lo normal será que el acto de destinación de ese conjunto de bienes vaya seguido de su utilización efectiva. Ciertamente, una prolongada falta de ocupación —unida a otros actos de los cónyuges: por ej. desalojo de muebles— puede inducir una voluntad extintiva de la vivienda familiar. No creo, con todo, que haya de exigirse (como sugirió Pereda en el Coloquio) como requisito necesario que en el caso de constitución expresa de la vivienda y ajuar familiares, la declaración de voluntad vaya acompañada del requisito fáctico de la utilización. Distinto planteamiento tiene la constitución tácita en la que la falta de utilización puede inducir fácilmente una voluntad extintiva.

general es que sólo está legitimado el propietario del bien para realizar el acto de destinación, mientras que tratándose de la vivienda y mobiliario familiares, está también legitimado el cónyuge a quien no pertenezcan los bienes objeto del mismo.

### 5.6. *Autonomía de la voluntad*

Al incluirse el art. 1.320 dentro de las disposiciones generales del régimen económico matrimonial, integrando lo que la moderna doctrina denomina régimen matrimonial primario, muestra el legislador su voluntad de que se aplique a todo matrimonio sujeto al Derecho común, con independencia del régimen económico aceptado. Hay un propósito de generalización no exento, en cierta medida, de obligariedad para los cónyuges. Como antes indiqué, sin embargo, no se trata de una institución imperativamente impuesta a los casados, sino que depende de una declaración de voluntad suya, expresa o tácita, el que se constituya. En su establecimiento se aprecia, por tanto, el juego de la autonomía de la voluntad. Ahora bien, una vez establecida la vivienda habitual familiar y dotada de su ajuar, entiendo que el sistema de protección legal se aplica imperativamente. De aquí que no cabe renunciar al art. 1.320, ni sustituirlo por un régimen menos favorable para uno de los cónyuges, pero sí reforzarlo con medidas encaminadas a asegurar la protección pretendida por la ley. Y aunque la cuestión es debatida en la doctrina, pienso que la misma regla cabe aplicar al art. 1.321 [14].

Pero la autonomía de la voluntad se muestra también durante la vigencia del régimen de protección, de suerte que los cónyuges pueden cambiar de vivienda o de mobiliario, ampliándolo o reduciéndolo según sus necesidades y su *standing of life,* siempre que respeten las reglas de funcionamiento del art. 1.320. Incluso cabe que, observándolas, los cónyuges dispongan de su vivienda y mobiliario familiar (por ej. para seguir una vida nómada o un sistema *hippy* de vida).

En resumen: aunque las normas legales de protección ofrecen cierta tendencia a su aplicación obligatoria o imperativa, no excluyen un limitado juego de la autonomía negocial de los cónyuges.

14. Sobre el tema, con referencia bibliográfica, en CASTÁN, V-1[10], pp. 337 y s.

### 5.7. *Los títulos de atribución patrimonial y su incidencia en la calificación de la vivienda y ajuar familiares*

La singularidad del sistema de protección que trata de articularse es la desvinculación entre la pertenencia jurídica del bien y el derecho a ocupar la vivienda; incluso se sugiere que exista derecho de ocupación en ausencia de todo título jurídico por parte de ambos cónyuges. De esta forma se crea *ex lege* o bien *ope judicis* un derecho de uso cuya configuración ofrece no pocas dificultades técnico-jurídicas.

En el Proyecto de Recomendación del Consejo de Europa puede leerse a este respecto (Anexo II, núms. 9 a 11):

«En casos apropiados los Estados podrán aplicar la Recomendación para permitir a un cónyuge que continúe ocupando el alojamiento familiar aunque ninguno de ellos tenga un título legal para ocuparlo. Sin embargo en este caso la Recomendación no se aplicará en frente a terceros.

»Estos principios tienden fundamentalmente a que un cónyuge no sea indebidamente obligado a abandonar el alojamiento familiar: pero si un cónyuge lo ha abandonado voluntariamente no estará, por lo general, protegido por estos principios (por ej. si ya no ocupaba el alojamiento en el momento de disolverse el matrimonio o al fallecer el otro cónyuge). Sin embargo, el cónyuge a quien le es imposible acceder al hogar familiar en razón al comportamiento del otro cónyuge, puede tener un derecho a ocuparlo.

»Si bien los derechos de los cónyuges sobre la vivienda familiar pueden no ser iguales (por ej. el piso es propiedad de uno solo de los cónyuges), estos principios tratan de que cada cónyuge tenga, al menos, un derecho de ocupación. Tal derecho sólo puede ser suprimido por decisión de un tribunal o de cualquiera otra autoridad competente, pero no por el otro cónyuge. El derecho a la ocupación es válido para toda clase de viviendas familiares, tanto las poseídas a título de dueño como de arrendamiento, los pisos adquiridos antes o durante el matrimonio, los comprados y los adquiridos por donación o a título de herencia. Con todo, el derecho de ocupación no es siempre ilimitado, sino que puede restringirse:

— a un plazo fijado por la ley o por el Juez (por ej. un año después del divorcio);
— mediante el establecimiento de condiciones fijada por la ley o por el Juez (por ej. hasta que vuelva a casarse);

— a una parte de la vivienda (por ej. a la no destinada a uso profesional);

— a un uso no exclusivo de ocuparla (por ej. obligando al cónyuge a compartirla con el otro cónyuge, con los hijos comunes o con otros miembros de la familia)».

Dado que en otro lugar he analizado las posibles modalidades de titulación por virtud de la cual una persona puede ocupar una vivienda, aquí me limito a enumerarlas, haciendo a continuación algunas consideraciones de tipo general [15].

La titularidad individual sobre la vivienda puede adoptar alguna de las formas siguientes:

A) En régimen de propiedad:
   a) propiedad ordinaria;
   b) comunidad de bienes;
   c) propiedad horizontal;

B) En régimen de *iura in re aliena:*
   a) usufructo de finca urbana destinada a vivienda;
   b) derecho de habitación;

C) En régimen de arrendamiento sujeto a la L.A.U. de 1964:
   a) arrendamiento normal [16];
   b) arrendamiento de temporada;
   c) arrendamiento de vivienda amueblada;
   b) subarriendo total de viviendas;
   e) subarriendo parcial al amparo del art. 18.1 L.A.U.;

D) En régimen de arrendamiento sujeto a la L.A.R. de 1980, cuando la vivienda es accesoria de la finca (art. 2.º4 de la L.A.U.).

E) Otras formas atípicas de vivienda familiar:
   a) legado de habitación o de pensión alimenticia;
   b) en virtud de pensión de alimentos legales que incluyen la habitación (art. 142);

15. *Vid.* GARCÍA CANTERO, *El estatuto jurídico del alojamiento familiar en el derecho español, cit.*, pp. 711-727.

16. Pienso que el carácter de vivienda familiar se conservará caso de existir un derecho de retorno (supuesto planteado por Luna Serrano en el Coloquio).

c) vivienda detentada en razón del cargo o del servicio que preste (art. 2.º.3, L.A.U.);

F) Disfrute de una vivienda sin título:
   a) contrato o situación de precario;
   b) posesión tolerada.

Ya se comprende, a la vista de la gran variedad de modalidades que puede adoptar la pertenencia individual de la vivienda —que no es exhaustiva sino que podría quizá ampliarse— la extraordinaria dificultad de encontrar un común denominador que facilite la actuación de la tutela legal de la vivienda. Tampoco es posible unificarlo en un tipo de derecho subjetivo, real o personal.

En teoría, acaso tal derecho de ocupación podría identificarse con el derecho real de habitación, concebido por nuestro C.c. como un derecho real de goce, de carácter vitalicio y diferenciado del usufructo, que se define como la facultad de ocupar en una casa ajena las piezas necesarias para sí y para las personas de su familia (art. 524, pár. 2.º C.c.). Pero es de aplicación tan escasa que no parece aconsejable adoptarlo como modelo del derecho subjetivo que la ley otorga al cónyuge no titular respecto de la vivienda familiar. Por otra parte en la enumeración anterior hay bastantes situaciones en que el titular de la vivienda sólo ostenta un derecho personal o de crédito, pareciendo excesivo que se otorgue al otro un derecho de mayor entidad. Además, el carácter vitalicio del *ius habitationis* contrasta con las limitaciones temporales que la Recomendación del Consejo de Europa ha descrito *ad exemplus* (véase, sin embargo, el nuevo art. 1.407 C.c. que alude también al uso).

Por ello acaso podría calificarse dicho derecho de ocupación de un atípico derecho de habitación de carácter personal o de crédito, lo que representaría el mínimo de protección legal, la cual podría reforzarse en el caso de constar, de alguna manera en el Registro de la Propiedad. Ha observado Lacruz [17] que la protección del art. 1.320 posee cierta realidad, o sea reipersecutoriedad, por lo cual eventualmente habría que situarlo a mitad de camino entre los derechos reales y los de crédito.

Pero este mínimo legal, así configurado, tropieza con la situación verdaderamente extraordinaria de no poseer ninguno de los cónyuges título

17. Lacruz, *Elementos,* IV, p. 300.

jurídico alguno sobre la vivienda ocupada, no obstante lo cual la Recomendación tantas veces citada, propone otorgarles también un derecho de ocupación no oponible a terceros. Si imaginamos una situación de precario no se ve muy bien qué medidas puede adoptar el Juez en favor de los cónyuges si el propietario insta el desahucio. En ausencia de una acción de este tipo, acaso se podría conminar al cónyuge que se propone abandonar voluntariamente la vivienda así detentada, a que no lo haga.

Paralelamente puede hablarse de un máximo u óptimo legal, que la Recomendación cifra en el supuesto de comunidad romana o por cuotas. En principio cabe decir que, no sólo una forma de copropiedad, sino de cotitularidad de ambos cónyuges en el título de pertenencia o atribución de la vivienda, implicará un extraordinario reforzamiento de su posición en las situaciones de crisis conyugal. Si el derecho de usufructo, habitación, arrendamiento normal o legado de pensión se atribuye a ambos conjuntamente por partes iguales, las actuaciones fraudulentas de uno de los cónyuges para privar a otro de su derecho de ocupación, se verán extraordinariamente obstaculizadas. Obsérvese, no obstante, que al tratarse de una comunidad romana normal por cuotas (en principio hemos supuesto que a partes iguales), llevan inherente el derecho a pedir la división (art. 400), que es imprescriptible (art. 1.965); y aunque se considere que la cosa es indivisible, la otra parte puede solicitar su venta en pública subasta con reparto del precio; solución poco conveniente pues supondría tener que abandonar la vivienda. La dificultad podría obviarse regulando tal comunidad o cotitularidad de derechos como especial y sin derecho a pedir la división, o, al menos, sin que la venta en subasta pública implique la necesidad de abandonar la vivienda.

En cuanto a la titularidad del mobiliario, parece que el supuesto normal será el de la propiedad o copropiedad, salvo que se trate de una vivienda arrendada con muebles.

# *LA VIVIENDA FAMILIAR EN LA LIQUIDACION DEL REGIMEN ECONOMICO DEL MATRIMONIO Y EN EL DERECHO SUCESORIO*

*Eduardo Serrano Alonso*

SUMARIO: 1. INTRODUCCIÓN.—2. TITULARIDAD PATRIMONIAL DE LA VIVIENDA FAMILIAR.—3. LAS SITUACIONES MATRIMONIALES DE CRISIS EN RELACIÓN CON LA TITULARIDAD Y DISFRUTE DE LA VIVIENDA FAMILIAR.—4. LIQUIDACIÓN DEL RÉGIMEN ECONÓMICO Y DESTINO DE LA VIVIENDA FAMILIAR.—5. LA VIVIENDA FAMILIAR EN EL DERECHO DE SUCESIONES.

## 1. INTRODUCCIÓN

El estudio de la regulación que el legislador efectúa de la vivienda familiar en el momento de la liquidación del régimen económico del matrimonio y en el Derecho de Sucesiones, no es posible abordarlo sin un análisis previo de la configuración de la vivienda familiar o del posible derecho sobre ella antes del momento de la liquidación o de la sucesión, puesto que la naturaleza o configuración de aquél condicionara el destino de aquella en tales momentos. Tal exigencia tiene como riesgo inevitable el volver a exponer materias ya tratadas en los Capítulos precedentes, por los distinguidos compañeros que colaboran en este volumen; tal peligro queda justificado por lo que, a mi juicio, resultara en enriquecimiento para el lector, que puede contrastar varias opiniones sobre la misma cuestión, no necesariamente coincidentes y todas ellas defendibles jurídicamente y por lo tanto válidas doctrinalmente. Además, muchas de las aparentes diferencias pueden al final quedar reducidas a problemas de significado terminológico permaneciendo el fondo de la cuestión sustancialmente igual en las varias posiciones *.

La vida en común de los integrantes de una familia —que es uno de los rasgos característicos de su propia existencia— exige la puesta a disposición de sus integrantes de una dependencia o local en la que pueda desarrollarse de modo efectivo aquella convivencia. Ciertamente, es posible la existencia de una vida familiar efectiva e intensa sin que exista tal

* En este trabajo no me ocupo solamente de la vivienda familiar en el Código Civil; debe tenerse presente la existencia de situaciones especiales que afectan a la vivienda familiar pero no directamente sino en razón a la vinculación con otras figuras, así ocurre con la vivienda familiar en la explotación agraria, arts. 3 y 10 de la Ley de 24 de diciembre de 1981. Sobre el tema puede consultarse la siguiente Bibliografía: ALBALADEJO, *Curso de Derecho Civil.* IV, 1982; ALVAREZ SALA, *Aspectos imperativos en la nueva ordenación económica del matrimonio y márgenes a la libertad de estipulación capitular.* «R.D.N.», abril-junio 1981, pp. 7 y ss.; AVILA ALVAREZ, *El régimen económico matrimonial en la reforma del Código Civil.* «R.C.D.I.», 1981, pp. 1.373 y ss.; DE LA CUESTA, *La protección de la vivienda familiar en el derecho español y francés.* «R.D.N.», enero-marzo 1983; DE LOS MOZOS, *Comentarios al Código Civil.* EDERSA, tomo XVIII, vol. 1.º, 2.ª ed.; FONSECA GONZÁLEZ, *La vivienda familiar habitual en arrendamiento y la sociedad de gananciales.* «R.D.P.», marzo 1983, pp. 261 y ss.; GARCÍA CANTERO, *Comentarios al Código Civil.* EDESA, tomo II, 2.ª ed.; GARCÍA CANTERO, *El estatuto jurídico del alojamiento familiar en el derecho español.* «A.D.C.», 1978, pp. 709 y ss.; GARRIDO PALMA, *Derechos de un cónyuge sobre los bienes del otro,* en «A.A.M.N.», 1982 y en «R.D.N.», enero-marzo 1982, pp. 86 y ss.; GIMÉNEZ DUART, *La organización económica del matrimonio tras la reforma de 13 de mayo de 1981.* «R.D.N.», julio-diciembre de 1981, pp. 73 y ss.; GUYON I, *Le statut du logement familial en droit civil,* «J.C.P.», 2.041, 1966; HERRERO GARCÍA, M.ª José, *Las medidas provisionales en la crisis matrimonial.* «R.D.N.», enero-marzo 1982, pp. 144 y ss., también en su trabajo con el profesor DE LOS MOZOS en los *Comentarios al Título IV del Código Civil.* «Civitas»; HERRERO GARCÍA, M.ª José, *Algunas consideraciones sobre la protección de la vivienda familiar en el Código Civil.* En *Libro Homenaje al Profesor D. José Beltrán de Heredia,* 1984, pp. 292 y ss.; LACRUZ BERDEJO-SANCHO REBULLIDA, *Elementos de Derecho Civil,.* IV, 1982; LÓPEZ ALARCÓN, *El nuevo sistema matrimonial español.* Tecnos 1983; QUÍLEZ ESTREMERA, *La libertad capitular y los artículos 1.382, 1.320, y otros del Código Civil.* «R.C.D.I.», 1981, pp. 361 y ss.; REBOLLEDO VARELA, Comentarios a una sentencia aparecida en la revista «La Ley» de 21 de mayo de 1984; RODRÍGUEZ LÓPEZ, *Notas sobre la vivienda habitual de la familia.* «R.C.D.I.», 1982, pp. 1.602 y ss.; SANCHO REBULLIDA, *Comentarios al Código Civil.* EDERSA, tomo II, 1.ª ed.; SAVATIER, Comentarios a las sentencias de 10 de julio 1972 y 24 enero 1974 en «Dalloz», año 1974, n.º 172, 174 y 345; VÁZQUEZ IRUZUBIETA, *Régimen económico del matrimonio,* 1982.

sustrato físico, pues no puede desconocerse que hay grupos humanos que tienen conexión familiar y carecen de una base estable en la que desarrollan sus lazos los distintos integrantes (nómadas, vagabundos, etc.); sin embargo, la sociedad actual cada vez más exige a sus miembros la estabilidad y la permanencia en un determinado lugar, y además, en un lugar urbano. Las preferencias urbanas del grupo social humano debidas a varios factores determinan no sólo la desertización humana del campo sino también el problema de la escasez de vivienda urbana, lo que constituye uno de los más grandes problemas sociales de la época presente.

Puede decirse que la propia naturaleza de la vida matrimonial y familiar requiere desde el inicio de su existencia de una vivienda, dando a ésta palabra un sentido amplio, como cualquier dependencia que permita la efectiva realización de la vida en común; por lo tanto, los rasgos externos de la dependencia a la que genéricamente se denomina vivienda, pueden ser muy diversos abarcando no sólo las dependencias que se conocen con el nombre de pisos, sino que su valor y significado se extiende a toda superficie delimitada por techos y paredes susceptibles de constituirse en cobijo o alojamiento del grupo humano; en esta amplia acepción será también vivienda familiar un barco, una «roulotte», etc., siempre que cualquiera de estos objetos tengan como destino principal servir de base física a la realización en común de la vida conyugal o familiar.

No parece que sea muy necesario insistir en la importancia que la vivienda familiar tiene para el efectivo ejercicio del conjunto de derechos y deberes que se derivan del matrimonio y de la familia. La trascendencia de aquella se manifiesta en multitud de sentidos y todos ellos tienen su reflejo en los distintos campos del ordenamiento jurídico, desde el derecho llamado urbanístico al derecho tributario, la vivienda es tomada en consideración por el derecho. Sin embargo, los aludidos aspectos en los que el Derecho toma en consideración a la vivienda familiar, con ser importantes, en el tratamiento general de la familia, son marginales y secundarios a la finalidad por nosotros perseguida. Para nuestros fines interesa la vivienda desde su tratamiento por el derecho privado y dentro de éste en su vinculación a la existencia de un matrimonio o a una familia; lo que calificará a aquella como «matrimonial o familiar».

Desde el punto de vista de la legalidad de nuestro ordenamiento jurídico positivo, la nota característica ha sido, durante mucho tiempo la contradicción existente entre la importancia que se reconoce expresamente a la vivienda familiar como base de la convivencia de los integrantes de la familia y la parquedad e incluso la ausencia, de una efectiva regulación o tratamiento positivo y práctico de la misma. Puede afirmarse que, en nuestro derecho privado, la regulación de la vivienda familiar estaba limitada a las normas que se derivaban de la Ley de Arrendamientos Urbanos, en la que en varios preceptos, destinados a regular la transmisión por causa de muerte del arrendatario, puede hallarse una protección a la familia, mediante el mecanismo de atribuir a determinados parientes del arrendatario la continuación en el arrendamiento.

Es preciso llegar a la reforma del Código Civil de 24 de abril de 1958 para encontrar la primera referencia expresa a la vivienda familiar; en efecto, el art. 68, en la redacción dada por la indicada ley, establecía entre las diversas medidas a adoptar durante la sustentación de los procesos por nulidad o separación matrimonial la de que el juez determinara «cuál de los cónyuges ha de continuar en el uso de la *vivienda común,* teniendo en cuenta, ante todo, el interés familiar más urgentemente necesitado de protección, así como las ropas, objetos y muebles que podrá llevar consigo el cónyuge que ha de salir de aquella». El precepto utiliza la expresión «vivienda común» que fue muy criticada por la doctrina, por resultar equívoca y no poner de relieve la finalidad perseguida, que no era otra que proteger la «vivienda familiarmente utilizada» por los cónyuges. A pesar de los cambios sociales, la regulación del Código se mantiene inalterada hasta la reforma introducida por la ley de 7 de julio de 1981 que alude y regula la situación de la «vivienda familiar» en diversas ocasiones.

Puede observarse que entre las menciones que la ley exige como necesarias, en el Convenio regulador de los efectos de la separación o del divorcio está que conste «la atribución del uso de la vivienda y el ajuar familiar» (art. 90 B/ cc.). También en el supuesto de que no se haya realizado el convenio regulador o que habiéndose realizado no hubiera sido aprobado por el juez, el art. 96 cc. señala que «... el uso de la vivenda familiar y de los objetos de uso ordinario en ella corresponden a los hijos y al cónyuge en cuya compañía queden. Cuando alguno de los hijos queden en la compañía de uno y los restantes en la del otro, el juez resolverá lo procedente. No habiendo hijos, podrá acordarse que el uso de tales bienes, por el tiempo que prudencialmente se fije, corresponda al cónyuge no titular, siempre que, atendidas las circunstancias, lo hicieran aconsejable y su interés fuera el más necesitado de protección. Para disponer de la vivienda y bienes indicados cuyo uso corresponda al cónyuge no titular se requerirá el consentimiento de ambas partes o, en su caso, autorización judicial». Las reglas establecidas en el precepto referido, operan una vez que la resolución judicial ya se ha producido acordando la nulidad matrimonial, la separación o el divorcio.

Durante la tramitación del proceso de nulidad, separación o divorcio, la vivienda familiar se adjudica o atribuye conforme lo hubieran convenido marido y mujer, con aplicación por lo tanto de la regla convencional del art. 90 cc.; si tal acuerdo no se ha logrado o aquel no fue aprobado por el juez por entender que lo convenido es perjudicial para una de las partes o para la familia, el juez procederá a «determinar, teniendo en cuenta el interés familiar más necesitado de protección, cuál de los cónyuges ha de continuar en el uso de la vivienda familiar y asimismo, previo inventario, los bienes y objetos del ajuar que continúan en ésta y los que se ha de llevar el otro cónyuge, así como también las medidas cautelares convenientes para conservar el derecho de cada uno» (art. 103 regla 2.ª).

La vivienda familiar vuelve a ser contemplada por el legislador con ocasión del Régimen económico del matrimonio; en efecto, dentro de las que el Código denomina «Disposiciones generales» y un sector doctrinal considera como «régimen económico primario», el art. 1.320 señala que «para disponer de los derechos sobre la *vivienda habitual,* y los *muebles* de uso ordinario de la familia, aunque tales derechos pertenezcan a uno solo de los cónyuges, se requerirá el consentimiento de ambos o, en su caso, autorización judicial. La manifestación errónea o falsa del disponente sobre el carácter de la vivienda no perjudicará al adquirente de buena fe». Conviene observar, que en este artículo el legislador se refiere a la «vivienda habitual», frente a los restantes preceptos indicados que lo hacían a la «vivienda familiar»; diversidad de expresiones que plantea algún problema interpretativo, sobre el que será necesario volver más adelante.

La última referencia positiva a la vivienda familiar puede verse con ocasión de la liquidación del régimen económico de la sociedad de gananciales y para el supuesto concreto de que la liquidación sea debida a una previa disolución de tal régimen por fallecimiento de uno de los cónyuges, para cuyo supuesto el art. 1.406-4.º confiere un derecho de elección y de adjudicación preferente a favor del cónyuge supérstite sobre «la vivienda donde tuviese la *residencia habitual*» (expresión que también resulta equívoca y sobre la que se volverá en materia de liquidación y vivienda familiar), reconociendo también a dicho cónyuge la facultad de elegir «que se le atribuyan los bienes en propiedad o que se constituyan sobre ellos a su favor un derecho de uso o habitación. Si el valor de los bienes o el derecho superara al del haber del cónyuge adjudicatario, deberá éste abonar la diferencia en dinero».

De este conjunto de normas que, con una u otra expresión, hacen referencia a la «vivienda familiar» se pueden extraer las siguientes consideraciones: 1.ª El legislador utiliza tres expresiones distintas: «vivienda familiar», «vivienda habitual», y «vivienda donde tiene la residencia habitual». Pluralidad de expresiones que requiriría examinar la razón de tal diversidad, en especial el alcance de cada una de ellas. Tal tarea es evidente que resulta inapropiada para el objeto de este trabajo. Aquí y al sólo objeto de manifestar nuestra opinión, nos limitamos sucintamente a indicar que, las tres indicadas expresiones a la que puede añadirse una cuarta utilizada también por el legislador y que es la de «hogar familiar» (en el art. 82-2.ª, entre las causas de separación personal de los cónyuges), tienen el mismo valor y significado, son entre sí intercambiables y con cualquiera de ellas se está expresando la misma idea; ya que no parece lógico que pueda reconocerse la condición de «vivienda familiar», si la vivienda utilizada carece de un uso «habitual», si bien es cierto, se puede tener una «residencia habitual» que no constituya «vivienda familiar», ésta presupone la existencia de una familia, mientras que aquella es ajena a tal existencia.

2.ª Otra consecuencia que puede deducirse de las normas citadas es la de que la ley contempla la vivienda familiar casi de modo exclusivo partiendo de situaciones anómalas del matrimonio ya sea para supuestos de crisis o ya sea regulando su destino a la hora de la liquidación del régimen económico del matrimonio, con independencia de la causa que da lugar a la misma. Salvo el supuesto del art. 1.320 cc., el legislador no presta atención a la vivienda familiar en supuestos que podemos considerar como normales.

3.ª La regulación legal contempla dos titularidades sobre la vivienda familiar, una que hace referencia a la titularidad plena del derecho sobre la vivienda (con independencia de la calificación de tal titularidad), y otra que se conecta con la titularidad de «uso» de la vivienda; dualidad que a veces confluye en el mismo cónyuge, pero que en situaciones de crisis matrimonial, puede estar atribuida separadamente a cada cónyuge. Esta situación es, como veremos, el punto esencial que va a determinar el alcance y destino de la vivienda en el momento de la liquidación del régimen económico del matrimonio.

4.ª Por último, debe ponerse de relieve, que la vivienda familiar, que es un activo patrimonial, sólo es tomada en consideración por las normas positivas en las relaciones intervivos (con la excepción del art. 1.406-n.º 4, que es también un supuesto especial de acto intervivos derivado de la muerte de uno de los cónyuges); sin que existan normas especiales de derecho sucesorio sobre la vivienda, si se excluyen las especiales en materia de transmisión sucesoria de los arrendamientos urbanos.

## 2. Titularidad patrimonial de la vivienda familiar

La vivienda familiar en cuanto posible objeto de un derecho, sea de naturaleza personal o real, no determina un tratamiento o consideración especial por parte del Derecho; en principio, está sometida al mismo régimen jurídico que los restantes objetos o bienes que, en general, pueden constituir el objeto de un derecho. De modo sucinto puede decirse que la vivienda familiar puede encontrarse en alguna de estas situaciones: a) pertenecer privativamente a uno de los cónyuges; b) corresponder su titularidad en régimen de comunidad ordinaria a ambos esposos, con o sin la participación en aquella de terceros; c) haber sido adquirida conjuntamente por marido y mujer durante el matrimonio y estando éste sometido al régimen económico de la sociedad de gananciales; dando lugar a la situación especial de cotitularidad derivada del carácter de ganancial de la vivienda; d) encontrarse la vivienda arrendada, con anterioridad a la celebración del matrimonio, por uno de los esposos; e) haberse efectuado tal arrendamiento por uno solo de los esposos pero constante matrimonio; f) estar la vivienda en arrendamiento efectuado por ambos cónyuges, ya sea con anterioridad, o durante el matrimonio, g) que el disfrute de la vivienda lo sea en base a un derecho de naturaleza real distinto de los anteriores, por ejemplo, en virtud de un derecho de usufructo o de habitación; y en fin, h) que la vivienda esté a disposición del matrimonio sin título jurídico, por la sola tolerancia del titular de la vivienda.

El título jurídico que justifica la tenencia o el disfrute de la vivienda familiar, condiciona el conjunto de facultades que a los esposos pueden ser atribuidas, lo que no sería más que el reflejo de las distintas clases de titularidades jurídicas sobre el bien objeto del correspondiente derecho, pero la circunstancia de que la vivienda sea ocupada por un matrimonio o una familia va a producir una alteración de este régimen jurídico normal, alteración que opera tanto en las situaciones normales del matrimonio como en los supuestos de alteraciones en la convivencia de sus integrantes.

En relación con el funcionamiento de la titularidad sobre la vivienda familiar, la reforma operada en el Código Civil por la ley de 13 mayo de 1981, ha introducido en nuestro sistema económico matrimonial una regla sin precedentes —el art. 1.320— cuyo alcance es preciso delimitar al objeto de concretar los límites autorizados de actuación del titular del derecho sobre la vivienda familiar. El indicado precepto dice así: «para disponer de los derechos sobre la vivienda habitual y los muebles de uso ordinario de la familia, aunque tales derechos pertenezcan a uno sólo de los cónyuges, se requerirá el consentimiento de ambos o, en su caso, autorización judicial. La manifestación errónea o falsa del disponente sobre el carácter de la vivienda no perjudicará al adquirente de buena fe», regla que está inspirada directamente en el art. 215, n.º 3 del Código Civil francés, y es una consecuencia del principio de unidad familiar, que el legislador español ha consagrado como uno de los pilares de la nueva regulación matrimonial.

Inicialmente hay que poner de relieve que el ámbito de aplicación del precepto se limita a los actos de disposición realizados por el titular del derecho sobre la vivienda; en consecuencia, al no hacerse referencia expresa a los actos de administración y gestión sobre la vivienda familiar deberá entenderse que tal tipo de actos se someten al régimen específico de tales actos en consonancia con el régimen económico que opere en el matrimonio de que se trate.

No expresa con claridad el art. 1.320 si los actos de disposición que el legislador toma en consideración son exclusivamente los efectuados «inter vivos»; o si la limitación a la libertad de disposición sobre la vivienda familiar ha de entenderse referida a los actos de disposición en general y por lo tanto abarcando también los de disposición «mortis causa». La doctrina de manera unánime considera que el alcance de la norma está limitado a los actos de disposición «inter vivos» y que para los restantes habrá que estar a las normas del Código en materia sucesoria. Efectivamente, esa parece la solución acertada teniendo en cuenta la colocación sistemática del precepto (Disposiciones generales en materia de régimen económico matrimonial) pues carecería de sentido que el legislador regulase en tal momento las consecuencias de carácter sucesorio del destino de la vivienda familiar. Sin embargo, esta solución no debe hacernos olvidar que al no existir en materia de derecho de sucesiones una norma que tienda a proteger el destino de la vivienda familiar contra los actos de disposición «mortis causa» de su titular, resultará que la protección perseguida por el legislador puede fácilmente ser vulnerada mediante actos de disposición testamentaria. Si el art. 1.320 lo que trata de conseguir es que por actos de uno de los cónyuges —concretamente del titular del derecho sobre la vivienda —no se ponga en peligro el uso y disfrute de aquella por el otro cónyuge no titular y por el resto de la familia hay que convenir que tales actos pueden provenir tanto de negocios «intervivos», como «mortis causa», y sin embargo, la ley sólo se ha preocupado de evitar las consecuencias del primer tipo de actos; pensemos en el supuesto de hecho en el que el titular del derecho de la vivienda dispone de ella en su testamento a favor de un tercero y que el importe de tal disposición entre en el tercio de libre disposición, no existe otra solución que reconocer la validez de tal disposición pues no habiendo lesionado la legítima de sus herederos, y no habiendo norma protectora de la vivienda familiar para los actos de disposición «mortis causa», resultará que el titular del derecho sobre la vivienda logrará a su muerte lo que en vida le estaba prohibido. Consecuentemente con esta situación habría que llegar a la conclusión de que para el legislador el concepto de vivienda familiar subsiste en tanto ambos esposos vivan, desapareciendo a partir del momento del fallecimiento de uno de ellos; resultado que no parece lógico, pues la familia y su configuración no se extingue por la desaparición de uno de sus integrantes. Nos encontramos ante una laguna legal que considero debe ser suplida judicialmente con principios de equidad y generales del derecho.

El citado art. 1.320 se refiere a «disponer de los derechos sobre la vivienda habitual», fórmula no demasiado clara y que requiere alguna precisión. Ya me referí anteriormente al significado que debe atribuirse a la expresión «vivienda habitual» como sinónimo de «vivienda familiar», lo que no excluye que teniendo la familia a su disposición varias viviendas y utilizadas unas y otras no todas ellas, lleguen a convertirse en la vivienda familiar aunque alguna sea de uso habitual.

El empleo de la palabra «disponer» da lugar, también, a dudas sobre el alcance y significado que a la misma ha querido atribuir el legislador. Se puede estimar que «disponer» incluye tanto las actos de carácter oneroso como los gratuitos, o por el contrario sólo los de carácter oneroso; Avila Pérez estima que entre los actos de disposición hay que incluir «la transmisión por cualquier título oneroso o lucrativo de la propiedad del piso o edificio, aún con reserva del derecho de arrendamiento pues que con éste la posición de los ocupantes (familia) sería más débil que antes de la transmisión». La mayor parte de la doctrina científica no se pronuncia expresamente sobre esta cuestión pero del conjunto de sus argumentaciones puede desprenderse la idea de que limitan la aplicación de la norma a los actos de disposición onerosos; tal me parece la opinión del profesor Lacruz cuando escribe «no consintiendo un cónyuge, puede el otro acudir al juez, pero no siempre. No puede, si lo que pretende el enajenante es hacer una donación de la vivienda o los muebles gananciales... etc.»; en el mismo sentido puede citarse a García Cantero y Albaladejo, este último, con mayor claridad al afirmar «se precisará, pues, el consentimiento del otro (cónyuge) y la autorización judicial si se dispone a título oneroso. Y no cabrá suplir con la autorización judicial la negativa de un cónyuge, si es que el otro pretende disponer de la vivienda o el mobiliario a título gratuito».

A pesar de tan autorizadas opiniones en sentido favorable, a la interpretación restrictiva de la expresión «actos de disposición» en conexión a la vivienda familiar, creo que la solución puede ir por otro camino y que es lícito plantearse la duda a favor de una interpretación más amplia y que tienda a una mayor protección de la vivienda familiar. En efecto, las dudas o interrogantes pueden ser varias: si se trata de actos onerosos y gratuitos; si la autorización judicial sólo es posible en relación con los actos onerosos, sin que tal solución excluye la necesidad de consentimiento del otro cónyuge para los actos gratuitos, consentimiento que no podría ser sustituido por la autorización judicial, etc.; de manera que en síntesis las posibilidades interpretativas pueden ser las siguientes:

1.ª Necesidad del consentimiento del otro cónyuge tanto si se trata de disposición de la vivienda por acto oneroso como si lo es a título gratuito; y con posibilidad en cualquiera de los dos supuestos de solicitar la autorización judicial supletoria de aquel consentimiento.

2.ª Sólo los actos de disposición de carácter oneroso sobre la vivienda familiar requieren el consentimiento del otro cónyuge y en defecto de aquél se podrá solicitar la autorización judicial que lo supla. Tal solución implica, por lo tanto, que los actos a título gratuito sobre la vivienda familiar y sobre el ajuar no quedan dentro del ámbito de aplicación de la norma, y pueden ser realizados por el titular del derecho sobre la vivienda, aplicando las reglas propias de cada régimen económico matrimonial; en otras palabras para los actos a título gratuito la vivienda familiar opera como un bien cualquiera sin especialidad alguna.

3.ª Considerar que los actos de disposición incluidos en el campo de aplicación del art. 1.320 son tanto los onerosos como los gratuitos, requiriéndose en los dos supuestos el consentimiento del cónyuge no titular de la vivienda, y ante su negativa la autorización judicial se aplicaría exclusivamente a los actos onerosos, dejando fuera los actos gratuitos. Esta solución tiene un cierto apoyo legal, de carácter analógico, por referencia a lo establecido por la ley para los actos de disposición de bienes gananciales, pues el art. 1.378 establece que «serán nulos los actos a título gratuito si no concurre el consentimiento de ambos cónyuges. Sin embargo, podrá cada uno de ellos realizar con los bienes gananciales las liberalidades de uso». Este artículo, frente a lo que el propio Código señala para los actos de disposición a título oneroso de bienes gananciales en el art. 1.377-2.º que prevé la autorización judicial supletoria del consentimiento del otro cónyuge, excluye para los actos gratuitos la posibilidad de la autorización judicial supletoria; de donde puede sacarse el argumento para someter la disposición sobre la vivienda familiar al mismo tratamiento.

4.ª Distinguir la naturaleza del derecho sobre la vivienda familiar según sea un derecho privativo del cónyuge disponente o ganancial; en el primer supuesto dice Albaladejo (a quien sigue Rodríguez López), si la vivienda es privativa la disposición «requerirá el consentimiento del otro cónyuge, o, en su defecto, autorización judicial, y con ésta podrá el cónyuge dueño disponer hasta a título gratuito (a diferencia de que, siendo ganancial, niega el consentimiento un esposo para la disposición a título gratuito, entonces ni con la autorización judicial se puede suplir la negativa)».

De estas posibles interpretaciones del sentido del art. 1.320 Cc. ya he anticipado que me parece más lógica la primera de ellas por, entre otras, las siguientes razones: si como punto de partida se admite, lo que parece indiscutible, que la finalidad del mandato que la norma contiene no es otra que como escribe Lacruz «salvar el alojamiento del matrimonio y los muebles que lo guarnecen de la arbitrariedad o mala voluntad del cónyuge que puede disponer de ellos» y si con De los Mozos aceptamos que el art. 1.320 es «expresión del superior principio de unidad de la familia» no es posible encontrar, en base a qué razones o argumentos el legislador haya podido desear una atenuación o incluso una desaparición de la protección de la vivienda familiar cuando el acto que se dirige contra ella se califica jurídicamente como gratuito. Si la norma persigue asegurar el buen uso de la vivienda familiar y evitar a los integrantes de la familia los daños que puedan derivarse de un acto del titular del derecho sobre la vivienda, necesariamente debe admitirse que el peligro y el daño puede proceder tanto de los actos onerosos como de los gratuitos. En consecuencia, a ambos tipos de actos dispositivos debe extenderse la exigencia del consentimiento del otro cónyuge y la autorización supletoria judicial.

Pero no es sólo la finalidad perseguida por el legislador la que debe llevarnos a una interpretación amplia del precepto, sino también la interpretación gramatical y lógica de los términos utilizados por la ley produce el mismo resultado. En efecto, de una manera reiterada, suele afirmarse que cuando nuestro legislador utiliza la palabra «disponer» o la expresión «actos de disposición está queriendo decir siempre «actos dispositivos de carácter oneroso». Tal presunción de la voluntad implícita del legislador no ha tenido nunca un fundamento real, pero en la actualidad lo tiene mucho menos; en la reforma del Código Civil operada por la ley de 13 de mayo de 1981 el legislador ha tenido sumo cuidado en contraponer, actos onerosos a actos gratuitos, cuando desea efectos diversos para cada uno de estos tipos de actos; así resulta del art. 1.377 (disposición a título gratuito de los mismos bienes), la consecuencia lógica debe ser que en aquellos otros supuestos en los que el legislador se refiere, sin otras determinaciones, a «actos de disposición» (como ocurre en el art. 1.320 Cc. que nos ocupa, o en el 1.384), lo que desea es incluir, en general, dentro de la norma a todos los posibles actos de disposición, pues si su deseo hubiese sido referirse sólo a los actos onerosos lo hubiese precisado del mismo modo que lo hace en otros supuestos.

No puede, por último, olvidarse que el art. 1.320 está situado dentro de las normas generales aplicables a todo tipo de régimen económico matrimonial con independencia del carácter privativo o ganancial que el derecho sobre la vivienda tenga. Si el art. 1.320 tuviera un modo de actuar diverso según la naturaleza privativa o ganancial del bien, tal como en definitiva se sostiene por Albaladejo; resultaría un precepto superfluo ya que si la vivienda es ganancial se aplicaría una norma —el art. 1.320— que tiene el mismo contenido que los arts. 1.377 y 1.378, y como no debe desconocerse que el régimen ganancial sigue siendo el régimen predominantemente mayoritario entre los matrimonios españoles resultará que el legislador establece normas generales que no son más que la repetición de las previstas en particular para el régimen económico predominante; el art. 1.320 sólo tendría una aplicación autónoma si la vivienda fuese privativa y vendría a constituir una excepción a la regla del art. 1.384. La norma adquiere un sentido más completo si se la considera aplicable a todo régimen económico matrimonial de forma que todo acto dispositivo sobre la vivienda sea acto oneroso o gratuito exige el consentimiento de ambos cónyuges, y, en defecto del consentimiento prestado por el cónyuge no titular del derecho sobre la vivienda, será posible la autorización judicial supletoria con independencia de la naturaleza del acto dispositivo.

No hay unanimidad en la doctrina en relación al tema de la determinación de los actos que pueden catalogarse o calificarse como «dispositivos»; (una enumeración bastante completa de dichos actos puede verse en Rodríguez López, en la bibliografía citada al comienzo). La índole del presente trabajo impide un estudio detallado de la cuestión; puede aceptarse como solución válida la tesis de De los Mozos, para el que «como la norma —el art. 1.320— es limitativa de la facultad de disponer, hay que interpretarla en sentido restrictivo, de modo que si la enajenación que se lleva a cabo, no afecta para nada, a la disposición efectiva de la vivienda habitual, y los cónyuges pueden seguir utilizándola, entonces no será de aplicación el precepto». Es decir, la naturaleza del acto adquiere una importancia secundaria, lo importante son las consecuencias que del mismo se desprenden respecto a la utilización y al disfrute de la vivienda. Por ello, habrá que incluir dentro del ámbito de aplicación del precepto supuestos que desde una perspectiva rigurosa no sería muy seguro calificarlos como actos jurídicos de «disposición», y así habrá que considerar como tal el arrendamiento del inmueble o vivienda por parte del titular propietario de aquella, ya que de este tipo de negocios jurídicos se deriva un evidente riesgo o peligro de imposibilidad de utilización de la vivienda por el cónyuge o su familia.

También, deben considerarse como actos «dispositivos», los que impliquen un gravamen del tipo de la hipoteca, pues la ejecución de su contenido pone en claro peligro la utilización de la vivienda. A la inversa aquellos actos de disposición que no pongan en peligro el disfrute o la utilización de la vivienda familiar no estarán sometidos a la limitación dispositiva, pues como ha puesto de relieve De los Mozos «lo que realmente impide el art. 1.320 es la disposición unilateral de los derechos que uno de los cónyuges tenga sobre tales bienes, cualquiera que fuera la naturaleza de aquellos en modo que su uso se sustraiga a la familia o a la sociedad conyugal de forma definitiva o completa, o que pueda ponerla en peligro».

### 3. Las situaciones matrimoniales de crisis en relación con la titularidad y disfrute de la vivienda familiar

Mientras la convivencia matrimonial entre los esposos se desenvuelve sin conflictos o discrepancias el derecho que cualquiera de los dos pueda tener sobre la vivienda en la que la propia convivencia se ha venido efectuando, sólo se produce la peculiaridad que se ha examinado en el apartado precedente en relación con los actos de disposición que el cónyuge titular del derecho sobre la vivienda tenga intención de realizar. Además, la titularidad y el uso y disfrute de la vivienda van inseparablemente unidos, de manera que no se distingue entre el cónyuge que es titular de la vivienda y el que sólo tiene derecho a su uso, sino que el derecho del cónyuge titular se hace extensivo a la unidad familiar.

Cuando, por el contrario, surgen las situaciones de crisis matrimoniales, caracterizadas de forma predominante por la ruptura de la convivencia de los cónyuges y por la dificultad o imposibilidad de que ambos continúen bajo el mismo techo, se hace necesario habilitar los medios y criterios para decidir a cuál de los esposos ha de adjudicarse el «uso» de la vivienda familiar. En estas situaciones, que genéricamente pueden denominarse como anormales, o anómalas, puede ser frecuente que la vivienda familiar resulte atribuida al cónyuge no titular del derecho sobre la misma, de manera que se origina una desintegración o desmembración de las facultades del titular en cuanto que la facultad de uso y de disfrute de la vivienda resulta atribuida al otro cónyuge, y como puede ocurrir que esa desmembración del contenido del derecho del titular se produzca contra su propia voluntad, es preciso analizar las razones por las que tales fenómenos se producen y el alcance que tanto sobre el cónyuge titular del derecho como para el adjudicatario del uso y disfrute tiene esta situación.

La Ley de 7 de julio de 1981 modificadora del Título IV del Libro Primero del Código Civil prevé la adjudicación del uso de la vivienda familiar en dos momentos; como una de las medidas previas durante la tramitación de los procesos de separación, nulidad y divorcio, y como uno de los efectos de la sentencia que pongan a dichos procesos (arts. 103, regla 2.ª; 90 letra B; 96).

El principio general que informa nuestra legislación es el de dejar a los cónyuges la decisión sobre cuál de ellos va a continuar en el uso y disfrute de la vivienda familiar; el acuerdo ha de quedar recogido como una de las cláusulas del Convenio regulador y sometido a la posterior aprobación judicial, sin la cual carece de validez y eficacia. El mutuo acuerdo de los esposos sobre el destino de la vivienda familiar hace que, en gran medida, desaparezcan los problemas jurídicos que ante su falta pueden surgir, de un modo particular cuando se acuerda la adjudicación del uso de la vivienda a favor del cónyuge no titular de la misma.

En efecto, la existencia del Convenio regulador será el título jurídico suficiente para legitimar el uso y disfrute de la vivienda por el cónyuge no titular, cualquiera que sea el tipo de derecho que corresponda al otro cónyuge sobre la misma; en definitiva puede considerarse que el acuerdo conyugal sobre el destino de la vivienda viene a recoger un acto de renuncia por parte del titular de la vivienda, renuncia que se limita exclusivamente a las facultades de uso y disfrute, sin que la plena titularidad quede en alguna medida alterada; es la voluntad del titular del derecho la que explica la atribución al otro cónyuge de la facultad de uso y disfrute sobre la vivienda. Hay, sin embargo, un importante sector doctrinal que discrepa de la anterior explicación por entender que estando el Convenio o acuerdo conyugal, sometido a la exigencia legal de su aprobación judicial, la causa de la atribución del uso de la vivienda será siempre la resolución judicial y no la voluntad de los esposos. La extensión que tal tesis hace del requisito de la aprobación judicial no me parece aceptable; la circunstancia de que la ley en éste como en otros variados supuestos exija un posterior acto de aprobación judicial (por ejemplo el caso de la adopción) no implica que la naturaleza del acto quede modificada. La aprobación judicial es un requisito de eficacia posterior del acto, pero que no incide sobre el origen y naturaleza del acto que es esencialmente contractual y por lo tanto, limitado por esa propia voluntad de las partes; de modo que la actuación judicial —aprobando o rechazando lo convenido— no puede ir más allá de lo establecido por las partes; el juez puede aprobar o rechazar el Convenio, pero lo que no le es lícito es suplir con su decisión judicial lo que las partes no han querido; por ello si el Convenio es aprobado la consecuencia que se ha producido no es otra que ratificar lo acordado libremente por los esposos, siendo la voluntad de éstos la que ha decidido el destino de la vivienda familiar.

Las dificultades de valoración jurídica surgen, cuando el Convenio regulador determina el destino de la vivienda familiar sobre la que ninguno de los esposos es titular de un derecho que le permita disponer de su destino; tal ocurre cuando la vivienda se tiene a título de arrendamiento, siendo además, arrendatario el cónyuge que conviene con el otro salir él de la vivienda; o el supuesto en que la vivienda se tiene por derecho de usufructo a favor de uno de los esposos y la continuación del uso de la misma se atribuye al otro cónyuge, o en fin, la vivienda se viene disfrutando a título de precario; en todos estos supuestos es preciso justificar la validez de un acuerdo que inicialmente se presenta como recaído sobre una facultad, la de uso y disfrute de la vivienda, que o ha sido concedida personalmente a uno solo de los esposos o no se tiene ningún derecho o facultad que legitime tal uso.

La explicación de la validez del Convenio requiere examinar por separado cada uno de los supuestos señalados. En el caso de la vivienda arrendada por el cónyuge que sale de la misma pudiera pensarse que el Convenio, que recoge tal utilización de aquélla, implica la cesión del arrendamiento a favor del otro cónyuge, que quedaría legitimado en el uso en tanto que es cesionario de la vivienda; de hecho, puede decirse, que el Convenio produce una cesión del arrendamiento o mejor del uso de la vivienda, pero jurídicamente es difícil que pueda calificarse como una verdadera cesión del arrendamiento. En efecto, el artículo 24 de la Ley de arrendamientos urbanos requiere para la validez y eficacia de la cesión del arrendamiento que la misma se notifique al arrendador, lo que llevaría a condicionar la validez del Convenio a la prueba de tal notificación. La cuestión es muy frecuente en la práctica y ha sido objeto de recientes consideraciones (Rebolledo Varela), sin que se haya llegado a una solución unánime. Personalmente, me inclino por la tesis contraria a la validez de la tesis de la cesión de arrendamiento; por lo pronto, admitida tal calificación jurídica hay que llegar a la conclusión de que el cónyuge que fue inicialmente el arrendatario, una vez producido el Convenio con su posterior aprobación judicial, ha quedado desvinculado de la relación arrendaticia, por lo que cesada la causa que dio lugar a la atribución de la vivienda, para que pueda volver al primitivo arrendamiento, será preciso un nuevo contrato o una nueva cesión, lo que ocasionaría graves dificultades de orden práctico, pues no puede olvidarse que los acuerdos pactados en Convenio son, por propia naturaleza, susceptibles de modificación o alteración cuantas veces el interés familiar lo haga aconsejable o conveniente ya sea mediante nuevo Convenio o porque se solicite judicialmente la modificación de lo inicialmente pactado, al variar las circunstancias que originaron el acuerdo. El arrendador se encontraría así sometido a una relación jurídica en la que la persona del arrendatario se altera según las conveniencias o intereses familiares, que si bien afectan al cónyuge arrendatario, no tienen porqué repercutir en el arrendador. Por ello parece más lógico considerar que el arrendamiento inicial continúa siempre entre las mismas personas que lo pactaron y que la cesión de la facultad de uso y disfrute de la vivienda no implica la modificación subjetiva del contrato, que continúa con las mismas partes que lo acordaron; de donde se deduce que el cónyuge arrendatario, aunque atribuye el disfrute de la vivienda al otro, sigue siendo, frente al arrendador y los terceros, el arrendatario, con todas las obligaciones propias de éste; lo que puede dar lugar a situaciones injustas que deberán compensarse mediante otras medidas.

Las dificultades que la atribución de la vivienda arrendada plantea se hubieran podido evitar si nuestro ordenamiento jurídico, con ocasión de las dos reformas del Código Civil del año 1981, siguiera el ejemplo del legislador francés con una norma de presunción de cotitularidad en el arrendamiento, en los términos del art. 1.751 del C.c., conforme al cual: «Le droit au bail du local sans caractère professionel ou commercial, qui sert efectivement à l'habitation de deux époux est, quel que soit leur régime matrimonial et non obstant toute convention contraire, et même si le bail a été conclu avant le mariage, réputé appartenir à l'un et à l'autre des époux. En cas de divorce ou de séparation de corps, ce droit pourra être attribué, en considération des intérêts sociaux et familiaux en cause, par la juridiction saisie de la demande en divorce ou en séparation de corps, à l'un des époux, sous réserve des droits à récompense ou à indemnité au profit de l'autre époux». Precepto que fue introducido en el sistema matrimonial francés ya en el año 1962 y que es de aplicación retroactiva a todo matrimonio cualquiera que fuese la fecha de celebración del arrendamiento; normas de este tipo justifican las reformas legislativas ya que con ellas se logra solucionar los problemas que la realidad matrimonial presenta; por lo que resulta difícilmente explicable que, casi veinte años después, el legislador español al reformar tanto el régimen económico del matrimonio como la regulación general del mismo y de su disolución, no hubiese encontrado lugar oportuno para una norma semejante que pusiese fin a los problemas prácticos y doctrinales que se exponen más arriba.

En la doctrina española no faltan autores que se manifiestan a favor de una solución similar a la del derecho francés, pues consideran que en un contrato de arrendamiento destinado a servir de vivienda familiar, la condición de arrendatarios la tienen ambos esposos, aunque formalmente en dicho contrato sólo aparezca como arrendatario uno de ellos; esta posición ya fue defendida por Sancho Rebullida, en relación con el derogado art. 68 del Código Civil que planteaba similares cuestiones, cuando escribe: «el arrendamiento concertado por un cónyuge constante matrimonio o, con anterioridad a la celebración del mismo, para hogar común, es arrendamiento conjunto; el perfeccionado con anterioridad al matrimonio para uso de los después consortes y para vivienda suya, se convierte en común al contraer matrimonio el contratante» y añade el autorizado profesor, «sin que ello suponga cesión, transmisión, subrogación, sucesión ni novación en el contrato de arrendamiento, sino adaptación del elemento subjetivo del mismo a la situación legal del término subjetivo, en este caso, el matrimonio».

El criterio propuesto por Sancho Rebullida, que sustancialmente produce el mismo efecto que el establecido por la norma positiva del Código francés, es, seguramente, el más aconsejable para llegar a alcanzar una efectiva protección del interés familiar desde el punto de vista «del deber ser»; pero, me parece, de muy difícil defensa desde el punto de vista de la normativa vigente, tanto en materia específica de arrendamientos urbanos, como en base a la normativa del Código Civil; ningún precepto de ambas normas da ocasión al intérprete para pensar que el legislador español ha contemplado, ni siquiera de manera indirecta, el problema que se examina; por lo que legalmente el juez nunca podría llegar a tal conclusión.

Por otra parte, la solución doctrinal que comentamos no comprendería el supuesto en el que el contrato de arrendamiento hubiese sido celebrado antes del matrimonio por uno de los cónyuges sin haber pensado en la posibilidad de un posterior matrimonio; tal sería el caso de vivienda alquilada por un soltero que tiempo después decide contraer matrimonio y ambos cónyuges residen en el piso alquilado de soltero por uno de ellos; llegar a la conclusión que el ulterior matrimonio convierte en parte del arrendamiento a quien posiblemente ni era conocido por el arrendatario, parece una excesiva consecuencia del matrimonio posterior.

Estas consideraciones me llevan a pensar que el Convenio en el que se acuerda adjudicar la vivienda arrendada a favor del cónyuge no contratante del arrendamiento no supone alteración de los elementos subjetivos de dicho contrato del que seguirán siendo partes el arrendador y el cónyuge que lo otorgó resulte o no con la atribución del uso de la vivienda.

En definitiva, como apunté anteriormente, el Convenio sólo supone la manifestación de una renuncia voluntaria por parte del cónyuge titular del arrendamiento al ejercicio de la facultad de uso de la vivienda en tanto se mantengan las condiciones estipuladas, y, por lo tanto, el cónyuge arrendador continuará con todas las obligaciones de un verdadero arrendatario y también con todos los derechos, en la medida que los mismos sean compatibles con la utilización de la vivienda por el otro cónyuge. Y como puede resultar excesivamente oneroso, e incluso injusto, que el cónyuge arrendatario siga con aquellos deberes, lo normal es que tal contribución sea tenida en cuenta a la hora de medir el resto de su participación al sostenimiento de las cargas familiares.

Ciertamente que en esta situación familiar existe la posibilidad que el cónyuge arrendatario realice algún tipo de actos que ponga en peligro el disfrute de la vivienda familiar por parte del cónyuge no arrendatario; por ejemplo, deja de abonar la renta o incurre en alguno de los supuestos que dan lugar a la resolución del contrato; cuando se produzcan cualquiera de estas situaciones en las que sea posible determinar un comportamiento doloso por parte del arrendatario, habrá que facultar al otro cónyuge para que en cualquier momento consigne o abone las rentas no satisfechas o impugne los actos realizados por su consorte por implicar una conducta en fraude de ley, un abuso del derecho o una violación del principio de la buena fe contractual (la del Convenio).

La eficacia de los acuerdos estipulados en un Convenio cuando la vivienda matrimonial se disfruta en virtud de un contrato de arrendamiento, queda seriamente afectada cuando al derecho de uso y disfrute por parte del cónyuge adjudicatario se oponen los derechos que la ley concede al arrendador, pensemos, de una manera muy especial, que el arrendador quiera hacer uso de alguna de las causas de excepción a la prórroga y reclame para sí o para alguno de sus familiares la vivienda arrendada. Se produce en este supuesto, como tantas veces en el ordenamiento jurídico, un conflicto de intereses ambos legítimamente tutelados; de una parte el interés familiar y matrimonial que las normas del Código Civil tratan de proteger; de otra el interés del arrendador, que es tutelado excepcionalmente por las normas de la Ley de Arrendamientos Urbanos, que, como es notorio, son sustancialmente protectores del arrendatario y no del arrendador. La solución deseable sería encontrar un punto intermedio que permitiera conciliar ambos intereses, pero la propia naturaleza de éstos hace que sea imposible encontrar un criterio que satisfaga a una y otra parte en conflicto; por ello la única salida es preferir uno u otro interés el familiar o el del arrendatario.

No hay norma positiva que ayude a fundamentar una solución por lo que el intérprete debe proponer una, para ayuda del órgano judicial que pueda encontrarse ante un supuesto similar. Para mí, la protección del interés familiar no puede tener tal intensidad que llegue a traspasar, con carácter general, la esfera jurídica de los propios integrantes, para recaer sus efectos perjudiciales sobre terceros ajenos a la misma; si extendiésemos la tutela familiar hasta tal extremo, el tráfico jurídico quedaría sensiblemente afectado y lo normal sería que nadie se arriesgase a otorgar un contrato de arrendamiento con persona casada o que presumiblemente pudiera hacerlo, ya que la situación del arrendador quedaría condicionada por la buena o mala convivencia de su arrendatario y ello sería absurdo; el arrendador no es más que un tercero ajeno a la relación matrimonial y por lo tanto lo convenido por los cónyuges en relación con la vivienda familiar es para él «res inter alios acta» y lo pactado por aquellos ni le perjudica ni le aprovecha.

Por otra parte, si se admitiese que la situación familiar pudiera afectar en alguna medida a los derechos del arrendador, se abriría una vía a situaciones fraudulentas, pues, como ocurriría que ante matrimonios en crisis no operarían las causas de resolución o de excepción a la prórroga, y en los matrimonios normales sí, se fomentaría las apariencias de crisis para evitar el juego de los derechos del arrendador, a parte de que se premiaría a los matrimonios mal avenidos frente a los que no se encuentran en esa situación, lo que no parece tenga sentido.

En resumen hay que decir, que lo convenido por los cónyuges en materia de arrendamiento está sometido de una parte a que lo acordado no restrinja los derechos del arrendador ni impida a éste ejercitar las facultades que la ley le atribuye; y, en caso de conflicto, predomina el interés del arrendador.

Asímismo, lo acordado por los cónyuges estará condicionado por los derechos del esposo arrendatario (los que en gran medida se derivarán del tipo de arrendamiento de vivienda de que se trate, es decir, sometido a la legislación especial o a las normas del Código Civil); por ello cuando la vivienda es arrendada en razón a la cualidad personal de uno de los cónyuges —como sería el caso de vivienda disfrutada en razón al cargo, o a la profesión u oficio que se realiza, etc.— no parece que sea posible que se convenga nada acerca de la vivienda, ya que la misma, está inseparablemente adscrita al cónyuge que reúna la condición personal que justificó el arrendamiento (lo que es asímismo aplicable al disfrute de la vivienda por alguna de las causas citadas, aunque no sea por título de arrendamiento, o lo sea sin título, como una compensación en especie complementaria de la actividad que se realiza para otro; por ejemplo, la vivienda atribuida al juez en razón de su cargo, por la que no realiza contraprestación, no sería posible que su uso se adjudicase al otro consorte y el titular por razón del cargo tuviera que salir de ella).

Todo lo expuesto parte del presupuesto de la existencia de un acuerdo o convenio entre los cónyuges para decidir la atribución de la vivienda familiar ya pertenezca la vivienda en propiedad a uno de los cónyuges, ya sea a título de arrendamiento; cuando la vivienda se disfrute por un título jurídico distinto a los anteriores habrá que examinar en cada caso si el derecho sobre la utilización de la vivienda confiere a alguno de los cónyuges la posibilidad de disponer de tal uso, pues no siendo así, no será posible tal acuerdo por exceder lo convenido del derecho que se tiene y resultar en consecuencia ineficaz tal acuerdo. Cuando el acuerdo es ineficaz por falta de capacidad para convenir; cuando no hay acuerdo entre las partes; o lo convenido resulta en algún modo perjudicial para alguno de los cónyuges, es necesario buscar el sistema de atribución de la vivienda; el sistema que el legislador ha establecido es el de atribución judicial.

El legislador español, siguiendo la tendencia predominante en el Derecho comparado ha optado por atribuir al juez la decisión y determinación de cuál de los cónyuges ha de continuar en el uso y disfrute de la vivienda, en defecto de acuerdo entre ambos. La resolución judicial puede tener un carácter transitorio, que supla el acuerdo durante la tramitación del proceso de separación, nulidad o divorcio; o por el contrario, persiga una atribución de carácter definitivo, una vez resuelto por sentencia el proceso; pero en ambos casos la resolución judicial viene caracterizada por no reunir la característica de cosa juzgada, ya que es posible en cualquier momento la modificación de la atribución, cuando se acredite la alteración de las circunstancias personales o familiares que se tuvieron en cuenta, en su momento, para atribuir a uno u otro de los cónyuges la vivienda familiar; se persigue, que la resolución judicial se adapte, en cada momento, al interés familiar más digno de protección.

Cuando la vivienda familiar es adjudicada a uno de los esposos en virtud de una resolución judicial, vuelve a plantearse el problema de explicar el por qué de tal atribución y la esencia de la atribución concedida. En las páginas precedentes se sostuvo, para el supuesto de atribución de la ocupación de la vivienda por convenio, que la causa de la atribución es la voluntad del titular y que lo atribuido al cónyuge adjudicatario es simplemente la facultad de uso y disfrute, que temporalmente es renunciada por su titular; ahora debemos preguntarnos ¿varía la situación cuando la atribución del uso, es decir, la ocupación de la vivienda es decidida por el juez? No hay dificultad cuando la vivienda es atribuida al cónyuge que es titular de los derechos plenos sobre ella, es decir, al cónyuge propietario de la misma, o al arrendatario, al usufructo, etc., los inconvenientes surgen cuando la ocupación de la vivienda se concede al cónyuge no titular de derechos sobre ella.

En tal supuesto no parece que pueda existir otra explicación que estimar como causa de la atribución, o título de la misma la propia resolución judicial y en este sentido, se diría que se produce la constitución de un derecho o facultad a favor de tal cónyuge, de forma judicial, lo que realmente no implica ninguna novedad, y es hasta cierto punto habitual, piénsese en las adquisiciones de derechos efectuadas mediante públicas subastas en las que el otorgamiento de la escritura de venta es efectuada por el juez. Quiero con ello indicar que la circunstancia de que un derecho —si es que se trata de un verdadero derecho en el caso de la vivienda familiar, sobre lo que se insistirá más adelante— se adquiera en forma diversa del acuerdo de voluntades, es algo admitido con carácter general en el art. 609 (recuérdese que los derechos se adquieren y transmiten por diversas causas, y también por *ley*) por lo que aquí bastaría con equiparar la atribución judicial a la adquisición por obra de la ley que atribuye al órgano judicial la posibilidad subsidiaria de realizar la indicada atribución de un derecho. Por otra parte, el que el título o causa de la atribución sea voluntario —del titular del derecho— o legal o judicial, no altera para nada la esencia y características del derecho o facultad que se adjudica.

Con ello se llega a la cuestión central que no es otra que la de delimitar qué es lo que el juez atribuye al cónyuge no titular del derecho sobre la vivienda, al que se confiere la posibilidad de seguir ocupándola.

Para relevantes autores, la naturaleza del derecho de ocupación no es unitaria sino que está condicionada por el tipo de derecho base, es decir, el derecho que tenga el cónyuge titular del derecho sobre la vivienda, de manera que la naturaleza del derecho del cónyuge titular determinará la naturaleza del derecho del cónyuge adjudicatario. Y así, según esta autorizada opinión, cuando el derecho del cónyuge titular es un derecho real (propiedad, copropiedad, etc.) el derecho de ocupación que se atribuye al otro cónyuge será también un derecho de naturaleza real, aunque limitado, distinto de los habitualmente admitidos como tales y que, en alguna medida, se asemeja al derecho de habitación; la explicación se repite, de forma similar, para los distintos supuestos, en los que pueda encontrarse el derecho del titular de la vivienda; por ejemplo, si la vivienda era disfrutada en virtud de un derecho de usufructo del cónyuge al que no se le atribuye por el juez el derecho a seguir ocupándola, el cónyuge adjudicatario tiene también un derecho de usufructo, condicionando a los límites del derecho de usufructo que llamaremos base, y continuando con la misma argumentación si el derecho base es un arrendamiento, debe llegarse a la consideración de que el cónyuge adjudicatario, que no era el arrendatario, pasará a serlo en los límites del derecho del otro cónyuge.

En definitiva, para esta opinión doctrinal, el derecho de ocupación de la vivienda familiar, por parte del cónyuge no titular de los derechos sobre ella, es de naturaleza jurídica cambiante y está condicionado por el tipo de derecho que tenga el cónyuge al que se le priva judicialmente de seguir ocupándola. Explicación que no me parece convincente, y ello en base a los siguientes argumentos.

Como punto de partida considero que el que se denomina derecho a ocupar la vivienda, tiene el mismo contenido y efectos cualquiera que sea la causa o título que haya decidido la atribución de aquélla, por lo tanto, es indiferente que la vivienda sea ocupada por virtud de Convenio entre los cónyuges, sea en razón de una resolución judicial; por ello, siendo consecuentes con nosotros mismos, debemos defender la misma solución que se ha expuesto ante la atribución en razón a Convenio entre los cónyuges. Allí se quiso poner de relieve, que lo que se atribuye al cónyuge que va a ocupar la vivienda familiar es algo muy concreto y determinado: la facultad de usar y disfrutar de dicha vivienda, en tanto duren las circunstancias que han determinado la atribución.

Se atribuye una facultad, de la que renuncia voluntariamente, o de la que es privado sin o contra su voluntad el titular, que tiene un contenido muy determinado, usar y disfrutar de la vivienda, y nada más; el cónyuge a quien se concede la ocupación no adquiere sobre la vivienda más derechos que los que pudiera tener antes de la adjudicación (por ejemplo, porque era copropietario de una cuota del piso) de forma que, si ningún derecho, real o personal, tenía antes de la adjudicación de la ocupación, ésta nada nuevo le atribuye, salvo el continuar utilizando la vivienda. Pero ocupar la vivienda no es un derecho ni de naturaleza personal ni real; lo demuestra la circunstancia de que el cónyuge ocupante de la vivienda, sobre ésta no puede hacer nada, salvo ocuparla, no puede ni disponer de ella, ni hipotecarla, ni ceder su uso a un tercero, ni modificar su destino ni alterar su configuración, ni tampoco asume las obligaciones que en relación a tal titularidad tenga pendientes el cónyuge titular; y si esto es así en la realidad ¿puede en rigor hablarse de que el cónyuge adjudicatario tiene un derecho sea del tipo que se quiera sobre la vivienda? La respuesta, me parece a mí, no puede ser otra que la negativa; de manera que la explicación es mucho más sencilla y no puede ser otra que considerar que la atribución de la vivienda al cónyuge no titular de la misma, no altera para nada la situación jurídica del titular, sino que simplemente le priva de la facultad de su utilización, que es precisamente lo que se atribuye al otro cónyuge; éste adquiere no un derecho sobre la vivienda, sino la simple facultad de ocuparla durante el tiempo y en las condiciones que o por el Convenio con el otro cónyuge o por la resolución judicial se le hubiesen establecido.

## 4. Liquidación del régimen económico y destino de la vivienda familiar

No contiene nuestro Código Civil una regulación general de la liquidación del régimen económico del matrimonio, sino que sigue el sistema de dictar normas específicas para la liquidación de cada uno de los tipos de regímenes económicos que el propio Código contempla; tales normas particulares son, por otra parte, de muy diversa extensión y amplitud, de manera que en rigor puede decirse que sólo en relación con la disolución del régimen de la «sociedad de gananciales» hay una preocupación legal por afrontar los problemas que origina la liquidación de aquel tipo de sistema económico matrimonial; para los restantes tipos, incluso para los previstos como supletorios o convencionales, las normas que el Código dicta son escasas e incompletas, lo que obliga a continuas referencias analógicas al régimen de gananciales.

Es posible que hubiese sido muy conveniente que el legislador hubiese aprovechado las Reformas del Código Civil del año 1981 para introducir, dentro de las denominadas Disposiciones Generales, una serie de reglas en materia de liquidación del Régimen económico matrimonial, aplicables a cualquiera de los imaginables, estuviesen o no previstos por el propio legislador y luego matizar tales criterios generales, con normas específicas para cada uno de los regulados por el Código. No ha sido así, y el llamado Régimen económico primario, que, como ya he indicado, se quiere encontrar en las Disposiciones Generales de los arts. 1.315 a 1.324, queda muy incompleto de modo que, sólo con una calificación muy benigna, pueden considerarse tales normas como constitutivas del citado Régimen económico primario.

La objeción que se acaba de hacer a la deficiente regulación legal en materia de liquidación del régimen económico matrimonial, referida la liquidación al conjunto de los bienes que pueden formar parte de dicho régimen económico, es predicable, en particular, en relación con el destino liquidatorio de la vivienda familiar. Pero en relación con ella la omisión es aún más significativa pues entre las Disposiciones Generales del Régimen económico del matrimonio se halla el art. 1.320, ya examinado con un cierto detalle anteriormente; pues bien, si el legislador contempla, de modo especial, el acto de disposición de bienes, cuando el objeto de éste era la vivienda familiar, era necesario que hubiese contemplado el funcionamiento de aquella en el proceso liquidatorio tomado éste con abstracción del tipo de régimen económico, pues el art. 1.320, al regular la disposición de la vivienda familiar, hace abstracción de aquél. El legislador ha seguido otro camino, y ello obliga a contemplar el funcionamiento de la vivienda familiar en el proceso liquidatorio de cada uno de los regímenes económicos del matrimonio; en rigor sería preciso el análisis de cada uno de los imaginables sistemas matrimoniales y determinar el destino de la vivienda familiar en cada uno de ellos; labor excesiva para la índole el presente trabajo; parece por lo tanto, más adecuado analizar el comportamiento liquidatorio de la vivienda familiar en cada uno de los regímenes económicos matrimoniales que el legislador contempla en el Código Civil.

### 4.1. *La vivienda familiar en la liquidación de la sociedad de gananciales*

El destino final de la vivienda familiar es independiente de las causas que hayan dado lugar a la liquidación de la sociedad de gananciales, pues los efectos liquidatorios que el legislador ha establecido operan con independencia de cuál ha sido la causa de disolución del régimen económico; la única excepción contemplada por el legislador tiene lugar cuando aquella disolución es debida a nulidad del matrimonio, existiendo mala fe en uno de los cónyuges, en este supuesto conforme al art. 1.395 «podrá el otro practicar la liquidación conforme a las reglas de la sociedad de gananciales u optar por las disposiciones relativas al régimen de participación, y el contrayente de mala fe no tendrá derecho a participar en las ganancias obtenidas por su consorte». Excluido este supuesto, la cuestión que hay que resolver es la de si las normas del Código en materia de liquidación del régimen de gananciales son de carácter imperativo y, en cuanto tales, se aplicarán necesariamente a toda liquidación sin que la voluntad de los cónyuges, de realizarla en otra forma, pueda ser tenida en cuenta; o por el contrario, considerarlas como normas dispositivas y en consecuencia sólo aplicables en defecto de acuerdo o convenio entre los cónyuges sobre la liquidación de los bienes matrimoniales; segunda solución que me parece más conforme con el carácter predominante dispositivo del conjunto de normas reguladoras del régimen económico matrimonial.

Partiendo de la idea de que las relaciones económicas entre los cónyuges se regulan preferentemente conforme a la voluntad de los cónyuges, debe estimarse que el destino de la vivienda familiar tanto en relación con su titularidad como a su uso y disfrute será el que se hubiese convenido ya sea en Capitulaciones matrimoniales o en convenio fuera de aquéllas y claro está siempre que el título jurídico en virtud del cual se tiene la vivienda faculte a cualquiera de los cónyuges a disponer de ella. Por lo tanto, cuando el título que se tiene sobre la vivienda, no atribuye a ninguno de ellos la posibilidad de acto dispositivo alguno (recuérdese los supuestos a los que con cierto detalle se aludió anteriormente referentes a la vivienda ocupada en arrendamiento, o en razón al cargo o función desempeñada por uno de los esposos, o en mera situación de precario, etc.), y, como en rigor, la vivienda familiar en estos supuestos no constituye un valor que pueda computarse en el patrimonio de la sociedad de gananciales, quiere decirse con ello que en estas situaciones no cabe plantear el destino liquidatorio de la vivienda familiar sino que ésta seguirá el camino que lleve el título por el que se disfrutaba la vivienda.

Si los cónyuges no han previsto el destino de la vivienda familiar entran en juego las normas del Código Civil en relación con la liquidación de la sociedad de gananciales. Analizando las normas que el Código Civil dedica a la liquidación de la sociedad de gananciales, se puede comprobar que la vivienda familiar sólo es tomada en cosideración en los arts. 1.406 n.º 4 y 1.407; en el primero de ellos, se establece que «cada cónyuge tendrá derecho a que se incluya con preferencia en su haber, hasta donde éste alcance: «...4.º En caso de muerte del otro cónyuge, la vivienda donde tuviese la residencia habitual». Desarrollando esta norma el citado art. 1.407 señala «en los casos de los números 3 (local donde se hubiese ejercido la profesión) y 4 del artículo anterior podrá el cónyuge pedir a su elección, que se le atribuyan los bienes en propiedad o que se constituya sobre ellos a su favor un derecho de uso o habitación. Si el valor de los bienes o el derecho superara al del haber del cónyuge adjudicatario, deberá éste abonar la diferencia en dinero». Una interpretación conjunta de ambas normas puede llevarnos a las siguientes conclusiones: El Código se refiere en materia de liquidación de la sociedad de gananciales a la vivienda que sea «residencia habitual»; lo que puede plantear dudas acerca de si el legislador con tal expresión excluye a la vivienda familiar en cuanto es posible una residencia habitual que no sea vivienda familiar; como ya se hizo notar al principio de este trabajo. Insistiendo en los argumentos ya utilizados, debemos recordar que hemos estimado asimilables la «residencia habitual» con la vivienda familiar, aún reconociendo que aquella expresión puede tener un significado más amplio.

Una segunda consideración que se obtiene de los dos citados preceptos es la de que la «vivienda familiar» es tomada en consideración sólo de un modo muy particular y especial, cuando la causa de disolución del régimen de gananciales es producida por *la muerte de uno de los esposos,* la circunstancia de que el legislador haya mencionado expresamente esa causa como presupuesto del juego de lo dispuesto tanto en el art. 1.406-4.º como en el art. 1.407, plantea la duda de si el tratamiento jurídico de la vivienda familiar ha de ser diverso cuando la causa de disolución sea otra distinta; para cuyo supuesto no hay norma específica que contemple el destino de la vivienda familiar.

Utilizando el argumento «a contrario» habría que llegar a la conclusión de que el derecho preferente atribuido al cónyuge supérstite sobre la vivienda familiar no opera en los restantes casos que dan lugar a la disolución y posterior liquidación de lo sociedad de gananciales; el argumento para llegar a tal resultado no puede ser otro que, siendo tal regla (la del art. 1.406-4 y la consecuencia de la misma en el art. 1.407) una norma especial o excepcional no puede aplicarse a más supuestos que los expresamente aludidos por el legislador. Sin embargo, y aunque el legislador no lo indique, parece lógico ampliar su supuesto de hecho, al menos, al caso de la liquidación de la sociedad de gananciales, debida a la existencia de una previa declaración judicial de declaración de fallecimiento, pues produciendo esta unos efectos prácticamente similares a la muerte efectiva de uno de los cónyuges, no se ve razón para que declarado fallecido uno de ellos y por lo tanto liquidándose el régimen económico de gananciales, hasta entonces existente, no pueda el cónyuge presente tener el derecho preferente, que la ley concede para el supuesto de muerte física.

La interpretación restrictiva de los arts. 1.406-4.º y 1.407, encuentra también su apoyo en la que es su razón de ser que, no es otra que una motivación de carácter sentimental y afectivo hacia el local o dependencia que en vida de ambos cónyuges constituyó el hogar familiar y que, presumiblemente, el cónyuge supérstite deseará continuar en él. Pero no puede desconocerse que tal argumento explicativo será inutilizable cuando el fallecimiento de uno de los cónyuges tuvo lugar durante la sustanciación de un proceso de separación, o existiendo una situación de falta de convivencia aceptada por ambos pero no alegada judicialmente; las razones de carácter sentimental o afectivo no parece que en este caso fuesen de muy oportuna toma en consideración.

El art. 1.406-4.º no expresa que la «vivienda habitual» sobre la que se concede un derecho de adquisición preferente al cónyuge supérstite, tenga que ser una vivienda que reúna el carácter de ganancial; es decir, que pudiera pensarse que ese derecho preferente se extiende a la vivienda habitual aún cuando fuese privativa del cónyuge fallecido. No creo que sea éste el sentido del precepto ya que por su colocación sistemática debe entenderse que previamente ha habido la atribución, en la fase liquidatoria, de los bienes propios de cada cónyuge y que luego sobre el reparto de los que sean gananciales, para formar los haberes de cada cónyuge, lo que se concede al sobreviviente es poder incluir en su haber la vivienda familiar que sea ganancial, compensando su valor en la cuota o haber que corresponda a los herederos del cónyuge fallecido. Por ello, si la vivienda familiar tenía el carácter de privativo de uno de los cónyuges la liquidación del régimen de gananciales no determina ninguna especialidad, sino que la vivienda entrará a formar parte del patrimonio del cónyuge titular de la misma y en consecuencia las particularidades que pueden surgir son exclusivamente las derivadas de situaciones anormales en el matrimonio, ya examinadas en la Sección anterior y que en atención a la atribución convencional o judicial del uso y disfrute de la vivienda por parte del cónyuge no titular, determinará una limitación temporal a las facultades del titular de la vivienda pero sin que ello suponga ninguna alteración del régimen jurídico aplicable a la vivienda.

Una vía indirecta para lograr la adjudicación de la vivienda familiar a uno de los esposos sin necesidad de utilizar el art. 1.406-4.º, puede hallarse en el empleo del derecho atribuido al cónyuge que sea acreedor personal del otro, en razón a lo establecido en el art. 1.405 según el cual «si uno de los cónyuges resultase en el momento de la liquidación acreedor personal del otro, podrá exigir que se le satisfaga su crédito adjudicándole bienes comunes, salvo que el deudor pague voluntariamente», de manera que el cónyuge acreedor podrá exigir que, en pago de su crédito, se le adjudique la vivienda familiar, si ésta es de carácter ganancial; posibilidad que no requiere el fallecimiento del otro esposo, como ocurría con el art. 1.406-4.º; sino que ahora el precepto se aplica siempre que el cónyuge deudor no pague voluntariamente, y claro está si la vivienda familiar es ganancial, pues si fuese privativa la regla que regiría sería la señalada anteriormente. Aunque el art. 1.405 nada dice, estimo que cuando el cónyuge acreedor ejercita el derecho de adjudicación preferente que tal norma le concede, y el valor de la vivienda familiar ganancial excede del valor del crédito que tiene contra el otro esposo, deberá el acreedor adjudicatario proceder a abonar la diferencia entre su derecho de crédito y el valor de la vivienda, en los mismos términos que establece el art. 1.407; pues si no se utilizase tal criterio, o, el derecho concedido en el art. 1.405 sólo sería aplicable cuando existiese total correspondencia entre el importe del crédito y el valor del bien ganancial, lo que en la realidad es poco menos que imposible; o, por el contrario si operase tal derecho sin una compensación por la diferencia de valor, se produciría un enriquecimiento injusto por parte del cónyuge acreedor.

Para lograr una aplicación moderada, tanto del art. 1.406, como de los arts. 1.405 y 1.407, pienso que —si bien no lo exige para nada el legislador— los derechos de adjudicación preferente, que tales normas atribuyen a uno de los cónyuges y teniendo en cuenta que tal derecho puede hacerse valer sobre la vivienda familiar, sólo deben operar cuando exista una cierta proporcionalidad entre el derecho o cuota del cónyuge en su haber y el derecho de crédito con el valor de la vivienda; pues no parece que, tengan demasiado sentido que siendo el haber o el derecho del cónyuge acreedor de un valor desmesuradamente inferior al valor de la vivienda se permita que pueda ejercitar tales derechos. Insisto que con las normas positivas, tal ejercicio no está condicionado a este criterio de proporcionalidad, pero me parece un principio de justicia que debe entenderse subyacente en dichos preceptos.

Ninguna otra norma se contiene en materia de liquidación de la sociedad de gananciales que pueda ser tomada como particularidad de la vivienda familiar, por lo que fuera de estos supuestos el destino de la vivienda será similar a los demás bienes y dependerá de su condición de privativa o de ganancial, aplicándose las reglas generales para la liquidación de tales bienes.

### 4.2. *La vivienda familiar en la liquidación del régimen de participación*

Como es sabido una de las más llamativas alteraciones que se introduce en el Código Civil por obra de la ley de 13 de mayo de 1981 es la regulación del régimen económico matrimonial conocido como «de participación» o «participación en las ganancias» que está tomado de los derechos alemán y francés. Este sistema funciona como un régimen de separación de bienes, mientras dura su vigencia; así se establece claramente en el art. 1.413 al indicar que «en todo lo no previsto en este capítulo se aplicarán, durante la vigencia del régimen de participación, las normas relativas al de separación de bienes»; esta característica, funcionar como un régimen de separación, determina que en el de «participación» no existan bienes comunes, en el sentido atribuido a tal expresión en el régimen de la sociedad de gananciales; es decir, comunes en cuanto sean pertenecientes a la sociedad familiar. En consecuencia, los bienes en este sistema económico pertenecen normalmente a cada uno de los esposos, lo que no es obstáculo para que pueda haber bienes en copropiedad de ambos, que será una copropiedad sometida al régimen general del Código Civil. Si existen dudas acerca de la titularidad de un bien, a favor de uno u otro de los cónyuges, deberá aplicarse la presunción que para el régimen de separación establece el art. 1.441, de aplicación también, al régimen de «participación», en razón al citado anteriormente art. 1.413; según el art. 1.441 «cuando no sea posible acreditar a cuál de los cónyuges pertenece un bien o derecho, corresponderá a ambos por mitad».

La interrelación entre el régimen de separación y de participación hacen necesario que, en éste, sea preciso, determinar la colaboración o contribución que cada uno de los cónyuges ha de realizar para hacer frente a las cargas del matrimonio ya que no habiendo masa común de bienes con qué afrontarlas, es imprescindible establecer el funcionamiento de la sociedad matrimonial; no sólo en relación a los propios esposos, sino, de modo más especial, en garantía de los derechos de terceros acreedores. Este sistema de colaboración a las cargas del matrimonio, que es sustancialmente diverso al establecido para la sociedad de gananciales, produce la consecuencia lógica, de que las reglas en materia de disolución y liquidación del régimen de participación sean también acusadamente diferentes.

En materia de disolución del régimen de participación el art. 1.415 reenvía a los arts. 1.392 y 1.393 referentes a las causas de disolución de la sociedad de gananciales, siendo de aplicación también los arts. 1.394 y 1.395, así como la regla específica del art. 1.416. Una vez que se ha producido la disolución del régimen de participación porque ha existido alguna de las causas citadas en los antedichos preceptos es preciso determinar si ha habido o no ganancias, lo que obliga a liquidar previamente el régimen.

La nota peculiar de la liquidación del régimen de participación viene impuesta por el hecho de que como regla general las ganancias, sí existen, han de abonarse en dinero, según establece el párrafo primero del art. 1.431 y sólo excepcionalmente, en los supuestos a que aludiré más adelante, es posible efectuar su pago entregando bienes concretos.

Limitando la liquidación del régimen de participación al destino de la vivienda familiar debe tenerse presente el siguiente planteamiento: la vivienda familiar en el régimen de participación puede pertenecer en propiedad exclusiva de cualquiera de los esposos, o pertenecer en régimen de copropiedad ordinaria a ambos. Si la vivienda estaba en el patrimonio de uno cualquiera de los esposos, al inicio del régimen por lo tanto, se computará formando parte de su patrimonio inicial; si fue adquirida durante la vigencia de aquél, deberá incluirse dentro del patrimonio final del cónyuge adquirente. En el supuesto de que hubiese sido adquirida por ambos esposos deberá computarse en el patrimonio inicial o final de cada uno de ellos, según el momento de la adquisición y por el importe en el que cada uno hubiese colaborado en la adquisición.

No habiendo convenio expreso acerca de la contribución de los esposos a las cargas del matrimonio y habiendo uno de ellos aportado la vivienda, en la que se desarrolla la vida familiar, no aparece injusto que tal aportación deba ser valorada en el momento de fijar la contribución de dicho esposo al sostenimiento de aquellas. La misma solución, entiendo, debería seguirse en el caso que la vivienda fuese arrendada, y el contrato de arrendamiento fuese satisfecho por uno solo de los cónyuges, no habiendo pacto expreso en contrario, el abono de la renta, deberá ser tenido en cuenta para delimitar el volumen de la aportación del esposo arrendatario. Ciertamente no hay en la regulación que realiza el Código una norma que directamente permita tal conclusión, pero de manera indirecta tal tesis puede extraerse del art. 1.419, al señalar que del patrimonio inicial «se deducirán las obligaciones del cónyuge al empezar el régimen y, en su caso, las sucesorias o las cargas inherentes a la donación o legado, en cuanto no excedan de los bienes heredados o legados»; puede ser dudoso que las cargas referentes al matrimonio sean el objeto del presente artículo, que parece más bien referirse a obligaciones extramatrimoniales de uno de los cónyuges, pero sin embargo, nada impide que, antes del régimen de participación, los cónyuges hayan estado sometidos a otro régimen económico matrimonial del cual se deriva la contribución a las cargas del matrimonio.

Cabe también incluir la aportación de la vivienda familiar dentro del patrimonio final; el camino sería el siguiente: adquirida la vivienda una vez iniciado el régimen de participación, y utilizada como vivienda familiar, el art. 1.422 estima deducibles del importe del patrimonio final «las obligaciones todavía no satisfechas» expresión legal de no muy claro sentido, y dentro de la cual es posible incluir las cantidades que como aportación al matrimonio deben aportar cada uno de los cónyuges, con lo que la vivienda familiar vendría a ser valorada como aportación al matrimonio, compensable en el resultado final del régimen.

No puede desconocerse que las conclusiones anteriores, acerca de la valoración de la aportación de la vivienda en los patrimonios inicial o final son discutibles; por lo tanto, en el supuesto que se considere que los preceptos alegados tienen otra razón de ser, la conclusión sería opuesta.

Realizadas las operaciones de liquidación del régimen de participación y acreditada la existencia de ganancias, su abono ha de efectuarse, según se ha indicado, en dinero, con la posibilidad de que excepcionalmente la ganancia sea abonada en bien concreto. Se trataría, ahora, de intentar conectar el abono de la ganancia en un bien concreto en relación con la vivienda familiar. La cuestión sería la posibilidad de que la vivienda familiar, cuya titularidad pertenece a uno de los cónyuges, sea entregada al otro cónyuge en pago del importe de su ganancia.

La solución puede lograrse mediante una interpretación que llamaríamos utilitarista del art. 1.432; este artículo establece una derogación a la norma general del abono de la ganancia en dinero al indicar que «el crédito de participación podrá pagarse mediante la adjudicación de bienes concretos, por acuerdo de los interesados o si lo concediese el juez a petición fundada del deudor»; es evidente, que si los esposos convienen abonar el crédito de ganancia con la vivienda familiar ésta seguirá el destino pactado, en este caso, realmente no hay ninguna especialidad más que el juego del principio dispositivo, informador con carácter general de las normas legales en materia de régimen económico matrimonial. La segunda posibilidad es de muy difícil realización; aplicada a la vivienda familiar sería preciso, que el cónyuge titular de la vivienda fuese el deudor de la ganancia y que intentase el abono de aquella ganancia entregando en lugar de dinero, la vivienda familiar, a cuyo deseo se opone el cónyuge titular del crédito derivado de la ganancia (pues si este cónyuge está de acuerdo, estaremos en el supuesto anterior); si se logra reunir esta serie de requisitos no habrá inconveniente en que la vivienda familiar sea judicialmente adjudicada al otro cónyuge en pago de su crédito.

Del texto del art. 1.432 parece claro que lo que no es posible es que el cónyuge acreedor de la ganancia sea el que solicite que se le abone en especie, es decir, en bienes concretos, el importe de su ganancia, y por lo tanto, no podrá intentar interesar que se le adjudique la vivienda familiar; en otros términos, la vivienda familiar en el régimen de participación sigue siempre el destino que desee el cónyuge titular del derecho sobre ella, con independencia de que sea un derecho pleno o de carácter limitado.

Cumplidos los requisitos establecidos en el art. 1.432 y concretado el pago en bien concreto a la vivienda familiar se producirá una dación en pago, pues como escribe Lacruz (en relación con el art. 1.432 en general, pero aplicable al supuesto concreto de la vivienda familiar) «el pago mediante bienes específicos o genéricos distintos del dinero constituye una dación en pago, y requiere que el deudor justifique la dificultad de disponer de numerario; por ejemplo, porque tal pago en dinero le obligaría a malvender bienes valiosos pero de difícil colocación. Es el deudor quien debe ofrecer los bienes concretos, y le incumbe al juez, sin duda oyendo al acreedor, aceptar o no su oferta; no parece que el juez o el acreedor puedan elegir los bienes».

### 4.3. *La vivienda familiar en la liquidación del régimen de separación de bienes*

Se ha podido comprobar, de cuanto anteriormente se ha opuesto, que la parquedad legislativa en materia de liquidación de los diversos regímenes económicos del matrimonio, es una de las notas características de nuestro derecho positivo. Esta insuficiencia normativa es aún más acusada, que en los sistemas expuestos, al afrontar la liquidación del régimen de separación de bienes. Ni uno sólo de los preceptos que el Código dedica a tal sistema económico se refieren a la liquidación; como si el legislador estimase que no es necesario liquidarlo, o dando por supuesto cómo debe realizarse; la laguna legislativa obliga al intérprete a buscar una solución cuando tal liquidación se plantee.

No parece pueda discutirse que la liquidación de la separación de bienes es un efecto de su previa disolución y que ésta puede ser motivada por: a) la disolución del matrimonio por las causas legalmente establecidas; b) la separación personal de los esposos seguida de la disolución de su régimen económico; y c) estipularse otro régimen económico distinto del de separación.

Acreditada la existencia de alguna de esas causas debe procederse a la liquidación del régimen; las características de éste ya fueron apuntadas en el apartado precedente en relación con el régimen de participación, que operaba como uno de separación. Basta por ello con recordar la existencia sólo de bienes de cada esposo, lo sea en propiedad exclusiva de cada uno de ellos, o en régimen de copropiedad, pero no existiendo bienes comunes en el sentido de los gananciales; y teniendo presente la presunción de cotitularidad del artículo 1.441.

Dado que en el régimen de separación sólo es común la necesidad de aportación para la contribución de las cargas del matrimonio, en el momento de la liquidación sólo procede determinar cuál de los cónyuges es acreedor del otro por las aportaciones no realizadas y anticipadas por el otro; como el legislador no ha establecido ninguna regla similar a las que se han examinado en materia de sociedad de gananciales y de participación que en alguna medida permitían a uno de los cónyuges un derecho preferente sobre los bienes comunes o sobre los privativos del otro, entre los que podía incluirse la vivienda familiar, quiere decirse que aquí las posibilidades de que la vivienda familiar pueda tener un destino específico ligado al interés de uno de los cónyuges son prácticamente nulas. La vivienda familiar sólo tendrá la protección derivada del art. 1.320, que es norma aplicable, según dije, a todo régimen económico matrimonial, pero que precisamente opera durante la vigencia del matrimonio, pero que es dudoso deba aplicarse cuando se ha procedido a la liquidación del sistema económico por disolución del matrimonio.

Liquidado el régimen de separación la vivienda se atribuirá al cónyuge que acredite su titularidad, sea total o en la parte que le corresponda, y deberán tenerse en cuenta las limitaciones dispositivas que puedan derivarse en relación con la facultad de uso y disfrute derivadas de la atribución de la vivienda al otro cónyuge; cuestión ya examinada anteriormente con detalle y que debe tenerse siempre implícita en cuanto se ha expuesto en relación con la adjudicación de la vivienda familiar en el proceso liquidatorio de los distintos regímenes económicos matrimoniales.

## 5. La vivienda familiar en el derecho de sucesiones

Al exponer el sentido del art. 1.320 se puso de relieve cómo era interés del legislador mantener dentro del círculo familiar la vivienda que sirve de base al desarrollo de la convivencia conyugal o familiar; protección que se intentaba alcanzar requiriendo un consentimiento conjunto para disponer de ella, no bastando con la voluntad del titular del derecho; la norma se completa con los preceptos que sobre adscripción del uso de la misma en las situaciones de anormalidad, dicta el Código Civil; normas estas últimos que operan a su vez como una limitación a la regla del art. 1.320, en cuanto siendo de carácter especial deben prevalecer sobre aquella.

Cuando me referí a la expresión «para disponer» a que hace referencia el citado art. 1.320 aludí ya a los múltiples problemas que planteaba, sobre uno de los cuales es preciso volver ahora.

Se trataba de determinar si la limitación a la facultad dispositiva establecida en este artículo se extendía tanto a los actos «inter vivos», como a los «mortis causa», o solamente a los primeros.

Ya se expuso asimismo, como la solución tiene que ser la que solamente se contemplan los actos intervivos, pues en caso contrario se estaría estableciendo una disposición conjunta de carácter sucesorio que, como es sabido, no es admitida por nuestro Código, que establece el carácter personal de la sucesión. De donde se desprende que la protección legal atribuida a la vivienda sólo es posible en negocios entre vivos, y que la tutela de la vivienda familiar puede resultar inoperante mediante la susucesión.

La vivienda desde el derecho de sucesiones funciona como uno más de los bienes que pueden integrar la herencia de una persona y por lo tanto, el destino de la misma está directamente relacionado con el tipo de titularidad que sobre ella tenga el causante.

Si la vivienda se tenía en arrendamiento, la muerte del cónyuge arrendatario dará lugar a la transmisión del contrato en las condiciones establecidas por la ley de arrendamientos urbanos; cuyo estudio resulta inoportuno en este lugar.

Cuando la vivienda es disfrutada por razón de un derecho ligado al carácter personal de quien la disfruta (usufructo, habitación, etc.), la muerte del titular del derecho extingue los posibles derechos de los restantes miembros de la familia ya que no son transmisibles a sus herederos los títulos jurídicos en cuya virtud se tenía el disfrute de la vivienda.

En el supuesto de que la vivienda sea propiedad del causante hay que distinguir si es propiedad privativa y exclusiva suya, su destino será el que le confiera en su testamento, siguiendo las reglas generales de la partición como con los restantes bienes del causante. Si la vivienda es ganancial, deberá tenerse presente la regla especial de adjudicación ya contemplada y establecido en el art. 1.406-4.º. La falta de coordinación de los preceptos del código dictados en materia de protección a la vivienda familiar en relación con el régimen económico del matrimonio y con los supuestos de crisis del matrimonio con las normas del derecho sucesorio hace que en la práctica aquellas normas protectoras puedan quedar sin efecto a la muerte del titular de la vivienda o del derecho sobre ella. La omisión de una referencia en el derecho de sucesiones a la vivienda familiar y a su régimen especial, entre vivos, puede plantear situaciones no previstas por el legislador y de no fácil solución. A título de ejemplo me referiré a dos posibles problemas: conflictos derivados de la vivienda familiar dentro de la legítima; y la vivienda familiar afectada por un posible derecho de reversión del art. 812 del Cc.

Cuando la vivienda familiar o su valor quedan comprendidas en la legítima de alguno de los legitimarios del titular de la vivienda, se planteará un conflicto de normas entre los derechos que a favor del cónyuge supérstite hemos visto concede el art. 1.406-4.° en relación con el art. 1.407 (derecho preferente de adjudicación en la liquidación de la sociedad de gananciales) y el derecho de aquellos herederos; imaginemos que el haber hereditario se constituye sólo por tal vivienda o ésta es el bien de más valor del conjunto de la herencia de forma que quedaría siempre formando parte de los tercios de la legítima; los herederos legitimarios del titular de la vivienda fallecido, necesariamente harán efectivo su derecho sobre tal vivienda, sobre la que al mismo tiempo la ley concede al cónyuge sobreviviente un derecho de preferencia.

No es fácil hallar un criterio que permita una solución para salvar el derecho tanto de los legitimarios como los del cónyuge, dificultad que aumenta por ausencia de un precepto en el que buscar una guía orientadora. La solución más sencilla sería estimar que el derecho de los legitimarios no tiene restricciones y por lo tanto el principio de protección familiar sobre el que gira la protección a la vivienda familiar no puede ir más allá de los límites señalados por el propio legislador de manera que en estas situaciones no se produciría la protección familiar y el derecho preferente del art. 1.406 no operaría. La solución opuesta de limitar el derecho de los legitimarios dando preferencia al derecho del cónyuge creo no puede defenderse pues equivaldría a dejar sin efecto uno de los principios básicos del derecho de sucesiones como es la institución de las legítimas que quedarían condicionadas a la existencia de un derecho como el declarado sobre la vivienda familiar y no es lógico pensar que si el legislador quiso darlo a la vivienda familiar no lo indicase de modo terminante, por ello no existiendo norma derogatoria del sistema sucesorio no hay duda de que de prevalecer uno u otro derecho debe ser el derecho sucesorio de los legitimarios.

Sin embargo, me parece posible intentar una tesis que concilie los derechos del cónyuge y el de los herederos; el art. 1.407 concede al cónyuge sobreviviente la posibilidad de optar entre que se le atribuya la vivienda familiar a la muerte de su consorte o constituir sobre la misma un derecho de uso o de habitación. Esta elección que la ley atribuye al cónyuge operará para el supuesto de que no existan conflictos entre su derecho y el de los herederos del otro cónyuge; pues bien, cuando tal conflicto surja es admisible considerar que los legitimarios del titular de la vivienda adquirirán sobre ella la titularidad dominical pero gravada con la existencia de un derecho de uso de habitación a favor del cónyuge supérstite; éste no tendría posibilidad de optar pues la elección opera cuando no hay conflicto de derechos, pero quedará a salvo el principio de protección a la vivienda familiar, a costa de limitar el derecho de los legitimarios. A esta solución que propongo se le puede objetar que sería aplicable, de admitirse, cuando el régimen económico matrimonial vigente del fallecido titular de la vivienda fuese el de la sociedad de gananciales, y no para los otros regímenes; pero a tal objección se le podría contestar en los términos expuestos anteriormente; que el principio de protección a la vivienda familiar se deriva del art. 1.320 del Cc. y debe extenderse a la familia en general con independencia del sistema económico adoptado por cada matrimonio, por lo que la tesis propuesta sería de utilidad para toda forma de organización económica del matrimonio.

La existencia del derecho de reversión en el Cc. puede dar lugar a roces con el principio de la vivienda familiar y a los derechos del cónyuge sobreviviente. Pensemos en el supuesto —bastante frecuente en determinados niveles sociales— de una vivienda donada por los ascendientes a uno de los esposos para ser utilizada por el matrimonio como vivienda familiar; la atribución a título gratuito de la vivienda va a dar origen, si el donatario fallece sin descendencia, a un nuevo conflicto entre los derechos a favor de la vivienda atribuidos al cónyuge supérstite, ya mencionados, y el derecho de reversión a favor del ascendiente donante concedido por el art. 812. Como es sabido esta norma establece «los ascendientes suceden con exclusión de otras personas en las cosas dadas por ellos a sus hijos o descendientes muertos sin posteridad, cuando los mismos objetos donados existan en la sucesión. Si hubieran sido enajenados, sucederán en todas las acciones que el donatario tuviera con relación a ellos, y en el precio si se hubieren vendido, o en los bienes con que se haya sustituido, si los permutó o cambió».

El supuesto de hecho es claro, a la muerte del hijo o descendiente a quien se le hizo donación de una vivienda, si no hay descendientes del fallecido, por encima de los derechos del cónyuge viudo se superpone el derecho de reversión; nuevamente, se produce la imposibilidad de que el principio de protección de la vivienda familiar y los derechos conferidos al cónyuge por el art. 1.406-4 y 1.407 puedan operar. Para mí, la situación planteada es bastante similar a la expuesta en relación con los derecho de los legitimarios, de manera que son posible tres posturas: una basada en la aplicación sin condiciones del art. 812 que obligaría a dejar sin contenido alguno a los principios protectores de la vivienda familiar y los del cónyuge; en segundo lugar ,la posición inversa, colocar por encima del derecho de los ascendientes el principio de protección familiar y los derechos del cónyuge viudo; que tendría la grave objección de olvidar los rotundos términos del art. 812; o finalmente, buscar la solución de compromiso en los mismos términos apuntados en relación con los legitimarios.

Esta última tesis es la que estimo debe defenderse para evitar que el principio de protección a la vivienda sea en la práctica letra muerta. La exclusión de cualquier otra persona sobre los bienes donados, en el supuesto de que el objeto donado sea la vivienda familiar, que el citado precepto atribuye al ascendiente no puede ser entendido en términos tan absolutos que evitase los posibles derechos del cónyuge presente; piénsese en el caso de que tal vivienda sea el único bien del fallecido, la aplicación del art. 812 originaría no sólo la inexistencia de derechos derivados de la protección a la vivienda, sino incluso de los derechos legitimarios que en concurrencia con los ascendientes tiene por ley el cónyuge viudo; y esto parece excesivo. De manera que el cónyuge viudo conservará su cuota usufructaria, que si sólo existe la vivienda, recaerá sobre ella, y también conservará el derecho a usarla en ejercicio del derecho conferido en el art. 1.497. En otras palabras, el derecho de reversión de los ascendientes resultará gravado con la cuota usufructuaria o con el derecho de uso o de habitación que la ley atribuye a favor del cónyuge supérstite; produciéndose un justo equilibrio entre los derechos de ambas partes.

por encima del derecho de los ascendientes el principio de protección familiar y los derechos del cónyuge viudo; que tendría la grave objeción de olvidar los expresados términos del art. 812; o finalmente buscar solución de compromiso en los mismos términos apuntados en relación con los legitimarios.

Esta última tesis es la que estimo debe defenderse para evitar que el principio de protección a la vivienda sea en la práctica letra muerta; la exclusión de cualquier otra persona sobre los bienes donados, en el supuesto de que el objeto donado sea la vivienda familiar, que el citado precepto atribuye al ascendiente no puede ser entendida en términos tan absolutos que excluya los posibles derechos del cónyuge presente, máxime en el caso de que tal vivienda sea el único bien del fallecido. La aplicación del art. 812 originaría no sólo la inexistencia de derechos derivados de la protección a la vivienda, sino incluso de los derechos legitimarios, que en concurrencia con los ascendientes tiene por ley el cónyuge viudo; y esto parece excesivo. De manera que el cónyuge viudo conservará su cuota usufructuaria que al sólo existir la vivienda, recaería sobre ella, y también conservará el derecho a instar su ejercicio del derecho contenido en el art. 839. En otras palabras, el derecho de reversión de los ascendientes resultaría gravado con la cuota usufructuaria o con el derecho de uso y de habitación que la ley atribuye a favor del cónyuge superviviente, estableciéndose un justo equilibrio entre los derechos de ambas partes.

# LA RELEVANCIA REGISTRAL DE LA VIVIENDA FAMILIAR Y DE LOS DERECHOS SOBRE LA MISMA

*Juan L. Gimeno Gómez-Lafuente*

SUMARIO: 1. INTRODUCCIÓN.—2. CUESTIONES REGISTRALES COMUNES A LA VIVIENDA FAMILIAR EN SITUACIÓN DE NORMALIDAD DEL MATRIMONIO Y EN LAS FASES DE CRISIS.—3. LA VIVIENDA FAMILIAR DURANTE LA NORMALIDAD DEL MATRIMONIO EN EL REGISTRO.—4. LA VIVIENDA FAMILIAR EN LAS FASES DE CRISIS.—5. EL CONSENTIMIENTO DEL OTRO CÓNYUGE Y LA AUTORIZACIÓN JUDICIAL SUPLETORIA.—6. LA EJECUCIÓN FORZOSA SOBRE LA VIVIENDA FAMILIAR.—7. LA ANULACIÓN DE LOS ACTOS UNILATERALES RELATIVOS A LA VIVIENDA FAMILIAR.—8. CANCELACIÓN DEL CARÁCTER REGISTRAL FAMILIAR DE LA VIVIENDA EN EL REGISTRO.—9. LOS MUEBLES DEL AJUAR EN EL REGISTRO DE HIPOTECA MOBILIARIA Y PRENDA SIN DESPLAZAMIENTO.—10. PREDETRACCIÓN SUCESORIA DE LA VIVIENDA FAMILIAR.—11. CONCLUSIONES.

## 1. INTRODUCCIÓN

No le ha preocupado mucho al legislador la llevanza del carácter familiar de la vivienda a los libros del Registro. Sólo en los casos de crisis, y de forma un tanto «anárquica»: la inscripción o anotación de la sentencia de nulidad, divorcio o separación. No se especifica el tipo de asiento registral.

La reforma de 1981, y la del Rh. de 1982, fueron unas grandes ocasiones para lograr la tutela del hogar familiar por vía registral, tal y como recomienda el Consejo de Europa e hizo la Matrimonial Home Act. de 1967 en Inglaterra.

La protección del hogar familiar no llega al Registro sino por excepción; el puro derecho civil es el que garantiza de forma muy precaria, en el art. 1.320, el cobijo de la familia. La seguridad del tráfico, salvo mala fe de adquirente, prevalece sobre la seguridad familiar.

En definitiva los intereses económicos han primado sobre los familiares [1], de la misma forma que los de los acreedores prevalecen sobre los del tercero hipotecario en los casos de retroacción de la quiebra, lo cual es prueba de las posibles excepciones al principio de seguridad del tráfico y protección del tercero [2].

No hubiera sido exagerado hacer prevalecer, como derecho más necesitado de protección, el uso de la vivienda familiar en beneficio del cónyuge más débil, al igual que se hace con los salarios y sueldos de los trabajadores (art. 32.1 del Estatuto de los Trabajadores), o, con menos razón de excepción, con la «carga oculta» que suponen las cuotas de comunidad en el régimen de la Propiedad Horizontal (art. 9. 5.ª LPH.) o las hipotecas legales por contribuciones territoriales o seguros, así como su carácter de créditos singularmente privilegiados. Parece que las entidades aseguradoras merecen más protección, y, desde luego, son preferentes al hogar familiar.

En el mismo sentido apuntado se pronuncia, creo que por desgracia, el Proyecto de Ley sobre el Impuesto sobre el Valor Añadido (IVA), que incluye en el art. 28.1.6.º a las Viviendas de Protección Oficial sujetán-

1. En este sentido señala («la protección de los terceros de buena fe») «que no hemos de ocultar el peso de los reparos formulados a otro propósito, pero con validez general respecto a la reforma del régimen económico del matrimonio por el diputado andalucista Aguilar Moreno: se decide sobre la base de los intereses, exteriores al matrimonio, del tráfico mercantil, de la seguridad jurídica; no quedan, en cambio, suficientemente protegidos los intereses de la parte que mayoritaria y sociológicamente es más débil en el matrimonio, los intereses de la mujer; aquellos que deberían ser prevalentes en esta materia».

Las palabras del diputado son las siguientes: «Curiosamente... se nos ha argüido en contra de la misma forma que al debatir la enmienda nuestra también del art. 1.352: los intereses del tráfico mercantil, de la seguridad jurídica, pero exteriores al matrimonio. En cambio, los intereses de la parte más débil en el matrimonio, como puede ser, repito, sociológicamente y de forma mayoritaria la mujer, esos que son los que entiendo que debemos contemplar y proteger en este debate (y no otros que quizá deben ser objeto de otro debate. de otros artículos, de otras leyes...), esos no quedan protegidos en el texto de Dictamen» (Diario de Sesiones de 18 de diciembre de 1980).

2. Recuérdese la S. T. S. de 17 de marzo de 1958 de ingrato recuerdo para la mayoría de los tratadistas de Derecho Registral, *Vid.* por todos OLIVENZA RUIZ, *Publicidad Registral de suspensiones y quiebras*. Madrid 1963.

dolas al impuesto y terminando así con la anterior exención del Impuesto sobre Transmisiones Patrimoniales; al mismo tiempo en los números 16 y 17 del art. 8 del referido Proyecto, se declaran operaciones exentas del IVA a las de seguro y financieras. (El Proyecto puede consultarse en el B.O. de las Cortes de 25 de abril de 1985. Serie A. Núm. 147-1, págs. 2.023 y ss.).

## 2. Cuestiones registrales comunes a la vivienda familiar en situación de normalidad del matrimonio y en las fases de crisis

Lógica consecuencia de la novedad que ha supuesto en nuestro ordenamiento jurídico la introducción del concepto de vivienda familiar ha sido la reforma realizada en el Rh. por R. D. 3.215/1982 de 12 de noviembre. En concreto se recogen las incidencias de la vivienda familiar (a la que califica unas veces como habitual y otras no, sin que tenga trascendencia la distinción) en los arts. 91 y 144, sin perjuicio de las repercusiones derivadas de otros preceptos legales y reglamentarios como las de los arts. 9.2 Rh., también reformado, 2.4 L. H. o 7 de su Reglamento, éstos sin reformar.

Al haberse realizado la reforma por vía de decreto no hay, dada la novedad, precedentes parlamentarios a los que acudir.

La finalidad de la reforma, como señala la Exposición de Motivos del R. D. ha sido, al tiempo que resolver dudas y dificultades y adaptarse a las reformas del C.c., en cuanto a la vivienda familiar se refiere, «que el Registro coadyuve a la defensa y conservación del hogar familiar, a que tienden varios de los nuevos preceptos de dicho Código» (el civil).

### 2.1. *La calificación registral del carácter de vivienda familiar*

#### 2.1.1. *En los documentos notariales*

Quedan excluidos los documentos privados salvo que sean elevados a públicos, por su inaccesibilidad al Registro (art. 3.º LH.).

En la calificación creo que se le plantean al Registrador las siguientes cuestiones: a') ámbito objetivo de la vivienda familiar; b') alcance de la autonomía de la voluntad de esta materia; c') manifestación del carácter de vivienda familiar, y d') justificación del carácter de vivienda familiar.

Sabido es que en estos documentos (en los notariales) es donde mayor alcance tiene el ámbito de la función calificadora del Registrador, y así ha venido a reconocerlo de forma casi excesiva para esta materia el art. 91.1 del Rh. en la redacción dada por el R.D. 3215/1982 de 12 de noviembre (redacción a la que se hará referencia en lo sucesivo si no se dice lo contrario) al dejar en manos del Registrador, hasta cierto punto, la «justificación» del «carácter de vivienda habitual de la familia».

2.1.1.1. *Ambito objetivo de la vivienda familiar*

La determinación del concepto de vivienda familiar habitual tiene transcendencia a la hora de la inscripción dados los términos del art. 91.1 Rh. Si bien la definición de la vivienda familiar es objeto de la ponencia de García Cantero, a efectos registrales conviene incidir en algunos aspectos.

Todos los autores están de acuerdo en que ha de tratarse de un inmueble destinado al alojamiento y que ha de ocuparse por la familia con habitualidad.

Quedan excluidos claramente, por no ser alojamiento, los solares [3], trasteros y locales comerciales o de oficina [4].

La vivienda secundaria es excluida por los autores, con alguna excepción en derecho extranjero, del concepto de vivienda familiar al faltar el elemento de habitualidad, o, más bien, continuidad en el uso [5].

3. Cabe el fraude frente al Registro en la enajenación de solar sobre el que se edificó una vivienda cuya declaración de obra nueva (dado el carácter voluntario de la inscripción) no llegó al Registro, aunque en este supuesto la mala fe del adquirente sería patente.

4. Algún problema plantean los garages y trasteros configurados como anejos y los llamados por el profesor Lacruz locales mixtos (vivienda-local profesional o comercial) de los que se tratará en los actos dispositivos.

Excluye los garages ALBADALEJO, *Curso de Derecho Civil,* IV, Zaragoza 1982, p. 155. Los solares y locales exclusivamente profesionales los excluye el autor antes citado. Y también LACRUZ-BERDEJO y SANCHO REBULLIDA, *Elementos de Derecho Civil,* fascículo 2.º *Derecho de familia.* Barcelona 1982, p. 299.

5. Admite el carácter familiar de la vivienda secundaria CHARTIER, Yves, *Domicile conjugal et vie familiale.* «Rev. Trim. dr. civ.», 74, 1971, p. 572, aunque

La posibilidad de existencia de más de una vivienda familiar es clara en los casos de viviendas contiguas o superpuestas (duplex), estén agrupadas o no, pero es más problemático el supuesto en que la vida familiar se desarrolle en más de una vivienda simultáneamente; lo admiten Lacruz y García Cantero [6].

También presenta dificultades el caso en que uno de los cónyuges abandona de hecho la vivienda familiar (si la separación es de derecho entrará en juego el art. 96 C.c. en relación con los 90, 81 y 86 del mismo Código). ¿Puede seguir considerándose vivienda familiar la ocupada por «el otro cónyuge» (el no propietario)? El Profesor Lacruz [7] parece entender que no: «se excluyen de la protección las viviendas separadas de los cónyuges, tanto por disgregarse la pareja como porque todavía no existe una economía doméstica común». La última expresión plantea la duda de si se está refiriendo o no a parejas *todavía* no casadas. Parece sin embargo más conveniente considerar la subsistencia del status de la vivienda familiar en estos supuestos, ya que si no al cónyuge propietario privativo que abandona el domicilio conyugal, incumpliendo con lo dispuesto en el art. 68 C.c., se le primaría sobre el que cumple el deber de convivencia, sujeto éste al art. 1.320 y el otro no. E independientemente de que existan o no hijos del matrimonio.

Si el que abandonó la vivienda lo hizo por ser insostenible la convivencia conyugal y es el «maltratado» o actuante de buena fe, y el que queda en el domicilio conyugal el propietario privativo del hogar familiar, éste deberá acudir al Juez, en los términos que se verán, para obtener, si quiere disponer, la autorización judicial supletoria [8].

advierte, con razón, el citado autor que en la práctica no corresponde a los terceros ni a los Notarios juzgar el carácter principal o secundario de la residencia familar. En nuestro Derecho se pronuncia en el mismo sentido: Lacruz y Sancho, *op. cit.*, p. 300; Avila Alvarez, *Inscripción de bienes de ausentes, de los cónyuges y de la sociedad conyugal.* «RCDI», 555, p. 285; Giménez Duart, *La organización económica del matrimonio tras la Reforma de 13 de mayo de 1981.* «RDN», 113-114, p. 87. Para el Derecho francés *Vid.* por todos: Patarin y G. Morin, *La Réforme des régimenes matrimoniaux.* I, 4ª ed., París s.f., pp. 82 y 83.

6. García Cantero en la ponencia II y Lacruz, *op. cit.*, p. 300: «No cabe excluir, con todo, en algunos casos, la existencia simultánea de varias viviendas familiares, como si los padres viven en la población donde el marido ejerce su función, profesión o comercio, y algunos hijos ocupan un piso en la ciudad donde cursan sus estudios».

7. *Op. cit.*, p. 300.

8. En el mismo sentido se pronuncian para nuestro Derecho: Avila Alvarez,

En el caso expuesto ¿habría dos o una residencia familiar? La respuesta parece clara en el caso de existencia de hijos dada la finalidad de protección del «interés familiar» que tiene el nuevo estatuto del hogar familiar: sólo la vivienda donde conviven uno de los cónyuges y los hijos del matrimonio merece la protección del legislador. Pero la cuestión se complica si hay hijos con ambos cónyuges o éstos no existen.

La resolución del problema incumbirá en última instancia al Juez, pero con arreglo a criterios doctrinales. Lo que sí parece claro es que al Registrador se le va a escapar la apreciación de la existencia de una o más viviendas familiares: al Registrador se le presentará un acto dispositivo sobre una vivienda familiar y, salvo que en la escritura de venta declare expresamente el vendedor de forma pormenorizada la situación de hecho del matrimonio, habrá de calificar por lo que resulte del Registro y del documento presentado (arts. 18 y 65 Lh. y 99 Rh.).

Cabe preguntarse por el supuesto hipotético de que se presente a la vez la enajenación de dos posibles viviendas familiares, en el sentido antes apuntado, en cuyo caso cabría plantearse, vigentes ambos asientos de presentación, la posibilidad o exigibilidad de calificar conjuntamente ambos asientos [9].

También hipotético, por poco probable, es el caso de disposición de las viviendas a que se viene haciendo referencia en un mismo documento.

Téngase en cuenta que, como se verá, salvo que el cónyuge disponente manifieste que las dos viviendas son familiares el Registrador no podrá entrar en más averiguaciones (arts. 1.320 C.c. y 91.1 Rh.).

No debe olvidarse que en la calificación de hechos el Registrador tie-

*El régimen económico matrimonial en la reforma del C.c.* «RCDI», 547, p. 1.381, llamando en apoyo de su tesis el art. 96; MAGARIÑOS BLANCO, *Cambio de régimen económico matrimonial de gananciales por el de separación y los derechos de los acreedores,* en la misma revista, 548, pp. 97-99, da por supuesta la subsistencia del concepto de vivienda familiar.

En el Derecho francés admiten también la subsistencia: CHARTIER, *op. cit.,* p. 570; NERSON, R. en *La protection du logement de la famille et des meubles meublants dont il est garni.* «RTDC», 1978, p. 295 y GULLON, *Le statut du logement familial en droit civil.* «J.C.P.», I, 1966, p. 2.041, n.º 5.

9. Sobre este punto, deben tenerse en cuenta los asientos de presentación vigentes para la calificación de un título anterior y la incidencia del supuesto en los principios de prioridad y calificación. Puede verse la incidencia del tema en la Resolución de la Dirección General de los Registros y del Notariado de 18 de marzo de 1972 y en el comentario a la misma de TIRSO CARRETERO en «RCDI».

ne muy limitados medios, y con mediano asesoramiento, sin necesidad de incurrir en graves penas, incluso sin caer en ninguna, puede burlarse por pura omisión o supuesto «error iuris» la posible incidencia de la cuestión tratada en el Registro de la Propiedad: si una persona separada de hecho manifiesta que el piso que él no ocupa no es «su» vivienda familiar, no puede el Registrador exigir que pruebe nada y esa persona no está cometiendo falsedad alguna.

### 2.1.1.2. *Alcance de la autonomía de la voluntad en esta materia*

Como paradigma e hipótesis anómala, reflejo de la autonomía de la voluntad en la determinación de la vivienda familiar, cabe pensar en una familia sin residencia: si bien los cónyuges están obligados a vivir juntos (art. 68 C.c.) no hay sanción para el incumplimiento voluntario de la norma, prueba de ello es el art. 70 C.c. que obliga a marido y mujer a acudir al Juez en caso de discrepancia, pero no en caso de concordia [10].

Si no cabe pensar en una obligación de fijación de vivienda familiar piénsese en la absoluta autonomía de la voluntad de los cónyuges para la fijación del domicilio-residencia familiar.

El acto de destinación de una vivienda a residencia de la familia ha de provenir o de la voluntad concorde de los cónyuges o de la autoridad judicial.

Puesto que de documentos notariales se está hablando sólo se trata ahora de ver el alcance de la autonomía de la voluntad de los cónyuges, no la intervención judicial.

Señala en la Ponencia II el Profesor García Cantero dos cuestiones que son de trascendental importancia en este tema: la vivienda familiar puede no fijarse por los cónyuges, pero si se fija las consecuencias escapan ya a la autonomía y, por otro lado, la fijación de la vivienda no es definitiva, la voluntad de los cónyuges determina su modificación y cambio.

El problema registral es que en la mayoría de las ocasiones la afectación o destino de un inmueble habitable a vivienda familiar se hará de una manera tácita, por lo que la calificación registral, o incluso su constancia

10. Sobre este punto en Derecho italiano pueden verse: CORSI, F., *Il regime patrimoniale della famiglia.* En *Tratado di Diritto Civile e Comerciale* de CICU y MESSINEO, Milano 1979, VI-TI, sec. 1, pp. 38 y 39 y FINOCCHIARO, *Riforma del Diritto di famiglia.* I, Milano 1975, p. 276.

en los libros del Registro, es imposible, salvo manifestación de los cónyuges en los términos que se verán.

En el documento notarial habrá que estar, como consecuencia de lo dicho, a las manifestaciones de los cónyuges o, creo que por desgracia, del cónyuge titular.

### 2.1.1.3. *Manifestación del carácter de vivienda familiar*

Antes de la actual redacción del art. 91.1 del Rh. los autores se ocuparon de la reforma del C.c. tomaron diversas posturas acerca de si era necesario o no hacer constar en los actos dispositivos sobre derechos relativos a inmuebles, en el caso de personas casadas, si el inmueble objeto de la relación era la vivienda familiar [11].

Hoy la dicción del Rh. es clara: «deberá constar el consentimiento del otro cónyuge a no ser que se justifique que no tiene tal carácter o el disponente lo manifestare así».

El Rh. viene a dar la razón, en parte, a casi todos los autores: a los que exigían la manifestación porque el Rh. la ha exigido y a los que, como el Profesor Lacruz, señalaban que la ley debiere imponer la constancia de la manifestación de modo expreso, porque así ha acabado haciéndose.

Lo cierto es que hoy debe constar la manifestación «del disponente» o la justificación de que la vivienda no tiene carácter familiar. ¿Qué añade esta manifestación a la seguridad del tráfico y a la del interés familiar? Creo que nada a ninguno de los dos aspectos: a la seguridad del tráfico porque, como bien apuntó Giménez Duart (*vid.* última nota), lo que cuen-

11. Para LACRUZ, *op. cit.*, p. 302, «es evidente que no existe tal deber que en su caso hubiera debido imponer la ley de modo expreso». Creo que la letra del art. 1.320 así debiera interpretarse: La manifestación no perjudica al adquirente de buena fe y la no manifestación tampoco. En el mismo sentido se pronuncia GIMÉNEZ DUART, *op. cit.*, pp. 105 y 106, porque la manifestación nada añade al título: lo que cuenta es la buena fe del adquirente, no del disponente.

Frente a los anteriores se pronuncian por la necesidad de manifestación GARRIDO CERDA, *Derechos de un cónyuge sobre los bienes del otro*, «AAMN», XXV, Madrid s/f, pp. 163 y 164 y AVILA ALVAREZ, *op. cit.*, p. 1.380. Garrido exige la manifestación señalando que «El destino de la vivienda no se derivará del título de adquisicón ni figurará en el Registro de la Propiedad. Es algo parecido a la existencia de una relación arrendaticia y, en esos casos, debe hacerse constar que la vivienda está libre de arrendamientos». Pero, como señala Lacruz, la L.A.U. exige la constancia de la libertad de arrendamientos, mientras que el C.c. no exige la manifestación del art. 1.320.

ta es la buena fe del adquirente o del disponente, de ahí que sea indiferente la manifestación errónea o falsa del disponente, pienso que si la manifestación falsa no perjudica al adquirente, la ausencia de manifestación tampoco habrá de perjudicarle. En el caso de que exista mala fe y connivencia entre disponente y adquirente el acto sería anulable pese a la manifestación, y ello pese a la incripción registral (art. 33 Lh.), por lo que procedería la rectificación (art. 40 d. Lh.) del Registro y la cancelación del asiento inexacto (art. 79, 3.º Lh.), dejando a salvo al tercero hipotecario.

En cuanto al interés familiar poco añade la exigencia de la constancia de la manifestación; únicamente el temor a cometer una falsedad en documento público por parte del disponente. Caso de buena fe, cuando al inquirir el Notario sobre el carácter familiar de la vivienda surgiese dicha cualidad y entonces se requiriese el consentimiento del otro cónyuge, lógicamente lo prestaría, pues nadie debe pensar, obrando con buena fe, en la realización de un acto dispositivo sobre el derecho que garantiza el uso de la vivienda familiar sin consultar o informar al otro cónyuge [12].

Al margen de las consideraciones anteriores, la manifestación debe hacerse porque así lo exige el art. 91.1 Rh., sin que quepan conjeturas o manifestaciones tácitas (la derivada de figurar domicilio distinto en la comparecencia al de la vivienda de cuyo derecho se dispone).

La Compilación de Aragón ha incluido en su reforma, llevada a cabo por la Ley de sus Cortes de 16 abril de 1985, el siguiente precepto: art. 51. «Corresponde a cada cónyuge la administración y disposición de sus propios bienes. Pero necesitará el consentimiento del otro o, en su defecto, autorización judicial para disponer de los derechos sobre la vivienda habitual o el mobiliario ordinario de la misma, o para sustraerlos al uso común». El precepto es claramente indicativo de la necesidad sentida en los territorios forales con derecho privado propio de proteger a la vivienda familiar al margen del art. 1.320, que no rige en sus Ordenamientos, aunque la solución adoptada es la misma que en el C.c., y con casi las mismas imperfecciones.

Dada la vigencia en todo el territorio nacional del Rh. cabría pensar en exigir la constancia de la manifestación en las regiones forales en que, dado el emplazamiento sistemático del art. 1.320 C.c., sea dudosa la apli-

12. Hubiera sido suficiente, como señala GIMÉNEZ DUART, *op. cit.*, p. 106, con imponer al Notario la obligación de advertencia expresa del contenido del art. 1.320 C.c.

cación del citado artículo; siendo esta cuestión objeto de la ponencia de Sancho Rebullida y Rubio Torrano a ella me remito.

La postura de no aplicación ha sido reafirmada por el RD. 2.388/1984 de 10 de octubre en el que se modifican los arts. 91.1 y 144 pár. 5.º del Rh. como consecuencia de la aceptación por el Gobierno del requerimiento de incompetencia formulado por el Consejo ejecutivo de la Generalidad de Cataluña de 27 de enero de 1983. En los arts. citados se sustituye la expresión «cualquiera que sea el régimen del matrimonio» por la de «cuando la Ley aplicable exija». Con ello queda clara la no aplicación del art. 1.320 C.c. en los territorios forales.

2.1.1.4. *Justificación del carácter de vivienda familiar*

No acierto a explicarme la utilidad de esta justificación, como no sea en el supuesto de separación de hecho para evitar la autorización judicial, ni cuales sean los medios de justificación a que alude el art. 91.1 Rh.

El precepto tiene el peligro de convertir al Registrador no sólo en calificador sino en Juez, salvo que se desplace el problema al Notario mediante la oportuna acta de notoriedad.

Salvo este medio o, por supuesto, la sentencia judicial fijando el domicilio conyugal, creo que cualquier otro medio de prueba tropieza con un obstáculo: la autonomía de la voluntad de los cónyuges para la determinación de la vivienda familiar; incluso el acta de notoriedad encuentra la misma traba, a no ser que conste también la notoriedad de la separación de hecho, en cuyo caso la afectación o destino se produciría unilateralmente, si es que se puede.

El precepto reglamentario puede ser contrario al concepto mismo de vivienda familiar. Si se quiere justificar el no destino de una vivienda a hogar familiar habrá de constar que los cónyuges (los dos) no destinan esa vivienda a domicilio familiar. Téngase en cuenta que el certificado de empadronamiento nada prueba, ya que una cosa es el domicilio y otra la vivienda familiar. Si es preciso averiguar la voluntad de los cónyuges más fácil es que comparezcan en el acto dispositivo.

Cabría pensar, únicamente, en viviendas que fueran objeto de primera ocupación, en cuyo caso al faltar la habitualidad no podrían ser familiares. La justificación por acta en este caso sería fácil. Máxime si se trata de viviendas en construcción.

### 2.1.2. *En los documentos judiciales*

La calificación registral de estos documentos tiene un ámbito mucho más limitado que en el supuesto anterior (arts. 99 y 100 Lh.).

En los documentos de que se trata únicamente podrán apreciarse defectos derivados del mismo Registro y, hasta cierto punto, siempre que no se trate de cuestiones de fondo, el ámbito objetivo de la vivienda familiar: por ejemplo la adjudicación del uso de un solar o de una propiedad horizontal de veinte viviendas como hogar familiar serían inadmisibles.

El resto de las cuestiones debatidas antes, aparte competencia del Juez o Tribunal y procedimiento utilizado, no se plantearán aquí: si hay una o dos viviendas familiares en caso de separación de los cónyuges será el Juez quien haya de decidirlo y, al margen de lo acertado o erróneo de su fallo, el Registrador no podrá considerar el fondo.

Sí habrá de considerarse, en los supuestos del art. 144.5 Rh., la existencia o no de notificación del embargo al otro cónyuge cuando se trate de vivienda familiar, caso de faltar la notificación debería suspenderse la traba en los términos y con los complejos problemas que se verán más adelante. Téngase en cuenta que la calificación de este punto (notificaciones) es absoluta: resoluciones DGRN del 21 de julio y 4 de agosto de 1939; 18 de diciembre de 1942 y 19 abril de 1972.

### 2.1.3. *En los documentos administrativos*

Pese a ser la calificación de estos títulos intermedia en cuanto a intensidad, según entienden los tratadistas de Derecho Hipotecario [13], el ámbito del poder calificador será muy similar al de los documentos judiciales, dado que la única trascendencia que pueden tener en cuanto a la vivienda familiar será la de los documentos expropiatorios y los de embargo. Tanto en unos como en otros (rara será la expropiación de vivienda familiar) la única cuestión que puede plantearse es la de las notificaciones, acerca de la cual, como se ha dicho antes, se tratará más adelante.

13. *Vid.*, por todos en esta materia a mi buen amigo CHICO ORTIZ, *Estudios sobre Derecho Hipotecario.* I, Madrid 1981, pp. 684-686.

## 3. La vivienda familiar durante la normalidad del matrimonio en el registro

### 3.1. *La constancia registral del carácter familiar del derecho a la vivienda*

#### 3.1.1. *En general*

El legislador español con el párrafo segundo del art. 1.320 C.c. y la reforma del Rh. no ha logrado, ni mucho menos, una protección registral del hogar familiar. La primera cuestión que extraña al leer el Reglamento hipotecario es apreciar que no cabe hacer constar el destino a vivienda familiar de un inmueble por la sola voluntad de los cónyuges fuera de los casos de los arts. 1.354 y 1.357 C.c. Este alejamiento de la recomendación R (81) 15 del Consejo de Europa de 16 de octubre de 1981, una vez producido nuestro ingreso en la CEE parece incomprensible, máxime si se tiene en cuenta que en los supuestos de los arts. citados se permite la nota marginal de constancia de carácter familiar en los casos de proindiviso.

Cierto es que no se ha previsto, como dice la Recomendación antes citada en el número tres del principio uno, «un sistema de registración del derecho de ocupación que convierta a éste en oponible a terceros».

El Rh. y C.c. prevén (arts. 96.1 Rh. y 90 D, 103.2.º C.c. y D. A. 9.ª de la L. 30/1981 de 7 de julio) la constancia registral de la atribución del uso de la vivienda familiar en los supuestos de crisis matrimoniales, pero se ha olvidado, o no se ha querido, hacer llegar al Registro el carácter familiar de la vivienda durante la normalidad del matrimonio.

Fácil hubiera sido para el legislador hacer llegar la afectación familiar al Registro, y se hubiera logrado una seria protección frente a terceros, pero tal como está el art. 1.320 C.c. y el 91 Rh. no sólo el tercero sino la parte (adquirente) quedan indemnes ante las pretensiones del (otro cónyuge) que quiera defender el interés de la familia [14].

14. En el Derecho inglés para evitar frente a tercero la disposición del «matrimonial home» por el titular se permite, a partir de la Matrimonial Home Act. de 1967, la inscripción del derecho de ocupación preferente (carácter de vivienda familiar) en el Registro de la Propiedad bien desde la fecha de adquisición del inmueble, desde el momento del matrimonio, o bien desde la fecha de su vigencia

Unicamente cabe pensar en la posibilidad de constancia de una resolución judicial fijando el domicilio familiar (art. 70 C.c.) ante el desacuerdo de los cónyuges que, por la vía de los arts. 1.320 C.c. y 96.2 Rh. pudiera llegar al Registro por nota marginal. Pero una resolución judicial de este tipo supone ya el inicio de una crisis familiar.

3.1.2. *Supuestos concretos*

Se ocupan de estos supuestos los números 2 y 3 del art. 91 Rh., que han de ponerse en relación, para los supuestos del art. 1.354 C.c., con los números 5 y 6 del art. 95 Rh.

El art. 1.354 C.c., aplicable por la remisión del 1.357 del mismo cuerpo legal, supone una clara manifestación de la vis atractiva de la ganancialidad dentro del régimen legal establecido por nuestro C.c. derogándose, en cierto modo, los principios generales de los arts. 1.346. 3.°, 1.347. 3.° y, sobre todo, del 1.357.

La regla general, aparte del art. 1.357 C.c. citado, es la de los reembolsos: hay cierta autonomía en la adquisición pero queda la obligación del reembolso; el primer pago determina, salvo las excepciones que de los arts. citados resultan, el carácter privativo o ganancial del bien adquirido.

No es éste el lugar de abordar la interpretación conjunta de los arts. 1.354, 1.356 y 1.357 C.c., pero conviene resumir la idea de los autores. Resume con acierto el estado actual de la doctrina Torralba Soriano [15] diciendo: «El deslinde entre ambos preceptos es difícil, ya que resulta difícil determinar especialmente si el art. 1.354 es también aplicable o no al supuesto de adquisiciones realizadas por precio aplazado. Refiriéndose a ambos preceptos, Lacruz ha señalado que el 1.356 es una excepción del 1.354, excepción establecida «a fin de evitar la incertidumbre sobre la pertenencia de los bienes cuando se está satisfaciendo el precio» [16]. Otros auto-

(cf. la st. 2.1, M.H. Act, 1967) e, inscrita la carga, el titular viene obligado a disponer del inmueble con el consentimiento previo del ocupante (st. 8.2, M.H. Act, 1967). Para el derecho inglés, entre nosotros, *vid.* VATTIER FUENZALIDA, *La Matrimonial Home.* En *La Reforma del Derecho de Familia.* «Cuadernos de Derecho comparado», Departamento de Derecho Civil II. Universidad de Salamanca 1977, pp. 73-110.

15. TORRALBA SORIANO, *Comentarios a la reforma del Derecho de familia.* II, Tecnos 1984, pp. 1.628-1.629.

16. LACRUZ, LUNA, DELGADO y RIVERO, *El nuevo Régimen de la Familia.* II, Madrid 1981, p. 155.

res resuelven el problema considerando que, aunque el art. 1.354 no habla de precio al contado, no puede ser otra la interpretación ya que si se tratara de precio aplazado regirían las disposiciones de los referidos arts. 1.356 y 1.357 [17]. El autor que ha tratado este problema con una mayor profundidad es Giménez Duart, el cual, después de rechazar que el art. 1.354 se refiere a las adquisiciones efectuadas por ambos cónyuges y el art. 1.356 a las efectuadas por uno solo, así como que el primero se refiera sólo a las compras al contado y el 1.356 a las compras a plazo, entiende que la coordinación entre ambos preceptos debe hacerse sobre la base de considerar al art. 1.354 como la regla general y al art. 1.356 como la especialidad en caso de aplazamiento de parte del precio, en base al principio de incertidumbre, señalando después que «interpretados de esta manera ambos artículos la coordinación es posible, el art. 1.354 se aplicará siempre a las compras al contado y también a las con precio aplazado cuando el primer pago se haga con dinero en parte ganancial y en parte privativo. Y el art. 1.356 en base al aludido principio de certidumbre, no hace otra cosa que reiterar la idea de que el primer pago, total o parcial imprime carácter definitivo al bien, salvo declaración (art. 1.355), confesión (art. 1.324) o prueba (1.361) en contrario» [18].

En cuanto al art. 1.357, puesto que sólo se trata aquí de la vivienda familiar, hay que centrarse en el párrafo segundo [19], que mediante su remisión al art. 1.354 nos lleva al proindiviso romano privativo-ganancial que se establece en ese artículo.

Es indudable que la incertidumbre que tratan de evitar los arts. 1.356 y 1.357.1.° dentro del régimen de gananciales surge con la remisión del artículo últimamente citado al art. 1.354: porque mientras haya un solo plazo por pagar cabe el proindiviso, y porque la que hoy no es vivienda familiar puede llegar a serlo y viceversa.

Antes de la reforma del Rh. la Circular interna del Colegio Nacional de Registradores de la Propiedad de España de 5 de junio de 1981 consideró que la ganancialidad parcial de la vivienda familiar es una norma

17. Vázquez Iruzubieta, *Régimen económico del matrimonio*. Madrid 1982, p. 224.

18. Giménez Duart, *op. cit.*, pp. 136 y 137.

19. Este párrafo que no constaba en el Proyecto de 4 de octubre de 1978, fue introducido por el Proyecto de 14 de septiembre de 1979, que en su remisión al art. 1.356 del último Proyecto daba una solución distinta: si lo pagado con dinero privativo no llegaba a la mitad del total precio de venta el bien era ganancial.

de liquidación y no una norma de tráfico, porque «si así no fuera se daría el absurdo de que los cambios de domicilio familiar irían convirtiendo en parcialmente ganancial todos los pisos adquiridos a plazo antes del nacimiento de la sociedad ganancial y pagados después de este nacimiento, según fueran siendo ocupados por la familia, con lo cual se desbordaría la finalidad de la reforma».

Ya entonces cupo pensar que para liquidar estaba el art. 1.358, aunque las razones de incertidumbre inclinasen al Colegio citado en favor de la solución apuntada[20].

Lo cierto es que tras la reforma del Rh. ha de aceptarse el criterio de la ganancialización de la vivienda familiar comprada a plazos antes del matrimonio cuando uno o varios plazos se pagan con dinero ganancial (art. 91.3 Rh.), sin perjuicio de los efectos que pueda tener la nota del n.º 2 del art. 91 del Rh. de lo que más adelante se tratará.

Con objeto de lograr un esquema de las posibles situaciones de la compra aplazada de la vivienda familiar y la forma de acceso al Registro de ese carácter familiar, pueden distinguirse las siguientes situaciones, en las que se incluyen, para mejor comprensión por contraposición, algunos supuestos de compras al contado:

### 3.1.2.1. *Compras al contado*

1.—Antes del matrimonio la vivienda será privativa de un cónyuge o de ambos proindiviso, la destinen o no a vivienda familiar y sin que pueda hacerse constar el carácter familiar de la vivienda en el Registro.

2.—Después del matrimonio habrá que estar a lo dispuesto en los arts. 1.354 y 1.355 C.c. sin que tampoco quepa la constancia del carácter familiar de la vivienda en los libros registrales, surgiendo así, caso de que parte del precio se haya pagado con dinero privativo y parte con dinero ganancial, el proindiviso romano del art. 1.354 C.c. o adquisición mixta.

Esta solución, que en parte sostiene el Consejo de Europa en la Recomendación (81) 15 antes citada (copropiedad de la vivienda familiar), no deja de plantear graves problemas en nuestro derecho, que son los derivados de las situaciones de indivisión, ya que ninguno de los comuneros se halla obligado a permanecer en la comunidad.

20. La circular estaba fuertemente influenciada por la tesis de AVILA ALVAREZ, *El régimen económico matrimonial…, op. cit.*

Respecto a los proindivisos del art. 1.354 deben tenerse en cuenta una serie de cuestiones:

— Que siempre la autonomía de la voluntad de los cónyuges (art. 1.355 C.c.) podrá dar carácter ganancial a la adquisición.

— Que debe tenerse en cuenta la presunción favorable a la comunidad del art. 1.355.2 C.c.

— Que para que pueda constar registralmente el proindiviso es preciso que se pruebe el carácter privativo de la aportación (95.2. Rh.) o que confiese «el otro cónyuge» dicho carácter, en cuyo caso se debería practicar la inscripción a nombre de N y N para su sociedad conyugal en cuanto a una x parte indivisa y a nombre de N con carácter privativo confesado en cuanto a otra x parte indivisa, ya que el n.º 5 del art. 95 Rh. establece «que si la justificación o confesión de privaticidad se refiriese solamente a una parte del precio o contraprestación, la inscripción se practicará a nombre del cónyuge a cuyo favor se haga aquélla en la participación indivisa que se indique en el título y a nombre de uno o ambos cónyuges, según proceda, para su sociedad de gananciales, en la participación indivisa restante del bien adquirido» [21].

Cabe, siempre que se justifique, el proindiviso entre ambos cónyuges.

Tampoco puede darse en estos casos la constancia del carácter familiar de la vivienda en el Registro de la Propiedad.

3.1.2.2. *Compra a plazos*

3.1.2.2.1. *Antes del matrimonio*

Entran aquí de lleno los arts. 1.357 pár. 2.º y 1.354 C.c. y los párrs. 2 y 3 del art. 91 Rh.

Cuando se compra por uno de los cónyuges una vivienda antes del matrimonio y se destina con posterioridad a hogar familiar deja de tenerse en cuenta por el legislador el carácter privativo o ganancial del primer plazo (art. 1.354 en la interpretación de Giménez Duart; 1.356 y 1.357

21. Deben tenerse en cuenta en este punto las valoraciones positivas y negativas del art. 1.354 que hace el Profesor DE LOS MOZOS en los *Comentarios al C.c. y Compilaciones forales* dirigidos por ALBADALEJO, XVIII, 2, EDERSA 1984, p. 182.

párr. 1.º) con lo que decae el principio de certidumbre en favor de la comunidad del art. 1.354 [22].

En este caso, como no podía por menos, sí se admite la constancia registral del carácter familiar de la vivienda. Las consecuencias jurídicas que derivan del destino de la vivienda (paso del carácter privativo a mixto ganancial-privativo) hacían preciso el adecuado reflejo registral; y creo que esa ha sido la razón del n.º 3 del art. 91 Rh.: se ha tenido en cuenta el principio de legitimación y el traspaso de titularidad dispositiva de un solo cónyuge a ambos con lo que se acepta la literalidad del art. 1.357 párr. 2.º en su relación con el 1.354, ambos del C.c.

No creo que el Rh. deje a la voluntad de los cónyuges «el nacimiento de un crédito de la sociedad contra el adquirente o la transformación de una cuota indivisa privativa en ganancial» [23]. La autonomía de la voluntad de los cónyuges puede convertir una cuota privativa en ganancial (1.355 C.c.), eso es cierto, pero en contra de la voluntad de un cónyuge podrá exigir el otro, o sus herederos, la determinación de la cuota ganancial y de la privativa. Si el C.c. hubiera querido simplemente dejar a la voluntad de los cónyuges la posibilidad de atribuir carácter ganancial a parte de la vivienda familiar ya tenía para ello el art. 1.355, le sobraba la remisión del párr. 2.º del art. 1.357, pues la exigibilidad del reembolso ya la fija el art. 1.358. La razón de exigir el consentimiento de ambos cónyuges es precisamente la incertidumbre que, con razón, critican los autores: comprado el bien, o destinado con posterioridad a la adquisición a vivienda familiar se ganancializa en parte, pero la determinación de esa parte exige consentimiento de los cónyuges o resolución judicial.

El legislador hipotecario ha olvidado a la autoridad judicial igual que tampoco acude a ella ante la falta injustificada de consentimiento para la enajenación de la vivienda familiar en el n.º 1 del propio art. 91 Rh.

El hecho de que en el n.º 2 del art. 91 no se provoque un cambio de titularidad es consecuencia del principio de consentimiento formal, del mismo modo que no produce cancelación de hipoteca el pago del principal e interés del préstamo: se precisa escritura de cancelación.

Lo que sí es cierto en la interpretación de Avila [24] del n.º 2 del art. 91 Rh. son los apartados, 2.º, 3.º y 4.º de su tesis:

22. *Vid.* las acertadas críticas a esta solución del Profesor De los Mozos, *op. cit.*, pp. 178-181.
23. Avila Alvarez, *Inscripción de bienes de ausentes...*, *op. cit.*, p. 284.
24. En *Inscripción de bienes de ausentes...*, *op. cit.*, p. 284.

«El apartado 2 de este art. 91 hay que interpretarlo independientemente del apartado 3, y una cosa es determinar la cuota indivisa que pasa a ser ganancial (ap. 3) y otra muy distinta reconocerse un cónyuge deudor a la sociedad de la cantidad con que ésta ha contribuido al pago del precio. La carta de pago del precio aplazado puede y suele otorgarse solamente por el acreedor-vendedor, por lo que para «velar» por el cumplimiento de este art. 91.2, el Registro tendría que exigir siempre una serie de declaraciones para saber que el adquirente no ha cambiado de estado civil (de soltero a casado) ni de régimen económico matrimonial (de separación a sociedad de gananciales) o que el inmueble no ha pasado a ser vivienda familiar y no parece que el Reglamento haya querido encomendar al Registrador esa policíaca labor... Si la especificación de que habla el art. 91.2, hubiera de tener transcendencia real habría que exigir que se precisara en caso de precio privativo si este carácter se había demostrado o resultaba solamente de la confesión del cónyuge del adquirente, puesto que las consecuencias, a efectos dispositivos, serían distintas».

El reiterado n.º 2 del art. 91 plantea problemas en su aplicación práctica, bien resueltos por Rodríguez López [25], en cuanto a la obligatoriedad de constancia del carácter privativo o ganancial en los pagos a cuenta del precio aplazado de la vivienda familiar. Parece correcta su afirmación de que es voluntario el hacer constar o no el carácter del precio. Incluso cabe la posibilidad de que se acredite documentalmente dicho carácter o simplemente manifieste el otro cónyuge la ganancialidad o privaticidad. No se puede negar la posibilidad de reflejo registral del pago de una cantidad por el hecho de que se trate de una vivienda familiar.

Por otro lado debe tenerse en cuenta que en estos casos constará el carácter de vivienda familiar en el Registro por lo que ya no cabrá la simple manifestación del disponente para la enajenación, sino que habrá de exigirse la justificación de que no tiene tal carácter, o el consentimiento del otro cónyuge (art. 91.1 Rh.); actuar de otro modo sería ir contra el contenido del art. 1.320 y el reflejo de los propios libros registrales, amén de que hay un indicio, pese a que no se altere la inscripción a favor del titular registral, de que la vivienda, tal como se dijo antes, sea en parte ganancial.

El art. 91 Rh. en su número 3 está dirigido a la vivienda familiar cuyo precio haya sido satisfecho en su totalidad (probablemente, aunque no lo

25. RODRÍGUEZ LÓPEZ, *Notas sobre la vivienda habitual de la familia (en turno de rectificación).* «RCDI», 553, 1982, p. 1.624.

diga el precepto, el n.º 2 se refiere a la vivienda cuyo precio no ha sido totalmente satisfecho y el n.º 3 a la que se pagó totalmente, de ahí la no alteración de la titularidad registral en aras de la incertidumbre) y que puede presentar discordancia en la relación cuota-cantidad satisfecha y hecha constar marginalmente en el Registro, lo cual es perfectamente posible (art. 1.355 y 1.323), pero, como señala Rodríguez López [26], tiene sus consecuencias fiscales.

Con estos dos números del art. 91 se producirá, como ya advirtieron algunos autores, la posible sucesiva ganancialización de las viviendas ocupadas por una familia. Aunque el problema, como se demuestra en la práctica, no es tan grave pues no serán muchos los cónyuges que vayan comprando varias viviendas antes del matrimonio y luego vayan ocupándolas a lo largo de su vida familiar.

Cabe plantearse con Rodríguez López [27] la irreversibilidad o no del proindiviso surgido del art. 1.357. Dada la amplitud del principio de autonomía de la voluntad de los cónyuges no hay problema en admitir la reposición de las cosas a su primitivo estado, pero siempre con acuerdo de los cónyuges (de los dos) pues, como antes se ha sostenido, la vivienda habrá pasado a ser ganancial en parte, aún en contra de la voluntad del primitivo comprador, y por tanto debe aplicarse el art. 1.377 C.c.

La constancia registral, en todos los supuestos contemplados, por exigencia del art. 3 Lh., deberá llegar al Registro a través de documento público o resolución judicial. La prueba del carácter privativo o ganancial de las cantidades satisfechas es problema general de la sociedad de gananciales en el Registro de la Propiedad [28]. Respecto de la justificación del carácter familiar de la vivienda, a falta de prueba específica, habrá que acudir al acta de notoriedad, ya que, no se olvide, al no ser lo mismo domicilio que vivienda familiar no sería suficiente el certificado de empadronamiento, documento administrativo que únicamente prueba el hecho de hallarse empadronado.

#### 3.1.2.2.2. *Después del matrimonio*

Son de plena aplicación los arts. 1.354 y 1.356 C.c. en la interpreta-

26. *Op. cit.*, p. 1.625.
27. *Op. cit.*, p. 1.625.
28. Puede verse CHICO y ORTIZ, *op. cit.*, pp. 227 y ss.

ción citada de Giménez Duart, sin que quepa hacer constar en este caso el carácter familiar de la vivienda según se viene sosteniendo.

### 3.1.3. *Posible utilización del derecho de habitación como garantía del uso de la vivienda familiar*

Durante la normalidad del matrimonio la autonomía de la voluntad de los cónyuges puede perfectamente constituir en favor de cualquiera de ellos un derecho de habitación.

Ningún problema plantea la constitución de un derecho de habitación sobre vivienda privativa en favor del cónyuge no titular. Más problemática puede resultar la constitución del derecho de habitación sobre vivienda ganancial en favor de uno o ambos cónyuges; pero el estudio de esta cuestión excede de los límites del objeto de nuestro trabajo.

La ventaja de la constitución del derecho de habitación, como apuntó en la discusión de esta Ponencia mi amigo y compañero Juan Bolas, está en el carácter personalísimo del mismo, que impide la transmisión a terceros (art. 525 C.c.) e incluso, como resulta del art. 108.3.º LH., tampoco cabe la hipoteca del reiterado derecho. Como consecuencia de lo que acaba de exponerse no cabe tampoco el posible embargo de la habitación.

La adaptación a las necesidades familiares que para el derecho de habitación establece el art. 524 C.c. hacen todavía más apto este derecho para la finalidad que se pretende.

La inscripción de la habitación, expresamente contemplada por el art. 2.2.º LH., no plantea problema alguno.

## 4. La vivienda familiar en las fases de crisis

Producida la crisis del matrimonio en realidad desaparece la vivienda «familiar» y entra en juego el derecho de ocupación de la vivienda familiar que se desenvuelve, en nuestro derecho, en tres momentos diferentes: durante las medidas previas a la separación, nulidad o divorcio, durante las provisionales y en las definitivas.

En los tres momentos contemplados la adjudicación del uso de la vivienda familiar llegará siempre al Registro por vía de resolución judicial ya que, como señala en este mismo volumen O'Callaghan, ésta es la única fuente de nacimiento del derecho. Consecuencia inmediata de esta afirmación es la limitación del alcance de la calificación registral restringida, casi, a la denegación por resultar inscrita la finca a favor de personas distintas del cónyuge «ocupado».

La protección registral en caso de crisis es más amplia que en los supuestos de normalidad, lo cual es lógico: mayor protección se necesita frente al que es «uno» con otro que, frente al que ya es 3.º o por lo menos no es «uno». Lo malo es que por falta de protección en la fase de normalidad se llegue a la crisis sin tener dónde agarrarse; téngase en cuenta que en los matrimonios las crisis se producen, casi siempre, por una parte que actúa preparándola y de mala fe frente a otra que actúa, en principio, de buena fe y a la que se le expone con menos tiempo el resultado final. Las medidas preparatorias y preventivas deberían actuar desde el día del matrimonio: constancia registral del carácter de vivienda familiar.

### 4.1. *Origen y naturaleza jurídica del derecho de ocupación de la vivienda familiar*

Surge este derecho, como bien apunta O'Callaghan en su Ponencia, exclusivamente por resolución judicial, independientemente de que los cónyuges acuerden o no su adjudicación a uno de ellos en los convenios reguladores, ya que éstos, como bien es sabido, no surten sus efectos sino tras la homologación por el Juez en su resolución.

Cabe perfectamente que en capitulaciones se conceda, de forma onerosa o gratuita, un derecho a habitar la vivienda familiar pero este derecho ya no será el derecho de ocupación de que se trata, sino que tendrá la forma de cualquier derecho real típico: usufructo, habitación; de derecho obligacional: arrendamiento, comodato, o, simplemente, un precario. En estos casos la naturaleza jurídica del derecho creado y su acceso al Registro no plantean, a los efectos de que aquí se trata, ningún problema.

Lo que debe quedar claro es que escapa a la autonomía de la voluntad de los cónyuges la creación de un «derecho de ocupación de la vivienda familiar».

Cabe preguntarse si el Juez en lugar de acudir a la figura del «derecho de ocupación» puede configurar el derecho de habitar la vivienda familiar bajo la forma de cualquier derecho real típico (arrendamiento, usufructo o habitación sobre todo). No hay duda ninguna acerca de esta posibilidad si los cónyuges adoptan alguna de esas posibilidades en el convenio regulador (art. 90 B). En caso de falta de acuerdo ¿podría el Juez constituir en favor de un cónyuge un usufructo o un derecho de habitación sobre los bienes del otro? [29]. No parece que la decisión judicial sea título constitutivo de derechos reales ni que los arts. 96 y 103 C.c. añadan un nuevo título adquisitivo de tales derechos, siendo un título excepcional respecto del art. 609 C.c. debiera haberse previsto expresamente.

La característica fundamental del derecho de ocupación de que se trata es la desmembración entre titularidad del derecho y derecho de ocupación. Si la ocupación se atribuye al titular no nace el derecho de ocupación propiamente dicho, pues el titular ocupará la vivienda por derecho propio. La titularidad del derecho permanece inalterada, pero el ejercicio se ve muy afectado por la atribución de la ocupación al no titular.

La naturaleza jurídica del derecho de ocupación fue ya muy discutida en el derecho anterior a la reforma [30] a propósito del art. 68 C.c., y en la literatura posterior a 1981 [31] todavía permanecen las dudas, quizá debiera concederse a ciertos bienes en razón de su función, como señala Carbonnier, un estatuto específico que reemplace su consideración uniforme derivada de la generalidad del concepto jurídico de cosa; y así, el citado autor señala que «el derecho ha cubierto el abigarrado mundo de las cosas con

29. García Cantero en *Comentarios al C.c. y Compilaciones forales* dirigidos por Albadalejo, II, 2.ª ed., 1982, p. 41, admite, sin justificar, dicha postura.

La problemática de la cuestión en derecho italiano puede consultarse en Finocchiaro, *Attribuzione della casa coniugale ad uno dei coniugi.* «Giustizia Civile», I, 1979, pp. 552 y ss.

En el derecho francés el art. 285.1 del Code concede al Juez, en caso de divorcio atribuir la vivienda familiar en arrendamiento forzoso (bail à force), para ciertos casos, al cónyuge no propietario.

30. Para el derecho anterior debe verse el comentario del Profesor Sancho Rebullida al art. 68 en los *comentarios al C.c. y Compilaciones forales* dirigidos por Albadalejo, II, Edersa 1978, p. 67. Pueden verse también: Díez Picazo, *La situación jurídica del matrimonio separado.* «RDN», enero-marzo 1961, pp. 15 y ss. y Batlle, *Cuestiones de Derecho matrimonial.* «R.C.D.I.», 1960, pp. 577 y ss.

31. Además de las ponencias de los Profesores García Cantero y O'Callaghan ver los comentarios de la Profesora Roca Trías al art. 96 en *Comentarios a la reforma del derecho de familia.* I, Tecnos 1984, pp. 607-614, especialmente p. 610; Lete del Río en *Matrimonio y divorcio. Comentarios al nuevo título IV libro 1.º del C.c.* coordinados por Lacruz, Madrid 1982, pp. 741-745 y García Cantero, *op. cit.,* pp. 410-415.

un uniforme capuchón gris y tal vez constituiría un progreso el reintroducir en el derecho de cosas una visión concreta de las mismas» [32].

El determinar la naturaleza de ese derecho de ocupación es, a efectos registrales, de gran trascendencia ya que si se trata de un derecho real accederá directamente a los libros registrales, mientras que si no se trata de tal el aseguramiento del derecho del ocupante habría de protegerse por otras vías.

El problema de fondo, hipotecariamente, debe desglosarse en los tres tipos de derecho de ocupación que pueden darse según el momento procesal que se contemple: medidas previas, medidas provisionales y efectos definitivos de las nulidades, separaciones y divorcios.

### 4.2. *Constancia registral del derecho de ocupación en las medidas previas y provisionales*

En los dos primeros supuestos la anotación preventiva de la demanda del art. 42.10 Lh. en relación con los 103. 2.º y 104 C.c., así como la D.A. 9.ª de la L. 30/1981 de 7 de julio cumplen ampliamente la función de aseguramiento de la adjudicación definitiva del derecho de ocupación, ya que los libros registrales publicarán frente a terceros la adjudicación provisional del uso, de forma que la cognoscibilidad por el tercero de la adjudicación provisional y de un proceso matrimonial pendiente harán que haya de estar, consulte o no el Registro y tenga buena o mala fe, al resultado definitivo del juicio correspondiente, de forma que si adquiere en el período de pendencia habrá de soportar la adjudicación definitiva del derecho de ocupación, si es que llega a producirse.

Los efectos de la anotación preventiva en los casos de medidas preventivas y provisionales son pues los de cualquier anotación preventiva de demanda, aparte el juego específico del art. 1.320 C.c.

Y no hacen falta más efectos, ni menos tampoco. No creo que pueda acudirse a la prohibición de disponer [33] tanto porque no es técnicamente

32. J. Carbonier, *Droit civil, 3, les biens.* París 1978, 9.ª ed., p. 58 en cita de Cuesta Sáez, *La protección de la vivienda familiar en los derechos francés y español, Estudio de derecho comparado.* «RDN», enero-marzo 1983, p. 134.

33. Roca Trías, *op. cit.*, p. 614, entiende también que no hay prohibiciones de disponer, sino obligación de disponer con determinados requisitos: concurrencia del consentimiento del cónyuge adjudicatario del uso. En sentido contrario Luna

una prohibición de disponer (limitación del poder dispositivo) sino una obligación de disponer con asentimiento de otra persona o autorización judicial supletoria, como porque la prohibición de disponer no impide la constitución de un arrendamiento, con lo que no quedaría garantizado el derecho de ocupación.

Tampoco me parece correcta la tesis de la servidumbre que sostiene algún autor.

Publicada por el Registro la adjudicación provisional del uso de la vivienda familiar, en las fases de medidas previas y provisionales, seguirá vigente el art. 1.320 párr. 2.º C.c., pero en estos casos al constar ya registralmente el carácter familiar de la vivienda (o del derecho sobre la misma) será exigible (art. 91.1 Rh.) el consentimiento del «otro cónyuge» o autorización judicial, pues frente a una resolución judicial no cabe justificar el «no carácter familiar» sino por otra resolución.

La propia vigencia del art. 1.320, en las fases que ahora se contemplan, hace plenamente aplicable la doctrina hipotecarista que, al amparo de los arts. 214 y 7 Rh., admite la inscripción de cualquier acto de transcendencia real que, sin tener nombre propio en derecho, modifique desde luego, o en lo futuro, alguna de las facultades del dominio sobre bienes inmuebles o inherentes a derechos reales; y es indudable que la adjudicación del derecho de ocupación al cónyuge no propietario hace entrar registralmente en juego, según se vio, al art. 1.320 C.c. que limita las facultades dispositivas del titular registral [34].

No debe olvidarse tampoco el contenido del art. 1.891 L.E.C., vigente tras la reforma de esta Ley por la L. 34/1984 de 6 de agosto, según el cual «para el aseguramiento de las medidas a que se refieren los artículos anteriores, y en especial para que quede garantizado el pago de las pensiones alimenticias correspondientes a un año, como máxima, el Juez, de

SERRANO, *El nuevo régimen de la familia* en colaboración con LACRUZ, SANCHO, DELGADO y RIVERO, Cívitas, 1.ª col. I, 1982, p. 361.

34. Para ROCA TRÍAS, *op. cit.*, p. 709, cabría la anotación preventiva al amparo del n.º 3 del art. 42 Lh. «lo que exigiría una interpretación amplia de las palabras «sentencia ejecutoria», entendida como «resolución firme» que permita incluir el auto en que se adopte la medida». La autora tiene sus dudas y acaba inclinándose por el n.º 10 del art. 42 Lh. en relación con los 103.2 C.c. y 1.888. 2.º LEC. Creo que no cabe el n.º 3 del art. 42 Lh. tanto por lo clara que es la LEC definiendo la ejecutoria en los arts. 369 y 374, como por la necesidad de traba de embargo para la ejecución de sentencia que exige el art. 141 Rh.

oficio o instancia de parte, podrá acordar la formación de inventario, constitución de depósitos o anotaciones o inscripciones en los Registros públicos o cualesquiera otra garantía de naturaleza análoga», teniendo en cuenta que el art. 1.887 de la propia LEC se refiere a la adjudicación del «uso de la vivienda común», no es difícil concluir la posibilidad de la anotación preventiva que se ha propuesto.

No ha lugar contemplar la inscripción del derecho de ocupación dado el carácter previo y provisional de las medidas que se contemplan.

Lo que no deja de ser extraño es que haya de acudirse a toda la argumentación anterior para admitir la anotación de la adjudicación provisional del derecho de ocupación. Cuánto mejor hubiera sido que el legislador civil y el hipotecario se hubieran ocupado de forma más expresa de la constancia registral del derecho de ocupación registral del derecho de ocupación provisional o precautorio.

Los efectos de la anotación preventiva serían los de enervar la buena fe de posibles adquirentes, quienes quedarían afectados por la ocupación provisionalmente o, caso de adjudicación definitiva al cónyuge no titular, definitivamente con dicha ocupación y, en segundo lugar, la inadmisión de los actos dispositivos que luego se verán sin consentimiento del «otro cónyuge» o en su defecto autorización judicial.

Al tratar de la cancelación se verá la duración de las anotaciones.

### 4.3. *Constancia registral del derecho de ocupación en las medidas definitivas*

En este caso desaparece la situación precautoria, mejor dicho, se convierte en definitiva. La cuestión a plantear ahora es la posible inscripción del derecho de ocupación y su eficacia frente a terceros.

Sostiene en su Ponencia O'Callaghan que «es imposible darle (al derecho de ocupación) una naturaleza unitaria pues no es único el derecho en el que se apoya y del que se ha desmembrado la facultad de aprovechamiento». La ocupación de la vivienda familiar para el citado autor tiene la naturaleza del derecho sobre el que recae: si es un derecho real tiene la naturaleza de un derecho real limitado con analogías con el derecho de habitación. De admitir esta postura los arts. 2 Lh. y 7 Rh. permitirían plenamente la inscripción del derecho de ocupación. Creo que el derecho de ocupación es, como señalan la mayoría de los autores, un derecho familiar y que se traduce en una posesión de la vivienda familiar por el adjudicatario del uso del hogar familiar y en una limitación: «la indisponibilidad de los derechos de un esposo por voluntad unilateral» [35].

En el primero de los aspectos (el posesorio) es muy sugerente la tesis de Roca Trías [36], quien hace hincapié en que «en los casos que el Juez atribuya el uso exclusivo a uno de los cónyuges o a los hijos y al cónyuge a cuyo cuidado queden, se elimina la posesión compartida y se pasa a una posesión exclusiva sobre el local que constituye la vivienda familiar». Además, señala la citada autora, la atribución del uso de la vivienda familiar no es sino una contribución a las cargas familiares, relacionada con el deber de alimentos, por lo que el único título que tiene el adjudicatario es el de poseedor sin más.

Como consecuencia de ese carácter de contribución a las cargas del matrimonio no debe hablarse de atribución gratuita u onerosa [37], sino que, como señala el profesor Delgado Echeverría [38], «el término cargas del matrimonio es susceptible de una pluralidad de usos en diferentes contextos jurídicos». Y entre otros usos señala el de justificar ciertas transferencias patrimoniales que, si no fuera por razón de su destino a las necesidades familiares, habrían de considerarse faltas de causa o con causa lucrativa [39].

Si se considera que esa adjudicación del uso no es sino una transformación posesoria: paso de coposesión a posesión exclusiva, poco tiene que hacer el Registro, ya que a él no llega la posesión (art. 5 Lh.), ni le añadiría nada al reflejo registral, pues la posesión es la realidad misma, que en cuanto «pública apariencia» no precisa de tutela registral.

Creo que, en todo caso, no puede configurarse la ocupación como

35. LACRUZ, *Elementos...*, *cit.*, al hablar del arrendamiento.

36. ROCA TRÍAS, *op. cit.*, p. 613.

37. En sentido contrario vid. GARCÍA CANTERO, *op. cit.*, p. 411 quien lo configura como oneroso. Téngase en cuenta que del Proyecto del Gobierno se suprimió en el art. 96 la expresión «mediante las adecuadas compensaciones». BOC, I Legislatura, serie A; Proyecto de Ley núm. 123, de 13 de marzo de 1980.

38. DELGADO ECHEVERRÍA, *El régimen matrimonial de separación de bienes en Cataluña.* Tecnos, Madrid, 1974, p. 342.

39. Es, en parte, la configuración del derecho italiano, que en su art. 155, redacción de 19 de mayo de 1975, dispone que: «La habitación de la casa familiar corresponde a quien se le confien los hijos». La disposición transcrita se incluye dentro de las medidas de protección de los hijos y entre las normas relativas a los alimentos. *Vid.* FINOCCHIARO, A y M en *Riforma del Diritto di famiglia. Commento teorico pratico alla lege 19 Maggio 1975.* 151, I, Milano 1975, p. 392.

derecho real cuando ésta se adjudica sobre un derecho que tenga carácter ganancial. La comunidad germánica de los derechos sobre gananciales impide la constitución de derecho limitativo alguno sobre cosa que es en parte propia. Además la ocupación o el uso que se adjudica al cónyuge recae sobre algo que ya se coposeía por derecho propio. Habrá una facultad de exclusión de uso por el cotitular cónyuge, pero no un derecho nuevo. Por otro lado, si nadie puede disponer de lo que no tiene, el cónyuge excluido del uso no podrá nunca disponer de éste (ya que no lo tiene ni registral ni extrarregistralmente), y para la disposición del dominio precisará siempre, por así exigirlo el régimen de la comunidad conyugal, del consentimiento de su consorte. Por las razones apuntadas la inscripción del uso, además de técnicamente inadecuada en el supuesto que se contempla, es inútil y absolutamente ineficaz.

Por otro lado la inoponibilidad del uso frente a terceros, de la que luego se tratará, hacen que esta figura (la ocupación o uso) carezca de uno de los elementos típicos del derecho real.

Estas afirmaciones pueden también predicarse, en los casos de medidas previas, de la anotación preventiva.

No creo que haya lugar a la inscripción del derecho de ocupación porque, aparte su discutida naturaleza judicial, no es lícito al intérprete acudir a una norma tan general como el art. 2 Lh. y su desarrollo en el art. 7 cuando existe una normativa específica como la del art. 96. 2 Rh, sobre todo cuando la inscripción no ha de añadir nada a una posesión con «pública apariencia».

### 4.4. *Actos dispositivos sobre el derecho que sustenta la ocupación*

Frente al aspecto posesorio está la necesidad del consentimiento de «ambas partes» o, en su caso, autorización judicial que exige el último párrafo del art. 96 C.c. Aquí el Registro sí tiene su misión para evitar que la «pública apariencia» de la posesión quede postergada ante la libertad de cargas y limitaciones que el Registro publica frente al tercero. La única medida efectiva frente al tercero que de buena fe adquiera a título oneroso del titular registral (el cónyuge «ocupado») es la constancia en el Registro de la necesidad del consentimiento del otro cónyuge. Si el adquirente (parte) no queda perjudicado, según el art. 1.320, por la falta del asentimiento a la disposición del derecho sobre la vivienda familiar, menos quedaría el subadquirente protegido por el art. 34 Lh. No se va a otorgar mayor protección en los casos de crisis matrimonial que en los de normalidad del matrimonio. En uno y otro caso, como se verá, al cónyuge perjudicado no le queda sino la acción de anulabilidad del art. 1.322 C.c.

El cónyuge a quien se prive de su derecho de ocupación por voluntad del otro podrá reclamar, en virtud de su justa posesión, que se restablezca la situación anterior, incluso cabe acudir al allanamiento de morada pues hay un derecho (paradójico) de exclusión del titular del derecho por el titular del uso. Pero las reclamaciones habrán de ir por vía interdictal sin que quepan las declarativas.

Para hacer frente a la posible disposición del derecho sobre la vivienda familiar por parte del titular sin derecho de ocupación cabe la constancia por nota marginal de la adjudicación del uso (arts. 90 y 91 C.c. D.A. 1.ª L. 7 de julio de 1981 y 96. 2 Rh.). Se trataría de lo que llama Roca «reservas autenticadas»: ciertos datos o expresiones resultantes de los asientos del Registro que vienen a constituir las causas de nulidad, anulabilidad, etc., a que se refieren los arts. 34 y 37, 1.º y 2.º de la Lh., cuyas causas, por su publicidad registral, que les dota de la llamada cognoscibilidad legal, son irresistiblemente operantes contra terceros adquirentes, hayan o no éstos consultado el Registro[40].

No creo que las normas de protección familiar sean en la mente del legislador preferentes a los derechos patrimoniales de los terceros adquirentes (yo pienso que así debería ser), piénsese en la embargabilidad de la vivienda familiar o en la ejecución hipotecaria del hogar en situaciones normales, ¿por qué habría de darse mejor trato al cónyuge separado que a los que conviven en situación de normalidad? Si la vivienda familiar nada puede frente al adquirente de buena fe, ¿qué podrá el derecho de ocupación? Si alguien compra de buena fe una vivienda sujeta de un derecho de ocupación sin asentimiento del ocupante y no consta registralmente la adjudicación de la ocupación, el adquirente (protegido civilmente por el art. 1.320 C.c.) podrá entablar la acción correspondiente frente al ocupante-poseedor, lo que no podrá el adquirente inscrito es usar del procedimiento del art. 41 Lh., ya que el ocupante-contradictor poseería la finca por relación jurídica directa con el último titular.

El adquirente del derecho de la vivienda ocupada, si consta registralmente el derecho de ocupación, podrá ver anulada su adquisición si el

40. Roca Sastre y Roca Sastre Muncunil, *Derecho Hipotecario.* II, Barcelona 1979, 7.ª ed., p. 691.

ocupante de cuyo asentimiento se prescindió impugna dentro de plazo [41] la disposición del derecho que recaía sobre el hogar familiar. Todo ello sin perjuicio de que no pueda inscribirse, sin el asentimiento expresado, su adquisición.

La buena fe del adquirente, dada la cognoscibilidad legal de la necesidad del asentimiento, quedará excluida, y ello pese a la dicción del art. 1.320 C.c.

Por otro lado debe tenerse en cuenta que la no inscripción en un tiempo prudencial sería un principio de prueba de ausencia de buena fe y, en todo caso, constando la adjudicación del uso en el Registro, no podría lograrse la inscripción de la adquisición del derecho sobre la vivienda familiar sino en virtud de resolución judicial que declarase extinguida la acción de impugnación o concediese la autorización supletoria.

Hasta ahora se ha considerado exclusivamente el derecho sobre la vivienda familiar que tiene carácter privativo, probado o confesado, de uno de los cónyuges. En el caso de que la vivienda sea ganancial o presuntivamente ganancial la protección registral deriva de los arts. 1.377 y 1.378 C.c. y 93, 94 y 95 Rh. en cuyos casos no es preciso acudir a los arts. 1.320 y 96 último párrafo C.c. La constancia registral en este supuesto no añade garantía alguna.

Cuando ambos cónyuges sean titulares del derecho sobre la vivienda familiar por partes indivisas privativas sí deberán tenerse en cuenta los arts. 96 y 1.320 C.c. y todo lo antes dicho, dado lo dispuesto en los arts. 400 y 404 C.c. para los casos de indivisión.

Con acierto y humildad científica mi apreciado compañero Rodríguez López [42] señala que la expresión del art. 1.320 C.c. «disponer de los derechos sobre la vivienda habitual» ha ocasionado dudas y se han formulado respecto de ella tres distintas interpretaciones. Cambiando el citado autor la opinión que antes sostuvo agrupa así las distintas tesis:

41. ¿Desde cuándo debe contarse el plazo, teniendo en cuenta que el art. 1.301 C.c. habla de cónyuges y aquí pueden no serlo? En el caso de separación sería 4 años a contar desde la disolución o el conocimiento, pero, ¿y en los de disolución y divorcio? ¿Cabría una nota marginal similar a la del art. 94. pár. 2.º del Rh. en su redacción de 17 de marzo de 1959? Creo que no pues las notas marginales como indican LACRUZ y SANCHO, *Elementos de Derecho Civil.* III bis, *Derecho inmobiliario registral.* Barcelona 1984, 2.ª ed., p. 236, son «numerus clausus»; únicamente cabría la Resolución Judicial.

42. *Op. cit.*, p. 1.609.

— Equivale a disposición de los mismos bienes, postura que sostuvo el autor citado y que desecha en la obra citada por excesivamente restrictiva y poco garantizadora del hogar familiar.

— Disposición de los derechos cualesquiera que sean éstos.

— Disposición de aquellos derechos que impliquen la pérdida de la facultad de ocupar la vivienda por el grupo familiar.

Descartada por el propio autor la primera tesis, se adscriben a la 2.ª Avila Alvarez [43], Giménez Duart [44] y, para el derecho francés, Patarin y Morin [45].

La tercera tesis es la más aceptada por los autores, así: Albaladejo [46], Lacruz,[47], Garrido Cerda [48], De los Mozos [49], Rodríguez López [50] y, para el derecho francés, Chartier [51].

Pienso que es más convincente la interpretación finalista que dan los últimos autores porque el art. 1.320 no hace sino proteger la situación del alojamiento familiar: no se está poniendo ninguna prohibición de disponer, general ni concreta. Se exige al titular del derecho sobre la vivienda que no disponga del alojamiento, de la habitación o de la situación posesoria, que, en suma, tiene su familia, siempre que haga peligrar objetivamente el hogar familiar.

La misma doctrina francesa, próxima a la nuestra, en el art. 215 del Code [52], pese a la dicción literal del citado art. («los esposos no pueden uno sin el otro disponer de los derechos por los que se les asegura el alojamiento de la familia»), y pese a no distinguir la ley entre actos de cesión de ningún tipo, sigue hoy la tesis finalista [53].

43. *Op. cit.*, p. 1.380.
44. *Op. cit.*, p. 88.
45. PATARIN y MORIN, *La réforme des régimes matrimoniaux*. Paris s/f, 4.ª ed., p. 82.
46. *Op. cit.*, p. 156.
47. *Op. cit.*, p. 300.
48. *Op. cit.*, p. 163.
49. En *Comentarios al C.c...., cit.*, p. 129.
50. *Op. cit.*, pp. 1.611 y 1.612.
51. *Op. cit.*, p. 569.
52. *Vid.* el gran estudio de Derecho comparado que hace entre los ordenamientos francés y español DE LA CUESTA, *op. cit.*, pp. 129 y ss.
53. *Vid.* CHARTIER, *op. cit.*, p. 569; GULLON, en «J.C.P.», I, 1966, 2.041, n.º 6 y, sobre todo, CORNU, *Curso de doctorado*, 1970-1971, policopiado, pp. 195 y ss.

No creo que deba acudirse a la distinción entre actos de administración y actos dispositivos, sino que debe exigirse el consentimiento para cualquier acto, sea cual sea y bajo la forma que sea, que pueda privar a la familia del goce pacífico de su vivienda, en otro caso no deben limitarse las facultades del titular del derecho.

El detallado trabajo de Rodríguez López [54] me excusa casi de pormenorizar los actos que precisan, y los que no, del asentimiento del otro cónyuge (o la otra parte, en los casos del art. 96 C.c.).

Recuérdese que el art. 91 exige el consentimiento del otro cónyuge (se olvida de la autorización judicial supletoria), la justificación de que el inmueble (debería decir derecho) no es vivienda familiar o que el disponente lo manifieste así para los «actos de disposición» que recaigan sobre la referida vivienda.

Es indudable la necesidad del asentimiento en los actos dispositivos que impliquen desposesión de la vivienda: venta sin reserva de derechos, constitución de los derechos de usufructo y habitación en favor de terceros, constitución de arrendamientos, cesión de participaciones indivisas, etc...

El supuesto más problemático es, quizás, la venta de nuda propiedad con reserva de usufructo. En este punto se encuentran divididos los autores, en el derecho español y comparado, coincidiendo las tesis que niegan la posibilidad con las de aquellos que adscriben a la literalidad del art. 1.320 C.c. en su expresión «disponer de los derechos sobre la vivienda habitual» (*Vid.* notas 43, 44 y 45). El argumento de Giménez Duart es «que no puede compararse la estabilidad del dominio con la del derecho de usufructo», aparte «la dificultad técnica de constituir dicho tipo de usufructo» [55]. Frente a esa tesis, los finalistas admiten la reserva con enajenación, así Lacruz [56] señala que «el interés que trata de proteger sigue estando asegurado con las mismas posibilidades».

Creo que es más aceptable la postura permisiva ya que cada uno puede escoger la forma de alojamiento que tenga por conveniente. Téngase en cuenta que el derecho de habitación o el arrendamiento son suficientes para la existencia del hogar familiar, y el carácter familiar de la vivienda no

Este último en cita de CHARTIER. También la jurisprudencia francesa ha admitido la venta con reserva de usufructo en sentencia del Tribunal de Gran Instancia de París de 16 de diciembre de 1970.

54. *Op. cit.*, pp. 1.608 y ss.
55. *Op. cit.*, p. 88.
56. *Op. cit.*, p. 300.

limita (salvo en cuanto derecho a habitar la familia) las facultades del titular del dominio. Frente a la afirmación de Giménez Duart de la estabilidad del usufructo cabe oponer la mayor inestabilidad del arrendamiento y es posible, por razones familiares o de utilidad, cambiar un derecho en propiedad sobre una vivienda familiar por su arrendamiento.

Respecto de las dificultades técnicas para considerar el usufructo creo que no deben tenerse en cuenta pues es suficiente el usufructo vitalicio, ya que fallecido el titular dominical deja de existir el carácter familiar de la vivienda y, por otro lado, no existe ninguna norma limitativa en favor del hogar familiar para los actos mortis causa. El perjuicio que ve algún autor en la imposible aplicación del derecho de predetracción del art. 1.406 C.c. debe soslayarse teniendo en cuenta con Garrido Cerdá [57] que este precepto se refiere a bienes gananciales en el momento de la liquidación.

Respecto de la constitución de hipoteca creo que es necesario el consentimiento de ambos cónyuges o la autorización judicial supletoria ya que se trata de un acto que, evidentemente, pone en peligro la subsistencia del derecho de habitación familiar. Y ello pese a que, como señala Rodríguez López [58], puede darse la paradoja de no precisarse el consentimiento para la constitución de hipoteca sobre vivienda no familiar que pasando a serlo sería ejecutada y privaría de la habitación a la familia y viceversa: se precisa el consentimiento para constituir hipoteca sobre vivienda familiar que puede que cuando se ejecute ya no tenga ese carácter. La finalidad precautoria del art. 1.320 C.c. en este supuesto explica lo antedicho. Vázquez Iruzubieta [59] incluye entre los actos asimilables a la hipoteca, en el sentido expuesto, la anticresis.

La hipoteca en garantía de parte del precio aplazado de compra de la vivienda no precisa de consentimiento, tanto porque, como señala el profesor Lacruz [60], todavía no es vivienda familiar al tiempo de la compra, como porque se trata, en cierto modo, de un acto de «adquisición» y no de disposición. Se precisaría el consentimiento si la vivienda se tuviese ya por otro título estable: arrendamiento, usufructo o habitación.

En el derecho de retorno arrendaticio creo que será preciso el asentimiento por suponer una subrogación de la vivienda por el derecho que, en su día, volverá, o puede volver, a ser la vivienda familiar.

57. *Op. cit.*, p. 163.
58. *Op. cit.*, p. 1.610.
59. *Op. cit.*, p. 62.
60. *Op. cit.*, p. 300.

La constitución del derecho de opción o de tanteos o retractos voluntarios precisan el asentimiento, pero no la disposición de esos derechos, pues las viviendas así adquiridas no serían familiares.

Giménez Duart [61] excluye de la necesidad de consentimiento las agrupaciones, divisiones, segregaciones y agregaciones, pero tratándose de segregaciones y divisiones que supongan «desafectación» de un elemento constitutivo de la vivienda familiar (duplex, garages, trasteros) cabe pensar en la necesidad de asentimiento pues podría sostenerse el no carácter familiar de la parte desafectada y segregada, cosa que no puede hacerse cuando se trate de una unidad orgánica.

## 5. El consentimiento del otro cónyuge y la autorización judicial supletoria

Se exige el consentimiento o la autorización tanto en las fases de normalidad del matrimonio (art. 1.320 C.c.) como en las fases de crisis (art. 96 C.c.).

### 5.1. *El asentimiento*

Distintos problemas plantea el «asentimiento» del otro cónyuge a la enajenación de la vivienda familiar:

#### 5.1.1. *Su carácter específico*

Lo defiende Garrido Cerdá [62] y creo que con razón, pues distinto es, respecto del consentimiento para la enajenación de bienes gananciales, su objeto (alcanza a bienes privativos y gananciales) y distinta su finalidad: el interés familiar, mientras que en aquél no se tutela sino la legitimación dispositiva de su titular.

Por ello es preciso que cuando hay poder general para la enajenación

61. *Op. cit.,* p. 88.
62. *Op. cit.,* p. 162.

de bienes gananciales exista además el asentimiento expreso para la de la vivienda familiar. No será así si comparecen ambos cónyuges, que de sobra conocen el carácter familiar de la vivienda.

5.1.2. *Posibilidad de un asentimiento general*

El profesor Lacruz [63] entiende que el asentimiento puede ser prestado preventivamente, e incluso de forma irrevocable en capítulos, pues la protección que presta el art. 1.320 puede ser renunciada: de ahí que su infracción dé lugar a actos válidos y confirmables.

Frente a esta argumentación Magariños Blanco [64] entiende que la irrevocabilidad haría nulo el consentimiento así prestado, por aplicación del art. 6.2 C.c. El razonamiento de Lacruz es convincente aunque podría pensarse en que, dado el interés familiar que se trata de tutelar, el ejercicio conjunto por ambos cónyuges de la dirección familiar (art. 156 C.c.) es irrenunciable de forma definitiva.

Nadie duda la posibilidad de ratificación ni el poder expreso para un acto determinado.

La necesidad derivada de la multiplicación de disposiciones por parte de contratistas casados hace pensar en la necesidad de un asentimiento genérico para estas actividades económicas, que si se admite la tesis de renunciabilidad del Profesor Lacruz, no debe negarse. La irrevocabilidad ofrece más dudas [65].

Debido a que el interés que se trata de tutelar en el art. 96 cuando hay hijos es el de la familia (hijos incluidos) y no sólo el del cónyuge, hace que García Cantero [66], tras entender que el titular del derecho de ocupación es un sujeto plural y colectivo, exija para los actos dispositivos

63. *Op. cit.,* p. 301.

64. MAGARIÑOS BLANCO, *Cambio de régimen matrimonial de gananciales por el de separación* y *los derechos de los acreedores.* En *La reforma del derecho de familia.* Jornadas Hispalenses sobre la reforma del derecho de familia. Sevilla 1982, p. 201.

65. No entro, por no ser objeto del tema, en la posibilidad o no de calificación de unas capitulaciones que han sido previamente inscritas en el Registro Civil. ¿Podría el Registrador de la Propiedad denegar el pacto contenido en capítulos inscritos? Dada la especificidad de ambos registros y sus respectivos ámbitos de publicidad (estado civil y estatuto jurídico de los derechos reales), me inclino por la afirmativa.

66. *Op. cit.,* p. 414.

sobre derechos de la vivienda familiar el consentimiento no sólo del cónyuge, sino también el de los hijos, si pueden prestarlo, y, si no, el del padre o madre que ostente la patria potestad, o, caso de oposición de intereses, el defensor judicial. Creo que el art. 96 C.c. en su último párrafo no es sino la aplicación del art. 1.320 C.c. a las situaciones de crisis del matrimonio. Los primeros párrafos no creo que exijan el consentimiento de los hijos. El hecho de que el precepto hable de «partes» y no de los cónyuges no es sino porque puede que haya habido divorcio o nulidad del matrimonio.

En los casos de bienes gananciales, bienes en comunidad romana o comunidad mixta del art. 1.354 C.c. se precisa el consentimiento, no el asentimiento, por vía de los arts. 1.377 y 1.378 C.c. y las normas generales sobre titularidad dispositiva.

### 5.2. *La autorización judicial supletoria*

Se olvida de ella el art. 91 Rh., pero no cabe duda de su posibilidad según resulta de los arts. 1.320 y 96 C.c., ya sea referida a los casos de negativa o imposibilidad por ausencia o incapacidad.

Prescindiendo del procedimiento en que deba obtenerse la autorización y el criterio de utilidad o ausencia de peligro [67] que deben presidir la concesión de aquélla por ser objeto de otras Ponencias, debe distinguirse, como hace Rodríguez López [68], entre la autorización para disposición de bienes privativos del disponente y bienes gananciales.

En los primeros cabe en todo caso la autorización judicial, de otra forma se expropiaría sin indemnización al titular del derecho de la facultad dispositiva. Además el art. 1.320 no distingue entre actos a título gratuito u oneroso.

Sin embargo en los gananciales la autorización cabe en los actos a título oneroso, igual que cabe en el caso del art. 1.377 C.c., pero en los actos a título gratuito no cabe la autorización supletoria, pues se expropiaría la facultad dispositiva del cónyuge no disponente, sin existir con-

67. *Op. cit.*, p. 87, nota 3.
68. *Op. cit.*, pp. 1.616 y 1.617. *Vid.* los autores allí citados.

traprestación alguna, de forma absolutamente injusta, de ahí el art. 1.378 C.c. Así lo entiende también Lacruz[69].

## 6. La ejecución forzosa sobre la vivienda familiar

No existe ningún precepto que otorgue preferencia alguna a la vivienda familiar en las ejecuciones, por lo tanto el hogar matrimonial se halla sujeto a las normas generales: es embargable y ejecutable.

El sistema de nuestro derecho protege la vivienda familiar por vía preventiva: exigencia de consentimiento del otro cónyuge para la constitución de derechos que puedan desembocar en una ejecución (arts. 1.320 y 96 C.c. y 91 y 144 Rh).

No obstante las anteriores afirmaciones se vuelve a hacer necesaria la distinción entre las fases de normalidad y de crisis del matrimonio.

### 6.1. *En la fase de normalidad del matrimonio*

Ya se vio la reducida posibilidad de constancia registral del carácter familiar de la vivienda por acuerdo voluntario de los cónyuges: comunidades mixtas del art. 1.354 C.c. (art. 91.1 y 2 Rh.) y resolución judicial fijando el domicilio conyugal. En estos casos la única preferencia que tendría el hogar familiar sería la que pudiera derivar de la anulabilidad del derecho que produjese la ejecución por falta del asentimiento del art. 1.320 C.c.

### 6.2. *En las fases de crisis*

La constancia registral de la adjudicación del uso de la vivienda familiar al cónyuge no titular o de la ocupación de la vivienda familiar ¿qué efectos produce frente al ejecutante?

69. *Op. cit.*, p. 301.

a.—Respecto de los derechos constituidos con anterioridad a la constancia de la ocupación y que accedieron al Registro antes de la resolución judicial o sentencia adjudicando el uso, no cabe duda que son preferentes por lo que el cónyuge, o éste y sus hijos, quedarán sin cobijo.

b.—Derechos constituidos con anterioridad a la adjudicación del uso y que acceden al Registro con posterioridad a la constancia registral de la ocupación. También estos serán preferentes a la ocupación pues para su constitución el cónyuge adjudicatario debió prestar su asentimiento o ser notificado, a no ser que se anule el derecho constituido por falta de asentimiento o notificación (arts. 1.320 y 1.322 C.c. y 144 Rh.).

c.—Créditos y derechos posteriores a la adjudicación del uso que acceden al Registro con anterioridad a la adjudicación del uso constituido previamente. Al no constar registralmente la adjudicación, el titular del derecho ejecutado lo adquiere libre de la ocupación; nada se puede frente a él salvo la impugnación del derecho constituido o el procedimiento ejecutado (por falta de notificación).

d.—Créditos y derechos posteriores a la adjudicación que acceden al Registro con posterioridad a la adjudicación del uso. Creo que en este supuesto es el único en que la cognoscibilidad legal del derecho ampara la ocupación sin necesidad de acudir a procedimientos especiales. La necesidad del asentimiento que el Registro publica, paralizará cualquier acto dispositivo, no por ser una carga real oponible frente a terceros (la mejor garantía de la ocupación es la pública apariencia de su ejercicio posesorio), sino porque, como ocurre con las anotaciones del art. 2. 4.º Lh., el Registro impedirá el acceso a sus libros de una situación inestable e impugnable. No se produce el cierre registral, pero se paraliza la inscripción del acto precisado de asentimiento (art. 96 C.c.).

Por desgracia todo lo anterior sólo funciona frente a los actos puramente voluntarios, las ejecuciones derivadas de embargos, hipotecas legales y gravámenes ocultos (contribuciones urbanas, débitos de Propiedad horizontal, salarios y sueldos, ITP, etc.) terminarán siempre con el derecho de ocupación. Esta situación lleva también a recordar el derecho inglés en el caso National Provincial Bank Ltd. v. Ainswordh (1965) que declaró la inoponibilidad de la ocupación frente a terceros, fallo que determinó la crisis de la protección del tráfico, movilizando al Parlamento inglés en favor de la tutela familiar y provocando la publicación de la Matrimonial Home Act. de 1967.

El caso considerado era el de ejecución de una hipoteca sobre vivienda privativa del marido previa adjudicación del uso de ésta, en caso de divorcio, a la mujer.

Insisto una vez más en la ocasión desperdiciada para seguir, en este punto, el derecho inglés en su Matrimonial Home Act. de 1967 que autoriza al marido o a la mujer (indistintamente) que se encuentre excluido de la titularidad dominical de la casa matrimonial para hacer inscribir su derecho de ocupación preferente en el Registro de la Propiedad, bien desde la fecha de adquisición del inmueble, bien desde el momento del matrimonio, o bien desde la fecha de su vigencia [70]; inscrita la carga, el titular queda obligado a disponer del inmueble con el consentimiento previo del ocupante [71] a no ser que obtenga una resolución judicial que ponga fin a la ocupación.

El derecho, una vez inscrito, como señala Vattier Fuenzalida [72], goza de prioridad frente a toda otra anotación registral posterior, tanto contra el titular como contra sus causahabientes.

### 6.3. *Embargos*

Respecto de los *embargos* el art. 144.5 Rh. dispone que «cualquiera que sea el régimen económico del matrimonio, si el bien embargado de pertenencia exclusiva de uno de los cónyuges constituye la vivienda habitual de la familia, deberá constar que la demanda se ha dirigido contra el cónyuge titular y se ha notificado el embargo al otro cónyuge».

El art. parece querer desarrollar la protección a la vivienda familiar, pero al hablar de cónyuges empieza por olvidar las situaciones de crisis matrimoniales, ¿o acaso entiende que no cabe embargar sin consentimiento de «la otra parte» en los casos del art. 96 C.c.? Creo que anotada la adjudicación del uso de la vivienda familiar cabe el embargo siempre que se notifique al ocupante, lo cual puede, indudablemente, dar lugar a fraudes, sin perjuicio de que «la otra parte» pueda acudir al Juez embargante, tras la notificación, y señalar otros bienes distintos al objeto de su cobijo.

70. S. 2.1, M.H. Act., 1967.
71. S. 8.2, M.H. Act., 1967.
72. *Op. cit.*, pp. 104 y 105.

Lo que ocurre con la notificación del art.144.5 Rh. es que, además del olvido reseñado, va a ser poco operativa:

— Porque el embargado puede figurar como soltero en el Registro y no constar en el mandamiento que está casado (desde 19 de agosto de 1919 admite la DGRN que no conste en los mandamientos el estado civil; aunque cabe pensar que eran otros tiempos y otro el sistema de administración de la sociedad ganancial).

— Porque, como bien apunta Rodríguez López [73], no será operativo el exigir que el deudor embargado, con frecuencia en rebeldía, manifieste que no es su vivienda familiar ya que el «disponente» no es el deudor.

— Porque, como ya venía siendo frecuente en el derecho anterior, la simple expresión «fue notificado el cónyuge del demandado» (¡Cuántas veces con la partición de su herencia inscrita!) no es muy eficaz.

Sí tendrá cierta eficacia la notificación cuando conste registralmente el carácter familiar de la vivienda.

## 7. La anulación de los actos unilaterales relativos a la vivienda familiar

Admitido unánimemente por los autores el carácter anulable de este tipo de actos debe distinguirse entre los efectos inter partes y frente terceros y la existencia o no de constancia registral del carácter familiar de la vivienda.

### 7.1. *Efectos entre las partes*

Sin entrar en detalles acerca de cuál debe ser la buena fe exigible al adquirente y qué debe entenderse por falsedad o «error» [74], la actuación

73. *Op. cit.*, p. 1.625.

74. Pueden verse las obras citadas de Lacruz, De los Mozos, Díez Picazo, Gordillo y Giménez Duart.

inter partes, cuando hay constancia registral (ya sea en fase de crisis o de normalidad del matrimonio) del carácter familiar de la vivienda, provoca la paralización del acceso al Registro del acto dispositivo por falta de asentimiento; y en cuanto al acto dispositivo en sí cabe la impugnación dentro del plazo del art. 1.301 C.c. en aplicación del art. 1.322[75] del mismo cuerpo legal, plazo cuyo inicio de cómputo es problemático en los casos de nulidad de matrimonio y divorcio del art. 96 C.c.

Si no hay posibilidad de impugnación, que será en la mayoría de los casos dada la amplia protección del adquirente, sólo cabe, caso de gananciales, acudir al art. 1.390 C.c.

Si hay connivencia entre adquirente y disponente cabe la «rescisión» del art. 1.391 C.c., si se trata de garanciales, e, incluso, en cualquier caso (también respecto de bienes privativos), acudir al art. 6.° C.c. por vía de fraude al art. 70 C.c.[76].

### 7.2. *Efectos frente a terceros*

La protección del adquirente de buena fe, que no es tercero sino parte, se efectúa por vía exclusivamente civil, no precisa acudir al Registro ni gozar de la condición de tercero para ser mantenido en su adquisición. Lo que ocurre es que al subadquirente que inscribe (tercero en sentido hipotecario y técnico) le será indiferente la buena o mala fe de su transmitente y su conocimiento o no de que se trataba de una vivienda familiar, a él ya no le afectará la anulación de la transmisión anterior.

En realidad el párraf. 2.° del art. 1.320 C.c. ni quita ni pone al art. 34 Lh: para el que adquiere civilmente, con validez o no, su protección funciona a partir de su propio negocio adquisitivo. El Registro, por impugnabilidad del negocio que a él accedió, no será nunca inexacto: hubo adquisición; lo que podrá ser el Registro es incompleto: no hace constar una causa de impugnación que, por supuesto, escapa a la apreciación del Registrador como en otros muchos casos: v.gr., enajenación mental del transmitente. Lo que podrá hacerse es adecuar el Registro a la situación extrarregistral de impugnación mediante la oportuna rectificación del asiento a través

75. García Cantero, en *op. cit.*, p. 131 aplica, en los casos del art. 96 C.c., el art. 1.322 por analogía.

76. En este sentido Giménez Duart, *op. cit.*, p. 104, nota 13.

de la sentencia anulatoria correspondiente, siempre que no haya habido un tercer adquirente de buena fe protegido por el art. 34 Lh.

Por otro lado el añadido de la Cámara de Diputados al art. 1.320 no supone nada registralmente ya que la mala fe del transferente nunca afectará, salvo complicidad, al adquirente que reúna los requisitos del art. 34 Lh. Teniendo en cuenta que la inscripción no convalida los actos y contratos nulos las cosas con, o sin, el párr. 2.º del art. 1.320 están como estaban.

Al adquirente registral, tercero o parte, lo que sí le afectará es el contenido del Registro y de éste ya se ha tratado con anterioridad.

Algún problema específico en cuanto al Registro puede platear la mala fe sobrevenida después y antes de la incripción [77].

## 8. Cancelación del carácter registral familiar de la vivienda en el Registro

Como en casi todos los temas tratados debe distinguirse entre los supuestos de constancia registral durante la fase de normalidad en el matrimonio y aquellos en que el reflejo registral se produce en las fases de crisis.

### 8.1. *Durante la normalidad del matrimonio*

Según se ha visto la constancia del carácter familiar de la vivienda durante la vida matrimonial normal sólo cabe cuando se fije el domicilio conyugal judicialmente (art. 70 C.c.) o en el supuesto del art. 1.354 en relación con el 1.357 párr. 2.º C.c.

#### 8.1.1. *Fijación del domicilio conyugal por decisión judicial*

Habida cuenta que la resolución judicial será definitiva, aunque no irrevocable, sino normalmente modificable, el asiento adecuado para la

77. Puede verse Roca Sastre, *op. cit.*, I, p. 695 y Gordillo, *op. cit.*, p. 1.138.

constancia de esa resolución que puede afectar a las facultades dispositivas de los cónyuges (arts. 70 y 1.320 C.c. y 96.2 Rh) es la nota marginal, ya que no supone la adquisición de derecho alguno ni debe ser anotación preventiva pues no se trata de una medida provisional de aseguramiento sino de una resolución definitiva sin perjuicio de posible modificación. Habiéndose practicado la nota marginal en virtud de Resolución Judicial y afectando a derechos de los cónyuges exclusivamente, creo que caben para la cancelación o cambio (sin que sea preciso el cambio de una nota marginal por otra) de la nota marginal los siguientes medios: acuerdo de ambos cónyuges o ambas partes en escritura pública, resolución judicial y constancia fehaciente (certificado de defunción) del fallecimiento de uno de los cónyuges.

No sería suficiente la sentencia de nulidad o divorcio pues en esos casos puede existir un derecho de ocupación en favor de uno de los cónyuges.

Se excluye la anotación preventiva por su caducidad frente a la pervivencia de la decisión judicial mediante la nota marginal.

### 8.1.2. *Notas marginales de determinación de cuota indivisa que haya de tener carácter ganancial en el supuesto del art. 1.357, 2 C.c.*

La nota marginal a que se refieren los números 2 y 3 del art. 91 creo que no pueden cancelarse sino en virtud de resolución judicial pues la cancelación de un asiento como reflejo de la desaparición en la realidad jurídica de la situación de hecho que contemplaba aquél no puede practicarse sino cuando conste fehacientemente la desaparición citada, lo cual sólo pueden calificar y determinar los Tribunales cuando no depende de la voluntad de las partes (el art. 1.354 C.c. hace depender la cuota de la aportación y de su prueba; siendo la manifestación otro medio de prueba con todas las reservas que esta afirmación supone). Otra cosa es que las partes al amparo de la autonomía de la voluntad (art. 1.355 C.c.) o por vía de rectificación de errores y consentimiento formal «rectifiquen» (que no cancelen) la nota marginal correspondiente.

Cabría plantearse si el cambio de hogar familiar determina algún cambio en los supuestos del art. 91.3 Rh. Creo que la interpretación correcta, con la incertidumbre que ello conlleva, es la de que el cambio de vivienda no alterará la titularidad por cuotas en la proporción que el Registro determine. Tanto por evitar más incertidumbres como porque si vale en general la confesión entre cónyuges (art. 1.324 C.c.), también debe valer en ese caso.

### 8.2. *En las fases de crisis matrimoniales*

Tanto en las medidas previas (art. 104 C.c.) como en las provisionales (art. 103 C.c.) o en las definitivas (arts. 96 C.c. en relación con los 81, 86 y 90, también del C.c.) la anotación preventiva (en los dos primeros casos que son provisorios) o la inscripción (D.ª A. 9.ª L. 7 de julio de 1981) o nota marginal (art. 96.2 Rh.) llegarán al Registro de la Propiedad en virtud de Resolución judicial por lo que la cancelación de la adjudicación del uso de la vivienda familiar sólo podrá producirse en virtud de caducidad cuatrienal (art. 86 Lh.), o resolución judicial. El hecho de que la ocupación se conceda por un tiempo determinado (el Registrador no puede entrar a calificar si «necesariamente» ha de ser temporal la adjudicación en alguno de los supuestos del art. 96 C.c.) no autoriza la cancelación pues el derecho puede ser objeto de prórroga que llegaría al Registro cuando fuese, siempre antes de los cuatro años de la fecha de la anotación [78].

La posible prórroga o supresión del derecho de ocupación por alteración de las circunstancias (arts. 90 y 91 C.c.) deberán llegar también al Registro mediante la oportuna sentencia o mandamiento [79]. Prorrogada la anotación ésta no caduca (art. 199 Rh.).

Pese a ser el derecho de ocupación renunciable, dado el tenor literal del art. 83 Lh., no cabe cancelación por renuncia en documento público; téngase en cuenta, además, que el interés es familiar, no conyugal.

Las nuevas nupcias, por aplicación analógica del art. 101 C.c. y el fallecimiento del cónyuge beneficiario (creo, como se dijo, que aunque subsistan hijos) son también causas que, debidamente probadas por las certificaciones correspondientes del Registro civil, pueden producir la can-

78. *Vid.* sobre la distinción de fechas entre las anotaciones y los demás asientos registrales CHICO ORTIZ, *op. cit.*, T. I, pp. 377-379.

79. Sobre causas que motivan la extinción del derecho de uso de la vivienda por el cónyuge no titular. *Vid.*, LETE DEL RÍO, *op. cit.*, p. 745; O'CALLAGHAN en este volumen y GARCÍA CANTERO, *op. cit.*, pp. 413-415. No se entra en ellas por escapar a la calificación del Registrador al ser cuestión de hecho.

celación de ocupación aunque se precisara la instancia correspondiente para cumplir con el principio de rogación.

## 9. Los muebles del ajuar en el Registro de Hipoteca mobiliaria y prenda sin desplazamiento

Unicamente cabría pensar en el supuesto de una caravana autopropulsada (vehículo de motor), ya que el resto de los bienes que pueden ser objeto de hipoteca mobiliaria y prenda sin desplazamiento (ver arts. 12, 52, 53 y 54 de la Ley Hipoteca Mobiliaria y prenda sin desplazamiento de 16 de diciembre de 1954) nunca formarán parte del ajuar familiar, ni siquiera las colecciones de valor artístico que excluyen los arts. 1.320 y 1.321 C.c.

Si se tiene en cuenta que el art. 91.1 Rh. es aplicable subsidiariamente a la hipoteca de caravanas automóviles (Disposición final del Registro de hipoteca mobilaria y prenda sin desplazamiento de 17 de junio de 1955) cabría pensar que para la hipoteca de los vehículos en cuestión se exigiese el asentimiento «del otro cónyuge». Pero lo que no cabe pensar (pues sólo se trata de un Registro de derechos y no de bienes) es, en la posibilidad de constancia del carácter familiar de la autocaravana.

## 10. Predetracción sucesoria de la vivienda familiar

El supuesto vendrá dado siempre por una participación hereditaria en que se adjudique al viudo o viuda una vivienda concreta que ya no será familiar; el iter previo a la adjudicación en pago del haber hereditario es netamente extrarregistral por lo que no procede su contemplación en esta Ponencia.

## 11. Conclusiones

1. Dada la gran incidencia de la autoridad judicial en la determinación de cuál sea la vivienda que ha de ser objeto de ocupación familiar

y la del domicilio familiar, la calificación registral en la materia objeto de estudio es muy exigua, casi limitada a examinar si consta o no declaración «del otro cónyuge» en los actos dispositivos sobre el derecho que sustenta el hogar de la familia. Hay alguna excepción en que la calificación puede llegar más lejos.

2. No cabe la constancia registral del carácter familiar de la vivienda por la sola voluntad de los cónyuges.

En las compras con pago al contado de la vivienda, sea antes o después de celebrar el matrimonio, cabrá constituir comunidades entre ambos cónyuges, o entre uno de ellos (o ambos con carácter privativo) y la sociedad conyugal; en estos casos el reflejo registral de la comunidad deberá hacerse por inscripción o nota marginal, según se trate de confesiones de los cónyuges, declaraciones al amparo del art. 1.355 C.c. o prueba del carácter privativo de los bienes. No cabe en estos casos el reflejo del carácter familiar de la vivienda en el Registro.

En las compras con precio aplazado por uno o ambos cónyuges, el art. 91 Rh. contempla dos posibilidades: constitución de una comunidad privativo-ganancial por destino a vivienda familiar, en cuyo caso ya consta el carácter familiar en el Registro (art. 91.1 Rh.) y simple constancia de la cualidad del dinero con que se paga alguno de los plazos pendientes.

El cambio de titularidad que deriva del art. 91.1 Rh. exige, para los actos dispositivos sobre el derecho base del cobijo familiar, el consentimiento de ambos cónyuges.

3. Puede hacerse constar registralmente la resolución judicial fijando el domicilio de los cónyuges por nota marginal (art. 96.2 Rh.).

4. Cabe pactar en capítulos o en el convenio regulador cualquier derecho real que garantice al cónyuge o hijos la ocupación de una vivienda como hogar; el derecho tendría, como real, acceso al Registro. No creo que el Juez pueda constituir derecho alguno: la ley le faculta para adjudicar el uso.

5. La ocupación adjudicada en medidas previas o provisionales de anulaciones, divorcios o separaciones debe acceder al Registro por vía de anotación preventiva y funcionará como una limitación provisional de la capacidad dispositiva del titular «ocupado», de manera similar a las anotaciones de inicio de procedimiento de incapacitación, que no provocan el cierre registral, pero precisan de unos asentimientos especiales, en este caso el del «otro cónyuge».

Ninguna utilidad tiene la constancia registral de la ocupación sobre vivienda ganancial.

6. Cuando la medida provisional se convierte en definitiva la limitación de que se habla en la conclusión anterior debe hacerse constar por nota marginal que no estará sujeta al plazo de caducidad cuatrienal, pero que no produce más efectos que los de precisar el asentimiento del «otro cónyuge» (o la «otra parte» en su caso) para los actos dispositivos. Puede la nota marginal, o la anotación, paralizar un procedimiento del art. 41 Lh., pero no es título oponible a terceros, menos a terceros surgidos de enajenaciones forzosas.

7. Por actos dispositivos voluntarios que precisan consentimiento del «otro cónyuge» o la «otra parte», hay que entender todos aquellos que provoquen la exclusión de la posesión del cobijo familiar desde luego o en lo futuro.

8. La ocupación registrada sólo protege frente a los adquirentes voluntarios inter vivos del derecho que sustenta la ocupación,, no frente a los actos mortis causa ni frente a los actos forzosos, aún derivados éstos de actos voluntarios.

9. Cabe el poder expreso para la disposición del derecho sobre la vivienda familiar y el poder general expresamente concedido para la enajenación de viviendas familiares. Cabe también la ratificación. Dado el carácter irrevocable de los capítulos es dudoso que quepa el poder de referencia en esta forma concedido. Son distintos el poder para enajenar y el poder para disponer del derecho sobre la vivienda familiar.

10. Cabe siempre la autorización judicial supletoria para los actos dispositivos del derecho sobre la vivienda familiar cuando el derecho es privativo, pero no cabe en los actos dispositivos sobre bienes gananciales a título gratuito; sí cabe en los actos onerosos sobre esos últimos bienes.

11. Frente a la ejecución forzosa la constancia registral del carácter familiar de la vivienda o de la adjudicación del uso no protegen sino por vía de la necesaria notificación y las posibles acciones de impugnación que pueda interponer la parte notificada.

12. La protección del adquirente de la vivienda familiar se produce en vía civil, al margen del Registro. La constancia registral del carácter fa-

miliar de la vivienda únicamente protege frente al adquirente voluntario cuando no se contó con el consentimiento del otro cónyuge.

13. La cancelación de la constancia registral del carácter familiar de la vivienda debe producirse, en general, por mandamiento judicial.

Caben algunas excepciones: la rectificación registral (no cancelación), por vía del art. 41 Lh., para los casos del art. 1.357, 2 C.c.; el fallecimiento del cónyuge ocupante en virtud de instancia a la que se acompañe certificado de defunción o el acuerdo de los cónyuges en escritura pública cuando exista nota marginal de fijación de domicilio conyugal (art. 70 C.c.).

# III

# *CRITERIOS Y PRAXIS JUDICIALES SOBRE EL HOGAR FAMILIAR*

# LA VIVIENDA FAMILIAR DURANTE EL TRATAMIENTO DE LAS CRISIS MATRIMONIALES

*Xavier O'Callaghan*

SUMARIO: 1. CUESTIONES PREVIAS.—2. LAS MEDIDAS PREVIAS A LOS PROCESOS DE CRISIS MATRIMONIALES, EN SU INCIDENCIA CON LA VIVIENDA FAMILIAR.—3. LAS MEDIDAS PROVISIONALES, ADMITIDA LA DEMANDA EN RELACIÓN CON LA VIVIENDA FAMILIAR.—4. LA VIVIENDA FAMILIAR EN LA EJECUCIÓN DE SENTENCIA DE NULIDAD, DIVORCIO Y SEPARACIÓN: LAS LLAMADAS MEDIDAS DEFINITIVAS.

## 1. CUESTIONES PREVIAS

### 1.1. *Normalidad del matrimonio. Crisis matrimoniales*

En situaciones de *normalidad del matrimonio y de la familia,* existe —salvo escasas excepciones— el concepto de vivienda familiar, que debe ser estudiado en su relación con la protección constitucional (objeto de la ponencia I) y respecto a su concepto y naturaleza (objeto de la ponencia II).

Pero es en situaciones de *crisis matrimoniales* en las que se plantean verdaderamente múltiples cuestiones sobre la vivienda familiar. En situaciones de normalidad apenas se plantea problema. Pero en las de crisis, afloran todos los imaginables y posibles, desde los que derivan del propio concepto hasta el desdoblamiento y extinción del derecho a la vivienda.

Por otra parte, sólo en las situaciones de crisis se puede dar un desdoblamiento, no simplemente de hecho sino de derecho, entre la titularidad (dominical, arrendaticia, etc.) de la vivienda por un cónyuge y el derecho a ocuparla por el otro.

El estudio de la vivienda familiar sólo en situación de normalidad conyugal y matrimonial, tendría un interés poco más que teórico; en situaciones de crisis, se plantean todas las cuestiones que, indudablemente, tienen un contenido teórico, pero con consecuencias prácticas y se apoyan en aquel estudio teórico.

### 1.2. *Nulidad, divorcio, separación*

Las situaciones de crisis se concretan a los casos de nulidad, divorcio y separación.

La *nulidad* motiva la carencia de efectos jurídicos del matrimonio «ab initio» por inexistencia del vínculo, salvo que se dé el supuesto de matrimonio putativo. La declaración de nulidad destruye la apariencia de matrimonio; éste nunca existió; cuando aparentemente se contrajo, faltó algún requisito esencial del mismo o, dicho de forma negativa, adoleció de un impedimento o defecto esencial. La declaración de nulidad, pues, produce efectos «ex tunc» desde la aparente celebración del matrimonio, salvo en el matrimonio putativo en que se mantienen algunos efectos.

La nulidad es, pues, la total ineficacia del matrimonio declarada judicialmente, por causa coetánea a su celebración y con efecto retroactivo a tal momento. Se da en los supuestos de inexistencia (identidad de sexo), de nulidad absoluta (por falta de consentimiento y por defecto de forma) y de ineptitud (minoría de edad, ligamen, parentesco, crimen) o vicios de consentimiento (error, coacción o miedo grave).

Los efectos de la nulidad, de acuerdo con su concepto, se extienden a la total ineficacia del matrimonio, plena desaparición del vínculo matrimonial, tanto para el futuro como para el pasado. El matrimonio declarado nulo por sentencia judicial nunca fue tal matrimonio, sino una mera apariencia de tal.

La excepción a esta nulidad tan absoluta se da en el supuesto excepcional de matrimonio putativo que, con antigua tradición histórica, prevé el art. 79 C.c.: «la declaración de nulidad del matrimonio no invalidará los efectos ya producidos respecto de los hijos y del contrayente o contrayentes de buena fe. La buena fe se presume». Por tanto, si concurre buena fe en el cónyuge o los cónyuges y siempre respecto a los hijos, se mantienen los efectos personales y económicos producidos por el matrimonio; en otras palabras, la declaración de nulidad no tiene efecto retroactivo respecto a los mismos.

El enfoque, pues, de la nulidad, en cuanto a los efectos sobre el matrimonio, debería hacerse desde la perspectiva de la retroactividad, salvo en caso de matrimonio putativo. Así ocurre, por ejemplo, en la disolución «ipso iure» de la comunidad de gananciales, que prevé el n.º 2.º del art. 1.392 C.c. en que, si no se da matrimonio putativo (mala fe de ambos cónyuges) no cabe aplicar reglas del régimen de gananciales y de su disolución, pues nunca hubo tal régimen ni tal comunidad y deberán aplicarse las normas generales relativas a declaraciones de titularidad de derechos, al igual que si dos personas, del mismo o distinto sexo, con o sin relaciones sexuales, han convivido durante un tiempo y cesan su convivencia.

Pero respecto a la vivienda familiar, el Código civil tiene en cuenta los intereses de cónyuges e hijos más que el anterior planteamiento jurídico y trata de regulación dentro de la normativa común de la nulidad, divorcio y separación, a partir del art. 90, capítulos IX y X del título IV del libro primero. Así, la vivienda familiar es objeto de las medidas previas, medidas provisionales y de las definitivas o efectos de la sentencia, del proceso en que se ejercita la acción de nulidad del matrimonio, al igual que si se ejercita la acción de divorcio o de separación.

El *divorcio* produce la disolución del matrimonio, según prevé expresamente el art. 85 C.c. Es, pues, la extinción total de los efectos de un matrimonio válido y eficaz, por causas posteriores a su celebración. El divorcio sólo se produce por sentencia judicial, según el art. 89 C.c., que es constitutiva y los efectos nunca son retroactivos, sino que se producen desde la firmeza de la sentencia, como dice el mismo art. 89 C.c.

El principio que preside la regulación del divorcio en el Código civil es de divorcio-sanción, en el sentido de sanción o reconocimiento legal a situación de hecho de extinción real del matrimonio, que el Ordenamiento sanciona con la extinción jurídica o divorcio. Por ello, las causas de divorcio que enumera el art. 86 C.c. presuponen el cese efectivo de la convivencia conyugal salvo en caso extremo del n.º 5 consistente en la condena en sentencia firme por atentar un cónyuge contra la vida del otro, sus ascendientes o descendientes, que fácilmente dará lugar a una privación de libertad, también constitutiva de cese de la convivencia.

El divorcio, al no producir efectos retroactivos, constituye un estado civil nuevo relativo a los cónyuges, como divorciados, al patrimonio y a los hijos. Los cónyuges dejan —realmente, han dejado ya— de convivir; los hijos, menores de edad o incapacitados sujetos a la patria potestad, permanecerán viviendo con uno o con otro de los padres; el patrimonio quedará sujeto a las normas de disolución del régimen de gananciales (art. 1.392, 1.º C.c.) o de cualquier otro de comunidad.

La vivienda familiar seguirá siendo ocupada por uno o por otro de los cónyuges. El Código civil se refiere a ella en las medidas previas, medidas provisionales o en las definitivas o sentencia. Esta vivienda ya no se referirá, pues, a la familia formada por cónyuges e hijos, si los hay, sino tan sólo a un solo cónyuge con o sin hijos que convivan con él.

La *separación* legal o judicial es la suspensión de la eficacia del matrimonio, decretada judicialmente, por las causas que prevé la ley. No produce, pues, ineficacia o extinción del matrimonio, sino tan sólo suspensión (art. 83 C.c.), esencialmente temporal, que acabará con la reconciliación (art. 84 C.c.) o con la disolución (art. 85 C.c.). Se prevé la separación consensual, que sólo cabe tras un año de matrimonio y con propuesta de convenio regulador (art. 81, 1.º C.c.) y una serie de causas (art. 82 C.c.) que coinciden, esencialmente, en violación de los deberes mutuos entre los cónyuges.

La separación, como la nulidad y el divorcio, sólo cabe por sentencia judicial (art. 81 C.c.). Tema distinto es la separación sin sentencia, la simple separación de hecho a la que no cabe aplicar la normativa del Código civil sobre la separación.

Es evidente que la separación produce la imposibilidad de mantener en su forma originaria el domicilio común, la vivienda familiar. Por tanto, en las medidas previas, en las provisionales o en la sentencia de separación o medidas definitivas se decidirá quién continúa viviendo en ella.

### 1.3. *Problema de la vivienda familiar en las crisis matrimoniales*

En la crisis matrimonial —nulidad, divorcio y separación— tanto en las medidas previas como en las provisionales y, especialmente, tras la sentencia (lo que se llama también, medidas definitivas) está claro que los cónyuges no comparten la misma vivienda. La vivienda, por otra parte, no se puede dividir (si se dividiera materialmente, se constituirían dos viviendas). En consecuencia, como se ha apuntado hasta ahora, la vivienda familiar quedará para uso de uno u otro de los cónyuges, con o sin hijos comunes y en compañía o no de otros parientes.

El problema es, pues, la determinación de cuál de los dos cónyuges seguirá ocupando la vivienda familiar, teniendo el otro que residir en otro lugar.

Sin entrar en el concepto de vivienda familiar (objeto de la ponencia II) no se plantea el problema si la familia —cónyuge con o sin hijos— carecen de ella, como sería el caso de que vivieran con los padres de uno u otro, o vivieran en hotel o pensión, o incluso en aquellos habitáculos que no tienen tal concepto, como autocaravanas, coche vivienda o tienda de campaña.

Tampoco se plantea problema si una familia dispone de más de una vivienda familiar, tanto si son varias en plan de igualdad como si se trata de una principal y otra u otras secundarias, como las llamadas «segunda residencia», siempre que ésta sea aceptada por los cónyuges como verdadera vivienda familiar. Tampoco se plantea en el caso, ya apuntado, de que la vivienda sea divisible y pueda dar lugar, sin graves quebrantos, a dos. Así, en un chalet de varias plantas con salidas independientes, en un piso formado por la unión de dos contiguos («dúplex»).

### 1.4. *¿Desaparece el concepto de vivienda familiar?*

Dándose el problema anterior, es decir, que un solo cónyuge, con o sin hijos, continúa en la vivienda hasta entonces usada como familiar, ¿desaparece el concepto de vivienda familiar para pasar a ser un domicilio, vivienda, de una o varias personas?

Socialmente, se sigue considerando vivienda familiar la ocupada, tras la muerte del cónyuge, por el otro, con o sin hijos. Lo mismo ocurre si el matrimonio se ha disuelto por otra causa distinta a la muerte, si se ha anulado o si se ha producido la separación.

Jurídicamente, se entiende por familia el conjunto de personas físicas relacionadas entre sí por vínculos conyugales o de parentesco. No deja de ser familia, incluso en el sentido nuclear (núcleo de padres e hijos) cuando el matrimonio se ha disuelto por muerte de uno de los cónyuges o por divorcio de éstos o se ha declarado su nulidad o se han separado. Aunque ciertamente no cabe hablar de familia si los cónyuges no tienen hijos y el matrimonio se disuelve (muerte o divorcio), se anula o se produce la separación. Pero aún en estos últimos, desaparecería el concepto sociológico de vivienda familiar pero se mantendría su concepto jurídico.

En todo caso, pues, jurídicamente, en las situaciones de crisis matrimoniales, continúa para el Derecho el concepto de vivienda familiar. Esta será la misma, o mejor dicho, lo seguirá siendo, mientras la familia permaneció sin crisis, tanto si la ocupa una persona, cónyuge, con los hijos comunes (o con otros parientes) o la ocupa una sola persona, que puede ser soltera si su matrimonio fue declarado nulo, o divorciada o separada, con o sin hijos.

Como expresión de ello, el art. 1.320 C.c. impone el consentimiento conjunto, o, en su caso, autorización judicial, para la disposición de la vivienda familiar en situaciones de normalidad del matrimonio y, asimismo, el segundo párrafo del art. 96 C.c. lo exige igualmente para disponer de la misma cuando la ocupa el cónyuge no titular, en casos de crisis matrimoniales.

Sin embargo, sí desaparece el concepto de vivienda familiar en dos casos.

En primer lugar, cuando cambian de tal modo las circunstancias que no cabe hablar de ella. Son los supuestos de muerte del cónyuge que la ocupaba, o abandono de la vivienda o contrae nuevo matrimonio viviendo o no en la misma vivienda; lo que dará lugar, sin duda, a la modificación de las medidas acordadas en las sentencias de nulidad, divorcio o separación.

En segundo lugar, también desaparece el concepto de vivienda familiar en el caso de que se disponga de ésta, con los requisitos que exigen los arts. 1.320 y 96 del C.c.; han dispuesto los cónyuges de ella y ha dejado de pertenecer a la familia; uno y otro ocuparán nuevas viviendas, uno de ellos con los hijos, si los hay, pero éstas ya carecerán del concepto de vivienda familiar, en el sentido que contempla el Derecho, como vivienda que era la base física y domiciliaria de una familia, que continuaba aunque el matrimonio entrara en crisis.

### 1.5. *Separación de titularidad y derecho de ocupación*

De lo anterior se desprende la realidad de una situación que el Derecho no puede ignorar y que es un punto clave en la vivienda familiar en las crisis matrimoniales.

Tanto en las medidas previas como en las provisionales y en la sentencia definitiva de nulidad, divorcio o separación, se puede dar y se produce con frecuencia, el supuesto de que un cónyuge es el titular del derecho sobre la vivienda familiar y el otro cónyuge tiene el derecho de ocupación sobre dicha vivienda. Se da, así, una separación entre la titularidad (se verá a continuación qué tipos de titularidad pueden darse) y ocupación. No habrá tal separación en el caso de que el titular de la vivienda sea, al tiempo, quien tiene el derecho de ocupación de la misma. En este último caso, la ocupará, no en virtud de un derecho independiente sino como una facultad de su titularidad (del derecho de propiedad, de arrendamiento, etc.). En el primero, por el contrario, se produce una desmembración de facultades, cuya naturaleza se analizará con detalle.

## 1.6. *Titularidad: supuestos*

Sin entrar todavía en la disociación entre titularidad de la vivienda familiar y derecho de ocupación de la misma, deben analizarse los distintos supuestos de titularidad (en la ponencia II se hace una enumeración mucho más exhaustiva, aunque sus supuestos se reconducen a los que aquí se enumeran).

A) *Derecho de propiedad, cuya titularidad es privativa de uno solo de los cónyuges,* estén éstos casados en régimen de gananciales o en el de separación de bienes o en el de participación. O bien, se haya disuelto y liquidado la comunidad de gananciales y la vivienda haya sido adjudicada a uno de los cónyuges.

No se produce especialidad alguna en el caso de que la propiedad de la vivienda —un piso— lo sea en régimen de propiedad horizontal.

B) *Derecho de propiedad, con titularidad ganancial;* es decir, que la vivienda es bien ganancial. No cabrá este supuesto tras una sentencia de nulidad, divorcio o separación que provoca la disolución del régimen de gananciales. Sí se dará en el caso tan frecuente del piso ganancial —tantas veces, único bien de la comunidad de gananciales— mientras se tramita el proceso de nulidad, divorcio o separación, es decir, en las medidas previas y en las provisionales.

C) *Condominio,* derecho de propiedad común pro indiviso, en comunidad romana (arts. 392 y ss. C.c.) de los dos cónyuges (no ganancial) una vez disuelta y liquidada la comunidad de gananciales en que se ha adjudicado a ambos en común, o bien les pertenece así, habiendo contraído el matrimonio en régimen de separación o de participación.

D) *Derecho de usufructo,* cuyo usufructuario lo sea uno u otro cónyuge por separado, como derecho privativo, o ambos, o pertenezca a la comunidad de gananciales.

E) *Derecho de habitación,* siendo habitacionista uno de los dos cónyuges o ambos.

F) *Derecho de arrendamiento,* cuyo arrendatario lo es uno de los cónyuges, aunque pueden serlo —caso bien poco frecuente— ambos conjuntamente.

G) En *precario:* los cónyuges ocupan la vivienda sin título alguno.

H) Arrendamiento o precario *por razón del cargo que desempeña uno de los cónyuges.* Así, el portero o conserje de una finca que ocupa el local de portería o un piso o apartamento de la misma, por razón del adecuado desempeño de su función.

También el caso del empleado, trabajador o funcionario que ocupa una vivienda, en precario, anexa a su lugar de trabajo y por razón de éste (el director de la fábrica que habita en un piso situado encima de ésta, el Presidente de la Audiencia o el Juez o el agente judicial que vive en una vivienda que se halla dentro del mismo Palacio de Justicia). Es el caso frecuente de militares que habitan en viviendas construidas para tal fin e incluso con distinciones por razón de la graduación, en régimen de arrendamiento o de precario.

## 1.7. *Derecho de ocupación*

### 1.7.1. *Planteamiento*

Normalmente, la titularidad (por derecho real, como la propiedad o derecho personal, como el arrendamiento) de la vivienda familiar coincide con la ocupación de la misma. En las situaciones de anormalidad —crisis matrimoniales— se pueden separar ambos conceptos —titularidad y ocupación— a no ser que la titularidad pase de un cónyuge a otro. Así, en principio, si la titularidad es real (dominio, usufructo, etc.) se constituirá un derecho de ocupación; si la titularidad es personal (así, arrendaticia) se producirá la transmisión de la misma; si no hay titularidad (precario), nada nuevo, ni derecho ni cesión, podrán constituirse.

No se planteará problema si el cónyuge a quien se le atribuye el uso u ocupación de la vivienda, resulta que ya era el titular del derecho (de propiedad o arrendamiento, etc.) de la misma.

La ocupación de la vivienda vendrá determinada:

— Como medida previa: art. 104 C.c., en su remisión al art. 103 C.c.; no integra este supuesto el caso del art. 105 C.c.
— Como medida provisional: no acuerdo (art. 103, primer inciso C.c.) o por resolución judicial (art. 103, número 2.º C.c.).
— Como efecto de la sentencia de nulidad, separación o divorcio (medida definitiva): por convenio regulador, aprobado judicialmente (art. 90,B C.c.) o por decisión judicial (arts. 91 y 96 C.c.).

Por tanto, puede ocurrir que el titular sea ocupante: se concede la ocupación al propietario, p.ej., cuya facultad de ocupar la vivienda, será una facultad de dominio; o bien se transmite la titularidad (personal: arrendamiento) del cónyuge que era titular al cónyuge a quien concede la ocupación, que la tendrá, a partir de ahora, como nuevo titular; queda aparte el caso de que nada se puede constituir o transmitir porque ningún derecho había (así, en el precario) o porque el existente era personalísimo (vivienda por razón del cargo).

En todo caso, si a un cónyuge se le concede el uso o el goce —es decir, la ocupación— de la vivenda, desmembrando el derecho, no basta con decir que tiene una ocupación sino que hay que calificar la misma.

La terminología que se emplea es la comúnmente admitida (usada en las demás ponencias): *derecho de ocupación,* como derecho subjetivo, autónomo, independiente, coincidente con el concepto y terminología que emplea el «Conseil de l'Europe»: «le droit à l'occupation du logement de la famille».

### 1.7.2. *Naturaleza jurídica*

El caso que se plantea es de titularidad del derecho sobre la vivienda en un cónyuge, total o parcialmente, y el otro cónyuge tiene el derecho de ocupación de la misma. Se aprecia, pues, una desmembración de facultades: al titular del derecho sobre la vivienda se priva del derecho a ocuparla y este derecho lo tiene otra persona, su cónyuge o su ex-cónyuge.

Es preciso analizar la naturaleza jurídica de este último derecho, el derecho de ocupación de la vivienda familiar que, tal como se ha apuntado, no basta con decir que tiene la facultad de ocupar la vivienda sino que hay que calificar tal ocupación y la misma no es otra que la de un derecho de naturaleza real siempre que la titularidad sobre la vivienda sea real; si es personal, se dará una cesión; si no hay titularidad, no nacerá derecho de ocupación alguno.

En efecto, se deben distinguir tres supuestos básicos en relación con los dichos anteriormente sobre la titularidad de la vivienda.

Se debe partir de que la titularidad del derecho que tiene un cónyuge sobre la vivienda no se altera y los diversos títulos antes enumerados tienen naturaleza real (propiedad o condominio, usufructo, habitación), naturaleza personal (arrendamiento), no existe título (precario) o el posible título (arrendamiento o precario) va unido al cargo que desempeña el cónyuge titular.

A. *Primero. Derecho real.* Si la titularidad sobre la vivienda familiar es derecho real (propiedad o copropiedad, usufructo o habitación), el cónyuge, no titular de este derecho pero al que se le ha constituido el derecho de ocupación, tiene un poder inmediato y absoluto sobre la cosa, vivienda, con un señorío sobre la misma que es parcial pues sólo le concede la facultad de aprovechamiento de la misma. Reúne, pues, los caracteres de derecho real. Tiene la naturaleza jurídica de derecho real limitado.

Como derecho real que es, no está tipificado en ninguno de los tipos que regula el Ordenamiento jurídico. Tampoco cabe traer a colación la polémica doctrina sobre si los derechos reales son «numerus clausus» o «numerus apertus» pues no se trata de que los particulares crean un derecho real nuevo sino que el propio C.c., quizá sin pensarlo el propio legislador, regula un derecho de ocupación, con los elementos y concepto de derecho real.

Este derecho real tiene naturaleza autónoma aunque no cabe duda que guarda analogías con el derecho de habitación. Pero éste tiene constitución negocial y se limita a las piezas indispensables para vivienda. Por el contrario, el derecho de ocupación alcanza a toda la vivienda, la familiar, no sólo a las piezas necesarias

Concretando los distintos casos de titularidad real:

a) titular del derecho de propiedad, como bien privativo, tanto en régimen de gananciales o por adjudicación tras la liquidación de éste, como en regímenes de separación de bienes o de participación: es el caso más típico, en el que se aplicará lo dicho con carácter general: el cónyuge no titular que tenga el derecho de ocupación, lo tendrá como titular de derecho real restringido.

b) como propiedad, perteneciente a la comunidad de gananciales; ya se ha dicho que no puede darse tras la resolución de nulidad, divorcio o separación (medidas definitivas) pues ésta provoca la disolución de la misma (art. 1.392, números 1.º, 2.º y 3.º C.c.) pero sí en caso de medidas previas y provisionales. Siendo la vivienda familiar propiedad conjunta, como integrante del patrimonio ganancial, de ambos cónyuges, sólo uno de ellos tendrá el derecho a ocuparla, como derecho real limitado en cosa parcialmente ajena.

c) en caso de condominio, en que ambos cónyuges son copropietarios de la vivienda, en copropiedad romana, siendo las cuotas privativas de cada uno (caso frecuente en régimen de separación de bienes y frecuente y hasta inevitable en la liquidación de gananciales, cuyo único bien era la vivienda).

La posesión la tendrá uno solo de los copropietarios, el cónyuge al que se le haya concedido el derecho de ocupación, que será derecho real en cosa ajena, la mitad indivisa correspondiente al otro cónyuge, ya que la suya es de su propiedad.

d) derecho de usufructo, siendo usufructuario el cónyuge no titular del derecho de ocupación; éste se constituye sobre el derecho de usufructo anterior, recayendo sobre la propia vivienda (en aplicación de la teoría general del derecho sobre derecho) pero seguirá siempre la suerte del usufructo en el cual se apoya y del que depende. Por tanto, extinguido el usufructo por sus causas normales (arts. 513 y ss. C.c.) se extinguirá inevitablemente el derecho de ocupación.

e) derecho de habitación, cuyo titular, habitacionista, es el no titular del derecho de ocupación. Este dependerá de aquél, será un derecho sobre derecho, en la misma forma vista para el usufructo. La única cuestión planteable es si cabe el derecho real de ocupación, al ser intransmisible el de habitación (art. 525 C.c.): la respuesta ha de ser afirmativa al examinar el propio concepto de derecho de habitación (segundo párrafo del art. 524 C.c.) que incluye las necesidades de «las personas de su familia» y, por tanto, al ocupar la vivienda su cónyuge, no se transmite a él tal derecho de habitación, sino que tan sólo ocurre que dicho cónyuge y, quizá los hijos, ocupan la vivienda siendo, como son, «personas de su familia».

Al recaer sobre un inmueble por naturaleza (la vivienda tiene el concepto de finca) cabe la inscripción del derecho de ocupación en el Registro de la Propiedad. El art. 2 de la L.H. permite en su n.º 2 la inscripción de «otros (derechos) cualesquiera reales», lo que reitera el art. 7 del R.H.

En tal caso, el derecho real de ocupación tiene el carácter de *accesoriedad* respecto al derecho real sobre la vivienda (de propiedad, usufructo, habitación) cuya titularidad corresponde al cónyuge no ocupante. En consecuencia, una hipoteca o un embargo sobre la vivienda afectará o no al derecho de ocupación según que la constitución de éste sea posterior o anterior a la hipoteca o el embargo: si el derecho de ocupación se ha constituido posteriormente a la hipoteca o embargo, si ésta se ejecuta provocarán la cancelación de aquél; por el contrario, si el derecho de ocupación es anterior, cuando se hipoteca o embarga la vivienda, se hace con aquel derecho ya constituido que continuará si la hipoteca o el embargo se realiza y el rematante adquirirá una vivienda con un derecho real —derecho de ocupación— constituido sobre la misma.

La naturaleza jurídica de este derecho de ocupación cuando sobre la vivienda recae un derecho de propiedad u otro derecho real de un solo o de ambos cónyuges, nunca fue estudiado a fondo ni, por tanto, se llegó a conclusiones válidas, por la doctrina.

Díez Picazo[1] dijo que era una situación en la que un cónyuge quedaba excluido temporalmente del uso y de la ocupación de su propia casa y en que el cónyuge no titular se encuentra en una situación que, si hubiera de ser reconducida a alguna de las instituciones típicas, habría que encontrarle analogías con el derecho real de habitación o con la relación obligatoria de comodato, pero que, en realidad, constituye una situación jurídica especial... Lacruz[2] sigue la opinión del anterior, que mantiene en la actualidad[3]: el propietario lo será el titular dominical y el ocupante, poseedor legítimo, y si aquél enajena la vivienda, el tercero adquirente recibe el local con la carga de la ocupación y el ocupante (con Díez Picazo)

1. *Vid. La situación jurídica del matrimonio separado.* «R.D.N.», 1961, pp. 15 y ss.

2. *Vid. Derecho de Familia.* Barcelona 1963, p. 136.

3. *Vid. Elementos de Derecho civil.* IV *Derecho de familia.* Barcelona 1982, p. 271.

poseedor legítimo. Batlle[4] había mantenido que en este último caso, el cónyuge, simple precarista, podía ser desahuciado por el nuevo propietario. Sancho Rebullida[5] plantea estas dos posturas y parece inclinarse por la de Díez Picazo.

Tras la reforma de 1981, García Cantero[6] mantiene que el Juez puede decretar un especialísimo contrato de arrendamiento no sujeto al régimen especial arrendaticio o constituir un derecho real de habitación. Lete del Río[7] no se pronuncia sobre este punto concreto. Roca[8] lo reconduce a una cuestión de posesión, sin que resuelva problema alguno.

En conclusión, mantengo que en caso de que se atribuya la ocupación a uno de los cónyuges y no sea titular pleno de la vivienda, sino que es el otro el titular, con titularidad de derecho real (propietario, usufructuario, etc.), aquella ocupación tiene naturaleza de *derecho subjetivo, derecho real, autónomo y accesorio* respecto a aquel derecho real del titular. Cuya constitución es siempre judicial, y su titularidad, disponibilidad y extinción se analizarán seguidamente.

B. *Segundo. Derecho personal.* Si el derecho que tienen los cónyuges o uno solo de ellos sobre la vivienda es un derecho personal, esencialmente el de arrendamiento, cuando se concede al cónyuge no titular la ocupación, no puede pensarse en un derecho real de ocupación como desmembración de un derecho de arrendamiento.

Lo que ocurrirá en este caso es que el cónyuge no titular que continúe en la ocupación —es decir, uso, posesión— no siendo titular del derecho de arrendamiento, pase a serlo: se producirá una *transmisión de la titularidad*. El mecanismo será por la cesión *inter vivos* que prevé el art. 24 L.A.U.: el cónyuge ocupante no arrendatario, pasará a ser arrendatario por cesión *inter vivos,* impuesta judicialmente y notificada al arrendador. Se dará, pues, un arrendamiento cuyo titular es el cónyuge a quien se ha

4. *Vid. Cuestiones de Derecho matrimonial.* «R.C.D.I.», 1960, p. 577.

5. *Vid. Comentarios al Código civil y Compilacioines forales.* II, Edersa, Madrid 1978, 1.ª ed., pp. 180 y 181.

6. *Vid. Comentarios al Código civil y Compilaciones forales.* II, Edersa, Madrid 1982, 2.ª ed., p. 411.

7. *Vid.* Comentario del art. 96 en *Matrimonio y divorcio; comentarios...* Civitas, Madrid 1982, p. 743.

8. *Vid. Comentarios a las reformas del Derecho de familia* en el del art. 96, Tecnos, Madrid 1984, pp. 610-613.

concedido la ocupación, con todos los efectos que se derivan de la L.A.U.[9].

La doctrina ha sido muy fluctuante: Díez Picazo[10] niega la transmisión arrendaticia. Lacruz[11], que sigue a Batlle[12] al igual que Sancho[13], mantiene que el cónyuge se subroga en lugar del arrendatario pero si el arrendamiento fue celebrado constante matrimonio, entiende Lacruz que es un arrendamiento conjunto y si se concede a un cónyuge la posesión no hay cesión, sino que concentra en él la titularidad arrendaticia. García Cantero[14], si bien cree que no hay cesión ni subrogación, llega a parecida solución al mantener que se produce una continuidad de la relación arrendaticia en relación con el otro cónyuge, quien seguirá obligado a pagar la renta y demás prestaciones arrendaticias; aunque para prevenir fraudes de ley, el Juez puede hacer saber al arrendador la posesión y las modalidades. Lete del Río[15] también niega que se produzca cesión o subrogación. Roca[16] nada resuelve al pensar sólo en la posesión, punto que nadie discute ni plantea ningún problema. Jaime Castro[17] mantiene la cesión arrendaticia. La mantuvo también la S. de la A. P. de La Coruña de 10 de noviembre de 1983, transcrita y comentada por A. L. Rebolledo[18]. También lo mantiene Alamillo Sanz en su artículo sobre *Las crisis matrimoniales y la adjudicación en exclusiva de la vivienda familiar al cónyuge no arrendatario*[19].

C. *Tercero. Precario.* Si no hay título de ocupación, real o personal, caso de precario, el cónyuge a quien se le ha dado el derecho de ocupación continuará en la vivienda, pero sin más apoyo que aquel precario. El otro cónyuge antes precarista quedará sin derecho alguno, pero

9. En cuyo detalle e inevitable casuismo, no procede entrar aquí. *Vid.* FUENTES ROJO, *Suma de arrendamientos urbanos.* I, Barcelona 1983, pp. 429 y ss.
10. *Vid. La situación..., op. cit.*
11. *Vid. Derecho de familia, op. cit.*
12. *Vid. Cuestiones de..., op. cit.*
13. *Vid. Comentarios al C.c...., op. cit.*, 1.ª ed., p. 181 y 2.ª ed., p. 272.
14. *Vid. Comentarios al C.c...., op. cit.*, 2.ª ed., p. 411.
15. *Vid. Matrimonio y divorcio..., op. cit.*, p. 744.
16. *Vid. Comentarios a las reformas..., op. cit*, p. 63.
17. *Vid. La intervención judicial en la aprobación, modificación y cesación del convenio regulador.* En *Convenios reguladores de las relaciones conyugales, paterno-filiales y patrimoniales en las crisis del matrimonio. Bases conceptuales y criterios judiciales,* Pamplona 1984. p. 350.
18. *Vid.* «La Ley» de 21 de marzo de 1984.
19. *Vid.* «La Ley» de 9 de abril de 1985.

tampoco antes lo tenía. El cónyuge que tiene derecho de ocupación en la vivienda objeto de precario, está por tanto, sometido a que en cualquier momento cese el precario. En este supuesto, se da, por razón del derecho de ocupación, un desplazamiento de la persona del precarista. El cónyuge que tiene el derecho de ocupación será el actual precarista aunque no irá aquel derecho más allá de lo que supone el precario.

Por tanto, no es un derecho de ocupación, derecho subjetivo, real y autónomo, sino que tiene una posición subordinada al precario, sobre el cual se ha constituido. No se ha creado derecho nuevo, porque ningún derecho existía antes.

D. *Cuarto. Por razón del cargo.* No es un caso independiente sino que es el segundo o tercero —arrendamiento o precario— por razón del cargo. Si la vivienda está habitada por la familia, en arrendamiento o precario, por razón del cargo que desempeña uno de los cónyuges, no hay posibilidad de desmembrar facultades. Al tercero, arrendador o propietario, no le afecta la resolución judicial. Dicho cónyuge, el arrendatario o precarista por razón de su cargo, es el único que podrá continuar ocupando la vivienda y, por tanto, no podrá nacer el derecho de ocupación como autónomo. No puede concederse al otro —cónyuge que no desempeña el cargo— un derecho de ocupación pues el titular de la vivienda provocaría un deshaucio por no ocuparla la concreta persona que desempeña el cargo.

Se podría distinguir el caso, ciertamente no idéntico, de la vivienda «para» desempeñar el cargo (así, la del conserje) de la ocupada «por» tener el cargo (así, la del militar o del Presidente de la Audiencia); en todo caso, esta ocupación en arrendamiento o precario es personalísima y no cabe su desdoblamiento y ocupación por el cónyuge de quien ostenta tal cargo.

Por tanto, en conclusión, se puede afirmar que el derecho de ocupación se constituye como derecho real, autónomo, accesorio e inscribible sólo en el caso de que se ostente por el cónyuge no ocupante una titularidad de derecho real (propiedad, usufructo, habitación) total o parcial, que continuará pero con el posterior derecho de ocupación que le grava. Cualquier hipoteca o embargo o venta —o sea, disposición parcial o total— en nada afectará al derecho de ocupación, que se mantendrá.

En caso de titularidad personal, no se constituye un derecho de ocupación sino que se transmite aquélla. Nada se constituye ni transmite en caso de precario sino que cambia la persona del precarista. Y no cabe siquiera una ocupación distinta al titular, en caso de que la titularidad sea por razón del cargo.

### 1.7.3. *Constitución*

Se puede afirmar que los cónyuges, desde que contraen matrimonio, tienen derecho a ocupar —uno y otro, prescindiendo de quien sea titular dominical o arrendatario o precarista— la vivienda común, teniendo en cuenta las normas generales relativas a los efectos personales del matrimonio, especialmente lo dispuesto en los arts. 68 y 69 (convivencia) y 70 del C.c. (domicilio conyugal) y se deduce asimismo del art. 1.320 C.c. Cuyo derecho a ocupar la vivienda no es un derecho autónomo de los cónyuges sino que se integra dentro del más amplio concepto del derecho-deber de la convivencia conyugal.

Pero aquí no se plantea el tema de la vivienda en este sentido, dentro de la normalidad del matrimonio, sino que en las crisis matrimoniales dejan los cónyuges de convivir y uno de ellos sigue en la vivienda familiar mientras el otro tiene que dejarla; no hay desmembración de titularidades si el cónyuge que permanece en la vivienda familiar es el titular (dominical, arrendaticio, etc.) de la misma, pero si no ocurre así, el cónyuge queda en la vivienda.

El derecho de ocupación, como tal, en la forma y con la naturaleza que ha sido analizado se constituye únicamente por resolución judicial, decretada como medida previa (a solicitud de un cónyuge: «... puede solicitar...», dice el art. 104 C.c.) o como medida provisional, por aprobación del acuerdo entre los cónyuges (art. 103 C.c., primer párrafo, «a falta de acuerdo de ambos cónyuges aprobado judicialmente...») o por decisión jurisdiccional (art. 103 C.c.: «2... continuar en el uso de la vivienda familiar»), o en ejecución de sentencia de nulidad, separación o divorcio (medida definitiva) por aprobación de convenio (art. 90,B C.c.) o por resolución contenida en la sentencia (art. 91 C.c.) aplicándose, en todo caso, el art. 96 C.c.

Conviene destacar la constitución judicial, única que cabe, del derecho de ocupación. Constitución que será directa y coactivamente, en las medidas previas o provisionales y en la sentencia, o bien indirectamente, por aprobación del convenio regulador; en este último, pues, los cónyuges han pactado el uso de la vivienda familiar (art. 90,B, «la atribución del uso...»)

pero el derecho de ocupación, como tal y con la naturaleza jurídica vista, sólo se constituirá por la resolución judicial que apruebe dicho convenio [20].

Fuera de esta constitución judicial, no cabe otra constitución del derecho de ocupación de la vivienda familiar. Cualquier acuerdo *inter partes,* daría lugar a un arrendamiento, precario, usufructo, etc. pero no a este específico derecho de ocupación.

No habrá constitución del derecho de ocupación, como se ha apuntado, en el caso de titularidad personal, en el que se transmitirá —cesión *inter vivos*— el arrendamiento. Ni tampoco en el caso de precario, en que cambiará la persona del precarista. Ni se podrá dar una ocupación —ni, por tanto, derecho de ocupación— si la titularidad o el precario es por razón del cargo.

En el caso de arrendamiento, la cesión *inter vivos* se produce por resolución judicial del mismo modo que la constitución del derecho de ocupación.

### 1.7.4. *Titular del derecho de ocupación*

No hay que olvidar en ningún caso que esta titularidad se refiere al derecho de ocupación como derecho independiente del derecho (de propiedad, etc.) que pueda tener el otro cónyuge sobre la vivienda. Es decir, como tantas veces se ha repetido, si el titular de la vivienda la ocupa él, con o sin hijos, en la crisis matrimonial, no habrá derecho de ocupación independiente ni, por tanto, titular del mismo. Habrá aquel derecho y una titularidad del mismo, cuando se constituya judicialmente el derecho de ocupación de la vivienda familiar, cuyo titular será, en todo caso, distinto al de la vivienda en sí misma.

A su vez, hay que concretar esta ocupación al propio derecho real de ocupación, tal como se ha estudiado. Si se trata de un arrendamiento, el arrendatario nuevo, en virtud de la cesión ordenada judicialmente será el cónyuge ocupante. Lo mismo, en caso de precario.

El titular del derecho de ocupación si se constituye propiamente dicho lo será, en las medidas previas (art. 104 C.c.) o provisionales (art. 103 C.c.), el cónyuge a quien se ha concedido.

En las llamadas medidas definitivas (art. 96 C.c.) lo será el cónyuge, en el caso de que no haya hijos (penúltimo párrafo), y habiendo hijos, el titular

20. *Vid.* Castro, J., *La intervención judicial..., op. cit.,* p. 341.

lo será el cónyuge (primer párrafo) en tanto los hijos viven en su compañía.

### 1.7.5. *Disponibilidad de la vivienda*

Deben separarse dos supuestos: que el titular de la vivienda sea el mismo que tenga derecho a ocuparla; que se separe el derecho de propiedad u otro, sobre la vivienda y el derecho de ocupación de la misma.

Si el propio titular de la vivienda es el que la ocupa, es decir, no se ha constituido el derecho de ocupación, este titular podrá disponer libremente de su derecho real sobre la misma. Naturalmente, esta titularidad será total, privativa; no tendrá dicha titularidad si la vivienda sigue siendo ganancial o es copropiedad de su cónyuge. Pero si es propia del cónyuge que la ocupa, estamos en este primer supuesto; al decir «propia», se incluye tanto el derecho de propiedad, como otro real, como usufructo o habitación. Este cónyuge titular puede, pues, disponer de su derecho sobre la vivienda familiar por sí solo y sin cortapisas, pues no se aplica el art. 1.320 C.c. dictado para las situaciones de normalidad, ya que habla de cónyuges, y no lo son si el matrimonio es nulo o se han divorciado o se han separado y, por otra parte, el último párrafo del artículo 96 C.c. limita la disponibilidad en el supuesto que se verá a continuación, lo que implica *a sensu contrario,* que no se aplica en éste.

El segundo supuesto es el de separación del derecho real sobre la vivienda y el derecho de ocupación, como independiente y con la naturaleza vista. Se aplica el último párrafo del art. 96 C.c.: «para disponer de la vivienda y bienes indicados cuyo uso corresponda al cónyuge no titular (es el derecho de ocupación) se requerirá el consentimiento de ambas partes (más bien, de ambos cónyuges) o, en su caso, autorización judicial». Por tanto, si es titular de un derecho real no puede disponer del mismo (vender, donar, renunciar, pedir la división si la cosa es común) por sí solo.

### 1.7.6. *Intransmisibilidad del derecho de ocupación*

Por el contrario y en otro aspecto, el propio derecho de ocupación es indisponible. No cabe transmisión alguna. No podrá el titular cambiar de vivienda o dejarla, sin extinguir este derecho. También se extinguirá necesariamente en caso de muerte, no pudiendo transmitirlo a sus propios herederos.

Así pues, el titular del derecho de ocupación no puede disponer del mismo, por ser un derecho de constitución judicial, incardinado dentro del Derecho de familia, no cabiendo en ningún caso su disposición ni *inter vivos* ni *mortis causa.*

Sí cabe, sin duda, la renuncia a este derecho pues nadie puede adquirir o tener derechos contra su voluntad.

### 1.7.7. *Extinción del derecho de ocupación*

A) El derecho de ocupación, como derecho independiente, se extingue, en primer lugar y con relación al sujeto, por la muerte del titular del mismo.

B) Se extinguen, en segundo lugar, con relación al objeto, por desaparición del objeto: destrucción del inmueble en el que se halla la vivienda familiar o expropiación forzosa, todo ello según la relación jurídica base en la que se apoya y de la cual es una desmembración.

C) Se extingue, en tercer lugar, por razón de la propia relación jurídica de derecho de ocupación, por resolución judicial debida a cambio de circunstancias: éstas serán, esencialmente, que deje de tener el cónyuge ocupante el interés familiar más necesitado de protección; así, por razón de que los hijos dejen de vivir en su compañía, porque abandonen la vivienda («se marchen de casa»), o se casen, o por razón del trabajo residan en otra ciudad, o, incluso, porque judicialmente se atribuya su guarda y custodia al otro cónyuge (y puede en la misma resolución atribuir a este último el derecho de ocupar la vivienda, que si es titular de la misma, se extinguirá el derecho de ocupación y si no es titular pleno como en el caso del condominio, se constituirá en él un derecho de ocupación nuevo, no transmitido de cónyuge que ambos lo tenían, ya que el de éste se extinguió).

En la propia constitución del derecho de ocupación se puede dejar prevista su extinción, en la situación de falta de hijos que prevé el tercer párrafo del art. 96 C.c.

No produce extinción del derecho de ocupación la extinción de la patria potestad ya que ésta no es contemplada en el art. 96 C.c. sino con hijos que vivan en compañía del cónyuge ocupante. Así, dará lugar a aquella extinción del derecho de ocupación, el cese de la convivencia, tampoco directamente, sino como motivo para que se dicte resolución judicial que extinga el derecho de ocupación por cambio de circunstancias.

Por no uso, abandono o cambio de la vivienda familiar ocupada por el cónyuge (y los hijos) titular del derecho de ocupación, no se produce directamente la extinción de tal derecho, sino que, como el caso anterior, puede dar motivo a la resolución judicial que ordene la extinción del derecho de ocupación de este cónyuge.

Cualquier otra circunstancia que pueda motivar el cambio y una resolución judicial extintiva del derecho de ocupación no pueden enunciarse en abstracto sino que se debe contemplar cada caso, uno por uno, con todos sus detalles para advertir si procede o no la resolución. Así, el matrimonio de este cónyuge con otro, la unión extramatrimonial, la convivencia con otros parientes, etc.

## 2. Las medidas previas a los procesos de crisis matrimoniales, en su incidencia con la vivienda familiar

### 2.1. *Alejamiento de un cónyuge de la vivienda familiar*

El art. 105 del C.c. dicta una norma íntimamente relacionada con las crisis matrimoniales y con la vivienda familiar, aunque no incide directamente en ésta ni prevé la constitución de un derecho de ocupación de la misma.

Dicha norma dispone que «no incumple el deber de convivencia el cónyuge que sale del domicilio conyugal por una causa razonable y en el plazo de treinta días presenta la demanda o solicitud a que se refieren los artículos anteriores». Como destaca De los Mozos [21], establece una excepción al deber de convivencia que impone el art. 68 C.c. y que se sanciona como causa de separación (art. 82 1.ª C.c.) y como tipo delictivo (art. 487 C.p.). Aunque esta propia norma exige «causa razonable» e impone un breve plazo de caducidad. La causa razonable no la explica la ley sino que queda a la apreciación judicial. El plazo de caducidad es

21. *Vid. Matrimonio y divorcio..., op. cit.*, p. 901.

brevísimo: en treinta días se presentará la demanda de nulidad, separación o divorcio; en otro caso, a los treinta días se entiende que el cónyuge que se ha alejado del hogar, incumplió el deber de convivencia.

El art. 105 C.c., pues, contempla y admite el alejamiento de un cónyuge de la vivienda familiar, siempre por causa razonable y con breve plazo de caducidad. Pero sobre este alejamiento y su naturaleza jurídica, en relación con la vivienda familiar, conviene destacar:

— No hay adopción de medidas judiciales: por tanto, no se dispone nada sobre vivienda familiar ni, evidentemente, se constituye el derecho de ocupación.

— Es una situación de hecho, prevista por la ley, con el escaso efecto negativo de no producir efectos perjudiciales.

— En todo caso, se mantiene incólume el concepto y la situación jurídica de vivienda familiar sin constituirse derecho de ocupación.

En conclusión, pues, el art. 105 C.c. no prevé medida alguna sobre la vivienda familiar sino una situación de hecho que no altera su concepto ni constituye derecho de ocupación. Simplemente, el cónyuge que se aleja, deja de residir en la vivienda familiar; el otro cónyuge, que sigue viviendo en ella, la ocupa como tal pero sin especial y autónomo derecho de ocupación. Como situación de hecho previa y caducable, se resuelve en poco tiempo: caduca y de nuevo la vivienda familiar es (en realidad, sigue siendo) de ambos cónyuges o se formulan medidas provisionales y se constituye el derecho de ocupación.

## 2.2. *Medidas judiciales previas*

El art. 104 C.c. prevé, en su primer párrafo, la adopción de medidas previas (o provisionalísimas, como también se las llama) a la demanda de nulidad, divorcio o separación, que pueden incidir directa y decisivamente en la cuestión de la vivienda familiar. Dispone que «el cónyuge que se proponga demandar la nulidad, separación o divorcio de su matrimonio puede solicitar los efectos y medidas a que se refieren los dos artículos anteriores». Se trata, pues, de medidas previas a la tramitación procesal de la crisis matrimonial [22].

22. «Efectos y medidas» es una redundancia, como advierte GARCÍA CANTERO, G., en *Comentarios al C.c....*, op. cit., 2.ª ed., p. 467.

Son medidas judiciales (incluso si son por acuerdo de los cónyuges, precisan aprobación judicial) que intentan solucionar una serie de cuestiones que se plantean desde el primer momento de crisis y que en algunos casos pueden esperar y en otros son de necesaria solución inmediata. Por ello, se pueden solicitar o no: «el cónyuge... —dice el C.c. en su art. 104— puede solicitar...». Las concretas medidas que «puede solicitar» son las previstas en los arts. 102 y 103 del C.c., a cuyos artículos se remite el 104 en el último inciso del primer párrafo: «...medidas a que se refieren los dos artículos anteriores».

Si el cónyuge, pues, solicita la adopción de medidas judiciales previas, tendrá, automáticamente, las previstas «por ministerio de la ley» en el art. 102 C.c.: separación de cuerpos, revocación de poderes y autorizaciones, imposibilidad de vincular bienes privativos y anotabilidad en registros.

Pero además, tendrá una serie de medidas relativas a la vida familiar, que enumera el art. 103 C.c. aunque contemplando la posibilidad de acuerdo de los cónyuges. Este artículo comienza diciendo «...el Juez, a falta de acuerdo de ambos cónyuges aprobado judicialmente...». Por tanto, estas medidas pueden adoptarse por acuerdo o por decisión judicial.

*Primero: Por acuerdo de ambos cónyuges.* Deberá ser aprobado judicialmente. Art. 104, primer párrafo, en su remisión al art. 103, primer inciso del primer párrafo. En este acuerdo se puede pactar la vivienda familiar constituyendo un derecho de ocupación cuya titularidad fuera concedida al cónyuge no titular real (propietario, usufructuario, etc.) o una cesión *inter vivos* del arrendamiento o un cambio de la persona del precarista.

El pacto conyugal sobre la vivienda y la consiguiente constitución del derecho de ocupación es judicial, no convencional, pues es precisa la aprobación por el órgano jurisdiccional (así, primer inciso del art. 103) para que tenga fuerza vinculante y constitutiva del derecho de ocupación.

Podría parecer que no tiene mucho sentido un acuerdo conyugal, con preconvenio regulador, en fase tan preparatoria que no pasa de ser previa. Pero el C.c. no lo prohíbe sino lo prevé en su remisión del art. 104 al 103 que admite el acuerdo y, en la práctica, en un matrimonio que entra en crisis, los cónyuges, de acuerdo desde el primer momento, pueden pactar ya los puntos esenciales o incluso todos los extremos de su separación. Uno de los más importantes será, sin duda, el relativo a la vivienda familiar.

*Segundo: Por decisión judicial.* A falta de acuerdo, como dice el art. 103, al que se remite el 104, el cónyuge que se proponga formular demanda de nulidad, divorcio o separación, puede solicitar al Juez la adopción de las medidas que enumera el mencionado art. 103.

Una de las medidas esenciales es la que prevé su número segundo: «determinar, teniendo en cuenta el interés familiar más necesitado de protección, cuál de los cónyuges ha de continuar en el uso de la vivienda familiar...». Así, al tratar de la vivienda, plantea implícitamente la posibilidad de la constitución de un derecho de ocupación por el cónyuge no titular. Por otra parte, da la pauta sobre el criterio de atribución de la vivienda familiar: «el interés familiar más necesitado de protección».

Así, como se ha expuesto anteriormente (a las cuestiones previas) el uso de la vivienda familiar puede adjudicarse, por acuerdo o por decisión judicial al cónyuge titular de la misma o al otro, en cuyo caso se constituye el derecho de ocupación, o se produce la cesión del arrendamiento o cambio de la persona del precarista.

Estas medidas previas —por acuerdo o por decisión judicial— son provisionalísimas. Quedan sin efecto, caducan, si en el plazo (de caducidad) de treinta días no se presenta la demanda de nulidad, divorcio o separación. Así lo dispone el art. 104, segundo párrafo. Igualmente queda sin efecto cuando son sustituidas por las medidas provisionales o por las que señale la sentencia (medidas definitivas) o el proceso de nulidad, divorcio o separación termine de otra forma, como desistimiento, renuncia, etc. Así lo dispone el art. 106, primer párrafo.

Por el contrario, no pierden eficacia estas medidas previas («subsistirán» dice el segundo párrafo del art. 104) si la demanda se presenta dentro de este plazo de treinta días, que se computa según lo establecido en el art. 5 C.c., desde el Juez las otorga por aprobación del acuerdo o por resolución propia, hasta la fecha de presentación de la demanda, aunque ésta queda condicionada a la admisión a trámite de la misma.

En este caso, pues, las medidas previas se mantienen hasta que son sustituidas por las provisionales o por las definitivas, aun cuando unas u otras ratificaran o reprodujeran las previas: tendrían la eficacia como tales provisionales o como definitivas, no como previas. No hay que olvidar que la vivienda familiar puede ser objeto de medidas previas, provisionales y de la sentencia y su ejecución (definitivas).

Así pues, una resolución sobre uso de la vivienda familiar y constitución de derecho de ocupación, como medida previa, sea por aprobación judicial del acuerdo entre los cónyuges, sea por decisión judicial, se mantendrá, «subsistirá» desde que se dicte resolución judicial estableciéndola hasta que se pase el plazo de treinta días sin que se presente la demanda. O, si se presenta en tal plazo y se admite, subsistirá hasta que se dicten medidas provisionales, aunque éstas pueden ratificar o reproducir lo establecido en las previas.

## 3. Las medidas provisionales, admitida la demanda en relación con la vivienda familiar

### 3.1. *Planteamiento*

Puede ocurrir que se hayan dado unas medidas previas, anteriores a la admisión de la demanda de nulidad, divorcio o separación. Pero no es preciso, obligatoriamente, pues el art. 104 relativo a dichas medidas previas, les da carácter facultativo al prever que uno de los cónyuges «puede solicitar» las mismas. En todo caso, las medidas provisionales son autónomas, tanto si ha habido medidas previas como si no y tanto si, habiéndolas, se ratifican o reproducen como si se varían y se dictan otras.

Lo anterior respecto al posible precedente, medidas previas. Respecto a las subsiguientes, medidas definitivas, objeto de la sentencia de nulidad, divorcio o separación, también las provisionales son autónomas, aunque aquéllas confirmen o ratifiquen las provisionales acordadas.

Las medidas provisionales tienen la función de solventar (por lo menos, intentarlo) los problemas de las crisis matrimoniales mientras se tramita el proceso de éstas y son independientes, aunque coincidan, tanto de las adoptadas antes (las previas) como de las que se adopten en la resolución de la crisis (definitivas).

Mientras se tramita el proceso de nulidad, divorcio o separación, el art. 102 permite la separación de cuerpos y elimina la presunción de convivencia (número 1.º) aparte de otros efectos (resto del artículo). La separación conyugal es evidente, pues poco sentido tendría una convivencia mientras se dirigen —procesalmente— a una declaración judicial de nulidad, divorcio o separación; tanto más cuanto en el caso del divorcio, las causas —excepto la quinta— presuponen un anterior cese efectivo de la convivencia conyugal. En consecuencia, es esencial la medida relativa a la *vivienda familiar,* que puede estar prevista por acuerdo de los cónyuges (primer inciso del art. 103) o por decisión judicial (art. 103, medida segunda).

El planteamiento, pues, de las medidas provisionales es que tienen autonomía y vigencia durante el proceso de nulidad, divorcio o separación. Comienzan o pueden comenzar desde la admisión de la demanda y se mantienen hasta la resolución del proceso. Si ha habido medidas previas, pueden coincidir o no. Si el proceso termina por sentencia estimatoria, dispondrá lo pertinente, que, a su vez, podrá también coincidir o no con lo previsto en las medidas provisionales.

Tales medidas provisionales las pactan los propios cónyuges, «acuerdo de ambos cónyuges» dice el primer inciso del art. 103, que serán aprobadas judicialmente, o las decide el propio Juez, según enumera el mismo art. 103. En un caso y otro, incluirán la relativa a la vivienda familiar ya que, como se ha apuntado, no es imaginable una convivencia conyugal. Si uno de los cónyuges permanece en la vivienda no siendo titular real de la misma, se constituye el derecho de ocupación. O bien, se le transmite, por cesión *inter vivos* el derecho de arrendamiento.

### 3.2. *Acuerdo de ambos cónyuges*

El primer inciso del art. 103 prevé que las medidas provisionales se pacten por los propios cónyuges, en acuerdo que será aprobado judicialmente, siendo la resolución judicial que impone las que numera el art. 103, subsidiaria de aquel acuerdo. Dispone dicho art. 103 que «...el juez, a falta de acuerdo de ambos cónyuges aprobado judicialmente...».

Este acuerdo es distinto del que se haya podido aportar como medidas previas, aunque nada impide que coincidan las medidas.

También es distinto del convenio regulador que prevé el artículo 90 que lo llaman De los Mozos y M.ª José Herrero [23] convenio definitivo y destacan que su contenido es mucho más amplio y su alcance totalmente distinto, ya que mientras aquél es provisional, éste es definitivo; es decir,

23. *Vid. Matrimonio y divorcio..., op. cit.,* p. 846.

aquél contempla las medidas provisionales mientras está en trámite el proceso de nulidad, divorcio o separación; éste regula las medidas definitivas que se derivan de la sentencia definitiva de nulidad, divorcio o separación. Nada impide, desde luego, que coincidan en parte (en todo no sería posible porque respecto a los bienes, por ejemplo, en el convenio regulador se liquida el régimen y en el acuerdo del art. 103 se contempla la entrega de algunos bienes y la administración y disposición).

Respecto a la vivienda familiar, según el art. 103, los cónyuges pueden acordar cuál de ellos continúa en el uso de la misma y a éste, si no es el titular único real (como propietario o usufructuario, por ejemplo) se le constituye el derecho de ocupación sobre tal vivienda.

Lo que debe destacarse es que este acuerdo precisa aprobación judicial, como dice expresamente el art. 103. Ciertamente, la constitución del derecho de ocupación de la vivienda sólo cabe por resolución judicial y ésta será en este caso, la resolución que aprueba el acuerdo. Cuya aprobación puede ser total, de todo el acuerdo, o parcial, de algunos extremos del mismo.

Si los cónyuges pactan unas soluciones entre ellos y no las someten a aprobación judicial o el Juez no las aprueba, el pacto será meramente privado y así, el relativo a la vivienda familiar puede crear relaciones obligacionales o incluso reales entre los cónyuges, pero no constituirá un derecho autónomo, el derecho de ocupación que, como tal es (como se dijo en las «cuestiones previas») de constitución únicamente judicial.

En la llamada separación consensual del art. 81, número primero, es preciso aportar con la demanda la propuesta del convenio regulador del art. 90 y del acuerdo del 103. Ya se ha dicho antes que son distintos ambos acuerdos. Pueden darse en el mismo escrito, incluso mezclados, pero en el acuerdo del 103 se prevé la provisionalidad durante el trámite procesal y el convenio del 90 incluye todo lo relativo a un matrimonio declarado nulo, disuelto por divorcio o separado. Sobre la vivienda familiar se puede acordar la misma medida como provisional y como definitiva, siempre que el Juez apruebe una y otra. Puede, por tanto, constituirse el derecho de ocupación con la admisión de la demanda y mantenerse ya indefinidamente, durante el proceso y tras la sentencia.

### 3.3. *Resolución judicial sobre la vivienda familiar*

Subsidiariamente al acuerdo de ambos cónyuges, porque no lo han hecho o, haciéndolo, no han previsto nada respecto a la vivienda familiar o el Juez no aprueba el acuerdo o no lo aprueba en lo relativo a la vivienda... en todos estos casos, el Juez resuelve lo pertinente respecto a la vivienda familiar, como medida provisional mientras pende el proceso de nulidad, divorcio o separación. Así lo expresa el art. 103: «admitida la demanda, el Juez, a falta de acuerdo de ambos cónyuges aprobado judicialmente, adoptará, con audiencia de éstos, las medidas siguientes...». En su número segundo se refiere a la vivienda familiar: «determinar, teniendo en cuenta el interés familiar más necesitado de protección, cuál de los cónyuges ha de continuar en el uso de la vivienda familiar...».

Así, se determina por resolución judicial el uso de la vivienda familiar y si éste se concede al cónyuge que no sea titular real de la misma, se constituye el derecho de ocupación, o se ordena la cesión *inter vivos* del arrendamiento o se cambia la persona del precarista.

Aunque ciertamente, como observan De los Mozos y M.ª José Herrero [24], nada impide que el Juez, oídas las partes, resuelva que los cónyuges pueden seguir en el uso común de la vivienda familiar.

Si bien, añaden estos autores [25], lo normal será que los cónyuges vivan separados durante la tramitación del proceso y que, no poniéndose de acuerdo sobre quién ha de seguir disfrutando de la vivienda familiar, tenga que ser el Juez el que resuelva al adoptar las medidas provisionales.

Sin entrar en el análisis de los criterios para la atribución de la misma (objeto de las páginas siguientes a cargo de Santos Briz), conviene destacar que tal atribución es independiente del carácter de demandante o demandado de cada uno de los cónyuges y de su buena o mala fe.

Es independiente, asimismo, tal como destaca toda la doctrina [26], de quién de los cónyuges sea propietario, arrendatario, etc. —es decir, titular real u obligacional— de la vivienda familiar. El uso de la misma puede serle concedido al propio titular y también puede concedérsele al que no sea titular.

### 3.4. *Provisionalidad*

Todas las medidas provisionales vistas, tienen, en principio, la vigencia del trámite del proceso de crisis matrimonial, nulidad, divorcio o sepa-

24. *Ibidem,* p. 861.
25. *Ibidem,* p. 862.
26. *Vid.* por ejemplo, LACRUZ-SANCHO, *Elementos..., op. cit.,* p. 271.

ración. Así, se mantienen desde que se dictan por el Juez, una vez admitida la demanda (art. 103), sea como aprobación del acuerdo de los cónyuges, sea como resolución a falta de tal acuerdo. Y, por otro lado, se mantienen hasta la resolución del proceso. Es esencial, por tanto, su carácter de provisionalidad.

Respecto al momento inicial, es preciso, ante todo, la admisión de la demanda. Aunque, como se ha analizado ya, quepan unas medidas, quizá las mismas, previas a tal momento (art. 104), pero las provisionales sólo caben desde que se admita la demanda. Sólo a partir de este acto procesal, el Juez podrá o bien aprobar el acuerdo conyugal o bien dictar medidas (art. 103) que pueden coincidir con las previas pero que no son continuación de éstas sino autónomas, como provisionales.

Una de tales medidas será la relativa a la vivienda familiar y, en su caso, constituirá el derecho de ocupación.

El momento final de las medidas definitivas es el que lo sea del proceso de nulidad, divorcio o separación. La sentencia resolverá definitivamente sobre las cuestiones que ya han sido objeto de estas medidas provisionales; así, la sentencia (medidas definitivas) se ajustará a lo dispuesto en los arts. 90 y ss. y quedarán sin efecto las medidas provisionales; aunque puede ocurrir que la sentencia reproduzca o mantenga lo acordado en medidas provisionales, pero lo resuelto en sentencia tendrá autonomía propia, no será continuación de las medidas provisionales, aunque sean coincidentes en su contenido. También terminará la vigencia de las medidas provisionales al concluir el proceso por sentencia desestimatoria o por otra causa distinta de sentencia, casos en que no se sustituyen o ratifican aquellas sino que simplemente quedan sin objeto.

A ambos supuestos se refiere el art. 106: «los efectos y medidas previstos en este capítulo terminan, en todo caso, cuando sean sustituidos por la de la sentencia estimatoria o se ponga fin al procedimiento de otro modo».

Por tanto, por esencia, las medidas provisionales son temporales, provisionales como su nombre indica. Rigen desde que se ordenan judicialmente, una vez admitida la demanda, hasta que termina el proceso, por sentencia estimatoria de la nulidad, divorcio o separación (que impondrá las llamadas medidas definitivas que pueden coincidir con las provisionales) o desestimatorio o por otro medio de terminación del proceso que no sea sentencia.

En este tiempo, provisionalmente, alguno de los cónyuges tendrá el uso de la vivienda familiar y si no es titular real de la misma, tendrá el derecho de ocupación. Lo que puede ser igual que las medidas previas acordadas antes y ser igual, también, que las definitivas resueltas por sentencia, lo que ocurrirá normalmente si ha habido acuerdo (del 103) y convenio (del 90) entre los cónyuges. En todo caso, el derecho a ocupar la vivienda, como medida provisional, será esencialmente provisional, aunque puede ser ratificado o reproducido como medida definitiva.

Por otra parte, como observan Lacruz-Sancho [27], el art. 103 no prevé la alteración de las medidas provisionales durante el trámite del proceso, pero cabe la modificación por acuerdo de los cónyuges, de las adoptadas según acuerdo de los mismos: si las pactaron de acuerdo, también de acuerdo las pueden modificar; siempre con aprobación judicial, pues el acuerdo inicial también lo requirió. Igualmente las que adoptó el Juez, a falta de acuerdo, las puede variar si cambian las circunstancias. No hay más que pensar que la vivenda familiar cuyo uso tiene un cónyuge puede no necesitarla o simplemente dejarla, cuando razones de trabajo le obligan a cambiar de residencia, o motivos familiares le facilitan la vida en otra, o el cambio en la guarda y custodia de hijos menores puede motivar el cambio del derecho a ocupar la vivienda.

## 4. La vivienda familiar en la ejecución de sentencia de nulidad, divorcio y separación: las llamadas medidas definitivas

### 4.1. *Proemio*

La sentencia que declara la nulidad, divorcio o separación da lugar a un período nuevo, en términos procesales y constituye un nuevo estado civil (de solteros, de divorciados o de separados) desde el punto de vista civil.

Tal como expresa Albaladejo [28], con la sentencia se crea un nuevo estado de cosas, en principio definitivo. Las medidas tomadas antes respecto a

27. *Ibidem,* p. 273.
28. *Vid. Curso de Derecho civil.* IV *Derecho de Familia.* Barcelona 1982, p. 117.

personas y bienes, incluyendo la relativa a vivienda familiar, se confirmarán o se rectificarán, según convenga, pero las mismas u otras, procede que se adopten ya con carácter de estabilidad porque el litigio ha terminado y la nueva situación se presenta tan permanente y, podríamos decir, normal, como la que existía cuando el matrimonio no había entrado en crisis.

Hay que tener en cuenta el final del proceso de nulidad, divorcio o separación, según la sentencia sea estimatoria o desestimatoria de la demanda [29]. Terminado el proceso de nulidad, divorcio o separación, si la sentencia desestima la demanda y no da lugar a aquéllas, o termina el proceso de otro modo que no sea sentencia estimatoria, todas las medidas quedan sin efecto (salvo la revocación de consentimientos y poderes, art. 10, segundo párrafo) y el matrimonio vuelve a su situación de normalidad con la eficacia que le es propia. Dictándose la sentencia estimatoria que declara la nulidad del matrimonio o constituye la separación o divorcio, las medidas pasan a ser definitivas, que podrán ser las mismas tomadas como provisionales o como previas o pueden ser modificadas. La relación efectos o medidas pasan a ser estables, quedando el matrimonio como nulo (putativo o no), disuelto por divorcio u objeto de separación; pero no hay que olvidar que el negocio jurídico de matrimonio creó un status que quizá duró largos años y produjo, o pudo producir, situaciones fácticas que el Derecho no puede ignorar: así, hijos, formación de una vivienda con su ajuar, necesidad económica de un cónyuge, etc.

Concretando el tema al caso de sentencia estimatoria —pues si es desestimatoria, la cuestión de vivienda familiar deja de pertenecer al tema de las crisis matrimoniales— aparece, pues, en síntesis, que la decisión sobre la vivienda familiar puede no estar precedida por medidas previas o provisionales sobre la misma; o bien, sí existir tales medidas, en cuyo caso, a su vez, la sentencia estimatoria las puede mantener, confirmándolas o las puede cambiar, sustituyéndolas por otras; en todo caso, las medidas —llamadas definitivas— acordadas en sentencia, son distintas, coincidan o no, con las previas o provisionales anteriores.

La sentencia estimatoria, como se ha apuntado, constituye un estado civil (es sentencia constitutiva) de soltería en caso de nulidad del matrimonio, de divorciados o de separados. Las medidas que se refieren, no

29. *Vid.* O'Callaghan, *Compendio de Derecho Civil.* IV *Derecho de Familia.* Madrid 1983, p. 218.

a la cuestión esencial del matrimonio en sí misma, sino a las cuestiones adyacentes relativas a personas y bienes, incluyendo la vivienda familiar, son las llamadas medidas definitivas. Son definitivas en el sentido de que están fijadas en sentencia definitiva, final del proceso. Aunque, desde luego, cabe su modificación, por alteración de circunstancias, según el penúltimo inciso del art. 90 y el último del 91, estando siempre presente la cláusula «rebus sic stantibus» (la modificación de medidas es objeto de la Ponencia V).

Al haber sido acordadas en la sentencia definitiva, coincidirán con la liquidación del régimen económico-matrimonial, con indudable incidencia en el tema de la vivienda familiar (cuya liquidación es objeto del trabajo a cargo de Fernández Urzainqui).

Declarado el matrimonio nulo, divorciado o separado, es claro que no hay convivencia entre los cónyuges ni puede (salvo caso excepcional e insólito) mantenerse una vivienda común y compartida. Por ello, la vivienda familiar se atribuye judicialmente (por convenio aprobado por el Juez o por directa decisión judicial) a uno u otro de los cónyuges. Si el cónyuge a quien se le ha atribuido el uso de la vivienda familiar es el titular real (propietario, por ejemplo), el uso continuará como manifestación o expresión de su titularidad. Pero si no es el titular, se constituirá a su favor el derecho de ocupación, analizado en las cuestiones previas. O bien se le transmitirá el arrendamiento, por cesión *inter vivos*. O se le atribuirá el carácter de precarista.

Este derecho, con el carácter de real o como arrendaticio o incluso precarista, puede quedar amparado frente a una actuación violenta del otro cónyuge, por la protección penal del art. 517 C.p. («al que con violencia o intimidación en las personas ocupare una cosa inmueble o usurpare un derecho real de ajena pertenencia...»). Asimismo, en el ámbito de Derecho privado, la protección de este derecho, cuando tiene naturaleza real, se logra por su inscripción en el Registro de la Propiedad.

La atribución del uso de la vivienda familiar a uno de los cónyuges, con constitución o no del derecho de ocupación, se decide o por voluntad concorde de ambos cónyuges, por medio del convenio regulador o por decisión judicial, en defecto de convenio, porque no lo hay o porque no ha sido aprobado; para esta decisión judicial el C.c. fija una serie de criterios.

### 4.2. *Atribución del uso de la vivienda familiar por acuerdo o convenio regulador*

El art. 91 C.c. se refiere a medidas tomadas por el órgano jurisdiccional que se desarrollan en los artículos siguientes, pero destaca que lo son «en defecto de acuerdo de los cónyuges o, en caso de no aprobación del mismo». Por tanto, la norma preferente para fijar el uso de la vivienda familiar y, en su caso, la constitución del derecho de ocupación, es el acuerdo de los cónyuges que será el convenio regulador propiamente dicho o un simple acuerdo en el proceso o en ejecución de sentencia, aprobado judicialmente.

El convenio regulador determinará el uso de la vivienda familiar, necesariamente, en todo caso de la separación consensual que prevé el art. 81, número 1.º C.c. y también, en consecuencia, del divorcio derivado de la anterior, previsto en el número 1.º del art. 86 C.c. y tal convenio también puede presentarse en proceso de nulidad.

Aparte del típico convenio regulador, puede darse un acuerdo que, análogo al convenio, no tenga la misma naturaleza que éste, pero cumpla la misma función. Así, en pleno trámite del proceso de nulidad, divorcio o separación o dictada la sentencia, pueden los cónyuges presentar un acuerdo señalando todas o algunas de las medidas relativas a personas, bienes y vivienda.

Tanto el convenio como el acuerdo se referirá o podrá referirse a (art. 90,B C.c.) «la atribución del uso de la vivienda y ajuar familiar», cuya titularidad, derecho de ocupación, etc. ha sido analizado en las cuestiones previas.

El convenio y el acuerdo no tienen eficacia por sí mismos sino que precisan aprobación judicial y de este convenio o acuerdo aprobados nace la fuerza ejecutiva. Esta aprobación judicial tiene, pues, máxima importancia y debe concederse examinando muy cuidadosamente los pactos, especialmente los relativos a un tema tan fundamental como es el de la vivienda y la constitución del derecho de ocupación.

Así [30] la importancia de la vivienda en nuestra actual situación social debe mover al Juez a examinar escrupulosamente la situación en cuanto al alojamiento en que queda el cónyuge que no es titular del piso o del alquiler, ni propietario de los muebles; si, en principio, la ley permite

30. *Vid.* García Cantero, G., *Comentarios al C.c...., op. cit.*, p. 381.

a los cónyuges que resuelvan por sí el tema del uso de la vivienda, y ajuar familiar, ello no podrá ser sobre la base de dejar en la calle al más desvalido.

Puede añadirse que no podría ser aprobado un convenio en que la atribución de la vivienda a uno de los cónyuges implique un traslado de ciudad para los hijos o suponga una grave alteración del entorno social en que se ha venido desarrollando la vida familiar antes de la separación; no sería homologable el convenio por el que se asignase a uno de los padres y a los hijos menores, unas habitaciones o dependencias de la vivienda y otras al otro cónyuge, al requerir la separación y el divorcio el cese de la convivencia conyugal que no se producirá si ambos cónyuges o ex-cónyuges continúan viviendo bajo el mismo techo [31].

El control que el Juez ejerce a través de la homologación o aprobación del acuerdo o convenio, o bien de su denegación, se desenvuelve en tres planos: primero: apreciación de la observancia de normas imperativas; segundo: verificación de que el convenio contiene la regulación mínima indicada en el artículo 90, párrafo primero; tercero: juicio de conveniencia del acuerdo para los cónyuges y los hijos, si los hay, cerciorándose de que alguno de aquéllos no padezca un grave perjuicio, o éstos un daño, ambas cosas como consecuencia de lo estipulado [32].

### 4.3. *No convenio ni acuerdo: resolución judicial sobre la vivienda familiar*

El art. 91 C.c. parte de que si no hay acuerdo o convenio entre los cónyuges, es el Juez quien resuelve lo conveniente sobre los extremos relativos a personas y bienes de los cónyuges y sobre la vivienda familiar. Dispone que a falta de tal acuerdo o convenio y como medidas definitivas, en la sentencia de nulidad, divorcio o separación, el Juez «determinará conforme a lo establecido en los artículos siguientes las medidas...» las cuales sustituyen a las adoptadas anteriormente o son nuevas totalmente si no se había adoptado ninguna.

En todo caso, pues, como se ha insistido ya anteriormente, estas me-

31. *Vid.* García Varela, González Poveda, López Muñiz y Sierra Gil de la Cuesta, *La ley del divorcio.* Madrid 1982, p. 75.
32. *Vid.* López, A. M., *Matrimonio y divorcio...*, *op. cit.*, p. 624.

didas son nuevas aunque coincidan o reproduzcan anteriores que habían sido adoptadas como provisionales o previas o sean distintas o bien sean nuevas porque antes no se había tomado ninguna, o bien ninguna en relación sólo con la vivienda [33].

El artículo del C.c. que desarrolla la resolución judicial sobre la vivienda familiar es el 96, que prevé la atribución del uso al cónyuge, sea titular o no de la misma, en cuyo último caso se constituirá el derecho de ocupación; se prevé el criterio básico de atribución del uso; la titularidad del mismo, como tal derecho de ocupación; por último, el poder de disposición sobre la vivienda.

El art. 96 es, pues, esencial en este tema, como lo es el 1.320 para el matrimonio que no sufre crisis. Tan esencial que la mayoría de las ideas y normas que contiene se han dicho ya en esta misma Ponencia o se dirán en otras.

Así, como dos ideas ya apuntadas anteriormente: primera, que estas medidas llamadas definitivas sobre la vivienda familiar que adopta el Juez en su sentencia de nulidad, divorcio o separación y a que se refiere el art. 91 en general y el 96 sobre la vivienda, lo son en defecto de acuerdo o convenio de los cónyuges; por tanto, toda la importancia del art. 96 es subsidiaria; segunda: que estas medidas, objeto de ejecución de sentencia pues en ésta se han impuesto, como definitivas, aún modificables, son independientes, aunque coincidan con las que pudieran haberse adoptado como medidas previas o provisionales.

Como normas que se contienen en este artículo, se destacan:

*Primero.* Determina los criterios de atribución del uso de la vivienda familiar. El principio básico es, como observa Lacruz [34], la idea de protección a la prole. El estudio pormenorizado de los criterios es objeto en páginas inmediatas de la atención de Santos Briz. García Cantero [35] estudia también esta cuestión y Lete del Río [36] distingue los tres supuestos que contempla el texto legal: 1) los hijos permanecen en compañía de uno solo de los cónyuges, 2) algunos de los hijos quedan en compañía de uno de los cónyuges y los restantes en la del otro, 3) no existen hijos

33. Sobre este art. 91 C.c., *vid.* el acabado estudio de RIVERO, F., *Matrimonio y divorcio..., op. cit.*, p. 627.
34. *Vid. Elementos..., op. cit.*, p. 259.
35. *Vid. Comentarios al C.c...., op. cit.*, p. 410.
36. *Vid. Matrimonio y divorcio..., op. cit.*, p. 742.

del matrimonio; en parecidos términos expone los criterios Román García Varela[37].

*Segundo.* Este art. 96 tiene trascendental importancia pues en él se basa esencialmente la existencia del derecho de ocupación. Así, haciendo abstracción de que se pueda constituir por acuerdo o convenio entre los cónyuges aprobado judicialmente, el art. 96 es el que permite al Juez dar el uso de la vivienda familiar a uno de los cónyuges y, por tanto, si éste es el titular real (propietario, usufructuario...) el uso no será sino la manifestación o la facultad de su propia titularidad, pero si se concede el uso al cónyuge no titular, se constituye el derecho de ocupación, o se transmite el arrendamiento o se le da el carácter de precarista.

*Tercero.* El poder de disposición lo prevé, como norma especial, el último párrafo del mismo art. 96 que coincide con la del art. 1.320 prevista ésta para situaciones de no crisis matrimonial. «Para disponer de la vivienda y bienes indicados cuyo uso corresponda al cónyuge no titular se requerirá el consentimiento de ambas partes, o en su caso, autorización judicial[38]. Manteniendo que si la titularidad de la vivienda es real (propiedad, usufructo...), único caso de disponibilidad de la misma, el derecho de ocupación se constituye también con la naturaleza de derecho real, sería indiferente que el cónyuge titular de la vivienda dispusiera de ésta, pues igualmente se mantendría el derecho real de ocupación, tanto más si está inscrito en el Registro de la Propiedad.

### 4.4. *A modo de apéndice: la vivienda familiar en la separación de hecho*

La primera consecuencia que produce la separación de hecho —como observa Carmen Hernández[39]— es que los esposos dejan de vivir juntos y tienen domicilios distintos, cuya diferencia de domicilios en tal caso la ha admitido reiteradamente la Jurisprudencia.

Lo que es claro es que la separación de hecho es una situación de mero hecho, aunque en ciertos casos es un hecho jurídico, para producir efectos jurídicos.

37. *Vid. La ley de divorcio, op. cit.,* p. 90.
38. *Vid.* García Cantero, G., *Comentarios al C.c...., op. cit.,* p. 414.
39. *Vid. La separación de hecho matrimonial.* Madrid 1982, p. 68.

La vivienda familiar, la que hasta la separación ha sido conyugal y familiar, la podrá seguir usando uno u otro de los cónyuges, a no ser que, de acuerdo, la dejen ambos. Si la sigue ocupando —que será lo normal— uno de los cónyuges, éste será el que era titular real u obligacional de la misma o no.

Si lo era, seguirá ocupándola como tal titular (propietario, arrendatario, etc.) sin problema alguno.

Si no lo era, tendrá que pactarse entre los cónyuges el uso por el no titular. Así, si el que no la ocupa era propietario, podrá constituir un usufructo o un derecho de uso o un arrendamiento a favor del ocupante. Si no constituye derecho alguno, este último quedará como mero precarista.

Si la vivienda era común, como bien ganancial o como cosa común proindivisa en régimen de separación de bienes (caso tan frecuente en Cataluña), o bien se adjudicará la vivienda al cónyuge ocupante y no habrá más problema, o se adjudicará al no ocupante y se vuelve a los problemas apuntados de constitución de derecho a favor del ocupante (usufructo, uso, arrendamiento) o éste la ocupa como precarista. Si no se adjudica y sigue común, podrá uno de los cónyuges seguirla ocupando como cotitular.

Lo anterior será fruto de pacto, escrito o verbal, expreso o tácito, o simplemente resultante de una situación fáctica (así, cuando uno de los cónyuges abandona al otro y la vivienda) [40].

Cuando la vivienda familiar, como observa Valpuesta [41], estaba en régimen de arrendamiento urbano cuyo arrendatario es el cónyuge no ocupante, es preceptiva la notificación al arrendador, según el art. 24 L.A.U. para evitar que pueda darse la resolución del contrato de arrendamiento al amparo de lo dispuesto en el art. 114, causa 5.ª de la misma L.A.U.

40. *Vid.* Valpuesta, M.ª R., *Los pactos conyugales de separación de hecho: historia y presente,* Sevilla 1982, p. 245.

41. *Ibidem.*

# CRITERIOS JUDICIALES EN LA ADJUDICACION DEL USO DE LA VIVIENDA Y AJUAR FAMILIARES. SU APLICACION EN LOS DISTINTOS SUPUESTOS PROCESALES

*Jaime Santos Briz*

SUMARIO: 1. CRITERIOS JUDICIALES EN LA ADJUDICACIÓN DEL USO DE LA VIVIENDA Y AJUAR FAMILIARES.—2. APLICACIÓN DE LOS CRITEROS JUDICIALES SOBRE LA ADJUDICACIÓN DEL USO DE LA VIVIENDA Y AJUAR FAMILIARES EN LOS DISTINTOS SUPUESTOS PROCESALES.

## 1. CRITERIOS JUDICIALES EN LA ADJUDICACIÓN DEL USO DE LA VIVIENDA Y AJUAR FAMILIARES

### 1.1. *Concepto de vivienda*

Parece lógico que antes de entrar en el estudio de los criterios judiciales en la adjudicación del uso de la vivienda y ajuar familiares se delimite el concepto de vivienda. Equivale «vivienda» a «domicilio», pues es difícil concebir que la vivienda de una familia no sea el domicilio de la misma, es decir, el lugar de su residencia habitual para el ejercicio de los derechos y el cumplimiento de las obligaciones civiles (art. 40 del C.c.). Puede considerarse también equivalente a «vivienda» el concepto de «hogar». En efecto, la sent. del T.S. de 19 de junio de 1963 declaró que el hogar familiar es la sede física de la familia, donde se halla establecida para el cumplimiento normal de sus fines propios de asistencia mutua entre sus componentes. Es lo mismo decir que «domicilio» es el lugar cerrado, reservado primordialmente a morada o casa habitación de su titular o de la familia que lo ocupe. Se protege el domicilio o vivienda con independencia de la titularidad jurídica que se ostente sobre el espacio físico (propiedad, arrendamiento, usufructo, uso, etc.). Pero la protección del domicilio no es únicamente protección de la intimidad en sentido estricto, sino más bien protección de la vida privada en sentido general, en definitiva, en la perspectiva que ahora interesa, significa protección de la entidad familiar que allí desenvuelve su vida privada.

Nuestras antiguas Constituciones, las de 1808, 1812, 1837, 1845 y 1869, en lugar de domicilio hablaban de «la casa» (la casa de ningún español podía ser allanada). Fue la Constitución de 30 de junio de 1876 la que se refirió ya al «domicilio» en lugar de la palabra de uso todavía popular de «Casa»[1]. La Constitución vigente (art. 18, 2) y la de 1931 (art. 31, párr. 4) declaran la inviolabilidad del domicilio.

### 1.2. *Concepto de familia y su significación en nuestros días*

Concepto básico es asimismo el de «familia» y su significado en nuestros días. El art. 3.º del C.c. exige al interpretar las normas jurídicas «tener en cuenta la realidad social del tiempo en que han de ser aplicadas, atendiendo fundamentalmente al espíritu y finalidad de aquéllas», de ahí que sea preciso hacer referencia a las concepciones actuales del matrimonio y la familia, que son las que han motivado las últimas reformas y deben ser tenidas en cuenta para interpretar la ley.

Hace poco decía uno de nuestros más ilustres juristas[2] que las legislaciones, muchas veces, en vez de proteger la familia, contribuyen a agravar su debilitamiento. La admisión del divorcio vincular, el reconocimiento del concubinato como institución que produce efectos jurídicos, siquiera sean restringidos, la concesión de derechos iguales a la prole legítima y a la nacida fuera de matrimonio, la difusión del régimen conyugal de separación de bienes, la rigidez del sistema de distribución igualitaria del patrimonio entre los hijos, etc., han llegado en no pocos países a comprometer la solidez de la familia.

1. SEMPERE RODRÍGUEZ, César, *Constitución española de 1978.* II, Comentarios dirigidos por Oscar Alzaga, 1983, p. 441.

2. CASTÁN TOBEÑAS, José, *Las instituciones protectoras de la familia y de su propiedad,* 1955, pp. 21 y ss.

### 1.2.1. *Concepción sociológica de la familia*

Pero actualmente diversos factores han provocado un cambio en la concepción sociológica de la familia. Factores de tipo económico, como el cambio de una sociedad rural a una sociedad urbana e industrial; y los imperativos de la sociedad de consumo, que obligan a que ambos cónyuges trabajen fuera del hogar para aportar más medios económicos a la familia. Y factores de tipo político que van desde las ideas revolucionarias hasta el individualismo liberal; desde los principios inspiradores del movimiento en favor de los derechos humanos, que anteponen la libertad y la igualdad individual a cualquier otra consideración, hasta los movimientos de descristianización de la sociedad occidental.

Todos estos factores determinan una nueva concepción de la familia, teñida de una serie de caracteres [3], entre los que ahora interesa resaltar:

a) Una democratización e igualdad en las relaciones familiares sobre todo entre los cónyuges y entre los hijos, aunque el C.c. (art. 155) sigue imponiendo a los hijos el deber de obedecer a sus padres mientras permanezcan bajo su potestad y respetarles siempre.

b) Una tendencia, manifestada en ciertos sectores políticos y doctrinales, a sustituir los regímenes de comunidad por los de separación o participación.

c) La llamada promoción social de la mujer y la reducción en ciertos ambientes del matrimonio a contrato puramente civil, fácil de rescindir mediante la separación o el divorcio.

Esos factores que se insertan en la amplia idea de democratización de la familia hacen que ésta en cuanto sus miembros ganan libertad e independencia, pierda en cohesión interna; pero no quiere decirse con ello que los intereses de la familia se hayan reducido a los intereses comunes a cada uno de sus miembros solamente, puesto que en definitiva se reconoce un interés superior y distinto al de cada uno de ellos, lo que deriva del propio carácter transpersonalista de la institución familiar. Sin duda la idea de familia y su amplitud ha sido tenida en cuenta por la Constitución vigente al decir que «los poderes públicos aseguran la protección social, económica y jurídica de la familia» (art. 39, 1). Precepto que pre-

3. Garrido Cerdá, Emilio, *Derechos de un cónyuge sobre los bienes del otro.* «Rev. de Der. Notarial», enero-marzo 1982, pp. 90 y ss.

supone un concepto de familia que reconoce como vigente y pretende impulsar y favorecer como núcleo social básico y fundamento de la sociedad.

### 1.2.2. *Democratización e igualdad en las relaciones familiares*

La democratización e igualdad en las relaciones familiares tiene su fundamento básico en los arts. 14 y 32, 1, de la Constitución, al declarar dentro de la igualdad de todos los españoles ante la ley y de la prohibición de discriminación por razón de sexo, que el hombre y la mujer tienen derecho a contraer matrimonio «con plena igualdad jurídica». Complementa esa igualdad el art. 39, 2 y 3, según los cuales, los poderes públicos aseguran la protección integral de los hijos «iguales éstos ante la ley con independencia de su filiación, y de las madres cualquiera que sea su estado civil», y que los padres deben prestar asistencia de todo orden a los hijos habidos dentro o fuera del matrimonio, durante su minoría de edad y en los demás casos en que legalmente proceda.

Por consiguiente, el principio de igualdad imprime un sentido condicionante o modalizador a las normas que lo aplican al matrimonio, a la filiación dentro o fuera del matrimonio y a la maternidad, cualquiera que sea el estado civil de la madre. La familia, en nuestra concepción política actual, no se reduce a la originada en el matrimonio y dentro de él, pues ello implicaría una discriminación para la procreación habida fuera del matrimonio, lo que pugnaría con el derecho fundamental de igualdad ante la ley [4]. Consecuente con estos principios constitucionales el C.c. (art. 66) determina que «el marido y la mujer son iguales en derechos y deberes», así como que la patria potestad se ejercerá conjuntamente por ambos progenitores, pues corresponde a ambos (arts. 154, párr. 1, y 156, párr. 1), que para realizar actos a título oneroso sobre bienes gananciales se requerirá el consentimiento de ambos cónyuges (art. 1.377, párr. 1), etc.

### 1.2.3. *El principio de igualdad de los esposos y su alcance*

El principio de igualdad de los esposos se extiende lógicamente a lo que concierne al alojamiento familiar y a la utilización del ajuar, y ha sido reconocido en la Recomendación n.º R(81)15 adoptada por el Comité de

4. Espín Cánovas, Diego, *Comentarios a la Constitución española de 1978*. IV, 1983, pp. 22 y ss.

Ministros del Consejo de Europa el 16 de octubre de 1981. Se declara [5] en este sentido que todo acto jurídico de uno de los cónyuges que pueda afectar directamente al derecho del otro a la ocupación de la vivienda familiar debe ser realizado de acuerdo con este último. En defecto de consentimiento se requerirá autorización judicial. Respecto del ajuar, se trata igualmente de impedir que uno de los cónyuges disponga de los objetos que lo integran unilateralmente, y de procurar el respeto a los derechos de terceros; pero, a diferencia de la vivienda, no se requiere el consentimiento del otro para usar del ajuar. El ajuar se reduce, según la expresada Recomendación, a aquellos objetos utilizados en la vivienda familiar que sirven a ambos cónyuges, con exclusión de efectos personales, colecciones, bibliotecas, etc.

El principio de igualdad entre los esposos ha sido ampliamente admitido por nuestros Tribunales. Pueden citarse las sents. de las Audiencias Territoriales de Palma de Mallorca de 22 de marzo y 6 de abril de 1982, y la de la Audiencia Territorial de Albacete de 9 de julio del mismo año [6]. Según la primera de ellas «el matrimonio, institución básica del Derecho de familia y del que la pretensión esencial de todo proceso matrimonial toma su contenido sustantivo, configura mediante el estado civil conyugal creado, una relación jurídica trascendente en lo personal que se rige por el principio de igualdad de los esposos, que tuvo ya su incorporación a partir de la ley de 2 de mayo de 1975 y ha sido reafirmado de acuerdo con el art. 32-1 de la Constitución española, en el nuevo texto reformado del C.c., cuyo art. 66 proclama que el marido y la mujer son iguales en derechos y deberes; equiparación que supone el reconocimiento de la autonomía jurídica individual y matizar la colaboración conyugal que debe ser entendido sin menoscabo de la posición moral de cada esposo que queda protegida mediante la introducción por ley 14/1975, de 2 de mayo, de la obligación de respeto mutuo entre los casados, cuya virtualidad ha de considerarse a la luz de los principios constitucionales que protegen la dignidad de la persona y el libre desarrollo de su personalidad, art. 10 de

5. «Les droits des époux relatif à l'occupation du logement de la famille et à l'utilisation des objets du menage», título de la Recomendación a que se refiere el texto. Se añade la Exposición de Motivos.

6. Informe sociológico y jurídico sobre la aplicación de la ley del divorcio, tomo II, Presidencia del Tribunal Supremo, Secretaría Técnica. Doctrina de las Audiencias Territoriales en aplicación de la Ley de 7 de julio de 1981.

la Constitución, siendo su vulneración más directa la conducta injuriosa o vejatoria de un cónyuge respecto del otro, que se convierte en causa legal de separación, art. 82, 1.ª, del C.c., y que tiene una de sus más importantes y frecuentes manifestaciones en el mal trato de obra o de palabra que un esposo recibe del otro». La Audiencia Territorial de Albacete se inspira en el mismo principio de igualdad entre los cónyuges al basarse en la puntual exigencia de las obligaciones de carácter moral y ético que entrañan las relaciones familiares.

La protección de la familia, principio constitucional ya aludido y que como el de igualdad jurídica entre los cónyuges forma el núcleo de los criterios judiciales en esta materia aflora constantemente en las resoluciones judiciales en esta materia sobre atribución de los hijos y del uso de la vivienda, como veremos más adelante. En cambio, el principio que se estima derivado también de la regulación constitucional, de desaparición de toda idea de jerarquía, no aparece confirmado en la legislación civil, a menos que se reduzca la desaparición a las relaciones meramente conyugales, a diferencia de la redacción derogada originaria del C.c. (arts. 57, 58 y 60, principalmente), donde claramente se subordinaba la posición jurídica de la mujer a la del marido.

### 1.2.4. *La idea de objetividad en la regulación de las crisis matrimoniales*

En cambio, la idea de objetividad en la regulación de las crisis matrimoniales consecuente a la sustitución del principio de culpa por el de situación matrimonial objetivamente insostenible, puede decirse que no es desconocido en la práctica judicial, como puede observarse en el examen de las resoluciones de las Audiencias Territoriales. Así, al enjuiciar el abandono del hogar o las injurias de un cónyuge al otro se atiende a las situaciones fácticas o materiales que rebelen tales anomalías, dándose un carácter exclusivamente civil, a diferencia del concepto penal del abandono o de las injurias (Audiencias Territoriales de Palma de Mallorca, sents. de 4 de febrero y 9 de junio de 1982, y Provincial de Tenerife, sent. de 21 de diciembre de 1981); lo mismo que el adulterio, abstracción hecha de su despenalización. Así la sent. Audiencia Territorial de Pamplona de 16 de noviembre de 1981 declara al respecto que la atribución de responsabilidad habrá de basarse en prueba plena en el ámbito penal, mientras que en pura técnica civil puede acreditarse por cualquier medio de prueba, y en el mismo sentido el concepto de injurias en el ámbito civil es distinto del penal, limitado en la esfera matrimonial a un ataque contra la «affectio maritalis».

### 1.2.5. *Protección integral de los hijos. La protección del niño en el ámbito internacional*

Por último, podemos considerar como principio constitucional básico en la formación del criterio judicial el de protección integral de los hijos (art. 39, 2, de la Constitución) con independencia de su filiación, lo que implica una consecuencia de la igualdad de todos ante la ley. El C.c. ha recogido ya la igualdad de derechos de los hijos matrimoniales y habidos fuera de matrimonio; así como la Compilación de Derecho foral catalán, a virtud de la Ley de la Generalidad de 20 de marzo de 1984, modificativa de dicho Cuerpo legal. Que sepamos, aún no ha repercutido tal principio de igualdad de filiaciones en la Compilación o Fuero Nuevo de Navarra (leyes 70 y 72).

La protección integral de los hijos es en definitiva consecuencia de la protección del niño en sentido amplio, reflejada en el ámbito internacional en los Acuerdos sobre esa protección, referidos en el art. 39, 4, de la Constitución; Acuerdos que son aceptados para el Ordenamiento español, y que por ello merecen que brevemente nos refiramos a ellos como significativos para formar criterios judicales en esta materia. La Declaración de los derechos del niño en virtud del Acuerdo de la Asamblea General de las Naciones Unidas de 20 de noviembre de 1959 reconoce al niño una protección especial y medios para desarrollarse de manera sana y normal en el plano físico, intelectual, moral, espiritual y social, en condiciones de libertad y dignidad (principio 2). Se le confiere desde su nacimiento derecho al nombre y a la nacionalidad (principio 3); el niño física o mental o socialmente desafortunado debe recibir el tratamiento, la educación y los cuidados especiales que necesite su estado o situación (principio 5). El niño para el desarrollo de su personalidad necesita amor y comprensión (principio 6) y en toda circunstancia debe estar entre los primeros en recibir protección y socorro (principio 8) y debe ser protegido contra toda clase de descuido, crueldad o explotación (principio 9), así como contra las prácticas que puedan inducir a discriminación racial, religiosa o cualquier otras (principio 10).

El Pacto internacional de Derechos civiles y políticos, hecho en Nueva York el 19 de diciembre de 1966, ratificado por España el 13 de abril de 1977 reconoce igualmente que todo niño tiene derecho sin discriminación alguna por motivos de raza, color, sexo, idioma, religión, origen nacional o social, posición económica o nacimiento, a las medidas de protección que su condición de menor requiere, tanto por parte de la familia como de la sociedad y el Estado. Deberá ser inscrito inmediatamente después del nacimiento y tener un nombre, y derecho a adquirir una nacionalidad.

Por último, el Pacto internacional de derechos económicos, sociales y culturales, hecho también en Nueva York en la fecha indicada, y ratificado por España igualmente en 1977, señala que se deben adoptar medidas especiales de protección y de asistencia a favor de todos los niños y adolescentes, sin discriminación alguna por razón de filiación o de cualquier otra condición, y protegerlos contra la explotación económica y social. Su empleo en trabajos nocivos para su moral y salud, o en los cuales peligre su vida o se corra el riesgo de perjudicar su desarrollo normal, será sancionado por la ley.

### 1.3. *Principios de derecho positivo y natural: el orden público en este ámbito*

Después de bosquejar los principios constitucionales que pueden regir en esta materia en la interpretación judicial, veamos una sucinta exposición acerca de los principios de Derecho positivo y natural, desde luego sin propósito de exhaustividad. Cabe en primer lugar considerar esta materia como de orden público, concepto utilizado por el art. 12, 3, del C.c., para impedir toda aplicación de leyes extranjeras que sean contrarias al mismo. Observemos que la Constitución de 1978 y las leyes promulgadas para desarrollarla, como las de Derecho de familia de 1981, ha ampliado el orden público español sobre todo al admitir el divorcio vincular (art. 85). No faltan en esta materia normas de conflicto imperativas, como el art. 107 del C.c. y la disposición transitoria 2.ª, ap. 1.º, de la ley de 7 de julio de 1981. Debe aplicarse la norma española frente al Derecho ajeno que choque con ciertos principios que el Derecho nacional repute intangibles, dentro del territorio de su soberanía; estos principios constituyen, como declaró la sent. del T.S. de 5 de abril de 1966, lo que se llama orden público nacional, que está integrado por aquellos principios jurídicos, públicos y privados, políticos, económicos, morales e incluso religiosos, que son absolutamente obligatorios para la conservación del orden social en un pueblo y en una época determinada.

Caracteriza al orden público según Carrillo Salcedo [7] el rasgo de la territorialidad, el de la relatividad, el de elasticidad y excepcionalidad. Efectivamente, no es viable un concepto único y universal de orden público y en cuanto, al ser un instrumento de defensa, su aplicación debe ser restrictiva y limitada a casos de indispensable defensa de principios absolutamente necesarios del ordenamiento del foro. De este modo —continúa dicho autor —la excepción de orden público no nos condena a una actitud nacionalista y cerrada, de preferencia sistemática por nuestro Derecho y nuestras instituciones jurídicas, ya que puede y debe intentarse un análisis de la institución o de la norma jurídica extranjera, un esfuerzo de adaptación con las del foro, una búsqueda de equivalencia. Este esfuerzo no siempre permitirá, sin embargo, la coordinación y adaptación buscadas, pues ocurre a veces que la sustitución y la equivalencia entre instituciones jurídicas no es posible, y de ahí que sea tarea de la jurisprudencia señalar y fijar lo que en cada momento constituye el orden público del foro que debe ser salvaguardado ante la posible aplicación del Derecho extranjero antagónico e incompatible.

Es de resaltar que el Consejo de Europa se esfuerza para que dentro de su ámbito territorial se eviten los problemas que el orden público plantea entre los Estados, a través de Recomendaciones, como la referida n.º R(18)15, de 16 de octubre de 1981, sobre ocupación por los esposos de la vivienda familiar y uso de los objetos del ajuar.

### 1.4. *Subsidiariedad de las resoluciones judiciales. Discrecionalidad judicial y sus límites*

Interesa ahora poner de relieve como módulo interpretativo en sentido amplio la subsidiariedad de las resoluciones judiciales. Es decir, el Juez sólo ha de resolver en defecto de acuerdo entre los cónyuges. Así ocurre, entre otros supuestos, en los de los arts. 70, 84, 90, párrs. 2, 3 y 4, y 91. Es importante pues en todo caso conocer el alcance que la ley otorga a la voluntad de los cónyuges en la regulación de las medidas procesales, así como el grado de vinculación del Juez a las determinaciones de las partes en relación con tales medidas. El art. 90, párr. 3, dispone que «las medidas

7. Carrillo Salcedo, J. A., *Comentarios a las reformas del Código civil.* I, pp. 638 y ss., Madrid 1977.

que el Juez adopte en defecto de acuerdo, o las convenidas por los cónyuges, podrán ser modificadas judicialmente o por nuevo convenio cuando se alteren sustancialmente las circunstancias». Por tanto, sólo en defecto de acuerdo de las partes o por haberse rechazado el convenio, el Juez tendrá que adoptar las oportunas medidas necesarias, hayan sido solicitadas o no por alguno de los cónyuges, medidas que podrán ser modificadas judicialmente. También tienen el carácter de medidas provisionales subsidiarias las que el Juez acuerde, una vez admitida la demanda y sólo en defecto de convenio de ambos cónyuges aprobado judicialmente en los supuestos del art. 103; medidas que, según el art. 106, serán sustituidas por las que se prevean en la sentencia estimatoria o quedarán sin efecto cuando se ponga fin al procedimiento de otro modo.

Dentro de la subsidiariedad de la intervención judicial, lo que no resta importancia a la misma dado su papel al menos homologable de los acuerdos entre los cónyuges cuando se llega a ella por faltar el acuerdo o no ser aceptable, la ley confiere al Juzgador amplia discrecionalidad de actuación, como lo revela la regulación legal (arts. 90, párrs. 3 y 4, 92, párrs. 2 y 3, 93, 94, inc. 2, 96, 97 y 103). Sin embargo, la discrecionalidad judicial tiene casi siempre límites legales bien definidos: que los acuerdos no sean dañosos para los hijos o gravemente perjudiciales para alguno de los cónyuges, adoptar las medidas en beneficio de los hijos tras oirles si tuvieren suficiente juicio y siempre a los mayores de doce años, atender a las circunstancias económicas y a las necesidades de los hijos en cada momento, atender a las circunstancias y al interés más necesitado de protección; circunstancias que el art. 97 señala para que, entre otras, hayan de atenderse para señalar la pensión al cónyuge necesitado de ella, y oír a los cónyuges previamente a resolver sobre las medidas a adoptar al amparo del art. 103. Al sentido de discrecionalidad imperante en estas medidas aluden las sents. de la Audiencia Provincial de Gerona de 11 de diciembre de 1975, de Cádiz de 4 de mayo de 1976, Palma de Mallorca de 14 de diciembre de 1976, y otras muchas, que aunque referidas a la anterior legalidad son plenamente aplicables sus criterios en este punto a la nueva. La jurisprudencia ha venido resaltando esta discrecionalidad al destacar las ventajas que supone la armonización entre una ordenación concreta con un amplio arbitrio judicial, siempre lógicamente atemperado al fin general que se persigue, el bien de los hijos, que encauzan el más estimable que debe salvarse cuando la familia hace crisis en su base matrimonial.

Ya antes de la legalidad vigente el art. 68 del C.c. y el 1.888 de la

Ley de Enj. civil otorgaban facultades discrecionales al Juez. Y es que para que las medidas provisionales y las adoptadas en ejecución de sentencia, también de efectos generalmente no definitivos, puedan cumplir la finalidad tuitiva que las caracteriza, es necesario que, en cada caso, deban ser adoptadas teniendo como esencial base de referencia las circunstancias concretas y los particulares intereses en juego. Lo que puede ser adecuado a la mayoría de los matrimonios, al entablarse demanda de nulidad, separación o divorcio, puede ser perjuidicial para el caso concreto planteado, y por ello sólo si se tienen en cuenta las circunstancias del mismo podrán dictarse medidas adecuadas que cumplan la función a la que están dirigidas. El Juez competente para dictar las medidas en el caso concreto deberá adecuarlas a las particulares circunstancias de cada supuesto.

### 1.5. *El interés de los hijos como el más digno de protección. Hijos mayores de edad aún necesitados de asistencia familiar*

El interés que la ley tiene como más digno de protección es el de los hijos. Constantemente se alude a ese interés en vista de las medidas a adoptar: a) No se aprobará por el Juez el convenio regulador de la separación o divorcio si es dañoso para los hijos (art. 90, pár. 2). b) Las medidas judiciales sobre cuidado y educación de los hijos serán adoptadas en beneficio de ellos (art. 93, párr. 2). La patria potestad será atribuida a uno de los cónyuges cuando así convenga a los hijos (art. 92, párr. 4). c) Como medida provisional, admitida la demanda, se determinará en interés de los hijos con cuál de los cónyuges han de quedar los sujetos a la patria potestad (art. 103, 1.ª). En muchos otros supuestos aunque no se mencione expresamente el bien o el interés de los hijos, es indudable que van incluidos al hablar del interés de la familia o del bien de la familia siempre en primer lugar, si existen hijos. Sin perjuicio de señalar después cómo el interés de los hijos juega como motor del interés de la familia y cómo ha sido recogido directa o indirectamente por la práctica judicial, ahora nos fijamos en ese «favor filii» como criterio judicial muchas veces determinante y decisivo en los distintos aspectos y momentos que pueden presentar las medidas provisionales y los procedimientos de separación en sentido amplio.

Puede plantear dudas en algunos casos la existencia en el matrimonio en crisis de hijos mayores de edad pero aún necesitados de la asistencia familiar. Aunque en general hay que estimar que las alusiones a los hijos, siempre que no se especifique, se refieren a los menores no emancipados o a los mayores incapacitados. Pero debe observarse que la ley (por ej., arts. 92, párr. 1, y 93 i.f.) no se limita a los hijos menores o incapacitados sino a los «hijos» sin más concreción. La segunda de dichas normas habla de que el Juez ha de atender «a las circunstancias económicas y necesidades de los hijos en cada momento». Si se relacionan estos preceptos con los arts. 143, 2.°, y 152, n.° 5, del C.c., se llega a la conclusión de que el legislador ha tenido en cuenta también a los hijos mayores de edad, a los que está obligado a alimentar su padre o madre, siempre que el alimentista no observe mala conducta o falta de aplicación al trabajo; mientras siga, por tanto, observando una normal dedicación a situarse en la vida con independencia económica. Y a la inversa, si se trata de menores de edad que disfruten de esa independencia es procedente, al menos, se computen sus ingresos para determinar las cargas del matrimonio que hayan de soportar los cónyuges o el obligado a ello, sin que pueda excluírsele por esa sola independencia económica de la comunidad familiar, que subsiste pese a la separación o alejamiento más o menos momentáneo de uno de los progenitores.

## 1.6. *La unidad de la familia y su ámbito*

Otro principio básico de la interpretación judicial en esta materia es el ámbito que haya de darse a la unidad de la familia. La cohesión de la familia es sin duda una de las finalidades que persigue la protección constitucional a la familia, prescindiendo dentro de la legalidad vigente de si se basa o no en el matrimonio. El C.c. es favorable en algún aspecto a esa cohesión y a conservar su unidad. Ejemplo más característico el del párr. 2 del art. 1.056 que contempla el supuesto del padre que «en interés de su familia» quiere conservar indivisa una explotación agrícola, industrial o fabril, entonces podrá disponer que se satisfaga en metálico la legítima a los demás hijos. Aquí es con un objetivo de tipo económico como se vela por el interés de la familia; pero puede tratarse de una finalidad puramente ideal o moral con base a la cual se pretende conservar la unidad y cohesión familiares, y puede llegarse a esa unidad ideal o moral, aunque en el aspecto jurídico no pertenezcan a la misma nacionalidad. En este sentido la ley de 2 de mayo de 1975 y después la de 13 de julio de 1982 ya partieron de que el matrimonio por sí solo no modifica la nacionalidad de los cónyuges y que no perderá el hijo la nacionalidad española por quedar sujeto a la patria potestad de un extranjero o porque quienes la ejerzan pierdan dicha nacionalidad (art. 25). Así pues la nacionalidad no implica pérdida de la unidad familiar en el aspecto moral o afectivo, aunque aquélla sea distinta en los varios componentes de la familia. Aun tratándose de situaciones familiares anormales, como es la determinada por la separación o divorcio de los cónyuges, la ley manifiesta su interés en que la familia, entendida como uno de los cónyuges y los hijos que queden a su cargo, no se disuelva, al disponer en el art. 92, párr. 4, que al atribuir la patria potestad «se procure no separar a los hermanos».

La práctica judicial, siempre que lo ha considerado propicio, ha declarado que salvo circunstancias muy calificadas, los hijos no deben salir del hogar familiar para conservar en lo posible la unidad familiar afectada por la crisis matrimonial (Aud. Prov. Madrid, sent. de 21 de octubre de 1975).

### 1.7. *El interés de la familia: su calificación desde los puntos de vista sustantivo y procesal*

Todos estos criterios judiciales en la adjudicación de la vivienda en uso y del ajuar familiar tienen como norte y guía en su aplicación el interés de la familia. Se ha dicho que el concepto de «interés de la familia» puede incluirse entre los llamados «conceptos jurídicos indeterminados» [8], que ha de ser integrado o completado en cada caso y considerado con carácter preponderante y con criterio rector. En este sentido el término «interés de la familia» puede tomarse como modelo de conducta que muestra un modo de comportamiento, o también como norma, regla de conducta exigible, semejante a otras locuciones que utiliza el C.c., por ej., la de «buen padre de familia», buenas costumbres, buena fe, «el uso del lugar y las circunstancias de la familia» (art. 1.319), etc. En sus aplicaciones prácticas se invoca el término interés de la familia para restaurar un orden espontáneo alterado por cambio de circunstancias: convenio, medidas provisionales, ejecución de sentencias de nulidad, separación o divor-

8. Doral García, José Antonio, *El interés familiar.* «Documentación jurídica», enero-diciembre 1982, pp. 5 y ss.

cio. Se explica así, dice Doral, que en la determinación del interés de la familia intervenga un elemento de hecho y otro de derecho.

Como elemento de hecho, el Juez se limita a constatar la verosimilitud del que se presenta como tal, comprobando los datos fácticos de los que pueda deducirse aquel interés. En tanto que en su consistencia jurídica lleva consigo la exégesis de los criterios normativos, para llegar a una conclusión jurídica. En un plano normativo el interés de la familia forma parte del núcleo básico de criterios rectores que constituyen el orden público en la materia, significando, por un lado, un límite a la autonomía privada, y, por otro, un principio inspirador que presta el sentido de la adaptación a los tiempos, por ser la fijación de ese interés cambiante y variable, según las circunstancias de la familia, que por su carácter institucional permanece, no obstante los cambios. Yendo más allá se ha dicho que el interés de la familia es principio general de Derecho [9], de peculiar configuración.

Desde el punto de vista procesal, el interés de la familia puede ser objeto de prueba, pero no puede calificarse de simple hecho, sino formando parte de lo que viene llamando la ciencia procesal, a partir de Stein, reglas o máximas de experiencia. Entiéndense por tales, tanto los principios de la experiencia general, ínsitos en el saber de la zona cultural a que el Juez pertenece, como los de una ciencia, arte, o especialidad determinada (excepto los juicios que el Juez conoce o debe conocer, y que, como aquellos generales, no tienen que ser probados). Puede figurar el concepto «interés de la familia» como condición de hecho de la norma que lo contiene; así en el art. 67 del C.c., es decir, figurar como supuesto fáctico, lo que es ya un juicio de valor sobre hechos. Consideraciones éstas que difícilmente pueden llevarnos a estimar que en el ámbito del recurso extraordinario de casación el «interés de la familia» pudiera ser un neto concepto jurídico cuya infracción pudiera fundar un recurso de esta clase, por tratarse más bien de un concepto fáctico basado en un juicio de valor que no tiene carácter definitivo.

El «interés» a que nos referimos es «el de la familia», entendiendo por tal en sentido amplio y más propio el de las personas que viven juntas bajo el mismo techo, incluyendo las que «normalmente» conviven, lo que abarcará muchas veces no sólo a los cónyuges e hijos menores no eman-

9. ESPÍN CÁNOVAS, Diego, *Manual de Derecho civil español*. IV, *Familia*. 1975, p. 276.

cipados, sino también a los mayores aún no independizados y los ascendientes que por necesidad, por afecto o por conveniencia continúan conviviendo con sus descendientes. Tanto con base en un matrimonio legítimo como en uniones fuera de matrimonio[10].

### 1.7.1. *Distintos supuestos de interés familiar*

El interés familiar puede tener en los distintos supuestos un radio de actuación diferente. En el art. 67 se señala como norma común de actuación de ambos cónyuges; en los arts. 103 y 96 se utiliza como norma que ha de seguir el Juez, previo estudio del interés familiar «más necesitado de protección». Respecto de las personas, puede recaer sobre uno de los cónyuges o siempre sobre los hijos, si los hay; raramente sobre personas con grado diferente de parentesco. Pero la consideración del interés, como ya indica su adjetivo de «familiar», no es el de las personas individualmente consideradas sino en cuanto componentes de la familia, interés por tanto supraindividual. Por eso se ha dicho que la voz «familia» hace siempre referencia a terceros; los intereses individuales de los cónyuges reconocen la preeminencia del interés de la familia; es decir, ninguno de los intereses de los cónyuges totaliza el interés de la familia, y tampoco el de los hijos, con ser éste el interés prioritario. También el interés de la familia existe en el matrimonio sin hijos; pero siempre se opone a interés exclusivo, rige igualmente las convenciones de esposos desunidos y vincula también al cónyuge sobreviviente.

El interés de la familia es, por consiguiente, un interés superior, tutelado en cuanto tal y porque en último término se tutela con ello un interés mayor: el del Estado, por ser la familia la célula social.

La Ley, concretamente el C.c., sobre todo a partir de la reforma de 1975, introduce por primera vez el deber de los cónyuges de actuar siempre en interés de la familia, criterio mantenido por última reforma de 7 de julio de 1981, aunque ya era conocido el mismo criterio en la redac-

10. GARCÍA GARCÍA, M.ª Angeles, *El deber de actuar en interés de la familia* (fundamentalmente una exégesis del art. 67 del C.c.), en «Rev. Der. Privado», marzo 1984, pp. 243 y ss. Mantiene un criterio estricto, diciendo que el interés de la familia es el de los cónyuges y el de los hijos. Se trata de interpretar el art. 67; pero en otros preceptos. como el 96 y 103, el concepto de familia puede ser más amplio, incluyendo, siempre que convivan en la misma vivienda, a los que recíprocamente tienen obligación de alimentos.

ción originaria de dicho Cuerpo legal (art. 1.056, pár. 2). También hay prueba en los preceptos legales de que ese interés familiar es primordialmente el de los hijos. Con carácter general el art. 154 dice que «la patria potestad se ejercita siempre en beneficio de los hijos de acuerdo con su personalidad»; lo que equivale a decir que los padres actuarán siempre en interés de los hijos, suponiendo además un criterio de interpretación con respecto a las normas reguladoras de las relaciones paternofiliales, adoptado ya de antiguo por la jurisprudencia. Así la sent. de 24 de junio de 1929 declaró superior el derecho de los hijos al de los padres, porque la patria potestad es hoy beneficio de aquéllos. Fuera de ese ámbito, abundando en lo ya indicado, el interés de la familia es el criterio que ha de tener en cuenta el Juez para resolver discrepancias entre los cónyuges y establecer cautelas o limitaciones tanto en los supuestos en que se mencione por la ley esta expresión como en los demás.

El interés familiar ha sido utilizado por la jurisprudencia con criterio no uniforme y principalmente en litigios sobre el alcance o subsistencia de la patria potestad o en cuestiones sucesorias. La sent. de 9 de mayo de 1968 identifica la institución del defensor judicial de menores con la protección de un interés de carácter público, pronunciamiento que denota que el interés personificado en los hijos es el prevalente. La de 18 de febrero de 1969, como la anterior, del T.S., señala que en las relaciones paterno filiales se debe proteger y tutelar como más digno de ello el interés de la familia abstracta y genéricamente considerado, evitando al máximo los posibles conflictos de intereses que deben estar subordinados a aquél, aunque intercedan entre padres e hijos, pues si entonces la ley parece amparar a éstos especialmente, lo que en verdad tutela es el referido interés superior, personificado en los hijos, por la necesidad de proteger, incluso frente a sus genitores, los derechos de los que por su edad u otras circunstancias que restrinjan su capacidad no están en condiciones de solicitar directamente la protección legal. También la sent. de 18 de mayo de 1962, siguiendo doctrina de otras anteriores, fundamenta la causa de incapacidad por prodigalidad más que por interés del mismo sujeto, por el de la familia, a quien debe sostener para que no sea privada de los medios económicos necesarios para la subsistencia por actos de disipación del caudal. La sent. de 29 de septiembre de 1960 resalta la importancia social de la misión confiada al padre y la naturaleza de orden público de las normas sobre patria potestad, incumbiendo al Estado vigilar, corregir y a veces suplir la obra del que ejerce la patria potestad. La de 8 de abril de 1975 insiste en que es predominante el interés del menor en atención a las circunstancias especiales de cada caso concreto en el ejercicio de la patria potestad. La sent. de 26 de enero de 1974, refiriéndose al derecho de visita del padre a los hijos menores que habían quedado en pleito de separación con la madre, admite aquel derecho «siempre que ello no redunde en perjuicio de los hijos que son, en este supuesto, los portadores del interés familiar más necesitado de protección».

### 1.7.2. *El interés familiar más necesitado de protección. La jurisprudencia de intereses y la jurisprudencia de valoración a este respecto*

Se llega así, dentro del estudio del interés de la familia a aquella expresión que utiliza la última reforma del C.c. de 1981 [11] en los arts. 96, pár. 3.º, y 103, medida 2.ª, al referirse al «interés de la familia más necesitado de protección». Según se deduce de lo expuesto, habiendo hijos, no cabe duda que la ley considera como tal al de los hijos, en especial cuando sean menores o incapacitados. Cabe preguntarse cómo ha de enfrentarse el Juez con esa expresión legal cuando haya de reflejarla en las resoluciones concretas. Ante todo se trata de un interés cambiante, por tanto, su fijación en una resolución judicial no impide que posteriormente, ante un cambio sustancial de las circunstancias, pueda entenderse que tal interés más necesitado de protección sea otro.

Es admisible sostener que el Juez no debe atenerse, o al menos, no de forma única, a la antigua teoría de la subsunción en la interpretación de la norma, porque por sí sola en este caso la ley no es lo suficientemente explícita. Tampoco es preciso ni admisible, dado que la ley manifiesta un criterio decidido, acudir a una libre interpretación: la libertad en este sentido del Juez solo sería aceptable cuando falte la ley aplicable, lo que no es el caso. Quizá acudiendo a la llamada jurisprudencia de intereses o a la jurisprudencia de valoración («Wertungsjurisprudenz») se halle un criterio más aceptable.

La jurisprudencia de intereses vio en la ley una norma o varias que deben servir para resolver los conflictos de intereses que se presenten, y

11. La Ley de 24 de abril de 1958, al reformar el art. 68 del C.c., para determinar cuál de los cónyuges había de continuar en el uso de la vivienda común, tenía en cuenta «el interés familiar más urgentemente necesitado de protección» (medida 2.ª). Se refería también al ajuar que había de llevar consigo el cónyuge que haya de salir de la vivienda (ropas, objetos, muebles).

ello en la forma determinada que le ha parecido al legislador a su objeto. Según este criterio, la ley no solo decide los conflictos de intereses que se presenten sino que es también expresión y resultado de un antagonismo real de intereses. Por tanto, en el caso en estudio la misión del intérprete, más que averiguar la voluntad del legislador, es averiguar e investigar los intereses para él determinantes, compulsando entre los intereses familiares en juego cuál es el más necesitado de protección. Ello implica lógicamente una valoración de intereses; a saber, los de cada uno de los cónyuges y los de cada hijo menor no emancipado, según las circunstancias de unos y otros. Valoración que estará sometida a los cambios en las circunstancias, y a largo plazo puede ocurrir que los más necesitados de protección en un momento dado no lo sean en un momento posterior. En esta valoración no es fácil dar reglas ni sentar presupuestos ante la muy numerosa variación de casos. Ha de ser el Juez el que resuelva previa una minuciosa investigación de los hechos que ante sí tiene como ciertos, sin más orientación que mirar por el interés de la familia, y, dentro de los que puedan ostentar sus varios miembros, comparándolos, determinar cuál requiere una mayor protección, y, dentro de los varios que pueden estar en la misma situación, cuál de ellos requiere una protección más urgente. Se ha de partir de que en el hogar, en el grupo familiar, se produce un nivel homogéneo sin importar al pronto que uno tenga copiosas rentas y otro ningún ingreso, beneficiándose éstos del nivel de vida de los miembros de la familia que tenga elevados ingresos, sin atender a criterios de necesidad estricta. Cuando haya de salir uno de los cónyuges, si es el más necesitado desde el punto de vista económico, se ha de proveer a su subsistencia a cargo del que permanezca en la casa. Inversamente, si el más necesitado es el que queda en el hogar, se ha de proveer a su subsistencia a cargo del más pudiente que ha de salir. Todo ello, si existen hijos, atendiendo en primer lugar a la existencia moral y material de los mismos.

### 1.8. *Tónica general de la práctica judicial acerca de la atribución del uso de la vivienda y ajuar familiares*

Después de considerar el interés de la familia en su naturaleza y alcance, paso a estudiar la tónica general de la práctica judicial acerca de la atribución del uso de la vivienda y ajuar familiares al cónyuge y a los hijos que queden en su compañía. Por ajuar ha de entenderse «los objetos de uso ordinario» (art. 96, 1), «el conjunto de ropas, mobiliario y enseres que constituyen el ajuar de la vivienda habitual común de los esposos» (art. 1.321, 1); «el conjunto de muebles, enseres y ropas de uso común en la casa» (Diccionario de la Real Academia). La Compilación de Derecho civil especial de Cataluña, en su art. 19, modificado por la Ley de la Generalidad de 20 de marzo de 1984, llama menaje de la vivienda conyugal a las ropas, mobiliario y enseres. Vienen a ser equivalentes «menaje» y «ajuar», aunque dicho Diccionario reduce la primera de estas palabras a «muebles de una casa» (19.ª ed.). Del ajuar han de excluirse «las alhajas, objetos artísticos, históricos y otros de extraordinario valor» (art. 1.321, 2, C.c.), y en el mismo sentido la Compilación de Cataluña.

El criterio legal básico que ha de tenerse en cuenta en los supuestos de crisis matrimonial, con las modificaciones procedentes, es que «para disponer de los derechos sobre la vivienda habitual y los muebles de uso ordinario de la familia, aunque tales derechos pertenezcan a uno solo de los cónyuges, se requerirá el consentimiento de ambos o, en su caso, la autorización judicial» (art. 1.320, 1, C.c.) [12]. Los arts. 96, 1, y 4, y 103, 2.ª, recogen en cuanto a disposición provisional sobre la vivienda los mismos principios: en primer lugar se atenderá al acuerdo entre los cónyuges, solo en defecto de acuerdo se acudirá a la resolución judicial. No son los mismos los criterios que el Juez ha de tener en cuenta para la atribución de los hijos en patria potestad que los que ha de considerar para atribuir el uso de la vivienda y ajuar, pero dado que la atribución de los hijos figura en primer lugar como el bien más preciado de la familia, los criterios de atribución de los mismos han de influir sin duda en los de adjudicación del uso de la vivienda y ajuar, que puede ser incluso una consecuencia del destino de los hijos.

### 1.8.1. *El bien de los hijos y criterios de su apreciación*

El art. 96, 1, atribuye en primer lugar el uso de la vivienda familiar a los hijos y al cónyuge en cuya compañía quedan; el art. 103, 2.ª, presupone que el interés de la familia más necesitado de protección, habiendo hijos, es el de éstos. De ahí que determinar en qué consiste «el bien de los hijos» sea fundamental para el uso de la vivienda y ajuar. Este concepto jurídico no puede ser definido en abstracto. El bien de los hijos

12. Este criterio es el que muestra también la Recomendación R(81)15 del Comité de Ministros del Consejo de Europa de 16 de octubre de 1981.

comprende su interés, y, en relación con los intereses de otros, en especial con los de los padres o de uno de ellos, ha de remitirse a la situación individual humana general del hijo, a la promoción de su personalidad. En la pugna entre los intereses del hijo y los de los padres o de la sociedad, deciden las necesidades individuales del hijo. El bien del hijo exige contemplar la total situación y su valoración en los aspectos que presente desde el punto de vista centrado en el hijo. En definitiva, al examinar el bien del hijo solo son decisivos sus intereses, y no los extraños, aunque sí haya que tenerlos en cuenta, pero en caso de oposición siempre se antepone el interés del hijo.

Los criterios para determinar el bien del hijo han de reconducirse al llamado principio de promoción de su personalidad («Förderungsprinzip»). No es fácil ordenar el rango de aquellos criterios. En las resoluciones judiciales se invocan a menudo ideas que pueden llamarse tradicionales (vínculos emocionales, continuidad, la voluntad del menor); frente a ellos aparecen otros factores, como las circunstancias económicas o la infracción de la obligación alimenticia. También puede hablarse de una primacía de necesidades personales sobre las materiales del hijo. Además puede intentarse una ponderación de criterios para particulares grupos de edad. Siempre será necesario un control de justicia relativo a la persona y situación de los hijos de que se trate, cuyas necesidades específicas deciden en último término.

La evolución del derecho comparado al respecto se caracteriza por un decaimiento de toda regla fija para la concreción judicial del bien del hijo. Puede tenerse en cuenta la culpabilidad en la separación de los cónyuges, el sexo y la edad del hijo, el bien del mismo. También si los hermanos han de educarse juntos, la preferencia en su caso del cónyuge inocente. Es de observar que se ha atenuado el rigor de la regla de que los hijos pequeños pertenecen a la madre. En los Estados Unidos la regla «tender years doctrine» se ha aplicado frecuentemente hasta los 14 años. Al menos ha de reconocerse en todo caso una ventaja de la madre para los primeros meses después del nacimiento del hijo. Pero el principio llamado de evolución psicológica de la madre aparece como una abreviación de la persona primariamente proveedora de los cuidados del hijo menor. Esta persona principalmente relacionada con el hijo, cuya continuidad es particularmente importante en los primeros años de su vida puede ser también el padre. Y lo es en creciente medida porque los cónyuges alteran más frecuentemente la tradicional distribución de papeles entre hombre y mujer que en tiempos pasados. Por tanto, el Juez ha de examinar el caso concreto y no se puede abandonar —como a veces acontecía— a la «experiencia general de la vida», a la «naturaleza» o acaso al «orden divino». Así las cambiantes estructuras sociales han dado lugar a la decadencia de la «tender years doctrine», aunque no se puede excluir un retroceso de la evolución.

No hay reglas tampoco fijas para la resolución en caso de situaciones de equilibrio; el Juez ha de ponderar en este caso todos los puntos de vista que afecten al interés del hijo. A veces, cuando ambos padres están en situación igual para el cuidado y educación de los hijos, estipularán entre sí cuál de ellos ejercerá la patria potestad, y por supuesto sobre la atribución del uso de la vivienda y ajuar familiares. Si no es este el caso, porque las tensiones entre los cónyuges excluyen un acuerdo sobre la educación de los hijos y sobre el uso de aquellos bienes, el Juez habrá de tener en cuenta en toda su amplitud el espectro de criterios sobre el bien de los hijos.

A este respecto existe una tendencia a recurrir al principio de continuidad. Criterio que tiene para el Juez la ventaja de la sencillez, pero que no debe impedir un análisis orientado hacia el futuro de todos los aspectos del bien del hijo. La importancia del principio de continuidad, así como la justificación de la tesis opuesta que sostiene una ruptura de la continuidad de los hijos, han de ser examinados en cada caso según la situación concreta y la psique del hijo. Debe también tenerse en cuenta que el cuidado personal de uno de los cónyuges debe ser, en general, preferente al cuidado de un tercero. Y no debe excluirse que pese a las situaciones de separación uno de los progenitores quiera fomentar la solidaridad entre el hijo y el cónyuge que no viva en la vivienda familiar ni tenga la patria potestad. Ciertas investigaciones han demostrado que el contacto del hijo con ambos cónyuges separados tiene una importancia decisiva frecuentemente en su desarrollo.

Me refiero seguidamente también a algún supuesto de atribución de los hijos en cuanto puede influir en la de la vivienda, y a continuación a esta última.

### 1.8.2. *Derecho de guarda de los hijos como determinante de la atribución del uso de la vivienda*

En cuanto al derecho de guarda de los hijos menores o incapacitados, la Aud. Prov. de Valladolid, sent. de 31 de enero de 1983, valora, según el art. 92 del C.c., las pruebas aportadas a los autos, las circunstancias personales de los padres, el entorno social, económico y cultural que rodeaba al menor y con mayor intensidad la efectividad emocional del mismo, pues la medida que se adopta ha de ser en beneficio exclusivo de él; el cambio en el sistema de vida, ambiente y educación del menor comportaría un desequilibrio psíquico difícil de superar por éste, pues ha de tenerse en cuenta que no conoce a las personas con quienes tendría que convivir y se le desplazaría bruscamente de un medio urbano a otro rural, con el consiguiente cambio en sus costumbres y hábitos cotidianos, amigos y profesores, por lo que en el caso concreto el hijo hubo de quedar al cuidado de la madre.

En un sentido análogo la sentencia del «Bezirksgericht» de Zurich de 20 de abril de 1980, en la cuestión de a qué cónyuge ha de confiarse los hijos habidos de matrimonio entre español y mujer suiza, atiende en primer lugar al bien de aquéllos. Como línea rectora de la práctica, los hijos pequeños se adjudicarán a la madre, y también deben considerarse decisivas las relaciones personales de hijos y padres. Para hijos de 14 y 12 años de edad no hay criterio unívoco de atribución, pues ha de considerarse que en el caso concreto ambos habían crecido en otro círculo de vida distinto del suizo, y que en Suiza no pudieron conectar relaciones personales y actualmente se hallan insertos en circunstancias de vida externas en España, en la familia del demandado. Añade la sentencia, que en estas circunstancias atribuirlos en Suiza a la demandante traería para los hijos una profunda y radical alteración de sus circunstancias de vida y hasta un radical desarraigo psíquico; con ello se refleja el principal problema de este matrimonio y la causa de su fracaso: el recíprocamente extraño modo de vida y de ser de los cónyuges. Concluye la sentencia que vistas esas dificultades para atribuir los hijos a la madre hayan de ponerse bajo la patria potestad del padre, máxime estando los hijos en la edad de pubertad.

Los ejemplos derivados de la convivencia de la madre con un hombre casado separado siendo aquélla soltera, se han considerado como insuficientes para privar de la patria potestad a la madre, pues aunque su conducta sea reprobable desde un punto de vista social, no alcanza, a falta de otras circunstancias específicamente corruptoras, trascendencia ética suficiente para determinar una mutación en el derecho de guarda (sent. Sala 1.ª T.S. de 19 de octubre de 1983). En el mismo sentido la sent. Aud. Prov. de León de 22 de abril de1977, al no estar el padre en condiciones de atender y cuidar al hijo, lo atribuye a la madre, no obstante sus vicios y deficiencias de orden moral no probadas, pero que profesa indiscutible amor al hijo «no empañado por sus ilícitas relaciones con otro hombre», todo ello sin perjuicio de modificación posterior de la guarda si varían las circunstancias.

La Aud. Prov. de Oviedo, en sent. de 18 de diciembre de 1980, atribuye plenas facultades discrecionales al Juez para designar la persona con quien hayan de quedar los hijos, y no utiliza el Juzgador de esas facultades cuando acuerda que queden internados en un colegio salvo los días en que los cónyuges puedan tenerlos en su compañía; pero sí puede designar quién ha de ejercer la patria potestad con posibilidad de internamiento de los hijos, habida cuenta de que en el caso concreto la madre trabaja fuera. En el caso de la sent. de la Aud. Prov. de Murcia de 31 de marzo de 1983 los cónyuges establecieron antes del pleito determinados pactos en escritura pública y sobre la disposición o custodia de los hijos, cuestión que por ser de orden público no puede dejarse al arbitrio puro de las partes, razón por la cual interviene el Ministerio Fiscal, a diferencia de otras cuestiones, como las referentes al sistema económico que sí pueden ser reguladas transaccionalmente por las partes.

Se halla en mejores condiciones de prestar mayor y mejor atención a los hijos el cónyuge que ocupa el domicilio conyugal, sito en población en la que viven también los abuelos, con preferencia al otro cónyuge que vive solo en otra población, en la que no tiene parientes y ha de concurrir diariamente al trabajo fijo que tiene, y que le ocupa la mayor parte de las horas del día, lo que dificulta en general la educación y dedicación a los hijos (sent. Aud. Prov. de Lérida, de 2 de julio de 1981). Siempre que se pueda ha de compatibilizarse el interés común de cada cónyuge para fijar con un criterio racional el cuidado de los hijos del matrimonio, teniendo en cuenta que el vértice fundamental y preponderante, por encima de reales o supuestas desavenencias conyugales, lo son los hijos, hacia los cuales ha de converger el interés del órgano judicial (sent. Aud. Prov. Pontevedra de 17 de abril de 1978). Tratándose de hijos próximos a la mayoría de edad, han de ser oídos para acordar a cuál de los progenitores han de ser confiados, ya que son los mismos, en definitiva, el interés más perjudicado por la separación conyugal (sent. Aud. Prov. Sta. Cruz de Tenerife de 20 de febrero de 1978). La normativa vigente establece que los hijos han de ser oídos cuando sean mayores de doce años.

En todo caso debe atribuirse la guarda y custodia de los hijos a aquel de los progenitores que ofrezca mayores garantías para cumplir la delicada misión de asistencia, formación y cuidado que el ejercicio de los poderes paternales lleva consigo. Impera en estas medidas, como ya se indicó, el principio de discrecionalidad judicial, conforme al cual la poca edad de los hijos induce a encomendarlos a la madre. El atentado a la lealtad conyugal por parte de uno de los esposos puede ser, no obstante las sentencias más arriba reseñadas, un factor determinante de la decisión, sobre todo cuando incide sobre los hijos según sus edades y formación o existen otros elementos que según las circunstancias de hecho pueden influir negativamente sobre los menores.

### 1.8.3. *La atribución del uso de la vivienda en la práctica judicial*

La práctica judicial en materia de atribución del uso de la vivienda familiar no ha sido uniforme, debido en parte a la variedad de supuestos de hecho, y, sobre todo, a la fase de transición de un régimen de ordenación del matrimonio al establecido por las leyes de 1981. En materia de atribución del uso de la vivienda familiar y de los objetos de uso ordinario los preceptos fundamentales, como ya se dijo, son los arts. 96, para el supuesto de haber recaído ya sentencia ejecutoria de nulidad, separación o divorcio, y el 103, 2.ª, para el supuesto de medidas provisionales una vez admitida la demanda. Ambos preceptos muestran la inseparabilidad de la atribución de los hijos en patria potestad y la atribución del uso de tales bienes materiales.

Según el art. 96, «En defecto de acuerdo de los cónyuges aprobado por el Juez, el uso de la vivienda familiar y de los objetos de uso ordinario en ella corresponden a los hijos y al cónyuge en cuya compañía queden.

Cuando alguno de los hijos quede en la compañía de uno y los restantes en la del otro, el Juez resolverá lo procedente.

No habiendo hijos, podrá acordarse que el uso de tales bienes, por el tiempo que prudencialmente se fije, corresponda al cónyuge no titular, siempre que, atendidas las circunstancias, lo hicieran aconsejable y su interés fuera el más necesitado de protección.

Para disponer de la vivienda y bienes indicados cuyo uso corresponda al cónyuge no titular se requerirá el consentimiento de ambas partes o, en su caso, autorización judicial».

El art. 103, como una de las medidas a adoptar por el Juez una vez admitida la demanda y a falta de acuerdo de ambos cónyuges aprobado judicialmente, señala la siguiente:

«2.ª Determinar, teniendo en cuenta el interés familiar más necesitado de protección, cuál de los cónyuges ha de continuar en el uso de la vivienda familiar y asimismo, previo inventario, los bienes y objetos del ajuar que continúan en ésta y los que se ha de llevar el otro cónyuge, así como también las medidas cautelares convenientes para conservar el derecho de cada uno».

### 1.8.4. *Titularidad sobre la vivienda y su atribución. Habiendo hijos. Habiendo otros parientes y allegados. No habiendo hijos*

Deriva del art. 96 que la atribución de los hijos es determinante de la atribución de la vivienda en uso y del ajuar en ella existente al cónyuge al que se confíen los hijos. Si se confían a los dos, el Juez resolverá. Pero surgen problemas en los supuestos de titularidad no conjunta de los cónyuges sobre la vivienda, de los que se ha ocupado ya la doctrina científica [13].

La Ley distingue en primer lugar habiendo hijos, a ellos y al cónyuge en cuya compañía queden corresponderá el uso de la vivienda familiar, sin entrar a indagar a cuál de los cónyuges le corresponde el dominio de aquélla: el interés de los hijos es determinante. Pero se prevé (art. 96, pár. 2), que algunos de los hijos queden en compañía de uno de los progenitores y los restantes en la del otro: entonces el Juez resolverá lo procedente. Los supuestos en este caso pueden ser variados. Uno de los más interesantes puede ser cuando, aunque la ley no lo presupone en la regulación de la crisis matrimonial, con la familia convivan otros parientes o allegados y por razón de edad haya que oír a los hijos acerca de si consienten en su separación, por ejemplo, de los abuelos. Es de observar que, conforme al art. 161, pár. 2, «no podrá impedirse sin justa causa las relaciones personales entre el hijo y otros parientes allegados», y continúa el pár. 3 del mismo artículo que «en caso de oposición, el Juez, a petición del menor o del pariente o allegado, resolverá atendidas las circunstancias». Por consiguiente, en caso de crisis matrimonial ha de tenerse en cuenta la convivencia precedente y presente de aquellos parientes, generalmente los abuelos o tíos hermanos de los cónyuges, y habrán de

13. Podemos citar, entre otros, FONSECA GONZÁLEZ, *La vivienda familiar habitual en arrendamiento y la sociedad de gananciales.* «Rev. de Der. Privado», 1983, pp. 261 y ss.; GARCÍA CANTERO, *Comentarios al Código civil y Compilaciones forales,* dirigidos por M. Albadalejo, II, 1982, pp. 406 y ss., principalmente; y HERRERO GARCÍA, *Las medidas provisionales en la crisis matrimonial (Comentarios a los artículos 102 y 103 del Código civil).* «Rev. de Der. Notarial», enero-marzo 1982, pp. 145 y ss.

ser oídos y tenidos en cuenta a los efectos del art. 96, pár. 3, para que el Juez resuelva lo procedente. Aparte de ello, el art. 92, pár. 3, prevé en cuanto al ejercicio de la patria potestad que puede ostentarla parcialmente uno u otro de los cónyuges «procurando no separar a los hermanos» [14]. Conclusión que preveía audiencia de los hijos, si tuvieran suficiente juicio y siempre a los mayores de doce años (art. 92, pár. 2), adoptará el Juez teniendo en cuenta, en su caso, la convivencia de otros parientes o allegados. Palabra esta última que no sólo designa a parientes sino también, según su acepción gramatical, a personas «cercanas» o «próximas», por tanto no necesariamente parientes en sentido propio. Será en definitiva el Juez, en caso de controversia, quien habrá de decidir atendidas las circunstancias y dejando siempre a salvo el acuerdo de los cónyuges, al que da preferencia tanto el art. 96 como el 103, y teniendo como criterio interpretativo preferente al interés más necesitado de protección.

En el pár. 3 del art. 96 la ley dice que «no habiendo hijos» el uso de la vivienda y del ajuar pase por el tiempo que prudencialmente se fije al cónyuge no titular, siempre que su interés fuera el más necesitado de protección según las circunstancias. Se deduce de esta norma, en primer lugar, que la transferencia al no titular es temporal, luego la resolución que lo acuerde no es definitiva. Es decir que la mejor situación económica del cónyuge titular de la vivienda y del ajuar no favorece incondicionalmente a su consorte, sino únicamente cuando sea el más necesitado de protección. No se refiere la ley al «cónyuge inocente», sino simplemente al más necesitado de ayuda, aunque sea quizá culpable de la separación; aun siendo culpable puede ser el más necesitado de esa ayuda, lo cual no dejará de suscitar objeciones por el sacrificio que se impone al cónyuge pudiente a favor de quien le ha colocado en situación de crisis matrimonial. Parece pues que en el trasfondo de esta norma se tiene en cuenta la mejor situación económica (el ser titular de ciertos bienes, como la vivienda y objetos del ajuar) para facultar al Juez, «atendidas las circunstancias», que estime aconsejable acordar el uso de aquéllos tempo-

14. Si entre los hermanos alguno tiene posibilidades económicas de contribuir al levantamiento de las cargas de la familia, está obligado a contribuir equitativamente a ello según dichas posibilidades (art. 155, n.º 2, C.c.). Siempre, claro es, que conviva con la familia. Norma que estimamos aplicable a otros parientes o allegados en los supuestos en que por convivir con la familia tengan ingresos o posibilidades de contribuir al levantamiento de aquellas cargas.

ralmente al no titular. Claro es que podrá resolver que ante circunstancias de culpabilidad del no titular deniegue la concesión de tal uso al mismo.

También prescindiendo de situaciones subjetivas de culpabilidad, el párr. 4 del art. 96 establece, como necesario para disponer de la vivienda y bienes indicados cuyo uso corresponda al cónyuge no titular, el consentimiento de ambas partes o, en su caso, autorización judicial. Norma ésta que concuerda con la del art. 1.320, párr. 1; se faculta al Juez, en defecto de consentimiento de ambos cónyuges, para acordar la disposición siempre que lo crea conveniente dadas las circunstancias aunque no consienta el cónyuge titular, ya que no se hace salvedad alguna; conclusión que puede ser excesiva por apoyarse únicamente en el consentimiento de quien no es titular, quedando así despojado el consorte que no asienta, no obstante ser el dueño u otro tipo de titular.

Aunque el art. 96 no se refiere a inventario previo al hacerse la cesión en uso de los bienes en cuestión, es lógico que se requiera, sobre todo para el ajuar que se entregue. Existe aún mayor razón para ese inventario que en supuesto de la medida provisional señalada en el art. 103, 2.ª, en que de manera expresa se exige inventario previo, puesto que aquí se trata de ejecución de sentencia.

### 1.8.5. *Otros criterios de esta práctica judicial*

Veamos algunos otros criterios de la práctica judicial en la atribución del uso de la vivienda y ajuar familiares. Aunque recaída antes de ser promulgadas las leyes de 1981, la sent. Aud. Prov. de Córdoba de 15 de octubre de 1974 declaró acertadamente que dado que la finalidad primordial es el bien de los hijos, resulta justo y equitativo que sea la esposa la que continúe en el domicilio conyugal, máxime cuando se trata de vivienda propiedad de su madre y de la que no le es exigida por tal circunstancia pago de renta alguna, con lo que al quedar los hijos, todos menores de siete años, bajo su custodia y en su poder, no se rompe la continuidad del hogar. Se contempla un supuesto, por tanto, no previsto en el art. 96: vivienda propiedad de un tercero, cual es la madre de uno de los cónyuges.

Se consideró que el interés más urgentemente necesitado de protección era el de la esposa a los efectos de su continuación en el domicilio conyugal en el supuesto contemplado por la sent. Aud. Prov. de Zaragoza de 25 de febrero de 1975. Y ello porque los hijos debían quedar en poder de aquélla en tanto el Tribunal eclesiástico decida sobre la culpabilidad o inocencia de los litigantes, por precisar los hijos cuidados y atenciones que normalmente no puede prestar el padre; sin perjuicio de que éste les dispense ayuda moral y técnica si la necesitasen, en los momentos en que se le autorizó para estar con ellos. Además no se acreditó que la madre tenga otro domicilio adecuado a la condición social de la misma e hijos para aposentarse y por aparecer suficientemente justificado que el esposo dispone de piso que por su extensión y distribución permite compatibilizarlo para su habitación y el ejercicio de su profesión.

Se consideró que por ser la esposa la parte más débil y haberse acreditado que carecía de ingresos fijos o eventuales por trabajo y que sus bienes en propiedad no rinden en la actualidad frutos a los efectos de su sostenimiento, la conclusión obligada era que aquélla debe ocupar el hogar conyugal (sent. Aud. Prov. de Palma de Mallorca, de 18 de marzo de 1975).

Salvo circunstancias muy calificadas, los hijos no deben salir del hogar familiar permaneciendo en él con el padre o la madre a fin de conservar en la medida de lo posible la unidad familiar afectada por la crisis matrimonial (sent. Aud. Prov. de Madrid, de 21 de octubre de 1975).

Aunque en juicio de cognición ordinario por resolución de contrato por necesidad de la vivienda, la Aud. Prov. de Barcelona, sent. de 1 de junio de 1981, declaró el derecho de la esposa a ocupar el piso de la sociedad de gananciales que el Juez de primera instancia le había otorgado. Se había decretado previamente la separación provisional de los cónyuges y fijado judicialmente el domicilio de la esposa en el piso donde tenía el hogar conyugal, que en su día arrendó el marido al ahora demandado después de presentada la demanda de separación, y la demandante vivía al presentar la demanda con sus hijos en casa de su hermana, que se encontraba en Alemania, lo que es indiferente y sí solo agravatorio de la causa de necesidad en el caso de regreso que se anuncia y alega. Como se indica, se acordó el desahucio con apoyo en el art. 62, 1.ª, de la Ley de Arrendamientos Urbanos.

Para determinar el interés familiar más necesitado de protección, la Aud. Prov. de Lérida en sent. de 16 de febrero de 1976 tuvo en cuenta no tanto la consideración que pueda merecer la mujer como parte o elemento más débil, sino sobre todo las circunstancias y situación de los hijos del matrimonio, por lo que si los dos hijos están conviviendo en el domicilio conyugal con su madre, abundan las razones para concederle el uso de la vivienda común por asumir y ser depositaria de los intereses familiares más necesitados de protección.

También se consideró como interés familiar más necesitado de protección, según la sent. Aud. Prov. de Alicante (sent. de 6 de julio de 1976), la situación de desamparo imputable al marido en que se encuentran su esposa e hijos, por lo que al tener aquélla encomendada la custodia de éstos y correr a su exclusivo cargo la dura y difícil función de subvenir y atender a las necesidades de todos aquéllos, debe legalmente y en estricta justicia concederse a ella y a sus hijos el derecho a ser beneficiario del uso de la vivienda que constituyó y constituye el hogar común, sin que sea este juicio marco procesal adecuado para discutir y resolver cuáles son los derechos o titularidades que justifican el uso u ocupación que ambos cónyuges han venido, hasta ahora, y sin contradicción de nadie, ejerciendo sobre dicha vivienda común.

Se insiste en el interés preponderante de los hijos en la sent. Aud. Prov. de Oviedo, de 20 de mayo de 1977, al declarar que atribuida la custodia de los hijos a la madre, confirmando el deseo expresado por aquéllos, no puede menos que concedérsele el uso de la vivienda conyugal a la madre, por tratarse de intereses familiares absolutamente prevalente a los de los propios cónyuges, no sólo por ser numéricamente más numerosos, sino por evidentes razones de continuidad del hogar familiar, donde debe desarrollarse la educación de los hijos, finalidad ésta de subsistencia del núcleo familiar que priva sobre cualquier otra consideración personal de las partes. Se aprecia en esta sentencia y en varias de las anteriormente reseñadas la consideración principal que en la formación del criterio judicial tiene la conservación de la unidad y continuidad de la familia, como objetivo que se superpone a los individuales de cada uno de sus miembros.

La circunstancia de copropiedad de la esposa sobre el domicilio conyugal, al haber sido aquélla declarada inocente y el haber constituido el último domicilio conyugal, fueron razones decisivas para que en el caso contemplado por la sent. Aud. Prov. de Gerona, de 5 de julio de 1977, se concediese el uso de la vivienda común a la esposa, acordando se traslade desde el piso que había venido ocupando en el mismo inmueble durante las medidas provisionales de separación.

La conducta personal del cónyuge que da lugar a la crisis matrimonial no cabe duda que ha de tenerse en cuenta por el Juez. Así en la sent. Sala 1.ª del T.S. de 2 de mayo de 1983, en un caso de adulterio de la esposa, vida de vituperio e ignominia, se confirió al esposo el uso exclusivo del domicilio conyugal y se privó a la esposa de la patria potestad; se refiere esta sentencia a la discrecional actuación del Juez en pro de los superiores intereses de los hijos, ya destacada por la legislación precedente (arts. 68, rª 2.ª y 3.ª, y 73 del C.c.) y que cobra todavía mayor relevancia en el texto actual informado para todas las situaciones de separación, divorcio y nulidad del matrimonio por el criterio primordial del «favor filii» (arts. 92, 93 y 94).

### 1.8.6. *Situación arrendaticia de la vivienda familiar. Aspectos sustantivos*

De singular interés, en cuanto trata de la situación arrendaticia de la vivienda familiar en supuesto de sentencia de divorcio, es la sent. Aud. Prov. de La Coruña de 10 de noviembre de 1983, de la que se deduce que el titular del inquilinato es siempre el que contrató el arrendamiento con el arrendador, sin que ello menoscabe el derecho que las leyes reconocen a su mujer e hijos a la utilización del domicilio conyugal, tanto si el contrato se concertó estando casado el inquilino como si se casó después, de suerte que si muere el cónyuge del inquilino la situación del arriendo no varía, pero si el que muere es el titular arrendatario se producirá una subrogación en favor del cónyuge supérstite o de sus descendientes, hermanos o ascendientes que reúnan los requisitos del art. 58 de la L.A.U., sin que pueda admitirse la tesis de que la casa arrendada se disfrute en mano común por ambos esposos. Si se disuelve el matrimonio por virtud de una sentencia de divorcio, no se alterará la situación arrendaticia si continúa en el disfrute de la vivienda arrendada el cónyuge que sea titular del contrato de arrendamiento, pero si por acuerdo de las partes o decisión judicial se adjudica la vivienda al otro consorte, se producirá una cesión inter vivos del arrendamiento, permitida por el art. 24 de la L.A.U., pero para que tal cesión sea válida y eficaz, según esta sentencia, es preciso que se notifique de modo fehaciente al arrendador, dentro de los dos meses de realizada.

A nuestro parecer la sentencia referida no es acertada al equiparar una cesión judicial, la adjudicación del uso de la vivienda conforme al art. 96 del C.c., al supuesto de cesión dentro del estricto campo arrendaticio. La cesión judicial que se produce en los supuestos de ejecución de sentencia de divorcio o nulidad del matrimonio se superpone a la regulación meramente arrendaticia, por la especialidad de la materia y por ser ley posterior la que la dispone. Aparte de ello cabe sostener el carácter ganancial del derecho de arrendamiento de vivienda convenido durante el matrimonio, como incluido en el art. 1.347 n.º 3.º del C.c. Se tratará de una situación de mancomunidad, acorde con la naturaleza de la sociedad de gananciales, en que cada uno de los cónyuges tiene el carácter de arrendatario, aunque el firmante del contrato sea uno solo de ellos [15].

El Tribunal Supremo no ha creado un cuerpo de doctrina uniforme en materia de atribución del uso de la vivienda. La sent. de 3 nov. 1960, ante un supuesto de hecho en que el marido había contratado el arrendamiento de la vivienda en 1952, pero el matrimonio se celebró en 1937, y al ser concertado dicho contrato allí se estableció la familia, declara que es indudable que esa adquisición, como todas las realizadas por cualquiera de los cónyuges constante matrimonio ha de estimarse ganancial. La sent. de 24 de febrero de 1956 declara que la relatividad del contrato no permite que habiendo contratado el arriendo el marido pueda figurar la mujer como coarrendataria, aunque se celebrase el contrato existente la sociedad de gananciales; sin embargo, el arrendamiento pervive no por obra exclusiva del contrato, ni de la sucesión mortis causa, ni de la adjudicación intervivos al socio sobreviviente, sino por ministerio de la ley, que extiende a éstos la facultad de prorrogarlo forzosamente, contra la voluntad del arrendador, según permite el art. 63 de la L.A.U. La sent. de 7 de febrero de 1961 estimó que por el hecho de que el uso de la vivienda se realice de forma conjunta por los cónyuges, o mejor por medio de las personas que integran la familia, no parece provocar una mutación en el arrendamiento ni una elevación a cotitular del cónyuge no contratante ni de ningún otro miembro de la familia. Y la sent. de 5 de diciembre de 1981 presupone que del arrendamiento es titular el marido y no que existe una cotitularidad de arrendatarios.

De esa doctrina, en cierto modo inconexa, puede concluirse que sin perjuicio de reconocer que el arrendamiento es un bien ganancial constante matrimonio porque se adquiere a título oneroso a costa del caudal común (art. 1.347, n.º 3.º), sin embargo en los casos de adjudicación del uso de la

15. Rebolledo Varela, Angel L., bajo el título *La vivienda familiar y la Ley de Arrendamientos urbanos.* «La Ley», 21 de mayo de 1984, comenta la sentencia citada de la Aud. Prov. de La Coruña, mostrándose disconforme con el criterio seguido. Estima que tratándose de arrendamiento concertado vigente matrimonio y bajo el régimen de gananciales, ambos cónyuges con cotitulares a efectos de los arts. 24 y 58 de la Ley especial sin que a ello, razonablemente, sea oponible la dicción literal del art. 24 que habla de «inquilino que hubiese celebrado el contrato», entendiéndolo referido a aquel que firma el documento. Mantiene este autor, en definitiva, que a la luz de las reformas de 1981 el cónyuge al que se le adjudica la vivienda en un proceso de separación o divorcio puede tener un derecho a ocuparla que no se fundamente en la Ley de Arrendamientos Urbanos.

vivienda al que no concertó el contrato en los supuestos de crisis matrimonial no puede decirse que haya una cesión o subrogación en la vivienda a favor del beneficiario y de los hijos que en ella quedan, sino una mera continuidad material en la relación arrendaticia en relación con el otro cónyuge, debiendo pagar las rentas aquel de ellos que se acuerde o que disponga el Juez al amparo de las medidas 2.ª y 3.ª del art. 103 del C.c. Como ya se indicó, parece acertado sostener que en la esfera puramente arrendaticia el derecho de subrogación o cesión que opera conforme a la L.A.U. no tiene la misma amplitud cuando ha de compaginarse esa regulación con la más específica, y por ello de preferente aplicación, deducida de los arts. 96, 103 y 1.320 del C.c. en los supuestos de nulidad, separación o divorcio.

### 1.9. *Otros factores influyentes sobre el criterio judicial. Factores de orden moral. Factores de orden económico. Factores de orden social*

De la síntesis de casos de la práctica judicial expuesta fácil es colegir que el interés familiar más necesitado de protección no se obtiene siempre sobre base fáctica uniforme o inmutable para atribuir el uso de la vivienda y ajuar familiares. El criterio judicial se vale en diversa medida de factores económicos, de orden moral o de orden social. De la primera clase pueden ser, entre otros, el tener o no el cónyuge más necesitado de protección otra vivienda a su disposición, ya que el art. 96, párr. 1, puede no tener aplicación en ese supuesto, salvo acuerdo de los cónyuges en otro sentido. Dada la corriente predominante de prescindir de la nota subjetiva de culpabilidad y atender al dato objetivo de la ruptura de la armonía matrimonial, podrían las circunstancias impeler al Juez a que, teniendo en cuenta el poder económico de uno de los cónyuges, aun no siendo culpable, atribuya el uso de la vivienda al otro, como medida provisional al ser admitida la demanda, o bien como medida ejecutoria de la sentencia, lo que se habría de computar, por ejemplo, a los efectos de señalar la pensión para el cónyuge al que la separación o divorcio produzca desequilibrio económico en relación con la posición del otro, según faculta el art. 97. Han de evitarse situaciones de desamparo o, en otros supuestos, que quede desatendida la salud delicada de alguno de los cónyuges o de los hijos; supuestos estos y otros análogos en que el acuerdo de los cónyuges tiene límites reducidos, por no poder jugar en toda su extensión el principio de autonomía de la voluntad en estas materias. Recuérdese que conforme al art. 90, el Juez no aprobará un convenio que resulte dañoso para los hijos o gravemente perjudicial para uno de los cónyuges. En todo caso, la valoración de perjuicios, sin desatender las situaciones particulares o de orden afectivo, debe ser hecha por el Juez con cierta objetividad y con la imparcialidad que le debe caracterizar.

Factores de orden moral pueden influir sobre el ánimo del Juez para que, en unión con otros, pueda decidir sobre el uso de la vivienda familiar. Así la conducta desordenada de alguno de los cónyuges; la falta de lealtad conyugal; los vicios o deficiencias de alguno de aquéllos, ya se trate de taras personales o en relación con otras personas; la compatibilidad de caracteres; la animosidad o malquerencia entre los cónyuges, o de alguno de ellos respecto de alguno de los hijos o de todos ellos. Debe pretenderse evitar desequilibrios psíquicos o de repararlos si se han producido ya. La buena o mala fe no deben ser indiferentes, no obstante la tendencia a prescindir de la culpabilidad de las situaciones de crisis.

Los factores de orden social tienen una notoria influencia en este ámbito. Debe atender el Juez a si lo más conveniente para los hijos es la continuación de unas circunstancas de tipo rural, o si para su mejor educación y formación sería conveniente su traslado a un ambiente urbano, siempre que por la naturaleza de la situación de hecho de la litis ello sea posible. Mucho más cuando se trate de matrimonios entre personas de distinta nacionalidad: el ambiente en que se han formado los hijos en su niñez no será conveniente alterarlo, pasando a un entorno extraño, cuando llegan a la pubertad. Debe pretenderse que nada perturbe el desarrollo de la educación de los hijos, como sería un cambio en el sistema de vida. Así como no debe alterarse la situación aunque alguno de los hijos, que cuando empezó la situación de crisis matrimonial era menor, llegue, antes de que concluya, a la mayoría de edad; entonces si su dependencia económica de la familia sigue siendo necesaria, debe continuar igual. A lo más podría suscitarse una nueva resolución judicial ratificadora de la anterior situación. Como observa García Cantero, únicamente si todos los hijos salen del hogar familiar por mayoría de edad o por matrimonio, se estaría en el caso del párr. 3 del art. 96, o sea, en la situación de no haber hijos, lo que podría dar lugar a una modificación de la precedente resolución judicial sobre este punto.

### 1.10. *Carácter provisional de las resoluciones judiciales en esta materia*

Las resoluciones judiciales dictadas en cualquiera de los momentos procesales (antes de las demandas, una vez admitida la demanda o en ejecución de sentencia) relativas a la atribución del uso de la vivienda y ajuar, y lo mismo las relativas a atribución de los hijos, derecho de visita, etc., son, como reiteradamente se ha dicho, de carácter provisional. Este carácter determina que no tengan acceso al recurso de casación, por exigir este recurso, conforme al art. 1.687, n.º 1.º, de la Ley de Enj. civil, que se trate de sentencias definitivas, y no lo son las susceptibles de modificación cuando cambian las circunstancias o, aunque no cambien, si el criterio judicial ha de ser rectificado por revelarse desacertado el anterior. El T.S. en este sentido ha declarado (autos, entre otros, de 21 de mayo de 1981, 12 de diciembre de 1982 y 22 de febrero de 1983) que no es susceptible de recurso de casación la sentencia recaída en incidente sobre medidas provisionales relativas a visitas a los hijos y régimen de su guarda y custodia, a las que han de equipararse las relativas a la atribución del uso de la vivienda y ajuar familiares.

Tampoco las sentencias definitivas en esta materia admiten el recurso de casación (disp. adicional 5.ª, ap.j, Ley de 7 de julio de 1981), salvo a instancia del Ministerio Fiscal y en interés de la ley. En estos casos, y en algún otro en que podría ser dudosa la admisión de tal recurso (por ej., en el ámbito de la disp. adicional 7.ª), el concepto de «vivienda familiar» se determinará en las instancias previa apreciación de las pruebas practicadas en la fase correspondiente del pleito. Es decir, ha de ser el Juzgador de 1.ª instancia el que deducirá del material probatorio si se trata de vivienda familiar o no. Por tanto, parece indudable que el concepto citado lo es de hecho y no de derecho, de forma análoga a cuando se trata de reivindicación de cosas, su identificación es también cuestión de hecho que sólo puede ser atacada en casación después de la reforma de 6 de agosto de 1984 por conducto del n.º 4.º del art. 1.692 de la Ley de Enj. civil, y no por el 5.º como sería si se tratase de una apreciación jurídica.

No obstante lo expuesto, podría quizá sostenerse que el concepto de «vivienda familiar» implica una apreciación basada en unos hechos que podría ser revisable en casación, al modo como ocurre en otros casos. Por ejemplo, para el caso de culpa o negligencia o de relación casual, conceptos que sin variar los hechos en que se fundamentan pueden ser objeto de distinta apreciación por el Tribunal de casación, por conducto del n.º 5.º del art. 1.692 de la Ley Procesal civil. Pero es difícil admitir que el concepto de vivienda familiar, eminentemente exterior al Juzgador, pueda equipararse a otros que implican un raciocinio interno para decidir, como los conceptos de culpa, buena fe y otros. De ahí que se considere más acertado que dicho concepto quede en la esfera de los hechos y que salvo impugnación idónea (n.º 4.º del art. 1.692 cit.) no pueda ser revisado por el Tribunal de casación y resolver en otro sentido que el Tribunal de instancia.

## 2. Aplicación de los criterios judiciales en la adjudicación del uso de la vivienda y ajuar familiares en los distintos supuestos procesales

Estos distintos supuestos procesales son principalmente dos: el referido a las medidas a adoptar una vez admitida la demanda de nulidad, separación o divorcio, y el originado por la ejecución de las sentencias correspondientes a esas demandas, recogidos respectivamente en los arts. 103 y 91 y ss. del C.c. Sin embargo, puede hablarse también de las medidas a que se refiere el art. 104 que se reconducen a las del artículo anterior, aunque la tramitación procesal no es la misma, de las medidas cautelares convenientes a fin de asegurar la efectividad del derecho de cada cónyuge en orden al uso de la vivienda y ajuar familiares previstas en el art. 103, medida 2.ª, al final, y de la intervención judicial en la aprobación del convenio regulador de la separación. Veamos cada uno de estos supuestos, desde la perspectiva sobre todo de los criterios judiciales aplicables para acordar dichas medidas.

### 2.1. *Provisionalidad de las medidas judiciales a acordar*

Ante todo, las acordadas al amparo del art. 103 y lo mismo las del 104 están influidas por el criterio de provisionalidad de la medida, como ya lo indica el epígrafe del cap. X del tít. IV que habla de «medidas provisionales». Parece que entonces deben contraponerse a las acordadas una vez recaída sentencia definitiva a tenor del art. 91, que habrían de ser medidas definitivas. Pero esta apariencia se desvirtúa si se examinan los arts. 90 a 94, en los que puede apreciarse: a) en cuanto al convenio regulador, que «las medidas que el Juez adopte en defecto de acuerdo, o las convenidas por los cónyuges, podrán ser modificadas judicialmente o por nuevo convenio cuando se alteren sustancialmente las circunstancias» (art. 90, párr. 3). b) En relación a las adoptadas con respecto a los hijos y a la vivienda «podrán ser modificadas cuando se alteren sustancialmente las circunstancias» (art. 91, al final). c) En cuanto a la contribución de cada cónyuge a las necesidades de los hijos, se atenderá a las necesidades «en cada momento» (art. 93, al final). d) En cuanto al derecho de visita, igualmente se modificará o suspenderá «si se dieren graves circunstancias que así lo aconsejen» (art. 94). Revela todo ello que las medidas provisionales del art. 103 no se distinguen precisamente por su provisionalidad de las que se pueden acordar en ejecución de sentencia. Por tanto, el criterio judicial no ha de ser distinto en unas y otras, al menos en vista de que en ningún caso las medidas serán definitivas e irreformables. La diferencia radica únicamente en que no es lo mismo el momento procesal de presentación de la demanda en la que se solicita una modificación del estado civil de los interesados que el momento de la sentencia que acuerda con caracteres de cosa juzgada cuál ha de ser ese estado civil (separación, divorcio o nulidad). La firmeza de la resolución se contiene en ese pronunciamiento. En cambio, los que sean consecuencia del mismo en cuanto a vivienda y ajuar familiares, como sobre otros extremos a que se refieren estas normas, son pronunciamientos que manteniendo siempre la invariabilidad de la sentencia en cuanto al asunto principal de la litis, pueden ser modificadas posteriormente en vista de las circunstancias sobrevinientes.

### 2.2. *Supletoriedad de la intervención judicial*

El criterio judicial en cuestión viene influido si no decisivamente sí predeterminado por los acuerdos que en cada caso puedan tomar los cónyuges. El art. 103 lo reconoce así, en cuanto que una vez admitida la demanda el Juez sólo puede acordar las medidas que señala «a falta de acuerdo de ambos cónyuges» aprobado judicialmente. Sin perjuicio del arbitrio judicial, el Juez oirá a los cónyuges. Cuando se trata de medidas a consecuencia de las sentencias de nulidad, separación o divorcio o en ejecución de las mismas, igualmente el Juez resolverá «en defecto de acuerdo de los cónyuges» o en caso de no aprobación del mismo. Pero sin perjuicio de la provisionalidad expresada de lo que se acuerde en este supuesto, la resolución judicial versará sobre «las medidas que hayan de sustituir a las ya adoptadas con anterioridad con relación a los hijos y a la vivienda familiar» (art. 91). Radica en esta facultad de sustitución cierta prevalencia de estas medidas sobre las anteriormente acordadas, ya que éstas quedarán sustituidas, es decir, suprimidas por las nuevas. Se ve, por lo tanto, que si bien es criterio determinante la voluntad concorde de ambos cónyuges, se prevé que su acuerdo no sea aprobado por el Juez. Lo que tendrá lugar cuando esos acuerdos de los cónyuges sean «dañosos para los hijos o gravemente perjudiciales para uno de los cónyuges» (art. 90, párr. 2). En definitiva, el acuerdo de los cónyuges que hace subsidiaria la intervención judicial no resta una facultad de control y aprobación o mejor de supervisión que la ley atribuye a la Autoridad judicial.

### 2.3. *Medidas provisionales del art. 103 del Código civil*

Las medidas judiciales versan en caso de medidas provisionales del art. 103 sobre los hijos y sobre la vivienda en cuanto ahora nos interesa. Respecto de los primeros, se ha de determinar en interés de ellos «con cuál de los cónyuges han de quedar los sujetos a la patria potestad de ambos». En cuanto a la vivienda, «determinar, teniendo en cuenta el interés familiar más necesitado de protección cuál de los cónyuges ha de continuar en el uso de la vivienda familiar y asimismo, previo inventario, los bienes y objetos del ajuar que cotinúan en éste y los que se ha de llevar el otro cónyuge» (art. 103, 1.ª y 2.ª).

La ley es más detallada en supuesto de haber recaído ya sentencia y tener que adoptar medidas respecto de los hijos y la vivienda familiar. Revela esta diferencia que el criterio judicial ha de ser más inquisitivo en este segundo supuesto y descender a detalles que en cuanto a medidas provisionales acordadas al ser presentadas las demandas no tuvo que prever. La ley manda en cuanto a los hijos que se procure no separar a los hermanos (art. 92, párr. 4), salvadas siempre las obligaciones de los padres para con los hijos. Puede el Juez recabar para resolver sobre estos puntos el dictamen de especialistas (art. 92, párr. 5). En cuanto a la vivienda familiar y a los objetos de uso ordinario, dice el art. 96 que corresponderán a los hijos y al cónyuge en cuya compañía queden. Repite la ley que se atenderá al «interés más necesitado de protección» cuando, no habiendo hijos, haya de atribuirse la vivienda y ajuar doméstico a uno de los cónyuges. Si la vivienda en este caso o en los otros previstos corresponde en uso al cónyuge no titular se requerirá el consentimiento del otro para disponer de ella, o, en defecto de acuerdo, autorización judicial.

### 2.4. *Trámites procesales en cada caso. Medidas provisionales del art. 104 y sus características procesales*

Sin duda influirá sobre el criterio judicial a seguir en cada caso el trámite procesal procedente. En el supuesto de medidas del art. 103, la disposición adicional 4.ª de la ley de 7 de julio de 1981 ordena seguir los trámites de los arts. 1.896 y ss. de la Ley de Enj. civil. Es un procedimiento propio de medidas cautelares al que puede seguir el declarativo de incidente (art. 1.900 L. Enj. civil). La sumariedad del procedimiento sólo permite un plazo probatorio de tres días improrrogables, lo que abona la provisionalidad de la resolución judicial que haya de adoptarse. Resolución que sin embargo no es recurrible, pero que después puede formularse una oposición que se sustanciará por los trámites de los incidentes, «sin que en ningún caso pueda paralizarse la ejecución». El criterio que el Juez formará a través de este breve trámite, anterior al posible juicio incidental, puede atender al acuerdo de las partes o ser influido por el mismo. Así se deduce de la regulación legal de 1981, a diferencia de la que inspira el enjuiciamiento procesal de estos asuntos; lo que es de interés ante la escueta y rígida actuación procesal anterior. En el juicio incidental eventual desde luego el criterio judicial puede apoyarse además de en las pruebas de las partes, en diligencias para mejor preveer.

Señala la ley (art. 104 del C.c.) para el supuesto de que el cónyuge se proponga demandar la nulidad, separación o divorcio de su matrimonio la posibilidad de que solicite los efectos y medidas a que se refiere el art. 103. Entonces los trámites previos a la resolución judicial serán los establecidos en los arts. 1.884, 1.885 y concordantes de la Ley de Enj. civil. Poca influencia sobre el criterio judicial ejercerán esos trámites, ya que es indiferente al mismo el que no sea necesaria la intervención de Abogado y Procurador, ni que no se puedan plantear cuestiones de competencia (art. 1.884), o que tales medidas queden sin efecto si en el plazo de treinta días a contar de la separación efectiva no se acredita la presentación de la demanda o en cuanto se justifique su inadmisión (art. 1.885). Las medidas se refieren a la separación de los cónyuges, a la atribución de los hijos y a determinar las ropas, enseres y muebles que, bajo inventario, deberá recibir la esposa e hijos que se le confíen (art. 1.881). También a petición de la mujer y con audiencia del marido el Juez podrá disponer que perciba aquélla el auxilio económico necesario para su subsistencia y la de los hijos que se le confíen hasta que se interponga demanda de nulidad, separación o divorcio. En los supuestos de estas medidas el Juez apreciará discrecionalmente la «necesidad y la urgencia del caso». Esta urgencia y necesidad no le impedirá atender a las necesidades de los hijos ni del ajuar preciso para el cónyuge que haya solicitado las medidas. Como se ve, estas medidas no incluyen providencia ni otra resolución relativa a la vivienda familiar, lo que se justifica dado el breve plazo (treinta días) de duración de las mismas. Sin embargo, en caso de continuar la situación de anormalidad matrimonial, se entrará ya en las medidas del art. 103, que incluyen acuerdo o resolución acerca de la vivienda.

El arbitrio judicial es evidentemente mayor en el supuesto de las medidas adoptadas al amparo del art. 104, dada la necesidad y urgencia del caso y la breve duración de aquéllas. Son medidas predominantemente cautelares; en cambio, las adoptadas al amparo del art. 103, pese a su provisionalidad, tienen un mayor alcance contencioso, sin perder totalmente su alcance cautelar; carácter contencioso que se acentúa cuando a través del procedimiento incidental se llega a una resolución definitiva con mayor posibilidad de perdurar, dado que fue adoptada previo un proceso de cognición, con su fase alegatoria y probatoria dotadas de cierta amplitud.

El trámite a seguir en las medidas dispuestas en la sentencia de nulidad, separación o divorcio, a falta de normas específicas en la ley de 7 de julio de 1981, será para ejecución de lo fallado el contenido en los arts. 919 y ss. de la Ley de Enj. civil, salvo algún efecto particular como es la comunicación de oficio a los Registros civiles en que consten el matrimonio de los litigantes y los nacimientos de sus hijos, para que se tome nota en dichos Registros de la respectiva sentencia de separación, nulidad o divorcio. Muy importante es no olvidar que estos trámites ejecutivos vienen determinados en primer lugar por el acuerdo de los cónyuges, y sólo en defecto de este acuerdo, o de ser dañoso para los hijos o gravemente perjudicial para alguno de los cónyuges, intervendrá como decisiva la resolución judicial, y también que las medidas ejecutivas pueden ser modificadas judicialmente o por nuevo convenio cuando se alteren sustancialmente las circunstancias (arts. 90, 91, 93 y 94).

### 2.5. *El interés de los hijos como limitativo del arbitrio judicial. Supuesto de ausencia de hijos. Supuesto de derecho privativo de uno de los cónyuges o de los dos sobre la vivienda*

A manera de conclusión de lo expuesto puede decirse que el arbitrio judicial que actúa en todas estas medidas tiene una primera y esencial limitación en el interés de los hijos (art. 103, 1.ª); criterio a observar no sólo para la atribución de la custodia de los hijos a uno u otro cónyuge, como podría deducirse de una interpretación literal del precepto, sino para cualquiera de las previsiones que en relación a los hijos se contienen en el mismo. Se refiere la ley a los hijos menores no emancipados y a los mayores incapacitados. El Juez habrá de adoptar «las disposiciones apropiadas de acuerdo con lo establecido en este Código», es decir, atender a la incidencia que esta atribución del cuidado de los hijos a uno de los cónyuges pueda tener en las relaciones paternofiliales, señalando, en definitiva cómo habrán de ejercitarse los deberes y facultades que corresponden a ambos cónyuges. Se tendrán en cuenta las normas sobre patria potestad, y el criterio judicial no será completo si no se oye a los hijos antes de adoptar las decisiones que les afecten, aun cuando no lo establezca expresamente el art. 103, 1.ª; pero en este punto habrá de seguirse lo dispuesto en el art. 92, párr. 2, que manda «oirles si tuvieran suficiente juicio y siempre a los mayores de doce años».

El interés de los hijos, siempre que los haya, habrá de ser atendido en primer lugar para la atribución del uso de la vivienda familiar (art. 103, 2.ª), ya que será generalmente y tal vez sin excepción el interés familiar más necesitado de protección, criterio verdaderamente primario en el Juzgador. Este, abundando en lo antes dicho, no puede ser un interés familiar supraindividual, sino aquel de los individuos que componen el grupo —cónyuges y, en su caso, los hijos— cuya situación por diversas razones, haga aconsejable atribuirles el uso de la vivienda familiar. En ese sentido —como dice Herrero García («Rev. de Der. Notarial», enero-marzo 1982, pp. 209 y ss.)— la doctrina y la jurisprudencia anterior (sents., entre otras, de 27 de octubre de 1961 y 26 de abril de 1963) atendían ya preferentemente al interés de los hijos, criterio que parece inspirar la vigente legislación en el art. 96 del C.c., y que hay que entender inspira también a la norma del art. 103 del mismo Cuerpo legal.

Dada la provisionalidad de estas medidas, tanto las del art. 96 como las del 103, es conveniente procurar la menor alteración posible en las relaciones entre padres e hijos, y que la incidencia del procedimiento en curso sea para éstos lo menos perjudicial posible. Sin duda por ello el art. 92, párr. 4, procura que en la atribución de la patria potestad no se separe a los hermanos.

Ante la ausencia de hijos el criterio a seguir es el de procurar que el cónyuge titular de los derechos sobre la vivienda sea mantenido en su uso —lo que supondría evitar alteraciones en el ámbito económico-matrimonial—, salvo que si la situación del otro cónyuge lo hiciese aconsejable se le atribuyese a éste el uso de dicha vivienda familiar. En definitiva, los criterios de atribución dependerán de las particulares circunstancias del caso concreto que habrán de ser valoradas adecuadamente por el Juez para que tanto la atribución de los hijos como el uso de la vivienda por uno u otro cónyuge responda realmente a la finalidad de protección del interés más necesitado.

Aunque ello sea materia de otras ponencias y sólo con vistas a formar un criterio judicial de atribución, puede distinguirse en cuanto a la atribución del uso de la vivienda familiar según haya sobre ella un derecho común a ambos cónyuges o que alguno de ellos tenga derechos privativos sobre ella. En el primer caso, si se trata de un condominio, el criterio judicial se inclinará a la concesión del uso y aprovechamiento exclusivo de la cosa común a uno de los condóminos y correlativamente la exclusión del otro. Todo ello sin perjuicio del derecho de dominio del privado del uso, dominio que se le seguirá desde luego reconociendo.

Cuando el derecho común de los cónyuges sobre la vivienda consista en un arrendamiento, la privación de uso al cónyuge que haya de salir de ella no altera el contrato locativo, es decir, no habrá por esa atribución cesión ilegal. A estos efectos el arriendo será común tanto si uno solo de los cónyuges lo concertó antes o después de celebrado el matrimonio como si ambos cónyuges lo concertaron conjuntamente, lo que no es frecuente, después de contraído el matrimonio. Hacer distinciones en estos supuestos para atribuir distintos derechos no aparece con fundamento alguno en las leyes. Interpretación conforme con la finalidad y la letra del art. 1.320, que exige el consentimiento de ambos consortes para disponer de la vivienda familiar aunque pertenezca a uno solo de ellos. Debe observarse que este régimen de atribución del arrendamiento de la vivienda familiar cae dentro de los efectos de las demandas de separación, nulidad o divorcio, y que no interfiere en los que señale la L.A.U. para los casos de cesión o subrogación inter vivos o mortis causa en los contratos de arrendamiento de un cónyuge a favor del otro (arts. 24 y 58 de la L.A.U.).

Si los derechos de la vivienda son privativos, las consecuencias jurídicas pueden ser distintas, y ese carácter privativo debe ser considerado especialmente por el Juez, partiendo de las circunstancias del caso, sobre todo la existencia de hijos y la atribución de su cuidado a uno de los cónyuges, tal como las tienen en cuenta los arts. 96 y 103 del C.c. El primero de estos preceptos considera los efectos de la sentencia definitiva señalando criterios no excluyentes, puesto que se parte del defecto de acuerdo de los cónyuges; y lo mismo puede decirse sobre el art. 103. Por tanto, siempre que el Juez estime que no hay otro «interés familiar más necesitado de protección» debe procurar que las medidas provisionales en uno y otro momento procesal alteren lo menos posible la situación preexistente, lo que en el aspecto que se analiza supondría procurar atribuir al cónyuge titular del derecho sobre la vivienda el uso de la misma, sin perjuicio de las medidas correspondientes para que las necesidades del otro cónyuge quedasen cubiertas.

Si la vivienda es atribuida en uso al cónyuge no titular de ella, se tratará o constituirá un título judicial de uso, que no puede asimilarse a los títulos jurídicos preexistentes o reconocidos en las leyes. Es una cesión temporal en todo caso, porque más pronto o más tarde habrá de ser tenida en cuenta en la liquidación de las consecuencias patrimoniales o económicas de la sociedad conyugal. Al pronto y con la expresada provisionalidad, el cónyuge titular queda excluido «del uso» de la vivienda de su propiedad, manteniendo este derecho de dominio, y computándolo en el momento de fijar la contribución de cada uno de los cónyuges al sostenimiento de las cargas matrimoniales (art. 103, 3.ª). Si el derecho del cónyuge titular es un mero arrendamiento, entonces al ocupar la vivienda el otro cónyuge habrá una cesión legal o judicial con subrogación en el lugar del cónyuge arrendatario para todos los efectos del arrendamiento, siempre que todo ello venga exigido por el interés familiar más necesitado de protección. Aparte de que, como antes se indicó, el derecho arrendaticio concluido por uno solo de los cónyuges puede considerarse como común o conjunto con el otro cónyuge a estos efectos de situaciones anormales del matrimonio. Para estas situaciones puede valer el criterio del art. 1.320, acudiéndose en defecto de acuerdo a la resolución judicial correspondiente; precepto legal que parte de una idea de comunidad de derechos de ambos consortes sobre la vivienda familiar, aunque sea privativa en dominio o en arrendamiento de uno solo de ellos.

En todo caso las dificultades que en la práctica puedan surgir habrá de resolverlas el Juez mediante la adopción de las medidas cautelares convenientes para conservar el derecho de cada uno, tal como permite la norma 2.ª del art. 103, al final. Medidas que pueden consistir en una notificación al arrendador, o la anotación en el Registro correspondiente u otra de tipo cautelar y siempre provisionales y pendientes en su modificación, continuación o extinción de lo que se acuerde en definitiva al liquidar el régimen económico matrimonial.

## BIBLIOGRAFIA


BASSOLS COMA, Martín, *Consideraciones sobre el derecho a la vivienda en la Constitución Española de 1978.* «Rev. de Derecho Urbanístico», octubre-noviembre-diciembre 1983, pp. 13 y ss.

CASTÁN TOBEÑAS, José, *Teoría de la aplicación e investigación del Derecho. Metodología y técnica operatoria en derecho privado positivo,* Madrid, p. 147.

— *Las instituciones protectoras de la familia y de su propiedad.* Madrid 1955.

CASTÁN VÁZQUEZ, José M.ª, *Comentarios al Código civil y Compilaciones forales.* III, Madrid 1982, pp. 175 y ss.

CUESTA SÁENZ, José M.ª de la, *La protección de la vivienda familiar en los Derechos francés y español. Estudio de Derecho comparado.* «Rev. de Derecho Notarial», enero-marzo 1983, pp. 129 y ss.

DIVISIÓN INTERDISCIPLINAR PARA LA FAMILIA, *Convenios reguladores de las relaciones conyugales, paterno-filiales y patrimoniales en las crisis del matrimonio. Bases conceptuales y criterios judiciales.* Pamplona 1984.

— *El derecho de visita de los menores en las crisis matrimoniales. Teoría y praxis.* Pamplona 1982, 2.ª ed.

DORAL GARCÍA, José Antonio, *El fraude y la defensa del interés familiar en el Código civil.* «Rev. de Der. Privado», 1974, pp. 555 y ss.

— *El interés de la familia.* «Documentación jurídica», enero-diciembre 1982, pp. 555 y ss.

— *La noción de orden público en el Derecho civil español.* Pamplona 1967.

FONSECA GONZÁLEZ, Rafael, *La vivienda familiar habitual en arrendamiento y la sociedad de gananciales.* «Rev. de Der. Privado», 1983, pp. 261 y ss.

GARCÍA CANTERO, Gabriel, *Comentarios al Código civil y Compilaciones forales.* II, Madrid 1982, pp. 369 y ss.

GARCÍA GARCÍA, M.ª Angeles, *El llamado interés familiar supraindividual.* «Rev. General de Legislación y Jurisprudencia», noviembre 1982, pp. 377 y ss.

— *Igualdad conyugal y conflictos domésticos.* «Rev. de Der. Privado», 1978, pp. 508 y ss.

— *El deber de actuar en interés de la familia.* «Rev. de Derecho Privado», 1984, pp. 243 y ss.

GARCÍA VARELA, Román, GONZÁLEZ POVEDA, Pedro, LÓPEZ-MUÑIZ GOÑI, Miguel y SIERRA GIL DE LA CUESTA, Ignacio, *La ley de Divorcio. Experiencias de su aplicación.* Madrid 1982.

GARRIDO CERDÁ, Emilio, *Derechos de un cónyuge sobre los bienes del otro.* «Rev. de Derecho Notarial», enero-marzo 1982, pp. 87 y ss.

HERRERO GARCÍA, M.ª José, *Las medidas provisionales en la crisis matrimonial. Comentarios a los artículos 102 y 103 del Código civil.* «Rev. de Derecho Notarial», enero-marzo 1982, pp. 145 y ss.

KROPHOLLER, Juan, *Das Kindeswohl als Rechtsbegriff.* «Juristen Zeitung», 17 de febrero de 1984, pp. 164 y ss.

LACRUZ BERDEJO, José Luis y SANCHO REBULLIDA, Francisco de Asís, *Elementos de Derecho civil.* IV *Derecho de familia, conforme a las leyes de 13 de mayo y 7 de julio de 1981.* Barcelona 1982.

LARENZ, Karl, *Derecho civil. Parte General.* Madrid 1978, ed. esp.

LÓPEZ ALARCÓN, Mariano, *Efectos de las sentencias de nulidad, separación y divorcio. Cuestiones generales.* «La Ley», 1982-2, pp. 832 y ss.

— *Efectos de las sentencias de nulidad, separación y divorcio: cuestiones particulares.* «La Ley», 1982-2, pp. 909 y ss.

O'CALLAGHAN MUÑOZ, Xavier, *Compendio de Derecho civil.* IV *Derecho de familia.* Madrid 1983.

PÉREZ GORDO, Alfonso, *Los juicios matrimoniales.* Barcelona 1982.

PÉREZ-VILLAR, Javier, *¿Siguen en vigor las medidas previas? (Estudio a partir de la entrada en vigor de la Constitución y la ley del divorcio).* «La Ley», 1982-2, pp. 857 y ss.

PRADA GONZÁLEZ, José M.ª de, *La patria potestad tras la reforma del Código civil.* «Rev. de Derecho Notarial», enero-marzo 1982, pp. 253 y ss.

Presidencia del Tribunal Supremo, Secretaría Técnica. *Informe sociológico sobre la aplicación de la Ley del Divorcio.* II, Madrid 1983.

Recomendación n.º R(81)15, adoptada por el Comité de Ministros del Consejo de Europa el 16 de octubre de 1981 y exposición de motivos. *Les droits des époux relatifs à l'occupation du logement de la famille et à l'utilisation des objets du ménage.* Consejo de Europa, 1982.

SANCHO REBULLIDA, Francisco de Asís, *Comentarios al Código civil y Compilaciones forales.* II, 1978, pp. 178 y ss.

# *VARIACIONES POSTERIORES DE MEDIDAS ADOPTADAS EN RELACION A LA VIVIENDA Y AL AJUAR FAMILIARES POR ALTERACION SUSTANCIAL DE LAS CIRCUNSTANCIAS*

*Francisco Javier Fernández Urzainqui*

SUMARIO: 1. LA MODIFICABILIDAD DE LAS MEDIDAS PROVISIONALES Y DEFINITIVAS EN LA RECIENTE REFORMA DEL DERECHO DE FAMILIA.—2. VARIACIONES EN LAS CIRCUNSTANCIAS QUE DETERMINAN LA EXTINCIÓN DE LAS MEDIDAS RELATIVAS AL USO DE LA VIVIENDA Y AJUAR FAMILIAR, ALTERAN LOS TÉRMINOS DE SU CONSTITUCIÓN O JUSTIFICAN SU REVISIÓN.

## 1. LA MODIFICABILIDAD DE LAS MEDIDAS PROVISIONALES Y DEFINITIVAS EN LA RECIENTE REFORMA DEL DERECHO DE FAMILIA

Las medidas relativas al uso de la vivienda y del ajuar familiares, lo mismo que las demás dirigidas a regular las situaciones derivadas de la nulidad, separación o divorcio y de la promoción de los correspondientes procedimientos, se adoptan por los propios cónyuges o, en defecto de acuerdo o de su aprobación, por el Juez, en contemplación a un conjunto de circunstancias de variada índole que definen el límite temporal de su inmutabilidad. Sólo en tanto en cuanto las circunstancias que determinaron su adopción permanecen inalteradas o se desarrollan en el tiempo conforme a las iniciales previsiones de los cónyuges o del Juez puede fundadamente afirmarse su irrevisabilidad. Es en tal sentido como ha podido



en el último se impone o sobrepone a ella desde su homologación. La modificación consensuada de medidas precedentemente adoptadas por el Juez en defecto de acuerdo o de su aprobación vendría en tal caso a imponerse a ellas, no en razón al cambio de circunstancias, que es a este respecto indiferente, sino al carácter prevalente que a la voluntad concorde de los cónyuges reconoce la Ley.

Mas, si las medidas concertadas por los esposos pueden sustituir a las establecidas en su día por el Juez, con mayor razón aun las pactadas mediante un nuevo convenio de los interesados han de poder modificar las que con anterioridad ellos mismos hubieren acordado. El efecto novativo del nuevo convenio no requiere para su aprobación judicial, siempre necesaria, la constatación de una objetiva alteración de las circunstancias, aunque, como apuntan Díez-Picazo y Gullón, su sola celebración por los interesados «presuponga lógicamente algún cambio o alguna variación desde sus particulares puntos de vista».

Por su parte, ni el tenor de los arts. 93-3 y 91 «in fine» del Código Civil, ni el de los apartados 8.º y 11.º de la disposición adicional sexta de la Ley de 7 de julio de 1981 constituyen a mi juicio obstáculo al mantenimiento de esta conclusión, pues tanto unos como otros se limitan a reconocer la modificabilidad de las medidas judiciales o pactadas por alteración sustancial de las circunstancias y la adecuación de la vía convencional para instar y obtener su modificación, pero ninguno de ellos llega a declarar que sea la variación de las circunstancias originariamente contempladas el único supuesto modificativo de las medidas en cuestión o un presupuesto necesario para su modificación convencional.

Es pues claro que mediante convenio de los cónyuges aprobado judicialmente pueden modificarse tanto las medidas anteriormente pactadas por ellos como las establecidas en defecto de acuerdo o de su aprobación por el Juez. Pero no menos lo es la posibilidad inversa de instar y obtener cualquiera de los esposos, pese a la oposición de su consorte, la modificación judicial de medidas originariamente pactadas por ellos, aun cuando en este caso haya de serlo necesariamente por alteración sustancial de las circunstancias que determinaron su adopción. Las dificultades para alcanzar un nuevo acuerdo, siempre problemático en estas situaciones, no podrían constituir en ningún caso un obstáculo para la revisión judicial de medidas que por un sensible cambio de las circunstancias en cuya contemplación se convinieron y aprobaron hubieran llegado a resultar «dañosas para los hijos o gravemente perjudiciales para uno de los cónyuges». Una interpretación del art. 90-3 y de los apartados 8 y 11 de la disposición adicional sexta que sostuviera la exclusividad de la vía consensuada para su modificación sería rechazable por contrario incluso a las exigencias del art. 24 de nuestra Constitución.

### 1.1. *Presupuestos y alcance de la modificación*

La modificación de las medidas relativas al uso de la vivienda y el ajuar familiar puede por lo expuesto alcanzarse mediante decisión judicial en trámite contencioso a petición de uno cualquiera de los interesados por alteración sustancial de las circunstancias consideradas en su adopción o mediante convenio modificativo aprobado por el Juez, abstracción hecha del eventual cambio de circunstancias que hubiere podido determinarlo. Los presupuestos condicionantes de la modificación son en una y otra hipótesis distintos y, como tales, han de ser separadamente examinados.

#### 1.1.1. *La modificación por alteración sustancial de las circunstancias*

La modificación judicial instada al amparo de lo dispuesto en los arts. 90-3 y 91 «in fine» del Código Civil exige en términos generales el concurso de los siguientes presupuestos:

a) Que se haya producido un *cambio* en el conjunto de circunstancias o de representaciones consideradas al tiempo de adoptarse las medidas, es decir, una alteración o transformación del «escenario» contemplado por los cónyuges o el juez en la convención, aprobación o determinación de las medidas cuya modificación se postula.

El cambio puede ser de signo confirmatorio, contradictorio o meramente modificativo, por seguir la terminología propuesta por Guasp en relación a los que denomina límites temporales de la cosa juzgada. «Confirmatorio», cuando las nuevas circunstancias no hacen sino corroborar el sentido y significado de las que inspiraron el convenio o la resolución judicial sustitutoria del mismo. Sería confirmatoria la adquisición o tenencia por el titular desposeído de la vivienda de otra de similares características, adecuada a sus necesidades. «Contradictorio», cuando las circunstancias concurrentes o consideradas en la fecha del convenio o de la resolución judicial sustitutoria desaparecen o acaecen otras incompatibles con aquéllas —así, el fallecimiento del hijo cuya guarda determinó la atribución del uso al cónyuge no titular o la resolución del arrendamiento sobre la



nuevas de significación distinta y opuesta a las originariamente concurrentes.

Entiendo sin embargo que la afirmación es válida con respecto a las circunstancias conocidas y consiguientemente contempladas por los cónyuges o el Juez al tiempo de pactar los términos del convenio o de dictar la resolución sustitutoria del mismo, pero no en relación con aquellas que, desconocidas en aquel momento, no se tuvieron en cuenta ni pudieron considerarse en la adopción de las medidas.

La venida en conocimiento de estas circunstancias podría alterar sustancialmente el conjunto de representaciones en cuya contemplación se consintió el convenio o se pronunció la resolución judicial y legitimaria, a mi juicio, la demanda de su modificación.

El «límite temporal» de las medidas judiciales o pactadas que proclaman los arts. 90-3 y 91 del Código Civil no alcanza a la totalidad de las circunstancias concurrentes en el momento de su adopción sino solo a «las tenidas en consideración» (disposición adic. 6.ª, pfo. 8) o «en cuenta» disp. adic. 6.ª, pfo. 11) a la hora de su establecimiento, aunque haya de presumirse de modo irrebatible que los interesados tuvieron en consideración al suscribir y ratificar el convenio todas las circunstancias que les eran entonces conocidas y el Juez, al adoptar en defecto de acuerdo o de su aprobación las oportunas medidas, todas las que le habían sido aducidas o expuestas en el pleito.

La alteración sustancial de las circunstancias justificativa de la modificación de medidas puede en suma venir motivada tanto por el acaecimiento de hechos nuevos, como por el conocimiento de hechos anteriores de significada trascendencia ignorados en su adopción.

### 1.1.2. *La modificación por acuerdo de los cónyuges, abstracción hecha de sus circunstancias*

El acuerdo de los cónyuges aprobado por el Juez, según se ha dicho, no solo excluye la determinación judicial de las medidas relativas al uso de la vivienda y el ajuar familiares, arregladamente a lo dispuesto en los arts. 96 y 103-2.º del Código Civil, sino que puede en cualquier momento imponerse a las ya adoptadas por convenio o decisión judicial, abstracción hecha del cambio de circunstancias que eventualmente lo hubiera determinado.

La modificación por convenio de medidas judiciales o pactadas requiere para su efectividad el acuerdo de los interesados y su aprobación por el Juez.

#### 1.1.2.1. *El acuerdo de los interesados*

Adoptadas las medidas que, con arreglo a los arts. 90, 103 ó 91 y siguientes del Código Civil, era necesario establecer por imperativo legal con la admisión a trámite de la demanda de nulidad, separación o divorcio o el pronunciamiento de la respectiva sentencia estimatoria, los acuerdos que con posterioridad concluyeran los interesados en relación a su nueva situación previsiblemente habrían de tener por objeto la ampliación de aquellas medidas con otras distintas de libre determinación, el desarrollo o concreción de algunos de sus particulares, su cancelación o la variación total o parcial de su contenido.

Los pactos ampliatorios, excepción hecha de los que tengan por objeto la fijación de la pensión compensatoria, no están sujetos en principio a la intervención judicial ni a otros límites objetivos y formales que los determinados por la naturaleza de lo convenido en ellos. El desenvolvimiento de sus disposiciones, salvo también la relativa a la pensión compensatoria, es independiente del de las medidas adoptadas imperativamente en su día conforme a los arts. 90 y 91 ó 103 del Código Civil, lo que no excluye la posibilidad de instar la revisión convencional o judicial de estas últimas en razón precisamente al contenido del acuerdo ampliatorio o a las incidencias que surgieran en el curso de su ejecución.

Los acuerdos complementarios, dirigidos a desarrollar o concretar en alguno de sus aspectos las medidas adoptadas con carácter necesario por los cónyuges o el Juez, a diferencia de los que he denominado ampliatorios, requieren la aprobación judicial, pues las medidas articuladas en ellos, por su propia naturaleza accesoria, han de estar sujetas a las mismas exigencias de las principales que desarrollan o concretan, de no haber dispuesto otra cosa, previéndolas, la resolución judicial que las adoptó o aprobó.

En realidad sólo los convenios cuyo objeto sea cancelar, sustituir por otras o alterar en alguno de sus particualres las medidas judiciales o pactadas son conceptuables en rigor y a todos los efectos como modificativos. La modificación instada puede alcanzar a la totalidad de las medidas reguladoras de la nueva situación matrimonial o sólo a alguna de ellas.

Nada impide que el acuerdo modificativo sea fruto de una Conciliación concluida con avenencia de los interesados. La Ley de 7 de julio de 1981



judiciales para uno de los cónyuges, en el caso de haberle sido instada de común acuerdo o en forma consensuada su aprobación, sino que habría de valorar sus estipulaciones en el conjunto de las demás circunstancias aducidas y acreditadas por las partes en el curso del contencioso, tal como para la pensión compensatoria previene el art. 97-1.ª del Código Civil. Ello no obstante, si las cláusulas del pacto modificativo ampararan suficientemente el interés de los hijos menores o incapacitados sin lesionar tampoco gravemente el de ninguno de los pactantes y persistieran las mismas circunstancias que presidieron su conclusión, sería razonable esperar del Juez una resolución que, salvando la injustificada oposición del cónyuge demandado a la consumación del proceso que habría de asegurar la plena efectividad de sus acuerdos, estimara la modificación instada en los propios términos con que en su día fue convenida por los interesados.

### 1.2. *Modificación, sucesión, revocación y actualización de medidas*

De «modificación» tan sólo cabe hablar, a mi juicio, con propiedad, dentro de la vigente normativa procesal, en los supuestos de cancelación, variación o sustitución en el propio procedimiento por otra de idéntica naturaleza de una medida judicial o pactada firme, en razón a la alteración sustancial de las circunstancias o a la conclusión de un acuerdo o nuevo acuerdo entre los interesados aprobado por el Juez. No constituyen por ello «modificación» en sentido legal, pese a la incidencia que la alteración de las circunstancias precedentes o el acuerdo de los interesados puedan tener, los supuestos de sucesión o sustitución procesal de medidas de distinta naturaleza en el curso del mismo procedimiento, los de adopción de medidas de idéntica naturaleza en procedimientos matrimoniales sucesivos, los de revocación de medidas por hechos no contemplados en primera instancia y los de actualización de medidas con arreglo a las previsiones del convenio o de la resolución que las adoptó.

#### 1.2.1. *La sustitución de las medidas provisionales previas por coetáneas y de las coetáneas por definitivas*

Admitida a trámite la demanda de nulidad, separación o divorcio, el Juez, a falta de acuerdo de ambos cónyuges o en defecto de su aprobación, ha de adoptar, con arreglo a lo dispuesto en el art. 103 del Código Civil, las medidas que en él se relacionan, ratificando, en su caso, las ya acordadas con carácter previo, a tenor de lo dispuesto en el art. 104, o sustituyéndolas por otras de distinta orientación y contenido. En lo que a la vivienda familiar se refiere, es perfectamente posible, aunque acaso no sea lo probable en la actual normativa, que el Juez asigne su uso en trámite de medidas provisionales al cónyuge apartado de ella con la adopción de las medidas previas.

Otro tanto habrá de decirse de la sustitución en la sentencia estimatoria o en su ejecución de las medidas propiamente provisionales por las definitivas, según lo prevenido en los arts. 91 y 106 del Código Civil. En su determinación el Juez puede limitarse a elevar a definitivas con las necesarias adiciones y adaptaciones —en relación a la vivienda, las que impone la distinta redacción de los arts. 96-1 y 103-2.ª en orden a la identidad de los beneficiarios del uso— las medidas adoptadas para la sustanciación del proceso, pero también resolver sobre ellas en un sentido sustancialmente distinto al de las provisionales.

Aunque tal cambio en la sucesión de medidas puede venir determinado por una significada variación de las circunstancias concurrentes en cada fase procedimental o por la mediación de un acuerdo entre los interesados presentado a la aprobación judicial con el escrito de demanda o en el curso del proceso, sea o no con la solicitud a que se refiere la letra K) de la disposición adicional quinta de la Ley 30/1981, puede también ser debido a la reconsideración por el Juez de los criterios que inspiraron su anterior resolución o a la adopción de nuevas perspectivas en consonancia con la naturaleza y finalidad de las medidas sustituyentes. Y esto es así porque en el tránsito de las medidas provisionalísimas a las propiamente provisionales y de éstas a las definitivas no hay modificación sino sucesión de medidas perfectamente diferenciadas aunque guarden entre sí una lógica y razonable homogeneidad.

Cabe en este punto preguntarse por la incidencia que en el contenido de las medidas definitivas ha de tener la modificación judicial o pactada de las medidas provisionales en el curso del procedimiento. Parece claro que las medidas modificativas no tienen más significación y alcance que las modificadas por ellas, ni más vigencia que la definida por la propia duración del proceso. La modificación de las medidas provisionales no predetermina en principio el contenido de las definitivas aunque previsiblemente haya de influir en su fijación. Sólo en el supuesto de que la referida modificación fuera consecuencia de un convenio intraprocesal concluido en contemplación a los efectos de la sentencia estimatoria de la nulidad, la separación o el divorcio demandados, el acuerdo que la motivó vendría a

chos determinantes de los pronunciamientos recurridos podría justificar su revocación en línea con las pretensiones del apelante y con los términos en que se desarrolló el debate.

Es asimismo posible que, durante la segunda instancia del juicio contencioso de separación o divorcio, lleguen los interesados a un acuerdo sobre las medidas a que quedaron contraídas sus diferencias tras el pronunciamiento de la sentencia apelada. Concurriendo los requisitos señalados en la disposición adicional sexta les sería dable solicitar la continuación del procedimiento por los trámites establecidos en ella (disp. adic. 5.ª, letra K) e instar del Juzgador «a quo» con la declaración de la separación o el divorcio la aprobación de su convenio. Si así no lo hicieran o no pudieran hacerlo, por no concurrir los requisitos establecidos en aquella disposición, el Tribunal de apelación habría de resolver el recurso sin la sujeción a los términos del acuerdo que impone el art. 90-2 del Código Civil, aunque valorando su indudable significación como un «hecho nuevo» en conjunción con los demás datos que las actuaciones le suministraran.

#### 1.2.4. *La actualización de medidas con arreglo a sus originarias previsiones*

Precisamente con el fin de evitar el seguimiento de un procedimiento modificativo para hacer frente a las consecuencias de un cambio de circunstancias previsible en su certeza e incluso en el tiempo de su acaecimiento, tanto las partes en la convención de las medidas, como el Juez en su supletoria determinación, pueden establecer los mecanismos de adaptación que posibiliten su automática adecuación, progresión o variación sin necesidad de negociar un nuevo acuerdo e impetrar la intervención judicial.

El Código Civil alude a tales previsiones al referirse a la contribución de los progenitores a la satisfacción de los alimentos (arts. 90-C y 93) y a la pensión compensatoria (arts. 97 y 100).

Pero no hay obstáculo alguno para que otras medidas, como la relativa al uso de la vivienda y el ajuar familiar queden sujetas en su desenvolvimiento a mecanismos de automática revisión, mediante el señalamiento de términos y condiciones a su desarrollo, como sucedería de someterse el uso de la vivienda a un turno alternativo por períodos de tiempo o supeditarse a la subsistencia o acaecimiento de ciertas circunstancias. Expirado el plazo o cumplida la condición a que se sujetó la atribución, el cónyuge privado de su posesión puede recuperarla sin necesidad de instar declaración alguna en relación con la modificación o cesación de la medida en cuestión.

### 1.3. *Rogación y oficialidad en la modificación de medidas*

La atenuación del principio dispositivo y el reforzamiento de los poderes del Juez en los procedimientos matrimoniales no son tan acusados que le autoricen a someter de oficio a revisión las medidas provisionales o definitivas acordadas en ellos, por más que, a su criterio, hayan cambiado las circunstancias que presidieron su adopción. La modificación judicial que sanciona el art. 90, párrafo tercero, del Código Civil ha de ser pedida o demandada en principio por los interesados o, en su caso, por el Ministerio Fiscal, tal como, con referencia a las medidas provisionales, lo había ya establecido la Ley de Enjuiciamiento Civil en el art. 1.893.

Por otra parte el actor o promotor de la modificación una vez instada, goza de absoluta libertad para proseguir o poner fin al procedimiento iniciado al efecto. Desistiendo del mismo, sustrae al conocimiento judicial la modificación demandada o propuesta, impidiendo su decisión o aprobación, de no ser aquella o ésta pedidas en forma por el Ministerio Fiscal, cuando fuese parte, o por el otro cónyuge, si estuviere personado.

La salvaguarda del interés de los hijos justifica sin embargo una destacada concesión a la iniciativa judicial en la modificación de las medidas que más directamente les conciernen, cuando de su mantenimiento o de su automática cesación pueda seguírseles un perjuicio grave. En efecto, el Juez, a instancia no sólo de los cónyuges o del Ministerio Fiscal sino de los propios hijos o de cualquier pariente puede adoptar «las disposiciones que considere oportunas» en relación al régimen de guarda y de comunicación a fin de apartar a los hijos de un peligro o de evitarles perturbaciones dañosas (art. 158, núms. 2.º y 3.º, en relac. con los arts. 92 y 94); a solicitud también de cualquiera de ellos (art. 158, núm. 1.º) e incluso de oficio (art. 93) ha de adoptar las medidas convenientes para asegurar la efectividad y acomodación de las prestaciones de alimentos a las circunstancias económicas y necesidades de los hijos en cada momento; y, asimismo de oficio, puede proceder al mantenimiento o modificación de las medidas adoptadas en relación a los hijos, existiendo causa que lo justifique, en los supuestos de reconciliación (art. 84-2 C. Civil).

A su vez la interdependencia, más propiamente natural que necesaria o eventual, de determinadas medidas, primordialmente de las concebidas en interés o beneficio de los hijos, relativiza o atenúa el rigor y las exigencias propias del principio de congruencia procesal. Aunque el objeto y el alcance de la modificación han de venir en principio definidos por los términos de la demanda o de la solicitud (art. 359 L. Enj. Civil), la especial índole de los intereses en juego y la singular función tutelar que el Juez tiene encomendada en los procedimientos de familia le autorizan a traspasar, en ciertos casos, los límites objetivos de la revisión instada para hacerla extensiva a otras medidas en íntima conexión y dependencia con las que constituían el núcleo de la solicitud o demanda formulada.

Así, modificado el régimen de custodia de los hijos con la atribución de su guarda al cónyuge hasta entonces privado de ella, deviene, a mi juicio, revisable en el propio procedimiento en que aquel cambio se aprobó o adoptó la contribución de los progenitores a los alimentos de los hijos, aun cuando nada se haya solicitado acerca de la misma, si de resultas de aquella sustitución en la potestad de guarda las medidas precedentemente adoptadas en relación a los alimentos no aseguran suficientemente la efectiva cobertura de las necesidades de los hijos en la nueva situación. El propio tenor del art. 93, la entidad de las facultades que el precepto confiere al Juez y la irrenunciabilidad de esta prestación por el progenitor que para sus hijos ha de percibirla, autorizan, a mi entender, esta afirmación.

También será revisable la contribución de los progenitores a la satisfacción de los alimentos, aunque la modificación se contraiga en la demanda al uso de la vivienda y del ajuar familiares, cuando por efecto de la misma aquella contribución resulte insuficiente para el mantenimiento de los hijos.

Por otra parte, si el uso de la vivienda familiar hubiera sido asignado en su día al cónyuge no titular por su sola condición de guardador de los hijos del matrimonio, la puesta de éstos al cuidado del titular habría de llevar consigo la recuperación por él de la vivienda en cuestión y el Juez podría acordarla aun sin expresa petición del titular en tal sentido, pues la remoción de las funciones de guarda determinaría en tal caso la automática extinción de la medida constituida en beneficio del no titular más que legitimar la demanda de su cancelación. No creo sin embargo afirmable a la inversa que la ulterior atribución de la guarda al cónyuge no titular de la vivienda justifique, por sí sola y aun sin haberse solicitado, la asignación de su uso al nuevo guardador, pues tal omisión o falta de petición puede responder al interés, perfectamente legítimo, de asumir el cuidado y educación de sus hijos en lugar distinto de aquel que constituyó la vivienda familiar.

Finalmente, aunque la modificación de medidas de contenido patrimonial como la relativa a los alimentos de los hijos o al uso de la vivienda familiar, llegue a repercutir, sustancialmente incluso, en las necesidades y disponibilidades económicas de los cónyuges, el carácter esencialmente disponible de la pensión compensatoria establecida en su consideración hace inviable la revisión «ex officio» de su importe y, por ende, también la extensión a la prestación en que consiste de la modificación instada únicamente en relación a otras medidas.

Otro aspecto destacable de la iniciativa judicial en estos procedimientos es el que se traduce en la determinación de la certeza de los hechos fundamentales de la controversia. A la vista de lo preceptuado en la letra i) de la disposición adicional quinta y en el apartado sexto de la de igual número, parece incuestionable que el Juzgador podrá servirse de las diligencias para mejor proveer para comprobar tanto el efectivo concurso de los presupuestos requeridos por la modificación como la adecuación de las nuevas medidas demandadas o propuestas al interés de los hijos y, en su caso, a las actuales circunstancias de la familia.

Obligado es, por útlimo, referirse en este punto al alcance de las atribuciones judiciales en la modificación pactada de medidas. El Juez a quien se propusiera la aprobación de un acuerdo modificativo «dañoso para los hijos o gravemente perjudicial para uno de los cónyuges» ¿habría de rechazar la modificación y mantener inalteradas las medidas vigentes o podría adoptar por propia determinación nuevas medidas distintas de las propuestas en sustitución de aquéllas? Por lo pronto habría de denegar «mediante resolución motivada» la aprobación solicitada e invitar a los interesados para que sometieran a su consideración un nuevo acuerdo (art. 90-2 C. Civil) y propusieran los medios de prueba de que intentaran valerse para justificar la procedencia de su aprobación (disp. adicional sexta, núm. 6). Si la prueba o las diligencias para mejor proveer, en su caso, practicadas llegaran a constatar la realidad de un cambio sustancial en las circunstancias originariamente consideradas que hiciera insuficientes o inapropiadas las medidas adoptadas en su contemplación para el adecuado amparo del interés de los hijos y la nueva propuesta no mereciera tampoco la aprobación judicial, entiendo que el Juez podría determinar por sí el contenido y alcance de las medidas a que se contraía la modificación propuesta, cuando menos en los extremos que afectaran al interés de los hijos. Si, por el contrario, no se practicara prueba alguna o de la practicada no se evidenciara una sustancial variación en las circunstancias tenidas en cuenta con anterioridad y el Juez considerara que la propuesta modificativa inicial o la segunda propuesta no amparaba suficientemente el interés de los menores, parece que habría de limitarse a desestimar la modificación solicitada y mantener inalteradas las medidas anteriormente adoptadas o aprobadas por él.

Acaso no tenga sentido sin embargo una intervención judicial tan acentuada del convenio modificativo en los supuestos en que, a falta de hijos menores o incapacitados, la modificación no trascendiera del interés de los propios cónyuges. Siendo disponibles y renunciables las atribuciones relativas al uso de la vivienda familiar «ex art. 96-2» y a la pensión compensatoria del art. 97, no es esperable que los acuerdos que tengan por objeto su modificación hayan de encontrar obstáculos de fondo en su homologación.

## 1.4. *Trámites procesales de la modificación de medidas*

Examinada en sus presupuestos y alcance la modificación de medidas a que se contraen los arts. 90 ó 91 y siguientes y 103 del Código Civil, entre las que figura la atribución del uso de la vivienda y ajuar familiar; analizada en ese marco la trascendencia que a la variación sustancial de las circunstancias o al mutuo acuerdo de los cónyuges es reconocible en supuestos no conceptuables en rigor como modificativos y estudiada la incidencia de los principios de rogación y oficialidad en la modificación de medidas, obligado es referirse, aunque sea someramente, a los trámites procesales de la modificación que la Ley de 7 de julio de 1981 ha regulado de manera fragmentaria y ciertamente poco afortunada en sus disposiciones adicionales y la reciente reforma de la Ley de Enjuiciamiento Civil ha declarado expresamente en vigor.

Establece la disposición adicional sexta de la Ley 30/1981 en su número 8 que «las ulteriores solicitudes de modificación del convenio o de las medidas judiciales, por variación en las circunstancias tenidas en consideración se tramitarán por el mismo procedimiento seguido para su adopción».

Analizada fuera del contexto de la adicional de que forma parte, la referida norma parecería indicar, en la generalidad misma de su formulación, que las medidas provisionales convenidas o supletoriamente determinadas por el Juez habrían de modificarse por los trámites prevenidos en los arts. 1.896 y siguientes y las definitivas por el procedimiento contencioso o consensual en que se adoptaron.

No es ese, sin embargo, a mi juicio el alcance de la citada prescripción legal. Su encuadramiento en la disposición adicional sexta obliga ya a contraerlo a las medidas definitivas establecidas a través del procedimiento que en ella se regula, pues aunque habla de «medidas judicales», tales son las que el Juez ha de adoptar en él por desaprobación de las medidas propuestas en convenio por las partes.

Pero todavía es más limitado el alcance de la norma en cuestión, dada la inadecuación del procedimiento de mutuo acuerdo para una modificación desprovista de consenso y presidida por la confrontación. Efectivamente, el apartado 11 de la adicional sexta sujeta a los trámites establecidos en ella «la aprobación de un nuevo convenio...», lo que presupone su preexistencia, por otra parte necesaria al constituir la presentación de «la propuesta de convenio» un requisito esencial para la admisión a trámite de la solicitud, conforme a lo prevenido en los núms. 2 y 6 de la adicional de constante referencia. La inidoneidad del procedimiento de mutuo acuerdo para las modificaciones no convenidas resulta particularmente patente, dada la estructura de la disposición que lo regula, en los supuestos en que las divergencias residan no en la determinación de la medida acorde a las nuevas circunstancias, sino en la certeza misma de su alteración o en su trascendencia, al carecer aquél de una fase alegatoria y otra probatoria adecuadas a la contradicción.

El trámite de la disposición adicional sexta es pues sin lugar a dudas el que ha de seguirse en la modificación pactada de medidas definitivas previamente establecidas a través del procedimiento que en ella se regula. Pero, ¿es el adecuado para la modificación convenida de las medidas definitivas adoptadas en procedimientos contenciosos como los prevenidos en las disposiciones adicionales quinta y séptima? Entiendo que sí. No existe razón alguna para tratar procesalmente de manera distinta la modificación pactada de medidas por la sola diversidad del procedimiento judicial en que se adoptaron sobre todo si se tiene en cuenta la posible conclusión del procedimiento consensual con medidas judiciales (disp. adic. 6.ª, núm. 8) o del procedimiento contencioso con medidas convenidas (art. 91 C. Civil). Además es a todas luces el cauce de la disposición adicional sexta al único adecuado a las exigencias procesales de la modificación pactada de medidas definitivas.

La modificación contenciosa de medidas definitivas, por divergencias sobre su procedencia o sobre las medidas a adoptar en atención al cambio de circunstancias, entiendo que ha de sustanciarse por los trámites de la disposición adicional quinta, sea cual fuera también el procedimiento seguido en su adopción, pues habría de promoverse siempre, al amparo de lo dispuesto en los arts. 90-3 y 91 «in fine», comprendidos en el «título IV del Libro I del Código Civil», mediante «demanda» cuya tramitación no tiene en la Ley «señalado un procedimiento especial» (disp. adic. quinta «in limine»), siendo a este respecto de reiterar que no lo señala el apartado 8 de la adicional sexta para la modificación contenciosa o no convenida de medidas establecidas con arreglo a sus trámites habida cuenta: a) que en él no se habla de «demanda» sino de «solicitud», b) que está integrado en una disposición contraída de manera exclusiva a peticiones precedidas de acuerdo o consenso entre los interesados y c) que la adecuación de sus trámites viene supeditada en el apartado 11 de la misma a la preexistencia del convenio cuya aprobación se solicita.

Finalmente, el silencio de la Ley de 7 de julio de 1981 en cuanto al procedimiento modificativo de las medidas provisionales parece que ha de resolverse, coherentemente con los criterios adoptados en relación a la modificación de las definitivas, en consonancia con los planteamientos procesales de la reforma que apuntan entre otros objetivos hacia una mayor celeridad y simplificación en la sustanciación de los procedimientos, sujetando la modificación a los trámites que, conforme a lo dispuesto en los arts. 1.896 y siguientes de la Ley de Enjuiciamiento Civil, hubieran debido seguirse en la adopción de las medidas modificativas instadas, según fueran o no pactadas. No parece que en el vigente contexto normativo pueda continuar reputándose el trámite de los incidentes el cauce procesal adecuado a la modificación de las medidas provisionales, cuando es precisamente ese procedimiento el que ha de seguirse en la sustanciación de las demandas de separación, divorcio y en algunos casos de nulidad.

## 2. Variaciones en las circunstancias que determinan la extinción de las medidas relativas al uso de la vivienda y ajuar familiar, alteran los términos de su constitución o justifican su revisión

Al tratar de la modificabilidad de las medidas provisionales o definitivas relativas al uso de la vivienda y del ajuar familiar se ha dicho que la variación de las circunstancias contempladas con anterioridad constituye uno de los dos supuestos que posibilitan su modificación, pero no el único. A ello ha de añadirse aquí que determinadas variaciones producen por sí mismas o, lo que es igual, sin necesidad de declaración judicial alguna, la extinción de aquellas medidas o la alteración de los términos en que quedaron constituidas. Sólo en los casos en que la variación de las circunstancias no determina por sí sola, automáticamente, aquella modificación deviene necesaria la demanda o solicitud de su declaración judicial, que tiene en todo caso eficacia constitutiva y no meramente declarativa.

Las variaciones pueden afectar a la titularidad y disponibilidad de la vivienda, con o sin extinción del derecho de ocupación constituido sobre ella, a la situación y relaciones personales de los cónyuges e hijos, al uso que hagan de la vivienda sus ocupantes y, en general, a las circunstancias que hagan del interés de uno u otro cónyuge el más necesitado de protección.

### 2.1. *Variaciones en relación con la titularidad y disponibilidad de la vivienda y del ajuar familiares*

Bajo esta rúbrica general entiendo que cabe incluir la destrucción de la vivienda y su mobiliario, la transmisión a un tercero y la expropiación de la titularidad, la resolución del arrendamiento contratado por el titular, la extinción del usufructo o habitación correspondientes al mismo, el cese en el cargo incentivado con la asignación de la vivienda y la adquisición de la titularidad o de un derecho de goce derivado de ella por el ocupante.

#### 2.1.1. *La destrucción material del objeto*

La destrucción de la vivienda o de los elementos que integran su ajuar privan de objeto a la medida y determinan su extinción.

La destrucción voluntaria como su inutilización para el fin a que se hallaban destinados, se encuentran sujetas, también en nuestro Derecho, aunque el Código Civil no haya llegado a expresarlo así, al requisito del doble consentimiento impuesto por los arts. 96-4 y 1.320 del Código Civil para los actos de disposición.

La destrucción inconsentida sea intencional o meramente culposa de cualquiera de aquellos bienes por el titular o por su poseedor faculta al perjudicado para demandar la oportuna indemnización. Siendo imputable a un tercero, la preexistencia de la medida en cuestión habría de tenerse en cuenta en la identificación de los distintos perjudicados por la pérdida de los bienes y en la cuantificación de los perjuicios respectivamente sufridos por cada uno de ellos.

¿Cuando habrán de reputarse destruidos la vivienda o los objetos de su ajuar? Siguiendo la pauta de lo dispuesto en los arts. 118-2 de la Ley de Arrendamientos Urbanos y 21-1.º de la Ley de Propiedad Horizontal podría decirse que cuando la reconstrucción excediera del cincuenta por ciento de su valor y el exceso de dicho coste no estuviera cubierto por un seguro. De seguirse este criterio, un siniestro que no alcanzara tales proporciones en nada comprometería la subsistencia de la medida e impondría la restauración de los bienes dañados. No creo sin embargo asumible tan tajante conclusión. Dado el particularismo de la medida que nos ocupa, parece más correcto confiar en estos supuestos a la discrecionalidad del Juzgador la decisión relativa a su subsistencia o extinción, teniendo en cuenta no sólo el valor de la reconstrucción sino también otras circunstancias tan significativas como el futuro destino de los bienes, la presumible duración de la medida o la capacidad económica de los cónyuges. Si el Juez optara por el mantenimiento de la medida ¿sería el titular quien tuviera que asumir los costes económicos de la restauración? La solución afirmativa encontraría apoyo, entre otros preceptos legales, en los arts. 501, 502, 527 y 528 del Código Civil. Pero la asimilación del uso «ex art. 96» a la habitación o al usufructo es también en este particular aceptable con reservas, aunque no deje de ofrecer una válida referencia.

La destrucción parcial no extinguiría la medida si la parte de la vivienda no alcanzada por sus efectos fuera susceptible de utilización como alojamiento de la familia.

Tratándose de viviendas arrendadas, su destrucción (art. 118 L.A.U.) como la declaración de ruina en los términos y condiciones comprendidos en el número 10 del art. 114 de la Ley de Arrendamientos urbanos, resuelve el arrendamiento poniendo fin al derecho posesorio del inquilino y al derecho de ocupación o uso derivado del mismo. Si el derribo de la finca fuera voluntario y estuviera inspirado en el propósito del arrendador de edificar otra en las condiciones del art. 62-2.º de la citada Ley, la opción prevenida en el número 4 del art. 81 podría entenderse sujeta al requisito del doble consentimiento impuesto en el art. 96-4 del Código Civil. De haber optado el inquilino por el retorno, el desalojo de la vivienda no llevaría aparejada la extinción de la medida relativa a su uso, sino sólo la suspensión de su efectividad por el tiempo que duraran las obras de demolición y reedificación.

### 2.1.2. *La transmisión a un tercero y la expropiación de la titularidad*

La transmisión de la propiedad de la vivienda a un tercero —más adelante trataré de la transmisión al ocupante— altera, cuando no extingue la medida, los términos subjetivos con que la misma se constituyó.

En principio, la transmisión de la vivienda, como cualquier acto dispositivo sobre ella, está sujeta a la limitación del art. 96-4 del Código Civil que, en estrecha correspondencia con el art. 1.320 del mismo texto legal, establece que «para disponer de la vivienda y bienes indicados cuyo uso corresponda al cónyuge no titular se requerirá el consentimiento de ambas partes o, en su caso, autorización judicial».

Con el asentimiento del cónyuge no titular o la autorización judicial supletoria, la propiedad de la vivienda familiar y su mobiliario es válidamente transmisible a un tercero con o sin la carga del derecho de ocupación. Los cónyuges pueden acordar o el Juez disponer la enajenación de la vivienda familiar libre de cargas y la afectación de la nueva vivienda que el titular adquiera con su importe al uso y ocupación que gravaba aquella.

De todos modos, el requisito del doble consentimiento no opera: a) en los actos de disposición mortis causa del propietario, dado el carácter personalísimo del testamento; b) ni en la venta con reserva al cónyuge no titular y a los hijos convivientes de un derecho real de goce cuya entidad, contenido y estabilidad, aseguren el uso de aquella en las condiciones determinadas por la atribución judicial; c) ni en la asunción de obligaciones por el propietario, aunque a virtud de la responsabilidad patrimonial universal —art. 1.911 C. Civil—, de su incumplimiento pueda derivarse la realización, entre otros bienes, de la vivienda familiar; d) ni en el otorgamiento de la escritura de venta consecuente a la enajenación forzosa de la misma.

De otro lado, su inobservancia no determina la nulidad de los actos dispositivos irregulares, sino sólo su anulabilidad a instancia del cónyuge cuyo consentimiento se omitió (art. 1.322-1 C. Civil), siempre que no los haya ratificado y los impugne en el plazo de cuatro años prevenido en el art. 1.301 del Código Civil, siendo además inoponible aquella infracción al «adquirente de buena fe» de la vivienda —acaso, en la interpretación más favorable al estatuto del alojamiento familiar, sólo cuando se trata de un tercer adquirente— protegido por el art. 1.320-2 frente a la manifestación errónea o falsa del disponente sobre el carácter de la vivienda.

El cambio de titular puede derivar también de la sucesión de los herederos en los derechos que al titular fallecido correspondían sobre la vivienda (arts. 659 y 661 C. Civil).

Pues bien, la transmisión de la propiedad de la vivienda que, por ser consecuencia de la sucesión mortis causa del titular, por haberse verificado arregladamente a lo dispuesto en el art. 96-4 del Código Civil o por cualquier otra circunstancia de las anteriormente expuestas, resulte inatacable, repercute de manera sustancial en la medida atributiva de su uso, alterando —como antes se indicó— los términos subjetivos de la misma cuando no determinando su automática extinción.

Finalmente, la expropiación forzosa de la titularidad priva a los ocupantes de la vivienda del derecho posesorio derivado o desmembrado de aquella, con la consiguiente extinción de la medida que quedará, a mi entender, restablecida sin necesidad de una nueva declaración judicial, con la reversión de la vivienda expropiada a su titular, de no haberse alterado sustancialmente en el interin las circunstancias que determinaron su adopción.

### 2.1.3. *Resolución del arrendamiento concertado sobre la vivienda*

La atribución del uso de la vivienda arrendada al cónyuge no titular no le subroga en la posición contractual del inquilino ni modifica por tanto la relación arrendaticia constituida con éste, aunque le confiera el derecho a seguir ocupándola con exclusión del arrendatario. La adopción y aplicación de la medida establecida en los arts. 90-B, 96 y 103-2.º del Código Civil no constituye pues «cesión de vivienda» a los efectos prevenidos en los arts. 24 y 114-5.º de la Ley de Arrendamientos Urbanos; lo que no impide que los cónyuges puedan, en su caso, pactar tal subrogación en el convenio regulador o con posterioridad, observando las prescripciones de la legislación arrendaticia, singularmente la contenida en el párrafo segundo del citado art. 24.

Adoptada la medida, sería improsperable la demanda resolutoria del inquilinato fundada en la desocupación de la vivienda por el arrendatario (art. 62-3.ª), pues su ausencia obedecería a justa causa, o en la ocupación por éste de otra vivienda en la misma población (art. 62-4.º), pues habría sido desposeído de la vivienda familiar y el uso de la segunda resultaría indispensable para sus necesidades.

La cesión y el subarriendo que, como actos dispositivos de la titularidad sobre la vivienda familiar, están sujetos a las prescripciones del art. 96-4 del Código Civil, difícilmente podrían consumarse a espaldas del ocupante al punto de impedirle el conocimiento y control de su regularidad.

El impago de la renta por el cónyuge arrendatario faculta al arrendador para instar la resolución contractual al amparo de la causa primera del art. 114 y a la prosperabilidad de su pretensión no obstaría la vigencia de la medida judicial de constante referencia. Si el inquilino adoptara una conducta omisiva en el cumplimiento de sus deberes contractuales positivos, el beneficiario no tendría más opción, en defensa de la estabilidad de su derecho a continuar en el uso de la vivienda familiar, aparte claro está la utilización de los recursos prevenidos en el art. 157 de la Ley de Arrendamientos Urbanos, que solicitar del Juez, como complemento y aseguramiento de la medida acordada, su notificación al arrendador e incluso la formal sustitución del arrendatario por él en el cumplimiento de aquellas obligaciones cuya inobservancia pusiera en peligro la vigencia del inquilinato.

La comunicación de la medida al arrendador podría también detener la eficacia extintiva de la renuncia unilateralmente hecha por el arrendatario.

La resolución puede asimismo proceder de la conducta observada por los moradores de la vivienda arrendada. Sólo a ellos serían imputables la transformación de la vivienda en local de negocio (art. 114-6.ª L.A.U.), la ejecución de obras inconsentidas (art. 114-7.º L.A.U.), la realización de actividades inmorales, peligrosas, incómodas o insalubres (art. 114-8.º L.A.U) o la desocupación de la vivienda (art. 114-11.ª L.A.U.). Al arrendatario no le sería dable oponer a la pretensión resolutoria del arrendador su apartamiento o separación de la vivienda arrendada. Pero precisamente por ello habría de tutelarse su interés en el uso que los moradores hicieran de ella, articulando, si preciso fuera, el oportuno mecanismo de control. Como luego se dirá, un uso que pusiera en peligro la vigencia del contrato, le facultaría para instar la cancelación de la medida o cuando menos su modificación en términos que aseguraran la adecuada utilización de la vivienda.

#### 2.1.4. *La extinción del usufructo o la habitación que correspondían al titular*

Dada la naturaleza derivativa o subordinada del derecho de ocupación, la extinción del usufructo o de la habitación que corresponda al titular determinará la extinción de aquel derecho y la ineficacia sobrevenida de la medida que lo constituyó. La afirmación exige sin embargo alguna matización.

Cuando el usufructo o la habitación se extinguieran por reunirse tales derechos y la propiedad en la persona del usufructuario o del habitacionista (arts. 513 3.º y 529 C. Civil), la medida adoptada en relación al uso de la vivienda familiar no sufriría alteración alguna.

Por su parte la renuncia del titular (arts. 513 4.º y 529 C. Civil), como acto dispositivo, estaría sujeta al asentimiento del ocupante o beneficiario del uso.

En cuanto a la pérdida de la vivienda (art. 513 5.º), si ésta fuera parcial y el usufructo o la habitación continuara en la parte restante (art. 514) a ella se contraería también el derecho de ocupación constituido sobre aquellos. Reconstruyéndose la vivienda en el supuesto que contempla el art. 518, el cónyuge no titular podría solicitar de nuevo la atribución de su uso en los mismos términos con que le hubiera sido anteriormente asignado, si las circunstancias no hubiesen variado en el interín de manera sustancial o significada.

#### 2.1.5. *El cese en el cargo incentivado o gratificado con la asignación de la vivienda*

La vinculación de la vivienda al desempeño de ciertos cargos no impide necesariamente la atribución de su uso al cónyuge e hijos del titular, que podrá ser acordada cuando la ocupación de aquella no sea un medio imprescindible para su ejercicio sino un premio o incentivo por la asunción de las funciones y responsabilidades inherentes al mismo. Ello no obstante, el cese en el cargo, cualquiera que sea la causa, priva a sus moradores del derecho a habitar en ella, haciendo ineficaz la medida acordada en relación a su posesión y uso.

### 2.1.6. *La adquisición de la titularidad por el ocupante o la constitución de otro derecho real o personal de goce sobre la vivienda en su favor*

La adquisición de la propiedad o de cualquier otro derecho real o personal de goce sobre la vivienda por quien tenía asignado su uso no altera la situación posesoria que disfrutaba pero le confiere un nuevo título. El poseedor «ex art. 96 ó 103-2.º» de la vivienda familiar pasa en su virtud a ocuparla como titular exclusivo del derecho que correspondía a su consorte, como cotitular del mismo o como titular de un nuevo derecho real o personal constituido sobre ella.

La adquisición de la propiedad sobre la vivienda por el beneficiario de su uso lo mismo que la subrogación de este último en los derechos arrendaticios del titular, pone fin a la medida adoptada conforme a los artículos antes citados, al concentrarse la titularidad y el uso hasta entonces disociados.

Si lo que se transfiere al cónyuge no titular es la copropiedad sobre la vivienda, subsiste inalterada la medida atributiva de su uso, aunque el ocupante continúe utilizándola en su nueva condición de copropietario y la medida se contraiga a excluir de la posesión al otro cotitular. Constituida la comunidad ordinaria, la división sería unilateralmente inexigible si de resultas de ella la vivienda no pudiera seguir utilizándose como hasta entonces para alojamiento de la familia (art. 410-1.º C. Civil) o su efectividad hiciera precisa la venta del inmueble en pública subasta (arts. 404 y 96-4 C. Civil) pues la regla de codisposición necesaria se impondría como «lex specialis» a las generales de la comunidad.

Tratándose de una vivienda arrendada la subrogación del ocupante en los derechos del inquilino habrá de sujetarse a las disposiciones de la Ley de Arrendamientos Urbanos que exigen su notificación fehaciente al arrendador en los dos meses siguientes a la fecha de la cesión (art. 24-2) y facultan a éste para aumentar la renta en un 15 por 100 de su importe (art. 99-5).

Cabe también que con posterioridad a la adopción de la medida regulada en el art. 96 del Código Civil lleguen a constituir los interesados un derecho real limitado de goce sobre la vivienda, como el usufructo o la habitación, o concierten entre sí un arrendamiento u otra relación contractual que discipline su disfrute por el no propietario.

No parece necesaria la aprobación judicial para la transmisión del dominio o la cesión del arrendamiento sobre la vivienda al cónyuge no titular que tenía atribuido su uso. Entiendo que tampoco lo es para la constitución en su favor de un derecho limitado de goce o disfrute que, por su entidad, por su estabilidad y por la amplitud de su contenido no menoscabe los derechos y, expectativas derivados para sí y los hijos convivientes de aquella atribución. En cambio sí considero que ha de quedar sujeta a la aprobación judicial la sustitución del uso «ex art. 96» por un derecho que reduzca o debilite las garantías y posibilidades de disfrute de sus beneficiarios.

### 2.2. *Variaciones relativas a la situación y circunstancias personales de los cónyuges e hijos y al uso de la vivienda familiar*

Aun manteniéndose inalteradas la titularidad y disponibilidad sobre la vivienda familiar y su mobiliario, variaciones sustanciales en la situación y circunstancias personales de los moradores y del titular de aquellos bienes pueden determinar la extinción o alteración de la medida o legitimar su cancelación o rectificación. A algunas de estas variaciones me referiré a continuación.

#### 2.2.1. *Muerte del cónyuge o de los hijos a quienes se asignó el uso de la vivienda*

El derecho de ocupación se extingue con la muerte de su titular. El carácter personalísimo de su atribución lo hace intransmisible a los herederos.

Pero el derecho en cuestión puede haberse asignado definitivamente al cónyuge no titular como único beneficiario de la medida, en defecto de hijos (art. 96-3 C. Civil) o como beneficiario indirecto o mediato, en razón a la guarda o compañía de estos últimos (art. 96-1 C.Civil) y, eventualmente, al interés que con ellos representaba (art. 96-2 C. Civil). La diferencia no es intrascendente a la hora de fijar las consecuencias de su fallecimiento y del de los hijos confiados a su cuidado.

a) Si muriera el cónyuge no titular y el uso de la vivienda familiar le hubiera sido asignado con arreglo a lo dispuesto en el párrafo tercero del artículo 96, su fallecimiento determinaría la extinción de la medida y la inmediata recuperación de aquella por el titular. Lo mismo sucedería si con él hubieran perecido todos los hijos que permanecían en su compañía. Si al cónyuge fallecido le sobrevivieran hijos menores o incapacitados sujetos hasta entonces a su cuidado en el hogar familiar, la muerte del guardador permitiría al titular de la vivienda recobrarla salvo que el Juez, por especiales motivos de orden moral, psíquico o económico, encomendara, en beneficio de los hijos, su custodia a un pariente próximo o allegado a la familia que hubiera de desempeñar su cometido en el propio domicilio familiar.

b) Si fueran los hijos convivientes con el cónyuge no titular los que fallecieran y el uso de la vivienda se hubiera atribuido a éste en su sola condición de guardador, la muerte de aquéllos privaría a éste del derecho a continuar ocupando la vivienda, aunque no le impidiera solicitar del juez la adopción de una nueva medida que le permitiera mantenerse en ella por reunir las condiciones establecidas en el párrafo tercero del artículo 96.

### 2.2.2. *Privación de la guarda sobre los hijos: su atribución al otro cónyuge o a un tercero*

Si el mantenimiento de los hijos en el hogar familiar, tras la ruptura de la convivencia, constituye el primero y fundamental criterio atributivo de su posesión, es su guarda y en definitiva su compañía, habiendo hijos, la razón que determina y justifica la ocupación de la vivienda por el cónyuge no titular con exclusión de su consorte.

Pero el guardador puede ser removido de sus funciones en cualquier momento, si así lo aconseja el interés de los hijos confiados a su cuidado y educación. Su conducta indigna, la ineptitud para el desempeño de aquel cometido o la imposibilidad de asumirlo con plena responsabilidad justificarían sin más aquella decisión.

La incidencia que una resolución de esta naturaleza ha de tener en el régimen de uso del alojamiento familiar dependerá en cada caso de la medida en que su ocupación haya venido ligada o se vincule al ejercicio de la guarda y del derecho que al progenitor removido de sus funciones o al nuevo guardador corresponda sobre la vivienda. Cabría apuntar las siguientes hipótesis posibles:

a) Que la guarda de los hijos se atribuya al cónyuge no titular. Hasta la remoción de las funciones de guarda el titular de la vivienda la habría ocupado por derecho propio y no en su condición de guardador. La privación de la guarda podría determinar la adopción de la medida atributiva de su uso al cónyuge no titular por razón de los hijos confiados a su cuidado. Pero, como ya he indicado, sólo si solicitara la posesión de la vivienda. La asunción de la guarda por el no titular no lleva aparejada, necesariamente y al margen de su voluntad, su reincorporación al domicilio familiar.

b) Que el cuidado de los hijos se confíe al cónyuge titular hasta entonces desposeído de la vivienda familiar. Entiendo que con la remoción de sus funciones el guardador cesado queda de inmediato privado del uso de la vivienda con la consiguiente extinción de la medida que le autorizó su ocupación.

c) Que la guarda de los hijos se encomiende a otra persona o a una institución. Concurriendo especiales motivos que desaconsejaran la atribución de la guarda a los progenitores o impidieran a éstos su adecuado ejercicio, el Juez podría acordar —excepcionalmente...— (art. 103-1.ª, pár. segundo)— que los hijos quedaran encomendados al cuidado de una persona o de una institución idónea. De adoptarse esta resolución, podría ocurrir:

— Que los hijos permanecieran en la vivienda familiar al cuidado y en compañía de su nuevo guardador —normalmente un pariente próximo— si éste optara por desempeñar en él su cometido; opción que considero perfectamente viable al amparo del art. 96-1 del Código Civil.

— Que los hijos se vieran con tal medida en la precisión de trasladarse al domicilio de su nuevo guardador o a la sede de la institución elegida para su internado. Si ello sucediera, la carga del uso desaparecería, aunque el cónyuge no titular podría pedir la posesión de la vivienda con arreglo a lo dispuesto en el art. 96-3.

d) Que los hijos quedaran distribuidos al cuidado de los dos progenitores. El uso de la vivienda familiar y de su mobiliario habría de adjudicarse, conforme el art. 96-2, teniendo en cuenta «el interés más necesitado de protección».

e) Que se concediera judicialmente la emancipación a los hijos mayores de dieciséis años que la pidieran al amparo de lo dispuesto en el art. 320, números 1.º y 3.º, del Código Civil. Siendo los peticionarios los únicos o los últimos hijos que habitaran la vivienda familiar, su emancipación judicial podría determinar según las circunstancias:

— la conservación de la medida «ex art. 96» en beneficio exclusivo de los menores emancipados, si la convivencia en compañía de cualquiera de sus progenitores se mostrara desaconsejada.

— el mantenimiento de la referida medida en beneficio de los hijos emancipados y del cónyuge no titular a cuya guarda habían sido confiados, si los hechos que motivaron la emancipación no representaran obstáculo alguno a la continuidad de su convivencia bajo el mismo techo.

— la liberación de la carga del derecho de ocupación constituido sobre la vivienda, si se privara al cónyuge no titular del uso de la misma sin excluir la reintegración a ella de su titular.

### 2.2.3. *Extinción de la patria potestad; particular referencia a la mayoría de edad de los hijos del matrimonio*

La extinción de la patria potestad no pone, necesariamente y en todos los casos, fin al derecho de ocupación de la vivienda por los hijos del matrimonio ni por el cónyuge a quien mediatamente se atribuyó su uso.

El art. 96 no ha condicionado la subsistencia del derecho de ocupación a la vigencia de la patria potestad. La atribución del uso de la vivienda familiar a los hijos constituye una forma de contribución a su sostenimiento (art. 93 y 103-3.ª C. Civil) y, por ende, a sus alimentos (arts. 142-1 y 143-1.º) que no puede reputarse extinguida sino cuando la necesidad de alojamiento o habitación ha cesado (art. 152-3 C. Civil) o provenga, ya tras la emancipación, de la mala conducta o falta de aplicación al trabajo de los alimentistas (art. 152-5.º).

La mayoría de edad de los hijos del matrimonio (arts. 169-2.º y 314-1.º) no libera pues al titular de la ocupación de su vivienda en tanto no se encuentren aquellos en condiciones de procurarse alojamiento y atender debidamente por sí mismos a sus necesidades. Lo mismo ha de afirmarse de la emancipación por expresa concesión de quienes ejerzan la patria potestad (arts. 169-2.º y 314-3.º), sean ambos progenitores o sólo el guardador (arts. 92-4 y 156), en los casos en que a la emancipación legal no acompaña la efectiva y real emancipación económica y personal.

No será fácil establecer en estos supuestos el límite temporal del derecho de ocupación que se examina. Los conflictos de intereses que vinieran a suscitarse entre el titular que pretende recobrar la libre posesión de la vivienda y sus moradores, tras la emancipación de los hijos y sobre todo a partir del momento en que su independencia económica y personal o las posibilidades de alcanzarla comienzan a vislumbrarse, podrían resolverse mediante el señalamiento de un plazo prudencial a la ocupación, tal como para el supuesto de matrimonio sin hijos prevé el artículo 96 en su párrafo tercero.

La llamada «emancipación tácita», es decir, la derivada de la vida independiente del hijo mayor de dieciséis años consentida por los padres (art. 319) justificaría, por su propia significación, la cancelación del derecho de ocupación acordado en contemplación al mismo.

También la justifica la adopción del hijo (art. 169-3.º), al asumir los adoptantes frente a él los deberes asistenciales inherentes a la relación paterno-filial natural (arts. 108 y 154); entre ellos, el de procurarle alojamiento en su compañía (arts. 142-1 y 154-1.º C. Civil).

Acaso se muestre más problemática la emancipación por matrimonio del menor (arts. 314-2.º y 315). Careciendo el cónyuge del hijo emancipado —como el del mayor de edad— de recursos suficientes con que poder proporcionarle alojamiento, ¿habría de considerarse subsistente el derecho de ocupación del propio hijo y reputarse constituido «per relationem» en beneficio de su consorte?; ¿seguiría siendo tutelable la permanencia en la vivienda del cónyuge no titular al amparo del art. 96-1?; ¿y la desposesión del titular?

### 2.2.4. *El nuevo matrimonio del ex cónyuge no titular*

La atribución del uso de la vivienda y ajuar familiares tiene, como razonadamente observa Roca Trías, «un marcado carácter asistencial». Su asignación «a los hijos», aunque redunde también en beneficio del cónyuge en cuya compañía queden (art. 96-1) constituye un modo de contribuir a su sostenimiento y, por ende, a la satisfacción de sus alimentos (arts. 93, 103-3.ª, 154-1.ª y 143-2.ª); su otorgamiento, en defecto de hijos, al «cónyuge no titular» (art. 96-3), una forma de auxilio al cónyuge más necesitado de protección, consecuente con el deber de alimentos entre esposos (art. 143-1.ª) o complementaria-integradora de la pensión compensatoria por desequilibrio (art. 97).

Siendo así, ¿qué consecuencias han de derivarse del matrimonio contraído por el ex cónyuge ocupante de la vivienda, naturalmente, con persona distinta de su titular?

Si el uso del alojamiento y mobiliario familiares le ha sido atribuido en virtud de lo dispuesto en el párrafo tercero del art. 96, las nuevas nupcias constituirán motivo suficiente para la cancelación del derecho posesorio conferido.

El matrimonio del beneficiario hace pasar sobre su nuevo cónyuge la carga de socorrerle en sus necesidades (art. 68), aun cuando éstas sean imputables al desequilibrio derivado del divorcio matrimonial, pues el derecho a la compensación del desequilibrio se extingue por el ulterior matrimonio del perjudicado (art. 101-1). La vivienda familiar y su menaje dejan de estar afectas a la satisfacción de las necesidades de quien optó por constituir otra familia.

Es indiferente que el nuevo cónyuge carezca de recursos suficientes para asegurar a su consorte un decoroso alojamiento, como intrascendente es también el que no habite de manera estable en el domicilio gravado por el uso del art. 96.

La cuestión resulta más compleja en el supuesto de que el ex cónyuge no titular ocupe la vivienda familiar como guardador de los hijos de su primer matrimonio. En tal caso son éstos los beneficiarios de la medida, aunque su adopción y subsistencia redunde indirectamente en beneficio de aquél. Conservando el ex cónyuge ocupante la guarda de los hijos del matrimonio, la privación del uso que al mismo correspondiera sobre la vivienda y el ajuar familiar llevaría aparejada la pérdida de la posesión de aquellos bienes por los hijos a quienes directamente se atribuyó, lo que, al menos, como consecuencia inmediata de las nuevas nupcias de su guardador resulta inadmisible. Si a pesar de este evento los hijos siguieran bajo la guarda y custodia del ex cónyuge no titular y, por las circunstancias que fueran, se mostrara aconsejada la permanencia de aquellos en la vivienda familiar, parece que el nuevo estado matrimonial del guardador de ninguna manera justificaría la cancelación de la medida que legitimaba su ocupación.

Me he referido ya con anterioridad —y a lo expuesto me remito— a las consecuencias que podrían derivarse para el uso de la vivienda familiar de la privación de la guarda al cónyuge o ex cónyuge no titular que la tenía atribuida. Parece claro que si el guardador perdiera con la celebración de su nuevo matrimonio la custodia de los hijos, perdería también con ella el derecho a seguir ocupando la vivienda que en contemplación a éstos se le asignó.

Más dudosa sería la solución al conflicto suscitado a raíz de las nuevas nupcias del ex cónyuge no titular cuando en su compañía quedaran y ocuparan la vivienda familiar hijos mayores de edad, o menores emancipados legalmente. Entiendo que, aunque no fuera tutelable como propio el derecho de ocupación del ex cónyuge nuevamente casado, sí podría seguir siéndolo el interés de los hijos que permanecen en la vivienda familiar en compañía de aquél. De suscitarse conflicto sobre el particular, parece que habría de resolverse en éste, como en tantos otros supuestos de colisión, en beneficio del interés más necesitado de protección conforme a las circunstancias del caso.

### 2.2.5. *La convivencia marital del cónyuge no titular con un tercero*

Parecido o paralelo tratamiento habrá de dispensarse a la convivencia marital del cónyuge no titular con un tercero.

a) Si ocupara la vivienda como directo beneficiario de su uso, al amparo de lo dispuesto en el párrafo tercero del art. 96, la constatación de aquella circunstancia justificaría la cancelación del derecho de ocupación que le fuera otorgado. La convivencia «more uxoric» proporciona al cónyuge el auxilio de su nueva pareja y extingue la deuda compensatoria de su consorte o ex consorte (art. 101-1 C. Civil).

b) Si la ocupara en razón a la guarda o compañía de sus hijos, al amparo de lo dispuesto en los párrafos primero y segundo del art. 96, la suerte de su derecho parece que quedaría vinculada a la conservación o pérdida de la guarda y al interés o beneficio que a los hijos supusiera la convivencia en su compañía. La medida, en cualquier caso, podría mantenerse en exclusiva utilidad de los hijos, con exclusión de sus progenitores si las circunstancias así lo aconsejan, siempre que aquellos fueran mayores o emancipados o quedaran, siendo menores, en el domicilio familiar bajo la guarda de un tercero que ejerciera las funciones tutelares bajo la autoridad del Juez.

La convivencia de que se trata presupone la estabilidad y habitualidad de la relación constituida con el tercero; no necesariamente su heterosexualidad.

### 2.2.6. *La reunión de los esposos en el mismo hogar sin reanudación de la convivencia*

La separación y el divorcio, como la admisión a trámite de sus respectivas demandas, suponen o, en cualquier caso, determinan la suspensión de la convivencia conyugal, pero no impiden a los cónyuges o ex cónyuges compartir el uso de la vivienda familiar. El propio Código Civil ha venido a contemplar expresamente esta eventualidad al disponer en el art. 87 que «el cese efectivo de la convivencia conyugal... es compatible con el mantenimiento o la reanudación temporal de la vida en el mismo domicilio, cuando ello obedezca en uno o en ambos cónyuges a la necesidad, al intento de reconciliación, o al interés de los hijos».

La reunión de los esposos bajo el mismo techo no supone variación alguna en la titularidad de la vivienda al punto de transformar la privativa en común; tampoco determina la extinción de la medida adoptada en relación a su uso, pues sigue pesando sobre el titular la carga de la ocupación y la limitación prevenida en el párrafo cuarto del art. 96.

Pero, lo que el alojamiento de los dos cónyuges en la vivienda familiar sí comporta es la modificación del contenido típico del derecho de ocupación, al despojarle de una de sus consecuencias naturales como es la desposesión del cónyuge titular, o de una de los cotitulares, en beneficio del otro.

No parece infundado suponer que la ocupación simultánea del hogar familiar por quienes rehusaron la convivencia vendrá a provocar frecuentes incidentes entre ellos. En su evitación y aun preventivamente podría acudirse, siempre a instancia de parte, a una precisa reglamentación del uso de las dependencias del inmueble por los cónyuges e incluso a la división material de la vivienda.

Esta última solución no estará exenta de problema.s De una parte, precisará, siendo la vivienda arrendada, el consentimiento del arrendador (art. 114-7.° Ley Arrendamientos Urbanos), acaso suplible en este caso por la autorización judicial, para cualquier obra que modifique su configuración. De otra, precisará el consentimiento unánime de todos los copropietarios del inmueble para la ejecución de obras que alteren la estructura general del edificio o su configuración o estado exteriores (arts. 7 y 16-1 Ley Propiedad Horizontal) así como para la independización jurídica de las partes resultantes de la división de la vivienda (arts. 8, 5 y 16-1 Ley Propiedad Horizontal).

### 2.2.7. *El no uso o mal uso de la vivienda familiar por los beneficiarios de su atribución*

Atribuido a los hijos y/o al cónyuge no titular el uso de la vivienda familiar, la tutela de su interés, que es precisamente la que determinó la adopción de la medida y justifica su mantenimiento, pasa por la necesidad de aquellos bienes y la diligencia de su uso por los beneficiarios. El abandono o la utilización negligente, inadecuada o abusiva de los mismos podría conducir a la cancelación de la medida, a su modificación o a su complemento con la adopción de ciertas cautelas.

Al abandono de la vivienda ha de equipararse su prolongada e injustificada desocupación. Es aventurado determinar «a priori» el tiempo de desuso tolerable a sus moradores, pues éste dependerá en cada caso de las circunstancias personales de los interesados y de los motivos a que respondiera la desocupación. No me parece por ello segura referencia la de los seis meses en el curso de un año del art. 62-3.º de la Ley de Arrendamientos Urbanos, que en cualquier caso resultaría inadmisible cuando la vivienda perteneciera al titular en arrendamiento. Las ausencias temporales o los cambios de residencia circunstanciales, sin desarraigo del domicilio familiar, por razones de salud, por imperativos de estudios, trabajo o asistencia familiar o para cumplimiento de un servicio público obligatorio, no constituirían en principio causa suficiente para la cancelación del derecho de uso asignado, aunque su frecuencia o prolongación pudiera en ciertos casos llegar a justificarla.

El derecho de uso sobre la vivienda y el ajuar familiares ha de ser ejercitado en todo caso conforme a las exigencias de la buena fe (art. 7 C. Civil), de forma que no ponga en peligro la subsistencia de la titularidad, el valor económico o artístico de los bienes sobre los que recae, la responsabilidad patrimonial del titular, ni su buen nombre. El cónyuge e hijos convivientes en el domicilio familiar no pueden modificar su destino; tampoco ejecutar en la vivienda obras que comprometan la subsistencia de los derechos arrendaticios o de usufructo o habitación del titular o rebasen los límites establecidos por el art. 7 de la Ley de Propiedad Horizontal. Habrán de cuidar de la vivienda y del mobiliario con la diligencia de un buen padre de familia, comunicar al titular cuantas novedades puedan interesar a su derecho y conducirse en el ejercicio del suyo con normalidad, prudencia y decoro, absteniéndose de realizar en el inmueble actividades inmorales, peligrosas, incómodas o insalubres.

### 2.2.8. *Otras: el desplazamiento subjetivo del interés familiar más necesitado de protección*

El uso de la vivienda y de su ajuar ha de ser atribuido por el Juez, en defecto de acuerdo de los cónyuges, a quien o quienes representen «el interés familiar más necesitado de protección». El legislador tan sólo ha presupuesto este interés en los hijos del matrimonio y en el cónyuge en cuya compañía queden, tratándose de medidas definitivas, cuando todos ellos permanecieran reunidos en compañía de un solo progenitor. En los demás casos —atribución en medidas provisionales o en definitivas, no habiendo hijos o quedando éstos en compañía de ambos progenitores— la apreciación del interés más necesitado de protección y la consiguiente atribución posesoria de la vivienda familiar ha quedado confiada a la discrecionalidad del juzgador.

La determinación del art. 96-1 del Código Civil, al descansar sobre una mera presunción legal, no constituye, a mi juicio, obstáculo para que el uso de la vivienda familiar, pueda atribuirse al cónyuge apartado de los hijos, cuando, atendidas las circunstancias, su interés resulte o llegue a ser con el tiempo, incluso bajo la minoría de edad de sus hijos, el más necesitado de protección. La tutela de los hijos y del cónyuge guardador en esta materia no puede llegar al límite de justificar —por poner un ejemplo— la desposesión del titular de la vivienda en beneficio de quien dispone de otra adecuada a sus necesidades y a las de sus hijos.

Por otra parte, las circunstancias que hicieron del interés de uno de los cónyuges —por sí mismo o por los hijos confiados a su guarda— el más necesitado de protección, como las que definieron la mejor situación de su consorte, pueden variar con el tiempo y hacer del cónyuge cuyo interés no se consideró prevalente el más necesitado de protección. Las variaciones en el estado de salud o la situación patrimonial de los cónyuges, los cambios de destino laboral o profesional, la disponibilidad de otro alojamiento, etc..., pueden ser a este respecto trascendentales.

### 2.3. *El acaecimiento de hechos extintivos o modificativos previstos con la adopción de la medida*

La racional previsibilidad de ciertos cambios en las circunstancias, la necesaria acomodación a ellos de las medidas adoptadas sobre distintos presupuestos y el propósito de evitar los gastos e incidencias de un ulterior procedimiento modificativo, acaso innecesario, moverán en ocasiones a los cónyuges y facultarán al Juez a sujetar el uso de la vivienda y del ajuar familiar a condiciones o términos que produzcan de manera automática o sin necesidad de una nueva declaración judicial la plena efectividad del derecho de ocupación constituido, su modificación o su extinción.

El Código Civil ha contemplado tan sólo el señalamiento de plazo al uso del cónyuge no titular «ex art. 96-3» C. Civil. Pero nada impide su supeditación a condiciones tan razonables como la adquisición de otra vivienda, el nuevo matrimonio o el cambio de destino profesional a otra población.

Habiendo hijos, parece que habría de rechazarse en cambio como lesivos a sus intereses los términos extintivos anticipados a su mayoría de edad o las condiciones resolutorias que hicieran hasta ese momento incierta la vigencia de su derecho posesorio.

# BIBLIOGRAFIA

ALAMILLO SANZ, Fernando J., *Las crisis matrimoniales y la adjudicación en exclusiva de la vivienda familiar al cónyuge no arrendatario.* «La Ley, 1.169 de 9 de abril de 1985.

BAENA RUIZ, Eduardo, *Problemas procesales y soluciones prácticas en los juicios matrimoniales.* Córdoba 1984.

BATLLE, *Cuestiones de Derecho Matrimonial.* «Revista Crítica de Derecho Inmobiliario», 1960, pp. 594 y ss.

CONSEIL DE L'EUROPE, *Les droits des époux relatifs à l'occupation du logement de la famille et à l'utilisation des objets du ménage.* Recomendation n.º R(18)15 de 16 de octubre 1981. Strasbourg 1982.

CUESTA SÁENZ, José María de la, *La protección de la vivienda familiar en los derechos francés y español. Estudio de derecho comparado.* «Revista de Derecho Notarial», enero-marzo 1983, pp. 129 y ss.

DÍEZ PICAZO, Luis, *La situación jurídica del matrimonio separado.* «Revista de Derecho Notarial», XXXI, enero-marzo 1961, pp. 7 y ss.

DIVISIÓN INTERDISCIPLINAR PARA LA FAMILIA, *Convenios reguladores de las relaciones conyugales, paterno-filiales y patrimoniales en las crisis del matrimonio. Bases conceptuales y criterios judiciales.* Pamplona 1984.

— *El derecho de visita de los menores en las crisis matrimoniales. Teoría y praxis.* Pamplona 1982, 2.ª ed.

DORAL GARCÍA, J. Antonio, *El interés de la familia. Documentación Jurídica.* Monográfico dedicado a la reforma española del Derecho de Familia de 1981, II, enero-diciembre 1982, pp. 3 y ss.

FONSECA GONUÁLEZ, Rafael, *La Vivienda familiar habitual en arrendamiento y la sociedad de gananciales.* «Revista de Derecho Privado», 1983, pp. 261 y ss.

FOSAR BENLLOCH, Enrique, *Estudios de Derecho de Familia.* II, I, Barcelona, pp. 361 y ss.

GARCÍA CANTERO, Gabriel, *El Estatuto jurídico del alojamiento familiar en el Derecho Español.* «Anuario Derecho Civil», IV, 1978, pp. 709 y ss.

— *Comentarios al Código Civil y Compilaciones Forales.* II, Madrid 1982, pp. 369 y ss.

GORDILLO, Antonio, *La protección de los terceros de buena fe en la reciente reforma del Derecho de familia.* «Anuario Derecho Civil», IV, 1982, pp. 1.111 y ss.

GUASP, Jaime, *Los límites temporales de la cosa juzgada.* «Anuario Derecho Civil», 1948, pp. 435 y ss.

HERRERO GARCÍA María José *Las medidas provisionales en la crisis matrimonial. (Comentario a los artículos 102 y 103 del Código Civil).* «Revista de Derecho Notarial», 115, enero-marzo 1982, p. 145.

LACRUZ BERDEJO, José Luis y SANCHO REBULLIDA, Francisco de Asís, *Elementos de Derecho Civil.* IV *Derecho de Familia.* Barcelona 1982.

LÓPEZ ALARCÓN, Mariano, *Efectos de las sentencias de nulidad, separación y divorcio: cuestiones particulares.* «La Ley», 427 de 28 de mayo de 1982.

— *Efectos de la sentencia de nulidad, separación y divorcio: cuestiones generales.* «La Ley», 339 de 20 de abril de 1982.

LÓPEZ BARJA DE QUIROGA, Jacobo, *Regulación Procesal de la Ley de Divorcio.* Barcelona 1983.

LORCA NAVARRETE, Antonio M.ª, *Reflexiones sobre la disposición adicional octava de la Ley 30/1981, de 7 de julio.* «La Ley», 1.092 de 18 de diciembre de 1984.

LUNA SERRANO, Agustín, *Matrimonio y Divorcio.* En *El Nuevo Régimen de la Familia.* I, Madrid 1982, pp. 21 y ss.

PÉREZ GORDO, Alfonso, *Los juicios matrimoniales.* Barcelona 1982.

REBOLLEDO VARELA, Angel, *La vivienda familiar* y *la Ley de Arrendamientos Urbanos.* «La Ley», 941, año V de 21 de mayo de 1984, p. 1.

SANCHO REBULLIDA, Francisco de Asís, *Comentarios al Código Civil y Compilaciones Forales.* II, Madrid 1978.

SERRA DOMÍNGUEZ, Manuel, *Comentarios al Código Civil y Compilaciones Forales.* XVI, 2, Madrid 1981, pp. 627 y ss.

VALPUESTA FERNÁNDEZ, M.ª del Rosario, *Los pactos conyugales de separación de hecho: Historia y presente.* Sevilla 1982.

VALLADARES RASCÓN, Entelvina, *Nulidad, Separación, Divorcio. Comentarios a la Ley de Reforma del Matrimonio.* Madrid 1982.

VARIOS, *Comentarios a las Reformas del Derecho de Familia.* I y II, Madrid 1984.

— *Matrimonio y Divorcio. Comentarios al nuevo título IV del Libro I del Código Civil coordinados por José Luis Lacruz Berdejo.* Madrid 1982.

VÁZQUEZ IRUZUBIETA, Carlos *Régimen Jurídico de la celebración y disolución del matrimonio. Ley 30/1981 de 7 de julio.* Madrid 1981.

ZANON MASDEU, Luis, *El divorcio en España. Ley de 7 de julio de 1981.* Barcelona 1981.

# IV

# *EL HOGAR FAMILIAR ANTE LOS DERECHOS FORALES Y EL DERECHO AGRARIO*

# EL CONCEPTO Y EL REGIMEN DE LA «VIVIENDA FAMILIAR» DEL CODIGO CIVIL EN LOS DERECHOS FORALES Y EN EL DERECHO AGRARIO

*Francisco Sancho Rebullida*
*Enrique Rubio Torrano*

SUMARIO: 1. CONCEPTO Y RÉGIMEN DE «VIVIENDA FAMILIAR» EN EL CÓDIGO CIVIL: UNIDAD O DIVERSIDAD.—2. LA TENSIÓN «VIVIENDA FAMILIAR»-«CASA FORAL».—3. CASA FORAL Y EMPRESA AGRARIA.—4. CASA FORAL Y COMUNIDAD FAMILIAR.—5. CUESTIONES Y CONCLUSIONES.—6. APLICABILIDAD DEL CÓDIGO CIVIL EN LOS REGÍMENES FORALES.—7. LA VIVIENDA FAMILIAR EN EL DERECHO AGRARIO.

## 1. CONCEPTO Y RÉGIMEN DE «VIVIENDA FAMILIAR» EN EL CÓDIGO CIVIL: UNIDAD O DIVERSIDAD

Antes de introducirnos en lo que constituye propiamente el objeto de nuestra Ponencia —a saber, el tratamiento de la vivienda familiar en el Derecho foral y en el agrario— parece oportuno llevar a cabo algunas breves puntualizaciones sobre un tema que, probablemente, ocupará buena parte de las páginas de otros trabajos: concretamente, si el concepto de «vivienda familiar» y su consiguiente tratamiento jurídico son uniformes o diversos en el Derecho de familia. ¿Responde a unos mismos intereses la protección de la vivienda familiar cuando es objeto de regulación dentro de las situaciones de crisis matrimonial (nulidad, separación y divorcio) que cuando lo es a los efectos del poder de disposción sobre la misma y, en su caso, liquidación del régimen económico-matrimonial correspondiente?

El art. 96 del Código civil contempla la atribución del uso de la vivienda familiar como uno de los extremos a los que debe referirse el convenio regulador en los casos de nulidad, separación o divorcio: en defecto de acuerdo de los cónyuges aprobado por el Juez, el uso de la vivienda familiar (...) corresponde a los hijos y al cónyuge en cuya compañía queden. Así pues, si no existe acuerdo previo entre los esposos, el Juez atribuirá el uso de la vivienda al cónyuge que conserve la guarda de sus hijos. El interés familiar, que, en este caso, tiene un marcado carácter de protección a la prole, prima sobre intereses particulares y egoístas del padre o de la madre.

Si no hubiese hijos ya no existe interés familiar que atender por lo que entrará en juego una consideración distinta: será la titularidad de la vivienda —en concepto de dominio o arrendamiento, ordinariamente— la que primará; de ahí que el Juez, y siempre en defecto de pacto, atribuya la misma a su titular, salvo que, precisamente en razón de un interés distinto, «más necesitado de protección» y «atendidas las circunstancias», sea aconsejable otorgar el uso de la vivienda al cónyuge no titular «por el tiempo que prudencialmente se fije» (párr. 3, del art. 96). A resaltar, pues, la prevalencia de un interés digno de protección del cónyuge no titular sobre el evidente y manifiesto del titular que lleva al Juez a atribuir el uso de la vivienda al primero «por el tiempo que prudencialmente se fije».

En definitiva, la atribución de la vivienda familiar por el Juez se realizará atendiendo, en primer lugar, al interés familiar, definido por la protección a los hijos y, ante la ausencia de éstos, en segundo término, al interés personal del cónyuge no titular que en casos concretos podrá prevalecer sobre el interés que de por sí conlleva la titularidad de la vivienda.

El art. 103 —y el 104 para las medidas previas— del Código civil, y dentro del capítulo referido a las medidas provisionales por demanda de nulidad, separación y divorcio, establece que, a falta de acuerdo de ambos cónyuges aprobado judicialmente, el Juez determinará «teniendo en cuenta el interés familiar más necesitado de protección, cuál de los cónyuges ha de continuar en el uso de la vivienda familiar...». Este precepto tiene su antecedente inmediato en el derogado art. 68, en el que, como medida provisional, el Juez había de adoptar, una vez admitida la demanda de nulidad o separación, la de «determinar cuál de los cónyuges ha de continuar en el uso de la vivienda común».

Las normas hasta ahora citadas, y que se refieren a la vivienda familiar, están impregnadas de un especial carácter personalista, no economicista, muy unido a las situaciones matrimoniales anómalas en las que tienen su origen. La vivienda familiar no se presenta tanto como un bien patrimonial, cuanto como centro de imputación de referencias personales, que miran más a las vivencias pasadas, a la intimidad familiar, al interés de los hijos que a consideraciones crematísticas. Dicho lo cual, no se nos escapa el valor patrimonial de la atribución de la vivienda —quedarse en ella puede suponer un importante ahorro, lo que, de ordinario, implicará de hecho una contribución a las cargas del matrimonio por parte del otro cónyuge—; antes bien, pretendemos destacar, siempre dentro del ámbito familiar, el aspecto más íntimo y personal que la vivienda ofrece en los supuestos de nulidad, separación o divorcio.

Frente a esta consideración, preceptos tales como el art. 1.320 —«Para disponer de los derechos sobre la vivienda habitual... se requerirá el consentimiento de ambos...»— el 1.406 —preferencia para con el cónyuge incluya en su haber «la vivienda donde tuviese la residencia habitual»— y otros análogos miran más al aspecto dispositivo y liquidatorio del bien en sí mismo considerado. Con ello no queremos decir que en estos preceptos no se tenga en cuenta el interés familiar y personal de los cónyuges, sino que éste adquiere un especial sentido cuando se trata de atribuir la vivienda en un caso de separación o divorcio.

Este matiz diferenciador, nos parece digno de ser tenido en cuenta a la hora de definir la vivienda familiar. Tal vez las características que demanda la vivienda contemplada desde el ángulo dispositivo o liquidatorio sean más estrictas y exigentes que las que debemos reclamar al asentamiento familiar en los supuestos de nulidad, separación o divorcio; así, por ejemplo, podrá discutirse acerca de si tal o cual asentamiento familiar reúne unas determinadas características de habitalibilidad que le configuran o no como vivienda (piénsese en una caravana, una choza o cueva, etc.), sin que tales circunstancias deban ser decisorias y el Juez no pueda conceder el derecho a la ocupación del mismo al cónyuge separado y a sus hijos. Incluso, cabe pensar que lo atribuido a un cónyuge (gitano, por ejemplo) en su crisis matrimonial, es un bien indisponible, tanto *inter vivos* como *mortis causa.* Con ello no pretendemos negar que la vivienda familiar, tal y como viene recogida en nuestro Código civil, tiene su punto de referencia más explícito y novedoso en los arts. 1.320, 1.406 y otros; perseguimos únicamente poner el acento en el matiz diferenciador que el asentamiento familiar tiene cuando se trata de decidir su atribución en las crisis matrimoniales.

Por todo lo dicho, nos parece que el concepto de vivienda familiar escapa a una conceptuación rígida y ello por la diferencia de matices que presenta según las circunstancias en la que aquélla es considerada.

## 2. La tensión «vivienda familiar» – «casa foral»

Más, sea de ello lo que fuere, siendo posible o no un concepto unitario de vivienda familiar y existiendo o no un régimen uniforme para tal o tales significaciones, lo que parece irreductible es la incrustación de este concepto y la aplicación de este régimen a la institución foral que denominamos *la Casa.*

Con significado unitario o plural, en cualquiera de sus aspectos, el nuevo Derecho de familia tiene una consideración *puntual* de la vivienda familiar, referida implícitamente a la llamada *familia nuclear.*

A. Consideración *puntual* en el sentido de que la función de la vivienda se agota en su propia denominación y etimología; es un habitáculo, un inmueble urbano, que sirve sólo para «vivir»; para comer, dormir, descansar y distraerse, relacionarse entre sí, los miembros de la familia, a los que, después, el trabajo, la ocupación profesional, dispersa hacia otros lugares, incluso hacia lugares habituales que, sin embargo, no son vivienda, cumplen distinta función: tienda, almacén, taller, paraje, etc.

B. En la vivienda que contempla y regula el Derecho de familia del Código civil, los ocupantes son, a lo sumo, los cónyuges y los hijos sometidos a su potestad; es la llamada familia nuclear, que no cuenta con otros familiares —abuelos, tíos— ni con sirvientes que ocupen habitación propia y pernocten en el inmueble; los abuelos, ocupan su propia vivienda o viven en el asilo; los tíos, viven de pensión o en pisos de soltero; los sirvientes, prestan su servicio, como en la oficina o la fábrica, durante las horas contratadas, y después se van a «vivir» a su propia «vivienda»...

C. En suma, «vivienda familiar» es el local habitable ocupado por el matrimonio y los hijos no emancipados de hecho; el lugar donde se cumplen los deberes conyugales: *Los cónyuges están obligados a vivir juntos* (...): art. 68 Cc.—, paterno-filiares —*La patria potestad* (...) *comprende los siguientes deberes:* 1.º (...) *tenerlos en su compañía* (...): art. 154 Cc.— y personales, en cuanto domicilio de los miembros de la familia nuclear —*Para el ejercicio de los derechos y el cumplimiento de las obligaciones civiles, el domicilio de las personas naturales es el lugar de su residencia habitual* (...): art. 40 C.c.

En cambio, los Derechos forales tienen una consideración *funcional* y *orgánica* de la Casa, referida (referible, al menos) a la *familia patriarcal.*

Veamos, sucintamente, en los dos apartados siguientes, cada uno de estos aspectos diferenciales.

## 3. Casa foral y empresa agraria

Denominamos consideración funcional de la Casa, como característica de los Derechos forales, a la que considera la vivienda, al mismo tiempo que habitáculo —comer, dormir, distraer y convivir sus ocupantes— órgano o pieza de una realidad más amplia pero unitaria, que apunta al ejercicio de la profesión agraria; en la Casa foral se convive; pero, además, se guarda el tractor y los aperos; se almacena el grano y abono; se elaboran —en sus primeras y elementales fases: desgranar mazorcas, descoscar almendras —los productos agrícolas; con frecuencia, se crían animales domésticos— gallinas, cerdos, vacas, etc.

El hecho de que la mecanización del campo y la proliferación de granjas industrializadas hayan hecho antieconómico y, por consecuencia, inusual, algunos de estos menesteres, no le han restado característica —al menos potencial y por ahora— a la Casa foral.

## 4. Casa foral y comunidad familiar

En la Casa foral conviven —pueden convivir— comunidades familiares de variada estructura. Todas, empero, son formas asociativas entre familias o entre miembros de una familia, con el objeto de llevar en común una hacienda, generalmente agrícola o ganadera, y repartirse los bienes o sólo las ganancias.

Esas comunidades constituyen instituciones jurídicas al servicio y para la pervivencia de «la casa», expresión ésta de un modo de vida familiar que caracteriza a algunas regiones de fuero; es más: en alguna de sus acepciones, es ésta —la Casa— una verdadera institución jurídica.

Así, la realidad no sólo sociológica sino también jurídica del grupo, lo presenta como una familia (los miembros están vinculados por el parentesco), que viven juntos (en la Casa, precisamente) y que son cotitulares de un patrimonio común (la hacienda rural), si bien su composición y estatuto jurídico puede ser muy variado; comportan también, una comunidad de trabajo, precisamente para la puesta en valor del patrimonio común; y, por encima de todo, como elemento cohesionador y diferencial de la simple indivisión patrimonial, la solidaridad afectiva y el sentimiento de linaje.

En tales condiciones, la vivienda familiar se encuentra subsumida dentro de un haz de relaciones y elementos que la perfilan con trazos muy definidos y, como vamos a tener ocasión de comprobar, distantes y distintos de los que tuvo en cuenta el legislador en la reforma del Código civil, para la que se sirvió como modelo de la vivienda urbana.

Precisamente, este encontrarse la vivienda dentro de un entramado más amplio y complejo de relaciones familiares y parentales que convierten aquélla, junto con el resto de la hacienda, no sólo en el asentamiento físico, sino en el centro de imputación de derechos y obligaciones, frente a la vivienda urbana, soporte físico de la denominada familia nuclear, hace que la atribución del uso u ocupación de aquélla plantee problemas específicos para los que las soluciones arbitradas pensando en un modelo distinto no acaban de ser satisfactorias.

### 4.1. *Navarra*

En Navarra, la Casa no sólo constituye objeto de determinados negocios jurídicos, sino que, a la vez, es término subjetivo de relaciones jurídicas, titular de derechos y obligaciones. La Casa —se lee en la Ley 48—, sin constituir persona jurídica, tiene su propio nombre y es sujeto de derechos y obligaciones respecto a relaciones de vecindad, prestación de servicios, aprovechamientos comunales, identificación y deslinde de fincas, y otras relaciones establecidas para la costumbre y usos locales.

Al servicio de esta institución se organizan verdaderas comunidades familiares; comunidades unas veces de tipo vertical, otras de estructura horizontal.

Las capitulaciones matrimoniales son, de ordinario, el instrumento jurídico para su constitución y reglamentación jurídica como regla general —explica Nagore— en las capitulaciones matrimoniales intervienen, según los casos: los padres del novio («donadores»), los de la novia («donantes»), hermanos de unos y otros (para dar o percibir sus dotaciones), parientes que pueden designar al donatario y los novios («donatarios» y «dotados»); los primeros suelen hacer donación universal de bienes presentes y futuros e institución de herederos al contrayente, pero con reserva vitalicia sucesiva del usufructo y la administración. Se constituye así una sociedad familiar de tipo vertical mediante la cláusula de que donantes y donatarios «vivirán juntos formando una sola familia y atendiéndose mutuamente en todas sus necesidades, trabajando todos en provecho de la casa y hacienda familiar».

La disolución de estas comunidades suele venir contemplada en determinadas cláusulas que varían según las zonas y lugares, si bien es común la previsión de la desavenencia.

Han sido frecuentes, también, en Navarra las comunidades de estructura horizontal, de la que la más típica resulta el «acogimiento a la casa». Cuando en capitulaciones matrimoniales, testamento u otras disposiciones —dice la Ley 131 del Fuero Nuevo— se establezca en favor de alguna persona derechos de vivir en la Casa, de ser alimentada y atendida tanto en salud como en enfermedad u otros similares, con o sin obligación de trabajar para la casa, se estará a la disposición que los conceda y a la costumbre del lugar.

La unidad de la Casa y de sus explotaciones agrícolas, ganaderas y forestales, así como su continuidad y conservación en la familia, constituyen principio fundamental del régimen de bienes (Ley 75). De lo que llevamos dicho, se puede concluir fácilmente que la vivienda familiar en este contexto se incardina como una de las piezas de un entramado a la que se denomina Casa, que no sólo es sujeto de derechos y obligaciones, sino marco de referencia del patrimonio familiar. De ahí que una decisión, aunque judicial, que va a afectar a uno solo de los componentes de la hacienda, pueda romper el equilibrio y armonía de la misma.

El Fuero Nuevo dicta normas sobre la disolución de las comunidades familiares formalmente constituidas en un título. Después de señalar que habrá que estar a las reglas recogidas en el propio título constitutivo. La

Ley 128 dispone que «se considerará justa causa de disolución de la comunidad toda discordia grave que no pueda dirimirse por la intervención de los Parientes Mayores, a quienes corresponderá calificarla, previo requerimiento notarial de parte interesada. Los Parientes Mayores decidirán sobre la separación de personas y procurarán que los «amos viejos» de la Casa permanezcan en ella. En cuanto a los bienes se atenderá al uso del lugar, manteniendo en lo posible la unidad de la Casa y adjudicando a los miembros de la comunidad disuelta bienes y derechos proporcionados al tiempo que hubieren trabajado en la Casa, al haber y poder de ésta, al número de personas que tuvieran a su cargo y demás circunstancias. Cuando se adjudicare una pensión, los Parientes Mayores decidirán si procede el aseguramiento de ésta mediante cláusula de estabilización u otra garantía».

Así, pues, salvo pacto en contrario en el título constitutivo de la comunidad familiar respectiva, dos principios deben guiar la disolución de la comunidad y, por extensión, entendemos nosotros, la atribución de la vivienda familiar: Uno. Procurar que los «amos viejos» permanezcan en la Casa, lo que sin duda estará en estrecha relación con el hecho de que se atribuya a uno u otro cónyuge la vivienda. Dos. El mantenimiento en lo posible de la unidad de la Casa, de tal modo que la atribución de la vivienda familiar a uno de los cónyuges no suponga un atentado efectivo sobre dicha unidad.

La Casa en Navarra actúa en ocasiones como causa justificadora de atribuciones patrimoniales, de tal modo que el abandono de la misma puede provocar la reversión de los bienes atribuidos. Así, por ejemplo, la Ley 115 de la Compilación, establece, para el supuesto de la donación *propter nuptias,* que «si la donación se hiciere con la carga de vivir el donativo en la Casa, el abandono de ésta permitirá a los donantes o al que de ellos sobreviva revocar la donación». Este tipo de supuestos difícilmente ensambla con el planteamiento del Código civil en los casos de nulidad, separación o divorcio a la hora de la atribución de la vivienda; y ello por un doble motivo: de una parte, porque todo el sistema familiar del Derecho Navarro descansa sobre la base de la estabilidad del matrimonio y, de otra, porque la familia navarra dibujada en la Compilación dista mucho de ser la familia nuclear que ha tenido en cuenta el Código civil en su reciente reforma.

Podemos preguntarnos ahora, y para el caso de la atribución judicial del uso de la vivienda familiar en el contexto de la Casa navarra, qué intereses familiares entran en juego. Obviamente al ser más amplio el abanico familiar, con la atribución de la vivienda pueden verse afectados no sólo los hijos y los cónyuges, sino también los padres de estos últimos, los hermanos, etc., es decir, todos los que, de un modo u otro, se encuentran acogidos a la Casa. ¿Deben, por ejemplo, prevalecer los intereses de los hijos, en orden a la atribución del uso de la vivienda familiar, frente a los de los «amos viejos»? Sea como fuere, lo que resulta a todas luces evidente es que en el marco del Derecho foral el «interés familiar», norte de toda decisión judicial en los asuntos matrimoniales, presenta matices diferenciados importantes respecto a la familia nuclear urbana.

### 4.2. *Aragón*

En Aragón, las comunidades de estructura vertical —varias generaciones de una sola familia— se manifiestan principalmente en las formadas por los padres, el hijo heredero y su cónyuge; en ocasiones, conviven con ellos y trabajan el patrimonio familiar los hermanos o los hijos del heredero.

Se inician, normalmente, al otorgarse las capitulaciones matrimoniales del hijo heredero, a las que concurren los padres instituyéndole heredero universal, reservándose ellos el «señorío mayor».

Las de estructura horizontal —varias familias, generalmente de una generación— son expresas (convencionales) o tácitas (que la costumbre declara establecidas), como el llamado «consorcio tácito del Bajo Aragón» o el «consorcio universal del Alto Aragón», mediante el pacto —generalmente, cuando casa un heredero con una heredera— llamado de «juntar dos casas».

Otra comunidad de familias es la nacida del «acogimiento» cuando un matrimonio sin hijos —o con hijos ineptos o renuentes para llevar la casa— adoptan en ella a un pariente o extraño que va a constituir familia, o a la familia ya constituida.

En la Compilación de 1967, el art. 64 contempla, en el régimen de la comunidad conyugal continuada, como carga de la misma, «las atenciones de aquellos sucesores que colaboren en la gestión y administración «de la casa»; y el 64 atribuye al gestor el que les pueda exigir una colaboración adecuada a las circunstancias. El art. 102 regula, con carácter supletorio del pacto, el nombramiento de heredero pactado en consideración a la conservación de la casa, con reserva del «señorío mayor». El 109 reconoce derecho a recibir asistencia y a ser dotados al haber y poder de la casa, a los hermanos solteros del heredero único que permanezcan en ella. El art. 33, en fin, se remite al pacto y a la costumbre en cuanto a la «hermandad llana», «agermanamiento» o «casamiento al más viviente», «casamiento en casa», «casamiento a sobre bienes», «consorcio universal o juntar dos casas», «acogimiento» y «dación personal».

### 4.3. *Cataluña*

En Cataluña, los heredamientos a favor de los contrayentes —generalmente, hijos —dan lugar también a una comunidad familiar de estructura vertical.

La Compilación —modificada por ley de la Generalitat de 20 de marzo de 1984, y según el texto refundido del Decret legislatiú de 19 de julio de 1984— los regula en el Título IV del Libro primero. Los heredamientos se convienen en capitulaciones matrimoniales con institución contractual de heredero (art. 63) otorgadas por los heredantes —padres— y el contrayente instituido —hijo—; este heredamiento «simple» o «de herencia» (art. 75) puede ir acompañado de donación universal de bienes presentes —heredamiento «cumulativo»— o de donación singular de presente —heredamiento «mixto»— (art. 80), con reserva o sin ella de derechos y facultades para el heredante o a favor de terceras personas sobre los bienes transmitidos de presente (art. 81).

Tradicionalmente, a la institución acompañan pactos de alimentos, fijación de dotes, concesión de usufructo universal de viudedad, reversiones, etc... Y según el art. 71 los heredamientos a favor de los contrayentes se entenderán otorgados bajo el pacto de unidad económica familiar, por virtud del cual, salvo estipulación en contrario, el heredante, el heredero y sus respectivos consortes e hijos comunes contraen la obligación de aunar sus esfuerzos bajo la dirección y libre administración del primero, y de aportar a la comunidad familiar todos sus ingresos y las rentas de sus bienes, para mejor atender a las necesidades de la casa y a las particulares de sus miembros. En virtud de este pacto, el heredante deberá mantener al heredero, a su consorte y a sus hijos comunes, tanto sanos como enfermos, proporcionándoles todo lo necesario a la vida humana, y sufragar los gastos de educación e instrucción de dichos hijos, según el poder de la casa, siempre que guarden la obediencia y consideración debidas y trabajen cuanto puedan a utilidad de la casa y no reclamen ninguno de los derechos que tuvieren en ella. Fallecido el heredante, y en defecto o por extinción del usufructo universal, el heredero quedará subrogado en su lugar, con igual obligación de mantener, educar e instruir a los hijos del heredante que vivan en la casa, mientras no tomen estado y cumplan las obligaciones antes indicadas. El heredero no quedará relevado de la expresada obligación aunque ofrezca a todos el importe de sus legítimas, salvo que expresamente se le haya concedido esta facultad.

Incluso cuando se produzca el evento previsto en el pacto para la reversión; mas, salvo pacto, a su vez, en contrario, subsiste el pacto de unidad familiar (art. 83).

Con independencia de los heredamientos y de cara también a comunidades familiares de las que hemos llamado de estructura horizontal (si bien, con cabida también de las «verticales»), téngase en cuenta que, dentro del régimen de bienes del matrimonio, la «asociación a compras y mejoras», del campo de Tarragona, y el pacto de «convivença» o «mitja guadanyería» del valle de Arán, pueden concertarse también con los ascendientes del cónyuge, les hayan hecho o no heredamiento (cfr. art. 54, 1), con los padres del hijo o hija y aún con extraños (art. 60, 3).

### 4.4. *Galicia*

En Galicia, la casa —lar, casal, lugar acasarado— ocupa también posición central de su Derecho foral, como expresión de una comunidad familiar, enraizada en la tierra —el terruño, la *nosa terra*— y eventualmente agrupada con otras familias en la «veciña», tendente a perpetuarse mediante la «institución petrucial», y titular colectivo, en cierto modo, de un patrimonio material y moral. De la casa se ha dicho que es la pieza maestra del Derecho foral gallego: el centro del sistema sucesorio y económico familiar; el principio rector que confiere organicidad a todas las más destacadas particularidades forales, que vistas desde su perspectiva ya no se ofrecen deslabazadas.

Entre las instituciones jurídicas en que plasma esta realidad social y moral destaca por su antigüedad y raigambre la «compañía familiar gallega»; de ella dice la E. de M. de la vigente Compilación que «ha servido tradicionalmente, aún sirve hoy, para estrechar los lazos familiares, impedir la emigración, promover el ahorro y mejorar el cultivo de las tierras». Se configura como aquella sociedad que se establece mediante el hecho de vivir juntos —estar «a mesa y manteles»— los labradores gallegos con sus hijos emancipados, o con otros miembros de su familia y que da como resultado que todas las adquisiciones hechas y obligaciones contraídas por cualquiera de los socios se hagan comunes y se dividan por partes iguales al tiempo de disolución de la sociedad, y así se vino definiendo siguiendo fórmula derivada de la expresión del Derecho consuetudinario como la que se forma entre los padres y sus descendientes, casados o viudos, y los cónyuges de los primeros, y aún los hermanos y tíos, viviendo en familia *bajo un mismo techo* y en *un mismo hogar,* con el objeto de fomentar los intereses que se pongan en el fondo social en beneficio de todos los asociados, aún de aquellos que no hubiesen aportado capital alguno.

Según el art. 47 la compañía familiar gallega se constituye entre labradores ligados con vínculo de parentesco, para vivir juntos y explotar en común tierras o «lugares acasarados» pertenecientes a todos o a algunos de los reunidos. Se entenderá también constituida cuando un labrador «case para casa» a un pariente (art. 48). Según el I Congreso de Derecho gallego, se entiende por «casar para casa» el hecho de integrarse un nuevo matrimonio en la vida comunitaria de un grupo familiar ya constituido, con el que unan vínculos de parentesco a cualquiera de los cónyuges, para constituir entre todos la compañía familiar que la Compilación de Derecho Civil Especial de Galicia establece.

Por lo demás, en las comarcas lucenses en que todavía se otorgan capitulaciones matrimoniales, su contenido más típico ha venido siendo el siguiente: el padre dota a la hija, con dote inestimada en dinero, en concepto de anticipo de legítimas y con obligación de colacionar; como va a vivir a la casa y compañía del futuro suegro, entrega a éste la dote en concepto de depósito gratuito; como contrapartida el padre del novio mejora a éste, con carácter irrevocable, con el tercio de mejora y con la mitad del de libre disposición o con una finca imputable a éste; esta mejora se efectúa, normalmente, con las siguientes limitaciones: a) reserva para sí y su esposa del usufructo vitalicio de los bienes de la mejora o de la finca del tercio libre; b) el mejorado y su futura esposa han de vivir en la casa y compañía del mejorante, «siéndoles humildes y obedientes»; c) también suele imponerse la obligación de tener en casa a un hermano o hermana mientras «esté soltero (soltera) y quiera y ayude en casa y en el campo»; d) el incumplimiento de estas condiciones dará lugar a la rescisión automática de la mejora. Otras veces sucede que los prometidos van a vivir a la casa de los padres de la novia, siendo ella la mejorada y el novio quien entrega una cantidad en metálico a su futuro suegro.

## 5. Cuestiones y conclusiones

A la vista de cuanto antecede ya se comprende que la referencia de los preceptos del Código relativos a la vivienda familiar de la casa foral, puede resultar inadecuada y exigir, al menos, adaptaciones.

En efecto, el común acuerdo de los cónyuges para fijar el domicilio o la solución judicial de la discrepancia (art. 70), requerirá tener en cuenta la opinión de los instituyentes, heredantes, señores mayores, etc., y, en caso de que el domicilio elegido o señalado no sea precisamente «la casa», podrá llevar consigo la rescisión de la institución o heredamiento; de hecho, muchas capitulaciones contienen cautelas al respecto.

La atribución del uso de la vivienda y ajuar familiar en el convenio regulador (art. 90, B) también deberá tener en cuenta las repercusiones sobre las instituciones jurídicas vinculadas a la casa familiar; y podrá repercutir en ellas; así, tal atribución, deberá especificar si el atributario convivirá, p.e., con los instituyentes, tiones o donados; o si su salida de la casa, a la vez que la del cónyuge no atributarios, deberá ser compensada con una dotación congrua. Mas, si así no se hiciere, ¿tendrán tales familiares alguna acción frente a los cónyuges separados o divorciados?

También habrá de ser tenidos en cuenta estas circunstancias en las medidas judiciales previas, provisionales (arts. 103, 2.º y 104) y definitivas (arts. 91 y 96). En la apreciación del «interés familiar más necesitado de protección», el juez deberá tener presente la composición concreta de la familia foral de que se trate. Téngase en cuenta, además, que las sentencias de nulidad, separación y divorcio (art. 95), y el convenio regulador que puede precederlas (art. 90, D), llevan consigo la disolución del régimen económico del matrimonio, en el cual está implicada la Casa foral.

En otro orden de cosas, aunque la institución al heredero único sea en pleno dominio y con transmisión actual de bienes, la casa entre ellos, la aplicación del art. 1.320 C.c. quizá exija extender el consentimiento, además de al cónyuge no propietario, a los señores mayores o heredantes que convivan en la casa; acaso también, el de otros familiares convivientes y partícipes en la explotación familiar, a quienes, al menos, deberá compensarse la privación de vivienda.

Del mismo modo, el «ajuar» del art. 1.321 C.c., en particular los «enseres» deberá interpretarse en sentido estricto, referido a la casa en cuanto habitación, no en cuanto centro de la explotación agraria familiar.

Todas las consideraciones que anteceden, nos llevan a una última conclusión: la Casa foral sólo tiene sentido en cuanto permanencia en ella y subsistencia de la unión conyugal; y no a la hora de la enajenación del inmueble o de la separación de los cónyuges. La Casa foral tiene consideración en el patrimonio, pero carece de sentido en el tráfico inmobiliario; la Casa foral perdura mientras la vivifica un matrimonio unido, pero muere y se pudre cuando se le atribuye a uno de los cónyuges separados o divorciados. En estos casos, por tanto, es más coherente con su naturaleza incluirla en el régimen de bienes que se disuelve, que en la vivienda que se atribuye.

## 6. Aplicabilidad del Código civil en los regímenes forales

Independientemente de las razones de fondo que anteceden —y que pueden ser atendidas *de lege ferenda* en la reforma de las Compilaciones forales— conviene examinar también, en el plano puramente técnico, la aplicabilidad en los regímenes forales de los preceptos del Código relativos a la vivienda y ajuar familiares.

Conforme al art. 13,1 C.c., *a contrario sensu,* no rigen directa y preferentemente las disposiciones que corresponden al régimen primario de la economía del matrimonio; concretamente, los arts. 1.320 y 1.321.

¿Y las situadas en el título IV del libro primero?... ¿Las de los arts. 70, 82, 83, 90, 91 y 96?... A nuesro juicio, alguna de ellas tampoco por cuanto, según lo dicho, la Casa foral es pieza maestra y clave del régimen económico del matrimonio, excluido por el art. 13,1 de la aplicación general en España.

¿Y por vía de Derecho supletorio, al no haber preceptos expresos en las Compilaciones sobre crisis matrimoniales y vivienda familiar?... A nuestro juicio, tampoco; por cuanto sí que se regula en ellas el régimen económico del matrimonio en el que se integre el de la Casa.

A lo sumo, los preceptos del Código sobre vivienda familiar en las crisis matrimoniales, deberán aplicarse en los países de fuero, como los relativos a la disolución y liquidación del régimen económico matrimonial, atemperados al Derecho foral por el que se gobierna la disolución y liquidación del respectivo régimen de bienes del matrimonio, en el que orgánicamente estaba implicada la Casa foral.

## 7. La vivienda familiar en el Derecho agrario

Algo semejante a lo examinado en los Derechos forales —con menor intensidad y raigambre que en ellos, pero con mayor extensión— sucede con el régimen de la vivienda familiar en el Derecho agrario, sin que aquí ofrezca duda la aplicabilidad del Código civil. También la vivienda familiar agraria puede ser *instrumentum fundi* y también puede dar cobijo —si bien esto con menor frecuencia— a un conjunto familiar más amplio que la llamada familia nuclear.

A. Interesa contemplar, por una parte, los arts. 2 y 7 de la Ley de arrendamientos rústicos de 31 de diciembre de 1980; estos preceptos contemplan —desde los dos ángulos de la inclusión o exclusión en su régimen— la vivienda unida a un terreno cultivable, objeto conjunto de un arrendamiento unitario. Conforme al art. 2,2.º no pierde su naturaleza de arrendamiento rústico aquél que incluye, además de las tierras, edificaciones destinadas a la explotación; sin duda, aunque en ella tenga su vivienda el arrendatario y familia. Y según el 7,1,2.º, no se aplica la ley especial al arrendamiento de fincas accesorias de edificaciones ajenas al destino rústico, siempre que su rendimiento sea superior a éste; también aquí es posible que en la edificación tenga su vivienda familiar el arrendatario. En estas condiciones, cabe preguntar: ¿se aplican las normas del C.c. relativas a viviendas familiares solamente en este segundo supuesto y no en el primero?...; y, se aplique en ambos o sólo en el segundo, ¿alcanza la adjudicación hecha en el procedimiento matrimonial a la finca rústica aneja a la vivienda, o se diversifica un régimen?... Recuérdese que el contrato es unitario, por lo que, si se diversifica la adjudicación, será necesario determinar entre los adjudicatarios, la proporción en el pago de la renta.

La otra referencia normativa que interesa contemplar es la relativa a la explotación familiar agraria.

B. El Estatuto de la explotación familiar agraria y de los agricultores jóvenes fue aprobado por Ley de 24 de diciembre de 1981 (B.O.E. de 11 de enero de 1982). A los efectos de la Ley, por explotación familiar agraria se entiende «el conjunto de bienes y derechos organizados empresarialmente por su titular para la producción agraria, primordialmente con fines de mercado, siempre que constituya el medio de vida principal de la familia, pueda tener capacidad para proporcionarle un nivel socioeconómico análogo al de otros sectores y reúna las siguientes condiciones:

a) que el titular desarrolle la actividad empresarial agraria como principal, asumiendo directamente el riesgo inherente a la misma.

b) que los trabajos en la explotación sean realizados personalmente por el titular y su familia, sin que la aportación de mano de obra asalariada fija, en su caso, supere en cómputo anual a la familiar en jornadas efectivas (art. 2).

De esta caracterización legal, y a los efectos que nos interesan, destacaremos, entre otras, estas dos notas: 1.ª) que la empresa destinada a la producción agraria constituya el medio de vida principal de la familia, y 2.ª) que el titular y su familia trabajen personalmente en la explotación.

La titularidad de la explotación podrá recaer, en caso de matrimonio, en ambos cónyuges, siendo suficiente que uno de ellos reúna los requisitos que acabamos de mencionar (art. 4). Si así fuera, para disponer de la explotación o de alguno de los inmuebles que la integran —piénsese, por ejemplo, en la vivienda— será preciso el consentimiento de los dos o, en su caso, autorización judicial, con independencia del carácter común o privativo de dichos bienes (art. 13-1); la simetría de este precepto con el art. 1.320-1 del Código civil es perfecta, si bien no puede decirse exactamente lo mismo del párrafo segundo del art. 13 respecto del mismo párrafo del art. 1.320 C.c. Según el párrafo segundo del art. 13 del Estatuto, «faltando el consentimiento de uno de los cónyuges o la autorización judicial, los actos dispositivos que no hayan sido expresa o tácitamente confirmados podrán ser anulados a instancia del cónyuge cuyo consentimiento se omitió o de sus herederos, durante el plazo de cuatro años desde la realización del acto. No obstante, serán nulos los actos dispositivos a título gratuito sobre bienes comunes si faltare dicho consentimiento». Este apartado, expresión genuina de la anulabilidad negocial, no guarda correspondencia con su homólogo del Código civil, art. 1.320-2; no es éste el lugar adecuado para profundizar en este punto, bástenos únicamente dejarlo señalado.

La vivienda familiar dentro de una explotación agraria constituye, como ya se ha dicho, un elemento más integrante de la misma (art. 3-1). La importancia, dentro del conjunto, variará de unos a otros; de cualquier forma, tendrá siempre un carácter instrumental al servicio de la explotación, en la que los verdaderos protagonistas serán siempre los medios rústicos. Este carácter instrumental de la vivienda no evitará, sin duda, comprometidas decisiones judiciales en orden a la atribución de la misma a uno de los consortes en casos de nulidad, separación o divorcio; y ello porque, si bien, de una parte, en tal atribución deben tenerse en cuenta los intereses estrictamente familiares y personales, especialmente en relación a los hijos si los hubiese, de otra, el mantenimiento de la explotación agraria a cargo del cónyuge no beneficiado por la atribución de la vivienda puede convertirse en una situación incómoda, incluso pintoresca para él: piénsese, por ejemplo en una vivienda familiar que se sitúa poco menos que en el centro geográfico de una explotación agraria.

Cabría plantearse el posible carácter indivisible de la explotación, de tal modo que la vivienda —un componente más de la misma— acompañara necesariamente a los restantes elementos conformantes de aquélla, sirviendo así a un mismo destino. Sin embargo, no parece que existan razones lo suficientemente sólidas que abonen esta tesis.

En cualquier caso, es lo cierto que la vivienda familiar en estos supuestos experimenta una serie de matices propios de la situación en que se encuentra, sin que los mismos puedan ser desatendidos u olvidados por el juzgador.

Llama poderosamente la atención que esta ley que venimos comentando —cuya publicación en el B.O.E. lleva fecha 11 de enero de 1981 (B.O.E. de 19 de mayo) y 7 de julio del mismo año (B.O.E. de 20 de julio)— para nada hace referencia a las situaciones de crisis del matrimonio en el tema de la sucesión en la titularidad de la explotación.

El art. 1.406 del C.c., en sede de disolución y liquidación de la sociedad de gananciales, establece una preferencia para su inclusión en el haber de un cónyuge de la explotación agrícola que hubiera llevado con su trabajo. El art. 4, inciso final del Estatuto de la explotación familiar agraria dispone que a efectos sucesorios o de continuación de la comunidad conyugal, se entenderá que el cónyuge supérstite reúne los requisitos que le permitan continuar en la explotación. Ahora bien, este precepto que contiene, al parecer, una presunción *iuris et de iure* respecto del cónyuge supérstite para facilitar su continuidad al frente de la explotación, está pensado para el supuesto de que en caso de matrimonio sean ambos cónyuges los titulares de la explotación, aunque sólo uno reúna los requisitos exigidos, tal y como señala la primera parte del art. 4. Pero, y si aún siendo matrimonio, la titularidad de la explotación es ostentada exclusivamente por uno de los cónyuges, fallecido éste, ¿*quid iuris* con el supérstite? La solución parece venir de la mano del art. 14 del propio Estatuto, según el cual, siempre que no haya «testamento o pacto sucesorio que establezca otra cosa, al fallecimiento de un cónyuge, la explotación se atribuirá al sobreviviente en usufructo vitalicio, con la obligación de atender al sostenimiento de la familia»; en la atribución del usufructo vitalicio este precepto prescinde de si el sobreviviente era o no cotitular de la empresa agraria en vida del fallecido.

Pero como ya hemos dejado dicho, esta Ley para nada alude a los supuestos de crisis matrimonial. De otro lado, si bien el futuro de la explotación agraria no debe vincularse de modo indisoluble al de la vivienda y viceversa, no cabe la menor duda que pueden resultar en ocasiones entrañablemente unidas.

Así, si la explotación familiar agraria está concebida como «el medio de vida principal de la familia», en caso de crisis matrimonial el reducto familiar formado por uno de los cónyuges y sus hijos, ¿atraerá para sí la titularidad de la empresa agraria como medio de vida de la familia? ¿Deberá desaparecer necesariamente y proceder a su liquidación la explotación familiar agraria en los casos de crisis matrimonial? ¿Cabe que se proceda la liquidación de la sociedad respetando la unidad de la explotación, sin llevar a cabo su fraccionamiento y por tanto desaparición, compensando al otro cónyuge adecuadamente? ¿En estas distintas hipótesis qué destino aguardaría a la vivienda familiar en cuanto componente y elemento integrador de la explotación?

Estos son algunos de los muchos interrogantes que plantea esta ley que como otras del sector demandan una coordinación que clarifique y ordene un campo que como el agrario tan necesitado está de atención.

De cualquier manera, no se debe olvidar que tal y como se previene en la disposición final primera, uno, de la Ley. «La aplicación de las disposiciones de este Estatuto tendrá carácter supletorio respecto de las normas específicas en la materia, de los Derechos civiles, forales o especiales y de las dictadas por las Comunidades Autónomas en el ámbito de sus competencias».

# V

# *HOGAR FAMILIAR Y DERECHO EUROPEO*

# *LA CONFIGURACION DE LA VIVIENDA FAMILIAR Y DE SU AJUAR EN EL DERECHO EUROPEO. LINEAS DE CONSTRUCCION Y DIRECTRICES DE POLITICA LEGISLATIVA FORMULADAS POR EL CONSEJO DE EUROPA*

*José A. Corriente Córdoba*

SUMARIO: 1. PANORAMA DE LAS LEGISLACIONES EUROPEAS OCCIDENTALES.—2. LOS TRABAJOS SOBRE VIVIENDA FAMILIAR Y SU AJUAR EN EL SENO DEL CONSEJO DE EUROPA.—3. UN PERFIL DEL RÉGIMEN JURÍDICO EUROPEO DE LA VIVIENDA FAMILIAR Y DE SU AJUAR.

## 1. PANORAMA DE LAS LEGISLACIONES EUROPEAS OCCIDENTALES

Una de las motivaciones que llevaron al Comité de Ministros del Consejo de Europa —según se refleja en el texto de su Resolución que más adelante contemplaremos— a la adopción de su Recomendación es el intento de superar la disparidad que todavía existe entre los derechos de los esposos, en lo que se refiere a la vivienda familiar y su ajuar, en las legislaciones de los Estados miembros del Consejo de Europa.

A reserva de aspectos concretos o parciales de dichas legislaciones que los autores de este volumen previsiblemente recogerán al tratar los diferentes temas que integran nuestro programa de trabajo, considero que es útil recoger aquí unas líneas generales de los diversos ordenamientos legales europeo-occidentales, precisamente para hallar fundamento a los trabajos del Consejo de Europa y para que pueda observarse esa disparidad de que habló en su texto el Comité de Ministros.

No se ha recogido, en esta primera parte, nada sobre el Derecho español, por entender que es objeto de extensísima consideración en los demás capítulos. También se advertirá la ausencia de referencias a algunas legislaciones de este área geográfica; se trata de aquellos sistemas legales en los que, al nivel de nuestro actual conocimiento del tema, no existen normas reguladoras del hogar familiar y de su ajuar.

Pasemos, pues, a la consideración de este breve panorama de legislaciones:

### 1.1. *Bélgica*

Rige la Ley de 14 de julio de 1976, que modificó los arts. 212 y sig. del Código Civil relativos a los derechos de los esposos [1]. De acuerdo con esta reforma legal, el cónyuge propietario del inmueble en que consiste la vivienda familiar o de los muebles que constituyen su ajuar no puede disponer «inter vivos» sin consentimiento del otro cónyuge, sea a título oneroso o a título gratuito, ni hipotecarlos ni darlos en prenda.

Si, sin motivo grave, el cónyuge niega su consentimiento para tales actos, se puede solicitar autorización judicial del tribunal de primera instancia o, en caso de urgencia, de su presidente.

La prohibición de disponer sin consentimiento del otro cónyuge se refiere sólo a lo que se considera «residencia principal» de la familia, concepto distinto al de «domicilio» y que, por ser un dato de hecho, debe ser convenientemente apreciado.

Del concepto de ajuar se consideran excluidos los «objetos de colección» que fueran de propiedad de uno u otro cónyuge.

En el supuesto de que la vivienda familiar se tenga en arrendamiento, se presume —salvo acuerdo en contra— que los derechos del arrendatario son ostentados conjuntamente por ambos esposos, de modo que las

1. *Vid. Monitor Belge,* 18 de septiembre de 1976, y *Régimen matrimoniaux, successions et libéralités. Droit International Privé et Droit Comparé,* Unión Internationale du Notariat Latin, 1979, I, pp. 595 y ss.

El art. 215 es el que hace la regulación que expongo.

notificaciones de terminación del inquilinato, comunicaciones, diligencias, etcétera, deben dirigirse por separado a ambos esposos y pueden ser recibidas y contestadas por ambos.

El quebrantamiento por parte de uno de los cónyuges de este régimen permite la anulación de los actos realizados mediante la correspondiente acción judicial y con posible reparación de daños.

### 1.2. *Francia*

El Derecho de Familia galo fue objeto de reforma por Ley de 11 de julio de 1978.

El art. 215.3. del Código Civil dispone que «les époux ne peuvent l'un sans l'autre disposer des droits par lesquels est assuré le logement de la famille, ni des meubles meublant dont il est garni».

Se ha señalado doctrinalmente [2] que esta regla debe ser entendida extensamente en cuanto a la naturaleza de los derechos a que se refiere y más precisamente en cuanto a su objeto.

En efecto, por lo que se refiere a la naturaleza de esos derechos, ya la Ley de 4 de agosto de 1962 (en relación con el art. 1.751 del Código) dispuso que «el derecho de arrendamiento de un local sin carácter profesional o comercial, que sirva efectivamente de habitación a los dos esposos, cualquiera que sea el régimen matrimonial y aunque hubiera acuerdo en contrario y también si el arrendamiento ha sido estipulado antes del matrimonio, se considera que pertenece a uno u otro de los cónyuges». Hay, pues, cotitularidad que conlleva que sea necesario el consentimiento de ambos esposos a la hora de disponer sobre el arrendamiento.

La Ley de 13 de julio de 1965 [3] formuló una regla muy general respecto de todos los derechos relativos a la vivienda familiar: arrendamiento, propiedad, copropiedad, usufructo, habitación. La extensión de esta norma se define por el objeto de los derechos: asegurar la vivienda familiar, es decir, la residencia común de esposos e hijos, en la sede física principal de la familia, con exclusión de residencias secundarias.

2. G. Marty y D. Raynaud, *Droit Civil. Régimes matrimoniaux.* 1978, pp. 34 y ss. *Vid.* bibliografía que allí se cita.

3. Patarin, J. y Morin, G., *La réforme des régimes matrimoniaux,* Repertoire du Notariat Defrenois, I, París 1977, pp. 81 y ss.

El art. 215 extiende su prohibición a los actos de disposición de estos derechos: venta, cesión, hipotecas, renuncias, etc., que se realicen «inter vivos», siempre que produzcan privación del hogar a la familia o comprometan este derecho [4].

La sanción consiste en la nulidad relativa de los actos de disposición. La acción judicial debe ser ejercida por el cónyuge perjudicado en el plazo de un año desde que conoce la existencia del acto de disposición, pero nunca un año después de la disolución del régimen matrimonial.

El art. 215 asimila los actos de disposición del ajuar a los relativos a la vivienda familiar. Es necesario el consentimiento del consorte para disponer de los muebles del ajuar familiar. No se aplica esta norma si la alienación ha sido consentida cuando el mueble ya ha salido de la vivienda familiar y no forma parte de su ajuar.

La sanción es de nulidad, pero el tercero adquirente de buena fe se discute si podrá ampararse en el art. 2.279 del Código Civil. De todos modos, la presunción de buena fe está descartada expresamente por el art. 222.2. para los muebles a que se refiere el art. 215.3.

### 1.3. *Italia*

Pese a que en el Derecho italiano existe una reforma relativamente reciente —de 1975— no existe una regulación pormenorizada del régimen de la vivienda y del ajuar familiares.

El concepto de «residencia familiar» está presente en la Ley de 19 de mayo de 1975, especialmente en el art. 155 del Código, tal como resulta redactado por dicha disposición legal: «L'abitazione nella casa familiare spetta di preferenza, e ove sia possibile, al coniuge cui vengono affidati e figli».

El régimen legal de bienes del matrimonio es de comunidad y el legislador ha hecho una cuidadosa determinación de qué bienes se integran en ella y cuáles no. Existen, además, dos modalidades de regímenes convencionales: la «comunidad convencional» y el «fondo patrimonial» [5].

4. Alguna sentencia, vgr. 16 de diciembre de 1970, Tb. G. Inst. de París (cit. por Marty y Raynaud, *op. cit.*, p. 36) ha admitido la validez de una enajenación por el cónyuge propietario con acto reservatorio de usufructo al cónyuge supértite.

5. *Vid. Régimes matrimoniaux..., cit.*, I, pp. 1.128-1.131. Comentarios a la

En este último tipo de régimen, que consiste en la constitución de un fondo destinado a hacer frente a las necesidades de la familia, se pueden integrar bienes muebles e inmuebles, respecto de los cuales —salvo que se disponga otra cosa en el acto de constitución— no cabe que sean enajenados o datos en prenda sin consentimiento de ambos esposos. La ejecución sobre los bienes de este fondo no puede tener lugar por deudas contraídas que sean ajenas a las necesidades de la familia.

La jurisprudencia ha hecho extensiva la solución del art. 155 del Código para la separación y divorcio y asigna preferentemente la vivienda familiar al cónyuge a cuyo cuidado van a quedar los hijos [6].

### 1.4. *Luxemburgo*

En el segundo párrafo del art. 215 del Código Civil se dispone: «Les époux ne peuvent l'un sans l'autre disposer des droits par lesquels est assuré le logement de la famille ni des meubles meublants dont il est garni. Celui des deux qui n'a pas donné son consentement à l'acte peut en demander l'annulation; l'action en nulité lui est ouverte dans l'année à partir du jour où il a eu connaissance de l'acte, sans pouvoir jamais etre intentée plus d'un an après que le régime matrimonial s'est disous». Los arts. 217 y 219 regulan la autorización judicial supletoria del consentimiento, cuando fuere necesaria [7].

### 1.5. *Países Bajos*

El art. 88.1. del Código Civil prescribe la necesidad del consentimiento del otro cónyuge para ciertos actos jurídicos, salvo autorización del juez local en determinados casos. Sin esos consentimientos o autorización, el cónyuge con cuya voluntad no se ha contado tiene derecho a pedir la anulación del acto.

Entre los actos que son objeto de este tratamiento están los que ten-

reforma de 1975 en Alfio y Mario FINOCHIARO, *Riforma del Diritto di Famiglia,* Milán 1976, 3 vols.

6. ROCA, E., *Comentarios a la reforma...,* 1984, p. 700.
7. *Régimes matrimoniaux..., cit.,* II, p. 144.

gan por objeto enajenar, gravar con cargas o dar en uso o poner fin al uso, ya sea la vivienda ocupada por ambos esposos o por el otro cónyuge, ya sean las cosas que forman parte de tal vivienda o su mobiliario [8].

### 1.6. *República Federal Alemana*

Es característico en el sistema legal alemán en materia de régimen primario patrimonial del matrimonio el llamado «mandato doméstico» o «poder de las llaves», que consiste en la facultad reconocida a cada uno de los esposos de realizar contratos que, siendo en interés del hogar familiar, obligan también al otro cónyuge (art. 1.357 BGB).

En la regulación del sistema legal, que es de «participación de adquisiciones» [9], se establece como prohibición a cada esposo la de disponer, sin consentimiento del otro —y también comprometerse a disponer— de los muebles que, siendo de su propiedad, se integran en la vivenda familiar.

Tal disposición conlleva la nulidad del acto, aunque haya ignorancia por parte del adquirente de la calificación de tales objetos. Si dicho adquirente no pudo deducir por las circunstancias que los objetos pertenecían al ajuar familiar, la venta de un objeto individualizado puede ser válida.

### 1.7. *Reino Unido*

A la innovadora «Matrimonial Homes Act» de 1967 [10] le ha seguido la del mismo nombre de 9 de mayo de 1983.

Sobre la base de entender la «matrimonial home» como la vivienda matrimonial habitual de los esposos, es decir la que lo viene siendo «por

8. *Régimes matrimoniaux..., cit.*, II, pp. 245-246.

9. La reforma matrimonial alemana data de Ley de 1 de julio de 1977. *Vid. Régimes..., cit.*, II, pp. 426-427.

10. Sobre esa Ley, *vid.*, entre otros, *Régimes matrimoniaux.... cit.*, II, p. 523; GARETH MILLER, J., *Family Property and Financial provision.* Londres 1974, pp. 59-101; VATTIER, *La Matrimonial Home Act en el régimen matrimonial inglés.* En *La reforma del Derecho de Familia.* Cuadernos de Derecho Comparado. Depto. Derecho Civil, II, Universidad de Salaamnca, 1977, pp. 73 y ss.

tiempo», se dispone que cuando un cónyuge tiene derecho a ocupar una vivienda (por razón de propiedad, contrato, disposición legal, «interest»), si el otro cónyuge no tiene tal derecho, éste tendrá los llamados «derechos de ocupación», a saber:

a) Si es ocupante, derecho a no ser desalojado o excluido de la vivienda o de una parte de la misma por el otro cónyuge, excepto que lo haga con autorización judicial.

b) Si no es ocupante, derecho a obtener autorización judicial para penetrar y ocupar la vivienda.

Mientras que un cónyuge tenga derecho de ocupación, cualquiera de ellos puede acudir al Tribunal solicitando una orden de prohibición, suspensión o restricción del ejercicio del derecho de ocupación al otro esposo, o, en su caso, obligando al cónyuge a que le permita ejercer el derecho de ocupación que le corresponda. El juez debe tener en cuenta, para dictar las resoluciones pertinentes en cada caso, la conducta de los esposos, sus necesidades y recursos económicos, las necesidades de los hijos y todas las circunstancias del caso, y sin perjuicio de lo anteriormente dicho:

— puede excluir parte de la vivienda del derecho de ocupación de uno de los cónyuges (en especial aquella parte que sea utilizada total o principalmente para el trabajo, negocio o profesión del otro esposo).

— puede ordenar al esposo ocupante de la vivienda o de alguna parte de ella que haga al otro ciertos pagos periódicos por razón de tal ocupación.

— puede imponer a cualquiera de los esposos obligaciones de reparación o mantenimiento de la vivienda o que cumplan responsabilidades respecto de la misma.

Mientras subsista el matrimonio, si un esposo tiene derecho a ocupar (a título de propietario u otro), el derecho de ocupación que se reconoce al otro cónyuge tiene el carácter de una carga sobre la propiedad o ese otro título, teniendo igual prioridad que un «equitable interest», cualquiera que sea el más reciente de los siguientes datos: la fecha del matrimonio, la fecha en que el cónyuge derechohabiente adquirió la propiedad u otro título, el 1 de enero de 1968 (fecha de comienzo de la vigencia de la Ley de 1967).

La Ley contiene una pormenorizada regulación de los efectos de los derechos de ocupación como carga de la vivienda (Secc. 2), de los aspectos registrales (aplicación de la «Land Charges Act» de 1972 y de la «Land Registration Act» de 1925) y de sus incidencias (Secc. 2, 3, 4).

### 1.8. *Irlanda*

El texto básico en el Derecho irlandés es la «Family Home Protection Act», de 12 de julio de 1976, que junto a la «Family Law (Maintenance of Spouses and Children) Act», del mismo año, constituyen la moderna reforma del Derecho de Familia en aquel país [11].

El objetivo prioritario de la Ley es asegurar que un cónyuge no pueda disponer del hogar familiar sin el consentimiento del otro.

Por vivienda familiar se entiende aquella en que la pareja casada reside habitualmente. La expresión abarca también la vivienda donde reside habitualmente el cónyuge cuya protección se discute, o si un cónyuge ha abandonado al otro, aquella vivienda donde ordinariamente residían antes del abandono.

El término «vivienda» (dwelling house) incluye cualquier edificio, vehículo, nave, estructura móvil o inmóvil, o partes de ellos, utilizados como vivienda, así como las porciones de terreno, jardines, etc. unidos a la misma y utilizados usualmente con la vivienda o bien requeridos para comodidad o conveniencia de ella. Pero es requisito necesario que hayan sido realmente utilizados para la convivencia familiar.

En general, la Ley no se aplica a inmuebles destinados a actividades mercantiles, pero en determinadas circunstancias se requerirá el consentimiento conyugal para la venta, por ejemplo, de una parte del inmueble que venga siendo utilizado como residencia familiar, pero que tenga una parte dedicada a actividad comercial.

De acuerdo con la Secc. 3.ª de la Ley, si un cónyuge, sin el consentimiento escrito del otro, dispone del hogar familiar la transferencia es nula, salvo en los casos excepcionales previstos en la Ley (cuando se hizo por un acto obligatorio anterior al matrimonio, si es hecha a un comprador de buena fe en ciertas condiciones, etc.). La Ley trata de proteger ponderadamente los intereses del cónyuge y de los adquirentes de buena fe que

11. Sobre esta Ley: SHATTER, A. J., *Family Law in the Republic of Ireland*, Dublin, pp. 283 y ss.

no pudieron saber que se trataba de vivienda familiar, aunque lo hubiesen intentado razonablemente, cosa que se debe de hacer.

Por «actos de disposición» debe entenderse la venta, la hipoteca, el arrendamiento, las renuncias, el asentimiento, la cesión o cualquiera otro modo de disposición de propiedad distinto del testamento o de la donación «mortis causa», y también cualquier acuerdo obligatorio condicional o incondicional que suponga traslación de dominio.

La suplencia del consentimiento conyugal, por medio de autorización judicial se regula en la Secc. 4.ª. La Sección 5.ª otorga a los Tribunales un amplio margen de discrecionalidad para la protección del derecho del cónyuge a habitar en la vivienda, para valorar las indemnizaciones a que pudiera dar lugar el quebrantamiento de tal derecho y la conservación del destino familiar del habitáculo.

Los aspectos registrales son abordados en las Secciones 12.ª, 13.ª y 14.ª, en orden a la protección del derecho de los cónyuges al hogar familiar, de acuerdo, según los casos con la «Registration of Deeds Act, 1907» o la «Registration of Title Act, 1964». Se prevén sanciones a las eventuales infracciones.

El ajuar familiar es objeto de consideración en la novena Sección de la Ley. Se entiende que lo constituyen los bienes muebles de propiedad personal y doméstica tales como muebles, ropas de cama, porcelanas, cerámicas, cristalerías, libros y otros ordinariamente usados en la vivienda, instrumentos de jardinería, animales domésticos, etc. No se incluyen los muebles usados por cada cónyuge en sus negocios o ejercicio profesional. Ninguno de los cónyuges, sin consentimiento del otro o la autorización judicial, puede vender, arrendar o disponer de otra manera.

## 2. Los trabajos sobre vivienda familiar y su ajuar en el seno del Consejo de Europa

### 2.1. *Trabajos desarrollados*

Los textos básicos del Consejo de Europa en relación con la protección de la familia y su estatuto jurídico no contemplan específicamente los problemas que nos ocupan en relación con los derechos sobre la vivienda y el ajuar familiares.

En efecto, nada se dice al respecto ni en la Convención Europea de Salvaguarda de los Derechos Humanos y Libertades Fundamentales de 1950 ni en sus Protocolos. En el art. 16 de la Carta Social Europea, firmada en Turín el 18 de octubre de 1961, se formula el compromiso general de los Estados contratantes de promover la protección económica, jurídica y social de la familia, en particular por medio de prestaciones sociales y familiares, de disposiciones fiscales, de apoyo a la construcción de viviendas adoptadas a las necesidades de las familias. Probablemente tampoco se podría pedir que un texto de naturaleza general y programática como éste estableciese criterios sobre un tema específico y técnico como es el que ahora nos ocupa; tampoco creo que hubiera llegado ya su tiempo histórico.

En el curso de sus actividades y a lo largo de los años, el Consejo de Europa se ha ido enfrentando con el problema de la vivienda familiar y su ajuar en las diferentes ocasiones de las que nos ocuparemos seguidamente: en la Conferencia Europea de Derecho de Familia de 1977; mediante la Resolución 78 (37), del Comité de Ministros, sobre igualdad de los esposos en Derecho Civil, de 27 de septiembre de 1978; mediante la Recomendación n.º R. (81) 15, del mismo Comité, de fecha 16 de octubre de 1981.

### 2.2. *La Conferencia Europea sobre Derecho de Familia, Viena 1977*

Tuvo lugar en la capital austriaca entre los días 19 y 22 de septiembre de 1977 [12]. Supuso un interesante «repaso» a la temática del Derecho de Familia europeo en su momento. Se examinaron las siguientes cuestiones: 1) Medidas de integración de niños en una familia nueva (legitimación,

12. Esta Conferencia trae causa de los trabajos de la X.ª Conferencia Europea de Ministros de Justicia (Bruselas, 3 y 4 de junio de 1976), celebrada bajo los auspicios del Consejo de Europa. Tras la discusión del «rapport» presentado por el Sr. Kurt Furgler, Jefe del Departamento de Justicia y Policía de Suiza, el Ministro austríaco de Justicia Christian Broda formuló la invitación para celebrar en Viena una Conferencia europea sobre la evolución y el futuro del Derecho de Familia en los Estados miembros del Consejo de Europa.

Además de los Gobiernos de dichos Estados fueron invitados a participar: España, Finlandia, Liechtenstein, la Sta. Sede, la Comisión de Cuestiones Jurídicas de filiación, adopción). 2) Obligaciones de los padres para con sus hijos y autoridad parental. 3) Derechos de los esposos sobre los bienes destinados al uso común y derechos patrimoniales del cónyuge supérstite. 4) Causas y consecuencias del divorcio.

La Conferencia se inserta en el cuadro de un estudio en profundidad del progreso deseable y posible en la armonización del Derecho de Familia a escala europea y tuvo como fin «identificar las materias susceptibles de ser examinadas en el cuadro del programa de actividades del CDCJ o que podrían ser objeto de ajustes de las políticas legislativas nacionales en la perspectiva de un acercamiento o de una armonización europea de las soluciones a contemplar» [13]. Sus conclusiones fueron sometidas al Comité Europeo de Cooperación Jurídica (CDCJ) y al Comité de Ministros del Consejo de Europa. De esas conclusiones y de la actividad posterior de estos órganos derivarán los sucesivos acontecimientos que, sobre la cuestión que nos ocupa, han tenido lugar en el seno del Consejo de Europa.

Fue la III.ª Comisión de esta Conferencia a la que correspondió debatir sobre «Derechos de los esposos sobre los bienes destinados a uso común y derechos patrimoniales del cónyuge sobreviviente».

El Relator [14] puso de relieve que los bienes de uso común, y en particular la vivienda y el ajuar familares, debían ser objeto de un régimen jurídico especial, en el sentido de que fuese exigido el consentimiento de ambos esposos para cualquier acto de disposición de dichos bienes, aunque la falta de consentimiento por parte de uno de los cónyuges podría ser suplida judicialmente. En todo caso debería proceder la anulación de los actos irregulares a iniciativa del cónyuge cuyo consentimiento no hubiese sido solicitado por el otro esposo.

Por lo que se refiere a los derechos patrimoniales del cónyuge supérstite, tras tomar nota de la insuficiencia de las legislaciones de los diferentes Estados europeos, el Prof. Rieg estimaba como «mínimo deseable» que cuando un matrimonio finaliza por muerte de uno de los esposos, el

la Asamblea Consultiva del Consejo de Europa, la Conferencia de La Haya de Derecho Internacional Privado, el UNIDROIT, la Comisión Internacional de Estado Civil, la Unión Internacional de Magistrados, la Unión Internacional de Abogados y la Asociación Internacional de Colegios de Abogados.

13. *Vid.* el documento: *Conseil de l'Europe. Conférence européenne sur le Droit de la Famille. CJ-DF(77) 14. Conclusions.* Estrasburgo 1977, p. 1.

14. El «rapport» constituye el documento *CJ-DF(77) 3,* y es obra del Prof. A. Rieg, de la Universidad de Estrasburgo.

cónyuge sobreviviente debería poder pedir la atribución preferencial de los bienes que han servido al uso común de los esposos, llegando incluso a retrotraerse la liquidación para mantener la indivisión postcomunal o sucesoria.

La Comisión consideró que era posible y deseable la armonización o, al menos, el acercamiento de las legislaciones europeas, «en el sentido de la moderna evolución del Derecho de Familia y para responder a los imperativos prácticos de la vida actual» [15].

Estimó la Comisión III.ª que, en razón de la afección familiar de los bienes destinados a tal uso (vivienda familiar y muebles que constituyen su ajuar), debía dotárseles de una regulación particular, dentro del cuadro de los efectos generales del matrimonio. La finalidad de este régimen sería proteger a un cónyuge contra los actos del otro que, realizados por sí solo, perjudicasen el uso familiar. Se prevé la suplencia judicial del consentimiento que hubiere sido denegado injustificadamente o que no estuviese en condiciones de prestar el otro cónyuge; y que los actos de disposición realizados irregularmente (sin obtener el consentimiento del cónyuge o la autorización judicial) lleven aparejada la sanción de nulidad «sin prejuzgar otras sanciones que puedan estar previstas» [16]. Los derechos del tercer adquirente de buena fe podrían quedar amparados según los principios en vigor en las distintas legislaciones nacionales; aunque la tendencia predominante en la Comisión fue la de no tomar en cuenta este problema, salvo que se tratase de actos de disposición sobre inmuebles.

Al plantearse la Comisión el problema de la armonización de los Derechos europeos en el campo de los derechos patrimoniales de los esposos supérstites, tras señalar sus dudas sobre la posibilidad de tal armonización detallada, en razón de las diferencias de regímenes matrimoniales y de sucesiones, indicaba la necesidad de un estudio de profundidad de la cuestión, que tuviera como objetivo asegurar al cónyuge sobreviviente al menos el goce del alojamiento y del ajuar familiares. Para ello debía buscarse un equilibrio entre los intereses de este cónyuge y los de los hijos.

Por último, la Comisión III consideró la posibilidad de una «eventual extensión a las parejas no casadas de las soluciones contempladas para las parejas casadas» [17].

15. *Vid. doc. cit., CJ-DF (77)* 14, p. 15.
16. *Vid. doc. cit., CJ-DF (77) 14,* p. 16.
17. *Vid. doc. cit., CJ-DF (77) 14,* p. 17.

En las conclusiones de la Conferencia de Viena, sobre el tema que nos interesa, se acuerda proponer al Consejo de Europa que recomiende a los Estados miembros:

> «i. De prendre les mesures nécessaires pour arriver à une harmonisation ou tout au moins un rapprochement des droits européens en ce qui concerne les pouvoirs des époux sur les biens destinés à l'usage commun, notamment sur le logement familial et le mobilier qui le garnit, en envisageant l'interdiction pour les époux agissant seul de disposer de ces biens et en prévoyant des sanctions efficaces» [18].

Este texto va a ser, en los trabajos posteriores, la pauta seguida para el diseño de los problemas a considerar y las soluciones que deban dársele.

### 2.3. *La Resolución (78)37, del Comité de Ministros sobre Igualdad de los esposos en Derecho Civil*

Fue adoptada el 27 de septiembre de 1978. Su texto había sido previamente preparado por un Comité de Expertos sobre igualdad de los esposos en Derecho Civil, creado bajo los auspicios del Comité Europeo de Cooperación Jurídica (CDCJ).

Por lo que se refiere al objeto actual de nuestro interés, esta Resolución dice que el Comité de Ministros recomienda a los Gobiernos de los Estados Miembros del Consejo de Europa:

«III. *Rapports patrimoniaux entre les époux*

> ..................................
>
> 9. De prendre toutes les mesures nécessaires pour qu'une protection légale soit garantie à l'époux qui habite ou a habité le logement familial, mais qui n'est ni propietaire, ni locataire, ni titulaire d'un autre droit donnant la jouissance dudit logement lorsque les droits appartiennent ou ont appartenu à l'autre conjoint

18. *Vid. doc. cit., CJ-DF (77) 14,* p. 4.

et peuvent être perdus ou avoir été perdus par suite du comportement abusif de ce conjoint sans préjudice des droits des tiers»[19].

Este texto de Resolución está acompañado de una «Exposición de motivos», en la que se explica que el párrafo III.9 tiene la finalidad de asegurar al cónyuge que habita la vivienda familiar sin ser titular del derecho sobre ella. Este cónyuge (en la mayoría de los casos, la esposa) es protegido, por razón del interés de la familia, contra la posible disposición abusiva sobre los derechos relativos al alojamiento familiar que pudiera realizar el otro cónyuge. La protección que se prevé se puede hacer extensiva a los intereses de los hijos (especialmente de los más jóvenes) que están al cuidado del cónyuge que habita la vivienda familiar.

Las posibles maneras de protección de los derechos de que hablamos pueden ser las ya puestas en prácticas en las legislaciones de algunos Estados:

a) La exigencia de acuerdo de los esposos para disponer de la vivienda familiar, a título oneroso o gratuito.

b) Si uno de los esposos es el que alquila la vivienda debe entenderse que el contrato ha sido concluido por ambos cónyuges; en consecuencia, todos los actos relativos al arrendamiento deben emanar de ambos y ser dirigidos a ambos cónyuges (denuncia, rescisión, etc.).

c) En el supuesto de un comportamiento abusivo del cónyuge titular de los derechos sobre la vivienda familiar que tienda a modificar el destino de ésta, los tribunales deben tener la potestad de ordenar que sea mantenida en uso de la familia.

d) En caso de separación de hecho, los tribunales deben poder atribuir el uso de la vivienda familiar a uno de los esposos, con independencia de los derechos que correspondan al otro cónyuge sobre el bien.

e) El cónyuge no propietario debe tener la posibilidad de hacer constar registralmente el hecho de que ocupa la vivienda familiar y de hacer nacer así una situación jurídica oponible a terceros[20].

19. *Conseil de l'Europe. Comité de Ministres. Resolutions 1978.* Estrasburgo 1979, p. 2.

20. *Conseil de l'Europe. Affaires Juridiques. Egalité des époux en Droit Civil. Resolution (78)37...*, Estraburgo 1979, pp. 16-17.

### 2.4. *La Recomendación n.º R(81)15, del Comité de Ministros sobre los derechos de los cónyuges relativos a la ocupación de la vivienda familiar y a la utilización del ajuar*[21]

#### 2.4.1. *Objetivos. Valor jurídico. Declaraciones y reservas*

Fue adoptada el 16 de octubre de 1981. Al igual que en el caso de la Resolución (78)37, su texto fue preparado por un Comité de Expertos creado bajo los auspicios del Comité Europeo de Cooperación Jurídica.

Los *objetivos* de la Recomendación, según resultan expresados en la parte «dispositiva» de la misma son: asegurar a los esposos el derecho de ocupación de la vivienda familiar y la utilización del mobiliario y de los objetos destinados al uso de la familia en dicha vivienda, para lo que los Estados deben introducirse en su legislación o adaptar ésta, según el caso, a ciertos principios que se establecen en el Anexo de la Recomendación y tomar en consideración la adopción de medidas de copropiedad y de locación como modos de reforzar el derecho de ocupación de la vivienda familiar.

Como técnica para el logro de dichos objetivos el Consejo no propone, al menos en un primer momento, la unificación o uniformización del Derecho, de los distintos Derechos nacionales europeos, mediante la adaptación de sus respectivas legislaciones a ciertos principios directivos. Pero tampoco puede dejar de advertirse que (en el último de sus considerandos) el Comité de Ministros habla de la necesidad de establecer «reglas comunes», lo cual puede traer a nuestras mentes la idea de una futura convención europea sobre la materia.

Este plateamiento nos parece muy realista, en razón de la situación de partida con que se cuenta y en razón de la naturaleza de las instituciones jurídicas que entran en juego (regímenes económico-matrimoniales, sistemas de propiedad e inquilinato, relaciones jurídicas intrafamiliares y con terceros, etc.). Una armonización y más una uniformización que hubiera querido ir demasiado lejos y demasiado deprisa en estas cuestiones hubiera estado llamada a un seguro fracaso.

Observemos que la resolución adoptada por el Comité de Ministros

21. *Conseil de l'Europe. Affaires Juridiques. Les droits des époux relatifs á occupation du logement de la famille et á l'utlisation des objets du ménage. Recomendation n.º (81)15...,* Estrasburgo 1982.

del Consejo de Europa tiene el carácter de una «recomendación», adoptada en virtud de lo dispuesto en el art. 15,b) del Estatuto del Consejo, que le permite hacer tales recomendaciones a los Gobiernos e «invitar a éstos a poner en su conocimiento las medidas que han adoptado respecto de dichas recomendaciones» [22].

Esto último viene a ser una cláusula de seguimiento» de las recomendaciones, que se encuentra incorporada a bastantes resoluciones del Consejo y ausente en otras, como en el presente caso.

En el supuesto que estamos considerando, el Comité de Ministros no hizo uso de otra posibilidad que le otorga el art. 15 del Estatuto, a saber: proponer a los Estados miembros la conclusión de convenios sobre cuestiones determinadas en las que, por propuesta de la Asamblea Consultiva o a iniciativa propia, considere que procede adoptar una política común a través de un convenio.

*Declaraciones y Reservas*

En aplicación del art. 10.2,c) del Reglamento interno de las Reuniones de Delegados de Ministros, se formularon por tres Estados miembros «reservas» al contenido de la recomendación adoptada.

El delegado francés produjo la declaración más amplia en cuanto a su alcance, puesto que reservó el derecho de su Gobierno de prestar o no conformidad a la totalidad de los principios contenidos en el Anexo de la Recomendación. Esto quiere decir que Francia manifestó su acuerdo en cuanto a los objetivos generales señalados en el texto de la Recomendación, pero que puede o no compartir los principios directivos y técnico-jurídicos contenidos en el Anexo de referencia.

La Delegación de la República Federal Alemana formuló reserva a adecuarse o no a los principios 1,2,4 y 5.2. del Anexo. Las materias efectuadas por esta declaración son las relativas al consentimiento de los esposos, a la sanción de nulidad u otras adecuadas para los actos realizados en vio-

22. Sobre las interpretaciones posibles de la fuerza obligatoria de estas recomendaciones, *vid.* vgr. ROBERTSON, A. H., *Le Conseil de l'Europe. Sa structure, ses fonctions, et ses réalisation.* Leyde 1962, p. 49; VIRALLY, M., *La valeur juridique des recommendations des organisations internationales.* «Annuaire Français de Droit International», 1956, pp. 81 y ss.; KISS, A., *Le Conseil de l'Europe et les suites données par les Etats membres aux textes adoptés par ses organes.* «Ann. Fr. D. I.», 1967, pp. 547 y ss.

lación de dicho consentimiento de la autorización judicial supletoria; el derecho del cónyuge sobreviviente a continuar en el hogar familiar en los casos apropiados y en las condiciones fijadas por la legislación; y, en el caso de que el hogar familiar se tenga en arrendamiento contraído por uno de los esposos, el derecho del otro cónyuge, que cumpla las obligaciones del arrendatario, a continuar esta relación obligacional, aunque deje de cumplir sus obligaciones el consorte que fue contratante.

La reserva formulada por la Delegación de Italia se refiere al 5.º principio del Anexo sobre la relación arrendaticia en la vivienda familiar.

Si consideramos lo expuesto al hablar de cada uno de los Derechos particulares de estos Estados en la primera parte de esta Ponencia, podemos comprender las razones que les llevan a las declaraciones de reserva que formulan.

### 2.4.2. *Contenido de la recomendación*

#### 2.4.2.1. *Vivienda familiar*

En relación con la vivienda se ha tratado de establecer unos (8) principios, que permitan la aproximación de las legislaciones europeas cuando éstas existen o, en caso contrario, que sirvan de pautas legislativas, cuando no existe regulación de la vivienda familiar o es insuficiente.

Por lo que se refiere a *sujetos del derecho,* se habla siempre de los *esposos.*

El *contenido del derecho* se centra en:

— Que uno de los esposos no sea obligado indebidamente a abandonar la vivienda familiar. (Quien la abandona voluntariamente no resulta amparado, si no continuaba ocupando la vivienda en el momento del fracaso del matrimonio o de la muerte del cónyuge).

— Que el cónyuge al que le fuera imposible ocupar la vivienda familiar en razón del comportamiento del otro cónyuge, pueda tener derecho a ocupación.

Se trata de garantizar a cualquiera de los dos esposos *al menos el derecho a ocupar la vivienda familiar,* aunque sólo sea uno de ellos quien tenga, vgr, la titularidad jurídica la propiedad del inmueble o sea el titular de la relación arrendaticia.

Del derecho a ocupar la vivienda familiar *sólo se puede ser privado por decisión judicial,* o en su caso, por otra autoridad con competencia legal para ello.

El derecho se refiere a *todas las viviendas familiares,* en el sentido de que se extiende a las que se tienen en propiedad o en arrendamiento o cualquier otro título que permita la ocupación y el uso; y tanto a las adquiridas antes del matrimonio como durante el mismo, sea por compra, donación, herencia.

El derecho de ocupación no es ilimitado y *puede ser limitado:*

a) a un plazo establecido por la decisión judicial (vgr. 1 año después del divorcio)

b) por algunas condiciones que fijen la ley o el tribunal (vgr. hasta que el titular del derecho contraiga nuevo matrimonio)

c) a una parte de la vivienda (vgr. excluyendo la parte de la misma que el otro cónyuge tiene destinada a su actividad profesional)

d) a aceptar la obligación de compartir la vivienda con ciertas personas (vgr. el otro cónyuge, los hijos, los padres...).

El Comité de Ministros acuerda recomendar a los Estados Miembros que, como medio de asegurar a los esposos los derechos sobre la vivienda familiar, se les reconozca a cada uno de ellos un *derecho directo* sobre la vivienda, con *medios eficaces para la protección* de su derecho de ocupación. Como sistemas posibles se señalan:

a) un *régimen especial de copropiedad de la vivienda familiar,* que se sobrepusiese a los diferentes regímenes matrimoniales vigentes.

b) la presunción, a falta de prueba en contra, de que el alojamiento familiar se tiene siempre en régimen de copropiedad o de «colocatario».

Como medios para lograr los objetivos descritos, se proponen los siguientes *principios:*

1.°) *Consentimento de los esposos:*

Cualquier acto jurídico de uno de los esposos que afecte al derecho del otro esposo a la ocupación de la vivienda familiar tiene que ser realizado con el consentimiento del cónyuge. Si éste no lo presta injustificadamente puede ser sustituido judicialmente o por autoridad competente.

Se debe prever un sistema de registro del derecho de ocupación que lo haga oponible a terceros.

2.º) *Sanciones:*

Los actos realizados en violación del derecho de ocupación podrán ser anulados o sancionados —cuando ello no fuera posible— con «otra sanción adecuada». Los derechos de los terceros de buena fe podrán ser protegidos de acuerdo con los distintos Derechos nacionales.

3.º) *Divorcio o separación:*

En estos supuestos (la separación que se contempla sólo es la judicial), el derecho a la ocupación de la vivienda familiar puede ser concedido de manera exclusiva a una de las partes.

4.º) *Cónyuges supérstites:*

Tendrán derecho a permanecer en la vivienda familiar, en las condiciones apropiadas y que fije cada legislación nacional.

5.º) *Arrendamientos:*

Se les deben aplicar los principios 1, 2, 3 y 4, cuando se trate de arrendamientos convenidos por uno de los esposos. Si los han convenido ambos cónyuges y uno de ellos incumple las obligaciones que le corresponden, el otro cónyuge puede continuar con el arrendamiento cumpliendo él.

2.4.2.2. *El ajuar familiar*

En numerosos Estados del Consejo de Europa, la legislación prohíbe a los esposos disponer unilateralmente del ajuar o menaje. Los actos de disposición pueden ser objeto de anulación en varias legislaciones, incluso frente a adquirentes terceros de buena fe. En algunos Estados no existe disposición que impida a cada uno de los esposos disponer del ajuar sin consentimiento del otro.

Se considera, pues, necesario que se dicten disposiciones para proteger el derecho de los esposos a utilizar el ajuar familiar, puesto que se le considera íntimamente ligado al derecho a la utilización y ocupación de la vivienda familiar.

En el Derecho Comparado europeo es bastante variado el modo de definir los objetos que integran el ajuar familiar («objetos destinados al uso de la familia en la vivienda», enumeraciones más detalladas, exclusión de algunos bienes concretos, como colecciones de arte, bibliotecas, efectos personales, etc.). Las recomendaciones del Consejo de Europa parecen inclinarse por reservar a cada Derecho nacional la calificación de «ajuar familiar».

Se proponen los siguientes *principios:*

1) *Consentimento de los cónyuges*

Los actos de disposición del ajuar realizados sin consentimiento del otro cónyuge pueden ser anulados, a reserva de los derechos de los adquirientes de buena fe tal como los proteja la legislación nacional. Cabrá otro tipo de sanción de tales actos.

2) *Divorcio o separación*

Cabe la atribución exclusiva del ajuar familiar a una de las partes, por decisión judicial.

3) *Cónyuges supérstites*

Tendrán derecho, según la legislación nacional que sea aplicable, a reserva de todo o de parte del ajuar familiar.

## 3. Un perfil del régimen jurídico europeo de la vivienda familiar y de su ajuar

### 3.1. *El modelo general: vivienda familiar matrimonial*

Una generalización o abstración que parta de los concretos perfiles con que se presenta actualmente en el Derecho interno de los Estados europeos que hemos considerado y en las resoluciones del Comité de Ministros del Consejo de Europa, nos permite, por vía de resumen, señalar los siguientes aspectos del concepto y del régimen jurídico de la *vivienda familiar:*

1) Se trata del habitáculo principal y habitual de la familia matrimonial.

La determinación de estas características de «habitualidad» y «principalidad» (nociones de no fácil precisión) deben ser objeto de apreciación en cada caso concreto y ordinariamente por vía jurisprudencial.

2) Lo más característico del régimen jurídico de la vivienda familiar es que se propone garantizar preferentemente los derechos de permanencia y uso del habitáculo por parte del núcleo familiar, de las personas que lo integran. Y ello de tal suerte que estos derechos, en tanto la vivienda siga siendo sede necesaria de la vida familiar, tienen virtualidad para modular algunos contenidos característicos —especialmente en cuanto a actos dispositivos— de las relaciones (vgr. arrendamientos) y de los derechos reales (vgr. la propiedad), que recaigan sobre la vivienda y de los que fuera titular individualmente uno de los cónyuges.

Por lo que se refiere al *ajuar familiar* es entendido —aunque hay diferencias entre unos y otros Derechos nacionales— como el conjunto y cada uno de los objetos situados en la vivienda familiar y destinados al uso de la familia. En su régimen jurídico se trata de garantizar el uso de tal «ménage» por la familia, lo que conlleva también modulaciones de algunos contenidos característicos —especialmente en relación con actos de disposición— de los derechos que, ostentados individualmente por uno de los cónyuges, recaen sobre el ajuar.

### 3.2. *El problema de las parejas no casadas*

El hecho de que las regulaciones normativas de los Estados europeos y los trabajos del Consejo de Europa relativos al tratamiento jurídico de la vivienda familiar y de su ajuar hayan contemplado como modelo-tipo el de la familia matrimonial no ha impedido que se preste atención a la situación de las parejas no matrimoniales, especialmente en interés de los hijos nacidos de estas uniones.

Así, por ejemplo, en Gran Bretaña la «Rent Act» dispone que una persona que vive con un arrendatario al momento de morir éste, incluso si no estaba unida en matrimonio con él, tiene derecho a permanecer en el inmueble, siempre que se tratara de una relación estable. La «Domestic Violence and Matrimonial Proceedings Act» de 1976 considera expresamente el caso de un hombre y una mujer que convivan en el mismo domicilio y permite a uno y a otra pedir una orden judicial para excluir del dicho domicilio a la otra parte, en caso de maltrato al demandante o a un hijo que conviva con él.

En Francia, país en que la «unión libre» se considera una situación de hecho, extralegal, se dispensa protección escasa al domicilio común de tales uniones; sin embargo, en el caso de un arrendatario de un inmueble constituido antes del 1 de septiembre de 1948, la persona que había convivido durante más de un año entero a cargo de dicho arrendatario, al producirse el fallecimiento de éste, podría pedir la continuación del arrendamiento en su provecho (Ley de 1 de septiembre de 1948).

En Suecia, el miembro de la pareja no casada que tenga mayor necesidad del domicilio tiene derecho a retener ese alojamiento en el caso de producirse el cese de la cohabitación.

En la jurisprudencia de algunos países europeos se ha dado acogida en ocasiones a un derecho de los miembros de parejas no casadas a permanecer en el hogar común [23].

Por lo que se refiere a los trabajos del Consejo de Europa, ni la Convención sobre estatuto jurídico de los hijos nacidos fuera de matrimonio de 15 de octubre de 1975, ni la Convención sobre reconocimiento y ejecución de decisiones en materia de guarda de menores y de restablecimiento de la guarda de menores de 20 de mayo de 1980, ni las Recomendaciones del Comité de Ministros n.º R(82)2, de 4 de febrero de 1982 sobre «Versement par l'Etat d'avances sur les aliments dus aux enfants» y n.º R(84)4, sobre «Responsabilités parentales» se han ocupado —tampoco era su objeto directo— de la cuestión de la vivienda familiar en relación con los hijos no matrimoniales y las parejas no casadas.

No podemos, sin embargo, dejar de recordar que la Comisión III de la Conferencia Europea sobre Derecho de Familia de 1977 consideró la «eventual *extensión* a las parejas no casadas de las soluciones contempladas para las parejas casadas» y estimó que «si los Estados interesados

23. *Vid.* los trabajos de MULLER-FREINFELS, JANSSES, LABRUSE, DELIYANNIS, HADJITSANGARIS, DANIELSEN en las «Actas del Coloquio de Mesina» sobre *Les problèmes posés par les couples non mariés.* Estrasburgo 1982.

procediesen a un estudio más profundo de la cuestión, las instancias competentes del Consejo de Europa deberían ser informadas» [24].

En la Exposición de Motivos de la Resolución (78),37, de 27 de septiembre de 1978 sobre Igualdad de los esposos en Derecho Civil, bajo la rúbrica «Portée de la Résolution», el Comité de expertos hace la siguiente «constatación»:

> «V. *Egalité au sein des couples non mariés.* Le probleme de l'égalité au sein des couples non mariés n'a pas eté examiné car il ne rentrait pas dans le cadre du mandat du Comité. Il a toutefois été estimé que les questions des obligations et des droits égaux des couples non mariés pouraient ultérieurment faire l'objet d'une etude approfondie» [25].

Podemos, pues, concluir que por lo que hace a las parejas no casadas el Consejo de Europa (que ha considerado globalmente su problemática en el Coloquio sobre Derecho Europeo de Mesina, en 1981) no ha avanzado, en el terreno de las resoluciones o recomendaciones más que hasta la toma de conciencia por Comités de Expertos de la posibilidad y necesidad de profundizar en el estudio de sus problemas jurídicos en relación con la vivienda y el ajuar familiares. Y, en principio, bajo la idea de una «eventual extensión» de las soluciones previstas para las parejas matrimoniales. Otro planteamiento que no fuera esta «extensión», adecuadamente aplicada, podría llevar a situaciones que constituyeran un tratamiento privilegiado de las «uniones libres» en comparación con las matrimoniales, tratamiento frente al que debería funcionar la que ha sido llamada la «cláusula de la persona más favorecida» en Derecho Matrimonial [26].

24. Doc. *CJ-DF(77)14, Conclusions de la Conférence.* Estrasburgo 197, p. 17.
25. *Conseil de l'Europe. Affaires juridiques. Egalité des époux... Résolution (78)37,* Estrasburgo 1979, p. 13.
26. *Vid.* MÜLLER-FRIENFELS, *Actas del Coloquio de Mesina,* pp. 93 y ss.

# VI

# *UNIONES NO MATRIMONIALES Y VIVIENDA FAMILIAR*

# *LAS PAREJAS NO CASADAS Y LA CONSTRUCCION DE LA NOCION DE VIVIENDA FAMILIAR EN ESTOS SUPUESTOS*

*Luis Arechederra Aranzadi*

SUMARIO: 1. INTRODUCCIÓN.—2. LA SENTENCIA DEL TRIBUNAL SUPREMO DE 3 DE JULIO DE 1984.—3. EL PROYECTO DE MATRIMONIO.—4. LAS PAREJAS NO CASADAS COMO FENÓMENO FAMILIAR.—5. EL TRATAMIENTO DE LOS CONFLICTOS DE INTERESES.—6. LA DIMENSIÓN FAMILIAR DEL FENÓMENO DE LAS PAREJAS NO CASADAS.—7. LA PAREJA NO CASADA CON HIJOS Y LA NOCIÓN DE VIVIENDA FAMILIAR.—8. LAS CRISIS DE LAS PAREJAS NO CASADAS Y LA VIVIENDA FAMILIAR.—9. LOS TERCEROS Y LAS PAREJAS NO CASADAS.—10. POSIBLE INCIDENCIA EN EL TEMA DE LA SENTENCIA DEL TRIBUNAL SUPREMO DE 19 DE OCTUBRE DE 1983.

## 1. INTRODUCCIÓN

a. «Es cada día más frecuente la situación de relaciones de convivencia sexual íntima entre dos personas, sin llegar a contraer matrimonio; lo es precisamente porque no desean establecer entre ellos ningún tipo de vínculo que les ligue de modo permanente ni en la relación personal, ni siquiera en lo económico.

La conclusión adoptada en la sentencia que se impugna resulta peligrosísima para la seguridad jurídica».

Los párrafos transcritos pertenecen al segundo motivo del recurso de casación por infracción de ley, que dio lugar a la sentencia del Tribunal Supremo de 3 de julio de 1984, siendo ponente D. Rafael Casares Córdoba.

b. Quien así se expresa es D. José P. de A., mayor de edad, soltero, y sucesivamente demandado, apelante y recurrente. Situaciones, todas ellas, que traen causa de la demanda interpuesta por D.ª María Isabel S. L., mayor de edad, soltera. Entre ellos tuvo lugar, en concreto, lo que de un modo abstracto, general describe el recurrente.

c. Conviene que retengamos el calificativo de «peligrosísima» que el recurrente atribuye a la sentencia recurrida. Estas consideraciones suelen arrancar de una incidencia en la esfera personal irrepetible, pero que se considera generalizable en base a la frecuencia del supuesto de hecho. Por ello, se entiende que queda en entredicho «la seguridad jurídica»; expresión tópica con la que —no pocas veces— nos referimos a un modo de entender las cosas. En este caso, el modo de entender la convivencia íntima entre dos personas, sin llegar a contraer matrimonio. El análisis, en profundidad, de la sentencia del Tribunal Supremo de 3 de julio de 1984, se convierte, así, en punto de arranque obligado, al enfocar el tema propuesto en el enunciado de esta ponencia.

## 2. La sentencia del Tribunal Supremo de 3 de julio de 1984

### 2.1. *El supuesto de hecho*

Describirlo es inexcusable. No sólo porque así debe estudiarse un fallo judicial —estableciendo con nitidez la relación entre ambos—, sino también porque en este caso tiene el valor añadido consistente en que el juzgador va a inducir la solución, la pauta que dirima el conflicto de intereses, de lo puramente fáctico. La ausencia de relación jurídica, claramente explica la dificultad de hablar en términos técnicos de la patología de la misma.

La Sala de lo Civil de la Audiencia Territorial, que conoció el recurso de apelación da como «acreditadas en autos las siguientes circunstancias: 1) El hecho de vivir juntos actora y demandado, durante un período de al menos tres años, desde mayo de 1973, a mayo de 1976. 2) Que dicha unión, según se infiere del conjunto de lo alegado y probado, se mantiene por ambas partes con propósito de permanencia, con vocación de estabilidad y duración, existiendo datos inequívocos de cómo existía entre ellos no sólo un matrimonio proyectado, sino incluso una boda prevista. 3) Que el motivo determinante de la compra del piso fue precisamente esa boda prevista. 4) Tanto actora como demandado carecían por sí solos del potencial económico suficiente para la compra de piso. 5) A lo largo de su vida en común no existió grande o notoria desproporción entre los ingresos de ambas partes, siendo todavía más sensible el equilibrio de sus posibilidades financieras en el tiempo que media desde que inician la vida en común hasta la adquisición del piso. 6) La existencia de una libreta de ahorros ordinaria abierta a nombre de ambos en la Caja de Ahorros Vizcaína, en la que centralizan la mayor parte de sus ingresos y pagos, y 7) que la mayor parte de las cantidades entregadas en concepto del pago del precio al vendedor D. Manuel Gil —salvo unas 250.000 ptas. del premio de una quiniela— procedían de los fondos de dicha libreta, como igualmente se pagaron con dichos fondos la mayor parte de las cantidades correspondientes al concepto de amortización e intereses del préstamo hipotecario concertado por el Sr. P. de A.; y sin olvidar que los tales fondos de dicha libreta procedían a su vez y en buena medida de ingresos realizados con anterioridad por la actora en cuenta abierta a su nombre en la misma entidad Caja de Ahorros Vizcaína».

A partir de esta base fáctica el juzgador establecerá determinadas conclusiones que pasaremos a examinar. No está de más, notar que el recurrente en casación impugnó —con relativo éxito— las circunstancias enumeradas en sexto y séptimo lugar». «Con lo que se elude (de dicha actividad impugnatoria), nada menos, que las cinco primeras circunstancias, de hecho, tomadas en consideración por la Sala» (2.° Considerando S. T. Supremo de 3 de julio de 1984).

### 2.2. *La sentencia del Juzgado de Primera Instancia de Bilbao (n.° 1) de 15 de octubre de 1979*

Concluye que, estimando en parte la demanda interpuesta por doña María Isabel S. de L. contra D. José P. de A., «debo declarar y declaro: 1) Que la vivienda —sigue la descripción de la misma— adquirida por D. José P. de A., a cuyo nombre figura en el Registro de la Propiedad, por título de compra pertenece a ambos proindiviso de un 50 % a cada uno, tanto en el dominio, cuanto en las cargas que la gravan. 2) La cancelación de la inscripción vigente en el Registro de la Propiedad y la consiguiente práctica de la inscripción registral conforme a lo declarado anteriormente. 3) La disolución de la comunidad existente sobre la vivienda y anejo, disolución que se llevará a efecto en ejecución de sentencia, conforme a lo dispuesto en los arts. 402 y ss. del Código Civil.»

El juzgador llega al establecimiento de este fallo tras examinar la base fáctica antes enunciada. A la vista de la cual, previamente, en el considerando séptimo de la sentencia, afirma que «de acuerdo con lo dispuesto en los arts. 1.249 y 1.253 en relación con lo preceptuado en el art. 1.675 del Código Civil, nos hallamos en presencia de una comunidad o sociedad de ganancias y que, en consecuencia, siendo un contrato lícito y hallándose capacitados los contratantes para su celebración, la vivienda y su anejo adquirido por D. José P. de A., vigente el contrato, pertenece a ambos contratantes por mitad (art. 393 del C. Civil), tanto en cuanto a la propiedad, como a las cargas que sobre el mismo pesan; y procede así declararlo conforme a lo solicitado en el escrito de demanda».

Naturalmente, la demanda fue interpuesta por D.ª María Isabel S. de L. —polo femenino en la relación fáctica mantenida con D. José P. de A., demandado— y que no intervino en el otorgamiento de la escritura de compraventa del piso en litigio. Lógicamente el Registro de la Propiedad dotaba de publicidad al derecho real, sobre el inmueble, tal como figuraba en la escritura.

Obsérvese, sin embargo, como sin ser parte en el negocio —formalmente hablando— la unión de hecho —igualmente informal, negocialmente hablando— llevara al juez a considerarla como adquirente. Es decir, que la unión de hecho, y demás circunstancias, van a actuar como «hecho completamente acreditado» (ex art. 1.249) para que «según las reglas del criterio humano deducir un enlace preciso y directo» (ex art. 1.253) que permita establecer como hecho probado el carácter de coadquirente de quien no figura como tal ni en la escritura de compra, ni en el Registro de la Propiedad.

No parece necesario señalar el propósito práctico perseguido con tal adquisición. Su utilización para cohabitar, no como marido y mujer, sino simplemente como D.ª María Isabel y D. José, en base a una realidad afectiva, que va a durar tres años. Espacio de tiempo que da margen para contraer matrimonio, tener descendencia, disolverlo y volver a contraer con persona distinta. Por ello, una duración en la relación afectiva apreciable. Al cesar dicha convivencia la titularidad de la vivienda se convierte en conflictiva. Conflictividad, encauzada judicialmente por D.ª María Isabel, al no figurar como propietaria en el Registro de la Propiedad.

## 2.3. *La sentencia de la Sala de lo Civil de la Audiencia Territorial de Burgos de 18 de mayo de 1982*

En esta sentencia, además del establecimiento fáctico antes recogido, nos encontramos con los siguientes pronunciamientos, dignos de ser subrayados.

«No se trata de aplicar con carácter general, ni siquiera por analogía, la institución de los gananciales, a las uniones extramatrimoniales, ni tampoco de presumir la existencia entre las partes de una sociedad universal de ganancias, prevista en el art. 1.675 del Código Civil, sino únicamente de entender que el piso o vivienda de que se trata, con su garaje anejo, fue comprado, en el supuesto de autos, por ambas partes hoy contendientes, porque realmente así lo quisieron en el momento de la adquisición tanto actora como demandado, aunque también *por voluntad común* se hiciera figurar únicamente al demandado como *titular aparente* del mismo».

«Titularidad aparente que si podría ser plenamente válida y eficaz frente a terceros, incluso frente al vendedor, no puede prevalecer frente a la hoy actora, respecto de la cual el Sr. P. de A. al estar ligado con un «pactum fiduciae» concretado al inmueble de que se trata, no ostenta más que una *titularidad fiduciaria* que encubre la verdadera *titularidad dominical,* que corresponde tanto a la actora como al demandado, existiendo, pues una comunidad con relación a la vivienda dicha, correspondiendo a cada parte una mitad indivisa o sea un 50 % de participación en orden a los derechos dominicales».

Concluye sus considerandos la Sala de la siguiente manera: «Aunque haya de declararse que el piso de que se trata pertenece por título de compra a ambos litigantes en proindiviso, en la proporción de un 50 % cada uno, ello no puede ser obstáculo para reconocer a favor del demandado un crédito personal contra la actora por las cantidades que aquél hubiese satisfecho cuando ya no vivían juntos, en concepto de amortización e intereses del crédito hipotecario por el concertado con la Caja de Ahorros, solo y en la medida que dichos pasos se realizasen con fondos que excedan del saldo que mantuviese la libreta de ahorros antes referida en el momento de cesar la vida en común de ambos litigantes».

El fallo es por tanto «estimatorio en parte de la demanda pero confirmado en lo esencial la sentencia recurrida»; es decir, repite los tres pronunciamientos finales del fallo de la sentencia apelada, y añade un cuarto, consistente en el reconocimiento de un crédito a favor del demandado apelante. Este crédito y el cambio de argumentación son las diferencias apreciables entre ambas sentencias; coincidentes en extraer las mismas consecuencias prácticas de la situación descrita: las propias de la cesación de una unión de hecho.

### 2.4. *La sentencia del Tribunal Supremo de 3 de julio de 1984*

Contra esta sentencia de la Sala de lo Civil de la Audiencia Territorial se articula, en cuatro motivos, y se interpone el correspondiente recurso de casación por infracción de ley.

Concretamente: 1) La sentencia recurrida incurre en error de hecho en la apreciación de la prueba, que resulta de los documentos auténticos que se citan. 2) La sentencia recurrida infringe, por aplicación indebida, el art. 1.253 del Código Civil, al estimar probada la intención de compra conjunta por deducción de otros hechos, sin que entre ellos y la conclusión exista el enlace preciso y directo que aquel precepto exige. 3) La sentencia recurrida incurre en incongruencia, con lo que se infringe el art. 359 de la Ley Procesal Civil. 4) La sentencia recurrida infringe, por violación al no aplicarlos, los arts. 609, 1.445, y 1.257 del Código Civil.

En su primer Considerando el Tribunal Supremo expone que «los motivos primero y tercero, son de lógica atención prioritaria, respecto de los numerados segundo y cuarto».

Abordada —en su segundo considerando— el primer motivo en el que se ataca como errónea la base fáctica (art. 1.249) mediante la cual (art. 1.253) se da como probada la adquisición conjunta. Pero, se señala, que únicamente se atacan las circunstancias sexta y séptima (vid. supra), «con lo que se elude, nada menos, que las cinco primeras circunstancias, de hecho, tomadas en consideración por la Sala»; al tiempo que la «documentación no evidencia, el error atribuido a los hechos establecidos por el juzgador, que meticulosamente desgranó, en siete apartados».

La incongruencia alegada en el tercer motivo consistiría, a juicio del recurrente, en que mientras la demandante, en su escrito, afirma la existencia de una comunidad de bienes, regulada en los arts. 392 y ss. del C. Civil, el juzgador «afirma la presencia de un «pactum fiduciae». No estando sometido el juzgador a las calificaciones de las partes, y coincidiendo sustancialmente ambas sentencias y éstas con el «petitum», no cabe hablar de incongruencia.

En el cuarto considerando el Tribunal Supremo entiende que el «perecimiento de los dos motivos examinados arrastra el de los restantes». En el segundo se niega la existencia del enlace preciso entre la situación de hecho y la relatada en la sentencia y la conclusión de condominio de la finca, basándose en «la insostenibilidad de los hechos relatados, los cuales, como ha quedado expuesto, permanecen vivos». Con lo que el motivo carece de base. El cuarto y último sostiene la falta de accionabilidad —declarativa de dominio— de la actora frente al titular escriturario, «tesis desprovista de toda razón una vez manifiesta y declarada *la intención* de las partes *de adquirir para ambos, aunque a nombre de uno solo, y la efectiva realización de tal propósito poseyendo la casa adquirida en estado de proindiviso* tal y como, con acierto concluye la sentencia recurrida».

Por ello «fallamos que debemos declarar y declaramos no haber lugar al recurso de casación por infracción de ley interpuesto por D. José P. de A. contra la sentencia dictada por la Sala de lo Civil de la Audiencia Territorial de Burgos, en fecha 18 de mayo de 1982».

## 3. El proyecto de matrimonio

### 3.1. *La boda prevista como hecho previsto*

La Sala de lo Civil de la Audiencia Territorial establece como «circunstancia acreditada en autos que existía entre ellos no sólo un matrimonio proyectado, sino incluso una boda prevista, y que el motivo de la compra del piso fue precisamente esa boda prevista».

Conviene ponderar debidamente esta circunstancia para establecer si tiene la suficiente virtualidad o no, como para desplazar el caso concreto de la hipótesis de trabajo: las parejas no casadas. El interrogante admite una primera respuesta clara: una boda prevista, no convierte a una pareja no casada en una pareja matrimonial. Esto último es, precisamente, el efecto de la boda celebrada.

Pero, obviamente, no es ese el matiz a ponderar. ¿Un proyecto de matrimonio, una boda prevista, determina la pérdida de virtualidad ejemplificativa, del supuesto analizado, a los efectos del tema analizado? Creo que no. Ciertamente no es lo mismo «matrimonio proyectado» que «boda prevista». No entendemos, qué es lo que exactamente quiere decir la Sala, al dar como hecho probado, una boda prevista: punto terminal de ese itinerario humano «de matrimonio proyectado» o celebración configurada en sus detalles más precisos (fceha, lugar, padrinos en su caso); o simplemente se trata de compromiso de matrimonio. En este último caso, «boda prevista», resulta reiterativo respecto de matrimonio proyectado.

Es decir, ¿cabe excluir un supuesto de promesa de matrimonio según la nueva redacción del art. 42 del Código Civil, o por el contrario la temática cae de lleno dentro de dicho supuesto? ¿Aunque así fuese, como afecta al caso que nos ocupa?

A mi entender, no cabe hablar de esponsales porque estos implican una promesa cierta de matrimonio, que constituye un negocio jurídico de derecho de familia que, al margen de lo que exija el Código Civil, requiere un otorgamiento de la misma, exteriorizarla y nunca inducible de un comportamiento. En otro caso, la ruptura de cualquier noviazgo podría suponer, incumplimiento de promesa de matrimonio.

Por otro lado una cosa es promesa de matrimonio y otra cosa convivencia. Puede haber promesa de matrimonio con convivencia o sin ella; y por supuesto convivencia con una cierta idea de contraer o no en el futuro, o al margen de dicha idea.

No está de más subrayar, por otro lado, que la convivencia es un hecho, una situación fáctica, que efectivamente puede, con ciertas garantías, darse por probado. La intención de contraer matrimonio no es un hecho: es un propósito. Como tal propósito o tiene una recognoscibilidad social y un carácter vinculante —así sea a efectos de las consecuencias que se sigan del desistimiento— o es un dato un tanto evanescente.

Por ello podemos afirmar que hubo convivencia en un contexto donde contraer matrimonio no era una posibilidad descarada. Pero ni hubo esponsales, ni la situación fáctica debe ser entendida desde el matrimonio. Por ello conviene retener y resaltar la primera de las circunstancias señaladas: «el hecho de vivir juntos durante un período de al menos tres años». Más tiempo del que exigen los arts. 75 y 76 del Código Civil —un año— para la caducidad de la acción «ex» art. 73 por falta de edad o vicios del consentimiento. Más tiempo del que exige, p. ej., el Código Civil italiano en su art. 123,2 —un año— para la caducidad, de la acción, por simulación. Y tres años es, precisamente, el plazo que toman como referencia ciertas legislaciones para preveer cuestiones suscitadas por este tipo de convivencias.

Por otro lado, aunque es una afirmación unilateral, no podemos olvidar lo manifestado en el recurso de casación, por el Señor D. José

P. de A. «Es cada día más frecuente la situación de relaciones de convivencia sexual íntima, entre dos personas sin llegar a contraer matrimonio, lo es precisamente porque no desean establecer entre ellos ningún tipo de vínculo que les ligue de modo permanente, ni en la relación personal, ni siquiera en lo económico».

Por último, en ningún momento la ruptura de relaciones, como tal, integra el conflicto de intereses. Es el modo de liquidarse patrimonialmente la situación lo que determina la interposición de la demanda. Podría pensarse en el plazo de caducidad —un año— del párrafo segundo del art. 43, para la acción por incumplimiento sin causa de la promesa de matrimonio. Pero —aún dentro del año— lo perseguido por la demandante, no parece orientarse, al resarcimiento de daños y perjuicios, sino que ejercita una acción declarativa de dominio, tendente a establecer lo que «es suyo».

### 3.2. *El proyecto de matrimonio como motivo de la adquisición*

Hemos procurado deslindar lo que, por su naturaleza fáctica, puede considerarse un hecho probado, de lo que es un simple propósito, que goza de los caracteres de lo intencional.

En esa vertiente intencional es donde se ubica, con cierta comodidad, la afirmación de la Audiencia Territorial —al considerar como circunstancia probada— según la cual «el motivo de la compra del piso fue precisamente esa boda prevista».

Del mismo modo que cabe convivencia sin esponsales y, sin o con propósito de matrimonio, cabe intención de contraer sin promesa cierta de matrimonio (ex art. 43 C.c.). En su caso, ¿esa intención como afecta a la adquisición?

Dicho de otra forma: así como la ubicación de la relación personal en el marco de la promesa de matrimonio, descalificaba el supuesto como mera unión no informada por la matrimonial, la elevación a motivo de la adquisición de la boda prevista, parece en el plano patrimonial, desposeer al supuesto de la especificidad aquí pretendida.

No es este el momento adecuado para añadir una línea más acerca de la relevancia de los motivos en el negocio jurídico. Unicamente recordar con Roca Sastre que, cuando un determinado tipo negocial (donación remuneratoria) los tiene en cuenta, los causaliza. Por otro lado, y precisamente, para evitar que el supuesto de hecho quede teñido de ilicitud causal —terreno en el que los motivos cobran relieve— el juzgador, cuidadosamente, va a diseccionar, en el acuerdo de voluntades que dicha convivencia implica, lo personal de lo patrimonial. Y ello para tratar con la debida independencia ambos rasgos.

Por último, y en todo caso, la referencia a una definitiva configuración jurídica de lo que ya era una convivencia estable, podría jugar como indicio de que la adquisición se realiza para la comunidad de vida; pero lógicamente, tal como en el momento de producirse la misma estaba configurada dicha comunidad. Una adquisición para ambos —no casados, ni prometidos—, pero sí unidos por una convivencia, que supone comunicación de afectos e intereses.

## 4. Las parejas no casadas como fenómeno familiar

Parece claro, con independencia de evoluciones ideológicas, sociales, legales, que tanto el fenómeno familiar como la noción de vivienda familiar, son perfectamente comprensibles al margen del matrimonio: dos hermanos huérfanos, que conviven por razones afectivas y económicas en el hogar heredado de sus progenitores, estuviesen éstos casados o no. Conviene por tanto evitar apriorismos de «cualquier tipo».

Ciertamente se pide en el título de la ponencia algo más preciso. Entre los hermanos existe parentesco y su vivienda es el hogar donde se formaron como tales. Es de esencia en el fenómeno de las parejas no casadas la ausencia de relación vertebradora de lo jurídicamente familiar. No por ello supone algo ajeno a lo familiar. Probablemente esto —lo familiar— sea un dato previo al derecho.

Se apela, por tanto, a una dimensión familiar del fenómeno, no a una, impensable regulación cuasi-matrimonial: paramatrimonial.

De igual manera, se piensa, en un tratamiento —en modo alguno equiparable a regulación, que ni se desea ni se exige— en los casos en que sea preciso, de hipotéticos conflictos de interés que —por qué no— pueden ser solventados «civiliter».

Esa dimensión familiar no aspira a sustituir institucionalmente a la familia legítima (De Cupis). Simplemente es un dato, que en ocasiones se problematiza, y al cual se pretende dar respuesta.

## 5. El tratamiento de los conflictos de intereses

Los conflictos de intereses, muchas veces encuentran su debido acomodo en normas que formando un todo orgánico, dan lugar a lo que denominamos instituciones (p. e. el matrimonio).

Otras veces el ordenamiento establece una pauta de reacción del ordenamiento que eviten lesiones injustas, consideradas éstas genéricamente (p. e. el derecho de daños en el art. 1.902 y ss. del C.C.). Es entonces la jurisprudencia la que desarrolla doctrinalmente aquel principio nuclearmente positivizado.

La propia relevancia, del entorno fáctico de ciertas relaciones, lleva al legislador a establecer normas de un acusado carácter tópico, que facilite su cómoda utilización, dada la fluidez de los intereses en juego (p.e. las normas relativas a la posesión). En este caso no pensamos que determinada norma —464 C.C.— pertenece a una institución. Simplemente reconocemos sistemáticamente su «sedes materiae».

La autonomía privada —art. 1.255 C.C.—permite una regulación atípica de intereses contrapuestos (p.e. leasing). Cuando la normalidad en la vida de la relación quiebra tratamos de reconducir los problemas a través de regulaciones traídas «por acomodación» —arrendamiento— o en base a principios generales.

La complejidad que resulta de una situación creada, así presente una incuestionable dimensión familiar, no tiene por qué ser reconducida, necesariamente, a un tipo institucional. Ni tampoco ser apreciada o descalificada —creando un falso dilema— desde esa óptica. Simplemente requiere una cierta atendibilidad.

## 6. La dimensión familiar del fenómeno de las parejas no casadas

### 6.1. *El parámetro constitucional*

Tomo de Ortega y Díaz-Ambrona las siguientes afirmaciones:

— «No puede sostenerse, de acuerdo con los preceptos constitucionales que el matrimonio sea la única base de la vivienda familiar».

— «La crisis matrimonial —con separación o divorcio— no quiebra la idea de «vivienda familiar» sino que más bien le otorga un nuevo sentido en relación con el interés de los hijos y la protección del menor».

— «El problema que se plantea a continuación es si dentro de ese margen de indiferencia constitucional pudiera incluirse también en el concepto de vivienda familiar la ocupada por un hombre y una mujer sin hijos, unidos de forma estable con relación efectiva íntima. La contestación negativa podría deducirse de los conceptos básicos de caracterización inducidos de la Constitución —matrimonio o filiación— y de la idea misma de protección jurídica de la familia que no ampara las situaciones de hecho sino en virtud de intereses específicos (madres solteras, igualdad de los hijos) que no concurren en el caso planteado». De las mismas cabe deducir:

• En primer lugar, en base a las dos primeras proposiciones de dicha ponencia, que ciertas cuestiones suscitadas (y en algún caso ahora repropuestas) en reuniones preliminares, carecen de fundamento.

• En segundo lugar, que, cualitativa no cuantitativamente, el 50 % del supuesto objeto de esta ponencia queda regularmente planteado en el marco constitucional: pareja no casada con hijos. Es decir, que este 50 %, en realidad, por aproblemático, se escapa —en cierto sentido— de esta ponencia por carencia de especificidad. En estos casos la construcción de la noción de vivienda familiar parece innecesaria, puesto que es la misma noción que se viene empleando a lo largo del volumen.

• En tercer lugar, el otro 50 % del problema planteado —pareja no casada sin hijos— puede que no quepa ser subsumido en los parámetros constitucionales que delimiten la noción de vivienda familiar, sin que ello conlleve —necesariamente— que desde otras ópticas no dé lugar a una vivienda familiar.

— parece que se trata —desmenuzando la noción—, en cualquier caso de vivienda. Si «esto» ocurre en un piso de la Castellana o en la calle Iturrama, por dificultades de tipo constitucional, no parece que estemos ante un circo, una oficina o una parada de metro. Probablemente sigue siendo vivienda, por ejemplo, a efectos de la L.A.U.

— no será protegida constitucionalmente como «familiar», lo que no supone que no sea familiar. Es una hipótesis familiar que no es objeto de tuición constitucional. Por ejemplo, la apariencia es familiar (es más que probable que para el portero de la Castellana se trate de un matrimonio y que al abrir y cerrar las puertas del ascensor diga «señora», así por dentro adjetive de modo diverso).

• En cuarto lugar, que si el matrimonio sin hijos da pie para hablar de vivienda familiar, y si la crisis del mismo no supone la quiebra necesaria de dicha noción, el adjudicatario de la misma, puede en la vivienda familiar, continuar su vida afectiva por otros cauces.

Ciertamente este supuesto ni es la pareja no casada como fenómeno social genuino, ni tampoco es seguro que la relación marital de hecho con un tercero no extinga la connotación familiar derivada de un matrimonio anterior. Pero téngase en cuenta que esto, en último término, depende del tratamiento registral de esta carga que sobre la vivienda pesa, y en definitiva de su previa configuración conceptual como tal titularidad un tanto atípica. Cuestión ésta, que no siendo objeto de esta ponencia, sin embargo de ella depende.

### 6.2. *Relevancia jurídica de la pareja no casada en el ordenamiento*

La reciente redacción dada a los arts. 11 y 18 del Código Penal nos sitúa frente al relieve —en su orden— de «la persona que se halle ligado por análoga relación de afectividad». La analogía se establece respecto del término cónyuge o matrimonio respectivamente.

El art. 101 del Código civil recoge como supuesto de extinción de la pensión establecida en el art. 97 el que el acreedor a la misma viva «maritalmente con otra persona», hipótesis diferenciada en dicho precepto del hecho de contraer nuevo matrimonio. La previsión del art. 101 es asumida asimismo —por remisión a dicho precepto— por la Disposición Adicional Décima en su número 5. El número 2 de dicha Disposición adicional integra su supuesto de hecho con la expresión «hubiera vivido como tal».

Este breve —en modo alguno exhaustivo— muestreo que ofrecen algunos de nuestros textos legales ponen de manifiesto como la ley no pasa sobre dicha situación sin considerarla de alguna manera.

No se quiere decir con esto que regule, tipifique la situación de la pareja no casada. Simplemente se trata de llamar la atención sobre el hecho de que el ordenamiento utiliza la hipótesis que manejamos como un dato al que anuda una consecuencia jurídica, de diversa entidad. No puede decirse por tanto que carezca de relieve jurídico la situación fáctica de vivir en pareja. Establecer esto, parece más que suficiente. Así, p.e., vid. el art. 320, número 1.º del C. Civil. El inciso final del art. 1.442, resulta igualmente significativo.

### 6.3. *La actual redacción del artículo 945 C.c.*

Una interpretación «a sensu contrario» de dicho precepto nos lleva a entender que la posición del cónyuge en la sucesión «ab intestato» de su consorte presenta algo más que una dimensión estrictamente matrimonial, puesto que vigente matrimonio —sin mediar nulidad, divorcio o separación— y correspondiéndole, según el orden de suceder, el derecho a toda la herencia, esta expectativa se frustra por la separación «de hecho por mutuo acuerdo que conste fehacientemente». Regulación —ésta— que no parece corresponderse con la que se hace de la cuota legitimaria.

La regulación del entorno matrimonial, no siempre es estrictamente matrimonial. Depende de lo que esté en juego, del tipo de derecho o efecto que se atribuya. De nuevo la situación fáctica —incluso dentro de la propia institución matrimonial— cobra relieve. Incluso para el matrimonio, lo familiar no comienza y acaba, en el contexto de la vigencia de una relación jurídica. La sucesión «ab intestato» podría considerarse como la previsión legal paradigmática de lo familiar. Justificar esta afirmación supondría incidir en argumentos excesivamente conocidos.

Podrá objetarse que esto en cierto modo siempre fue así. Si se me permite, más a mi favor. Se trata de poner de relieve como ya no es precisa la sentencia firme, basta la mera realidad.

### 6.4. *Cierta jurisprudencia laboral*

Dejamos de lado cierta jurisprudencia —conocida— laboral la más de las veces, en los que a efectos de determinadas pensiones es preferida la mujer efectiva a la legítima. Igualmente el tratamiento de pensiones civiles, susceptibles de fraccionamiento según el tiempo de convivencia.

La contemplación, en estos casos, de lo efectivamente vivido, y por tanto la incidencia real, p.e. de la muerte, son suficientemente expresivas de cómo incluso en fechas ideológicamente ya antiguas, se entiende el alcance de lo familiar con independencia —o contra— el matrimonio.

### 6.5. *La pareja no casada al margen del parámetro constitucional*

La situación de la pareja no casada, al margen del planteamiento hecho por Ortega y Díaz-Ambrona —de los parámetros constitucionales de la vivienda familiar—, es decir pareja no casada con independencia de si hay o no prole, se muestra como dotada de cierto relieve. Por ello, como mera hipótesis de trabajo, me permito sugerir la siguiente cuestión. Pareja no casada sin hijos que disfrutan de una vivienda en régimen de arrendamiento. De «lege data» es claro que el compañero/a no puede pretender subrogarse en el arrendamiento al fallecimiento del titular del arrendamiento. A la vista de lo anteriormente visto, planteada una cuestión de inconstitucionalidad, cuál podría ser la solución que se diese al problema. Piénsese en una convivencia prolongada, donde el supérstite ha invertido buena parte de su vida, sacrificando otras posibilidades, en la atención del titular del arrendamiento, de mejor condición, en términos generales.

## 7. La pareja no casada con hijos y la noción de vivienda familiar

Tenemos como pacífica la idea de la pareja no casada, da lugar, desde una óptica constitucional, a una de las posibles hipótesis de vivienda familiar. En realidad, la afirmación de Ortega y Díaz-Ambrona, que agradezco cual maroma lanzada al náufrago, era para mí pacífica desde la más modesta óptica del Código Civil.

Aunque, por supuesto, la afirmación requiere mayor extensión y rigor, creo que el diseño de lo que hoy, para el Código Civil, sea la familia lo encontramos en la regulación de las relaciones paternofiliales. Es decir, en el instituto, que con expresión todavía utilizada en el artículo del Código civil, denominamos patria potestad.

De este instituto puede decirse, que el transpersonalismo predicado del derecho de familia viene hoy mejor expresado en él que en el matrimonio, que presenta un cierto inmanentismo y una reducción a uno de los posibles modos de constituir la familia. La lectura del apartado a) de la Circular de la Dirección General sobre «Consecuencias registrales del nuevo régimen legal de filación», aún con el alcance limitado que debe darse a dicha circular, es de una plasticidad electrizante: «El Libro (de Familia, ahora único, desaparecido el dicho de Filiación) se entregará al progenitor o progenitores que reconozcan un hijo no matrimonial o que adopta a un hijo en forma plena o simple, así como a quienes contraigan matrimonio, salvo, claro es, que éstos dispongan de tal Libro de Familia en el primer concepto».

La familia ya no es una consecuencia del matrimonio sino un núcleo en el que se dan unas relaciones, unos derechos y deberes, unos fines, una cierta economía, todas las cuales se vertebran en torno a una función, la patria potestad. De la lectura de su articulado cabe extraer algo acerca de lo que hoy sea la familia en el C.C. Pues bien, es de advertir que la patria potestad, se presenta en el C.C., con un cierto carácter abstracto, es decir como una función familiar que surge de hipótesis diversas.

Podrá sostenerse que de alguna forma, esto ya era una realidad antes. Pero las consecuencias de la equiparación de los hijos por razón de su nacimiento y el vaciado de contenido que ha sufrido el matrimonio, ha radicalizado esta realidad. La correlación entre las reformas de derecho de familia que se han dado en el C.C. y la nueva regulación del Libro de Familia presentan una continuidad —a mi juicio correcta— altamente significativa.

Una pareja no casada con hijos tendrán el mismo Libro de Familia que se entrega a los felices contrayentes —vestida de blanco— tras la conclusión del negocio jurídico matrimonial. Para el Código Civil el reconocimiento en los mismos de la titularidad dual de la patria potestad se produce igualmente con absoluta indiferencia hacia el hecho matrimonial.

Señala García Cantero que entre los no casados no hay deberes exigibles, p.e. el de convivencia. Me permito recordarle sin embargo, que cuando median hijos, los progenitores resultan ligados por la filiación de forma más duradera que por el matrimonio. Hasta que el último de los hijos «sale» de la patria potestad los mismos vienen ligados por una indisolubilidad temporal más firme que la que se deriva del matrimonio. Los deberes respecto de los hijos —la titularidad dual en la patria potestad— resulta hoy menos contingente que el matrimonio (art. 92, párrafo primero).

Si a todo esto añadimos, lo recogido y ya glosado, del análisis de Ortega y Díaz-Ambrona desde una óptica constitucional, resulta difícil negar a la vivienda en la que se produce la procreación, se ejercita una función de mayor estabilidad que el matrimonio, respecto de la cual el C.C. señala unos fines, que no encontramos en el matrimonio, que poseen el carácter de familia.

## 8. Las crisis de las parejas no casadas y la vivienda familiar

A) Parejas no casadas sin hijos. Aun siendo fenómeno familiar, dicha dimensión se diluye en intereses patrimoniales que pueden ser objeto de ponderación desde la óptica exclusiva de la convivencia y de la contemplación de los mismos en base a la relevancia que pueden darse a situaciones fácticas y a principios generales del derecho (Vid. el caso Marvin & Marvin). Entre nosotros, la sentencia del Tribunal Supremo de 3 de julio de 1984, parece suficientemente expresiva.

B) Parejas casadas con hijos. En este caso la dimensión familiar se hace presente en la resolución de la situación meramente fáctica, porque concurren matizando los intereses patrimoniales referencias de tipo familiar insoslayable. En concreto la continuidad en el uso de la vivienda familiar no es una cuestión entre los progenitores, sino —y esto no se afirma desde la mera sociología— marcada por el interés de los hijos. Por tanto es una compleja cuestión a la que será o no aplicable, por analogía, el art. 103, 2, pero que en cualquier caso algún criterio —por vía jurisdiccional— no estrictamente patrimonial estará presente. Me basta con que esto se produzca, para entender que estamos —con todas sus consecuencias— ante una vivienda familiar.

## 9. Los terceros y las parejas no casadas

Dado el carácter esquemático de esta ponencia,, no podemos entrar en esta vertiente tan propia del derecho civil. No me resisto, sin embargo, a apuntar las posibles consecuencias que la apariencia matrimonial del fenómeno de las parejas no casadas, en este caso con o sin hijos, pueden plantear.

Naturalmente toda esta vertiente posible del tema, en sí misma demasiado amplia, debe en todo caso reconducirse al eje de la ponencia: la vivienda familiar.

Pensemos en una pareja no casada con apariencia de matrimonio y sin hijos. Ella pertenece a una conocida y acomodadísima familia y una determinada entidad crediticia realiza una serie de préstamos, entendiéndose exclusivamente con el varón. Patente su insolvencia —insuficiencia patrimonial—, podrían dirigirse contra el lujoso chalet que ocupan en Somosaguas. Si en base a la protección de terceros de buena fe, a los cuales la apariencia debe proteger, acabaría utilizándose el sustrato fáctico como soporte de una apariencia matrimonial. De ser así, los intereses en juego mostraría una inclinación a apoyarse en el sesgo familiar de lo que se constituye a espaldas de la ley.

Si la misma situación se produjese mediando hijos, y el chalet de Somosaguas —donación de los padres de ella— sirve de vivienda familiar, habría que ponderar los intereses concurrentes: la protección de los terceros que confían en la apariencia de una situación fáctica, y el interés de los hijos —ajenos lógicamente a estas vicisitudes— que podrían resultar dañados en su formación, etc. Sin contar claro con el interés de la propietaria, que puede ser ajeno a todo ello.

Se trata de hipótesis de trabajo, que únicamente tratan de apuntar posibles problemas, en una vertiente, si bien básica, de difícil tratamiento.

## 10. Posible incidencia en el tema de la sentencia del Tribunal Supremo de 19 de octubre de 1983

Anulado un matrimonio, y adjudicada a la madre la guarda y custodia de la única hija del matrimonio, el padre ejercita la correspondiente acción para recuperar dicha guardia y custodia y se prive a la madre de la patria potestad. Argumenta para ello, en base a la irregular situación de la madre. Esta vive con un hombre únicamente separado, y ha tenido con él otro hijo. El padre considera la situación corruptora para la educación de la niña. El Juez de Primera Instancia declara haber lugar a la demanda, y su sentencia es confirmada por la Sala de lo Civil de la Audiencia Territorial de Madrid.

Interpuesto recurso de casación por la madre el Tribunal Supremo declara haber lugar el recurso de casación. Después de ponderar la situación el Tribunal Supremo concluye que «a falta de otras circunstancias específicamente corruptoras que no se han acreditado que existan en el presente caso, trascendencia ética suficiente para determinar una mutación en el derecho a la guarda, derecho este primordialmente orientado en favor del menor, y que, en el supuesto de su variación podría, tal vez, actuar de manera negativa sobre la actual situación de la menor, hija de los litigantes».

La convivencia descrita lógicamente parece desenvolverse en un lugar, es decir, en una vivienda. ¿Será esta vivienda familiar? A la vista de lo establecido en la sentencia por el Tribunal Supremo difícilmente puede admitirse la duda. Se trata de una pareja no casada —media impedimento de vínculo en una de las partes—; ciertamente no la genuina pareja no casada, sino más bien una situación derivada. Pero el fallo del Tribunal Supremo no deja de ser sintomático, de una forma refleja, a los efectos aquí apetecidos.

¿No planteará esta vivienda —se traten como se traten— problemas que se muevan dentro del área específica que ocupa a este volumen? De plantearse, alguna respuesta deberá arbitrarse. Tal vez su sola consideración sirva para mostrar que la construcción de la noción de vivienda familiar en el caso de las parejas no casadas, tal vez no necesita semejante tarea previa —construcción— sino que simplemente viene dada por los hechos mismos puestos en relación con determinadas normas jurídicas. En cualquier caso no se trata ni de un dislate, ni de un imposible.

## BIBLIOGRAFIA


De Cupis, *Crisis della famiglia legittima e suplenza della famiglia di fatto.* «Riv. dir. civ.», II, 1981, pp. 606 y ss.

Dhavernas, Odile, *Critique de la jurisprudence sur les sociétés de fait entre concubins.* Note sous Montpellier 8 Juin 1982. J. G. Dalloz, 1983, n. 41, p. 607.

Díez Picazo-Gullón, *Sistema de Derecho Civil.* IV, Madrid 1983, 3.ª edición revisada y puesta al día.

División Interdisciplinar para la Familia, *El derecho de visita de los menores en las crisis matrimoniales. Teoría y praxis.* Pamplona 1982, 2.ª ed.

— *Convenios reguladores de las relaciones conyugales, paterno-filiales y patrimoniales en las crisis del matrimonio. Bases conceptuales y criterios judiciales.* Pamplona 1984.

Dogliotti, *Riconoscimento del figlio naturale, interese del minore e famiglia di fatto.* «Giur mer.», I, 1977, 818.

Galgano, F., *Diritto privato.* Padova 1983, 2.ª ed., pp. 735 y ss.

García Cantero, G., *El concubinato en el Derecho civil francés.* Roma-Madrid 1965.

Gazzoni, Francesco, *Dal concubinato alla famiglia di fatto.* Milán 1983.

Jeanmart, *Les effects civils de la vie commune en dehors du mariage.* Bruselas 1975.

Jemolo, *Convivere come coniugi.* «Riv. dir. civ.», II, 1965, p. 402.

Lacruz-Sancho, *Elementos de Derecho civil.* IV, fascículo primero, Barcelona 1982.

Lipari, *Rapporti di cortesia, rapporti di fatto, rapporti di fiducia (Spunti per una teoria del rapporto giuridico).* «Riv. trim. dir. proc. civ.», 1968, pp. 415 y ss.

Pantaleón Prieto, A. Fernando, *¿Derechos sucesorios abintestato del compañero o compañera en la Compilación del Derecho Civil de Catalunya?* Materials III Jornadas de Drest Catala a Tossa, septiembre 1984. Catedra de Dret Civil catala «Duran y Bas».

Pedersen, *Danish law relating to normanital relationship.* «The int. and comp. law quart», 1979, pp. 117 y ss.

Peña Bernaldo de Quirós, M,, *Comentarios a las reformas del Derecho de familia.* Tecnos, Madrid 1984, pp. 775 y ss.

Peyrard, *Les couples non mariés.* En *Mariage et famille en question,* dirigido por Norson. I, París 1978.

Puig Brutau, V., *Fundamentos de Derecho Civil.* IV, Barcelona 1985. pp. 41 y ss.

Puig Peña, F., *Las uniones matrimoniales de hecho.* R.D.P.», diciembre 1949, pp. 1.090 y ss.

*Property rights upon termination of unmarried cohabitation* (MARVIN v.-MARVIN), «Harvard Law Review», 90, junio 1977, n. 8, p. 1.708.

*Protection of unmarried couples against discrimination in lending under the equal credit opportunity act* (Markan v. Colonial Montgage Service Co.), «Harvard Law Review», 93, diciembre 1979, n. 2, p. 430.

PROPERI, F., *La famiglia non fondata sul matrimonio.* Nápoles 1980.

ROPPO, *La famiglia senza matrimonio. Diritto e non diritto nella fenomenologia delle libere unione.* «Riv. trim. dir. proc. civ.», 1980, p. 617.

PUBLICACIONES DE LA
DIVISION INTERDISCIPLINAR PARA LA FAMILIA (DIF)

1. *El Derecho de visita de los menores en las crisis matrimoniales. Teoría y praxis* (2.ª ed.). Francisco Rivero Hernández y cols.

2. *Agonía del matrimonio legal.* Pedro-Juan Viladrich.

3. *Convenios reguladores de las relaciones conyugales, paterno-filiales y patrimoniales en las crisis del matrimonio. Bases conceptuales y criterios judiciales.* Varios.

4. *Dinámica de la comunicación en el matrimonio. Pautas de evaluación.* David Isaacs.

5. *El hogar y el ajuar de la familia en las crisis matrimoniales. Bases conceptuales y criterios judiciales.* Varios.